서집전상설(書集傳詳說) 7

−서집전상설 13권 (書集傳詳說 卷之十三)·서집전상설 14권(書集傳詳說 卷之十四)·
　　　　　서서변설상설(書序辨說詳說)−

이 저서는 2017년 대한민국 교육부와 한국연구재단의 지원을 받아 수행된 연구임
(NRF-2017S1A5B4056044)

호산 박문호의 칠서주상설 42

서집전상설(書集傳詳說) 7
−서집전상설 13권(書集傳詳說 卷之十三)·
서집전상설 14권(書集傳詳說 卷之十四)·
서서변설상설(書序辨說詳說)−

책임역주(주저자): 신창호
전임역주: 김학목·조기영·황봉덕
공동역주: 김언종·임헌규·허동현

일러두기

1. 본서는 1921년 풍림정사(楓林精舍)에서 간행된 박문호의 『칠서주상설(七書註詳說)』(한국학중앙연구원 장서각 소장)을 저본으로 하였다. 아울러 아세아문화사(亞細亞文化社)에서 간행한 『호산전서(壺山全書)』(1~8, 1987~1990)를 참고하였고, <호산 박문호의 『칠서주상설』 연구번역총서>의 번호 순서는 『호산전서』(제4~5책)의 목차에 따랐다.

2. 원전(原典)은 직역(直譯)을 원칙으로 하되, 필요한 경우에는 현대적 의미를 고려하여 의역(意譯)하며 풀이하였다. 원문은 번역문과 함께 제시하되, 원문을 앞에 번역문을 뒤에 배치하였다.

3. 역주(譯註)의 경우 각주(脚註)로 처리하고, 간단한 용어나 개념 설명은 본문에서 그대로 병기하여 노출하였다(예: 잡기(雜記): 잡다하게 기록함)). 주석은 인용 출처 및 근거를 찾아 제시하고, 관련 자료의 원문 또는 번역문을 수록하였다. 내용이 중복되는 부분일지라도 편장이 달라질 경우에는 다시 수록하여 연구 토대 자료로서의 편리성을 도모하였다.

4. 원전의 원문은 『서집전상설(書集傳詳說)』의 '경문(經文)', 채침(蔡沈)의 주석인 '집전(集傳)', 박문호의 주석인 '상설(詳說)'로 구분하되, '경문-집전-상설'순으로 글자의 모양과 크기를 달리 하였다. 경문의 경우, 별도로 경문이라는 표시 없이 편장별로 번호를 붙였다(예: 『우서』「요전」 첫 구절은 『서경』의 제1권 제1편 제1장의 제1구절이므로 [1-1-1-1]로 표시; 나머지도 이와 같은 순서에 따라 번호를 매김)

5. 경전의 맨 앞부분(제1권)과 맨 뒷부분(제7권)에 배치되어 있는 「서집전서상설(書集傳序詳說)」・「서서설상설(書序說詳說)」과 「서서변설상설(書序辨說詳說)」은 별도의 권(卷)으로 나누어져 있지 않아, 0-1, 0-2, 0-3으로 표기하여 구분하였다.

6. 박문호의 주석인 '상설(詳說)'은 모든 구절에 ○를 붙여 의미를 분명하게 하였다.

7. 원문의 표점 작업은 연구번역 저본과 참고로 활용한 판본을 대조하여 정돈하였다. 『칠서주상설』 편제의 특성상, 혼란의 소지가 있는 부분은 번역에서 원전을 다시 제시하였다. 필요한 경우에는 원문이나 각주에서 경전(經傳; 『 』)이나 편명(篇名; 「 」), 구두(句讀); , ; : .) 인용문(따옴표; " "; ' ') 강조점(따옴표; ' ') 등을 구분하여 표시하였다.

8. 원전의 특성상, 경문의 바로 아래에 제시되어 있는 음운(音韻)이나 음가(音價)는 여러 주석을 참고하여 정돈한 것이 대부분이지만 상설(詳說)로 처리하였다.

9. 원문이나 역주 가운데, 인명이나 개념어는 기본적으로 한글과 한문을 병기하되, 상황에 맞추어서 정돈하였다(예: 주자(朱子)의 경우, 때로는 주희(朱熹)로 표기하고, 개념어는 원문을 그대로 노출하기도 하고 풀이하기도 하였는데, 도(道)의 경우, 도리(道理), 이치(理致), 방법(方法) 등으로 해석함).

서집전상설 총 목차

서집전상설 1	서집전서상설(書集傳序詳說)
	서집전상설 1권(書集傳詳說 卷之一)
	서집전상설 2권(書集傳詳說 卷之二)
서집전상설 2	서집전상설 3권(書集傳詳說 卷之三)
	서집전상설 4권(書集傳詳說 卷之四)
서집전상설 3	서집전상설 5권(書集傳詳說 卷之五)
	서집전상설 6권(書集傳詳說 卷之六)
서집전상설 4	서집전상설 7권(書集傳詳說 卷之七)
	서집전상설 8권(書集傳詳說 卷之八)
서집전상설 5	서집전상설 9권(書集傳詳說 卷之九)
	서집전상설 10권(書集傳詳說 卷之十)
서집전상설 6	서집전상설 11권(書集傳詳說 卷之十一)
	서집전상설 12권(書集傳詳說 卷之十二)
서집전상설 7	서집전상설 13권(**書集傳詳說 卷之十三**)
	서집전상설 14권(**書集傳詳說 卷之十四**)
	서서변설상설(**書序辨說詳說**)

차례

일러두기 / 4

서집전상설 13권 (書集傳詳說 卷之十三)

[13-4-22] 「고명(顧命)」/ 16
  [13-4-22-1] 惟四月哉生魄, 王不懌./ 17
  [13-4-22-2] 甲子, 王乃洮頮水, 相被冕服, 憑玉几./ 18
  [13-4-22-3] 乃同召太保奭, 芮伯彤伯畢公衛侯毛公師氏虎臣百尹御事./ 22
  [13-4-22-4] 王曰, 嗚呼, 疾大漸惟幾, 病日臻, 旣彌留, 恐不獲誓言嗣, 玆予, 審訓命汝./ 27
  [13-4-22-5] 昔君文王武王, 宣重光, 奠麗陳敎, 則肄肄不違, 用克達殷, 集大命./ 29
  [13-4-22-6] 在後之侗 敬迓天威, 嗣守文武大訓, 無敢昏逾./ 32
  [13-4-22-7] 今天降疾, 殆弗興弗悟, 爾尙明時朕言, 用敬保元子釗, 弘濟于艱難./ 33
  [13-4-22-8] 柔遠能邇, 安勸小大庶邦./ 35
  [13-4-22-9] 思夫人自亂于威儀, 爾無以釗, 冒貢于非幾./ 37
  [13-4-22-10] 玆旣受命還, 出綴衣于庭, 越翼日乙丑, 王崩./ 41
  [13-4-22-11] 太保, 命仲桓南宮毛, 俾爰齊侯呂伋, 以二干戈虎賁百人, 逆子釗於南門之外, 延入翼室, 恤宅宗./ 44
  [13-4-22-12] 丁卯, 命作冊度./ 48
  [13-4-22-13] 越七日癸酉, 伯相, 命士須材./ 49
  [13-4-22-14] 狄, 設黼…辰綴衣./ 51
  [13-4-22-15] 牖間, 南嚮, 敷重篾席黼純, 華玉仍几./ 54
  [13-4-22-16] 西序, 東嚮, 敷重底席, 綴純, 文貝仍几./ 56
  [13-4-22-17] 東序, 西嚮, 敷重豐席畫純, 雕玉仍几./ 57
  [13-4-22-18] 西夾, 南嚮, 敷重筍席玄紛純, 漆仍几./ 58
  [13-4-22-19] 越玉五重, 陳寶, 赤刀, 大訓, 弘璧, 琬琰, 在西序, 大玉, 夷玉, 天球河圖, 在東序, 胤之舞衣, 大貝, 鼖鼓, 在西房, 兌之戈, 和之弓, 垂之竹矢, 在東房./ 61
  [13-4-22-20] 大輅, 在賓階, 面, 綴輅, 在阼階, 面, 先輅, 在左塾之前, 次輅, 在右塾

[13-4-22-21] 二人, 雀弁, 執惠, 立于畢門之內, 四人, 綦弁, 執戈上刃, 夾兩階戺, 一人, 冕, 執劉, 立于東堂, 一人, 冕, 執鉞, 立于西堂, 一人, 冕, 執戣 立于東垂, 一人, 冕, 執瞿, 立于西垂, 一人, 冕, 執銳, 立于側階./ 72

[13-4-22-22] 王, 麻冕黼…裳, 由賓階隮 卿士邦君, 麻冕蟻裳, 入卽位./ 79

[13-4-22-23] 太保太史太宗, 皆麻冕彤裳, 太保承介圭, 上宗, 奉同瑁, 由阼階隮 太史秉書, 由賓階隮 御王冊命./ 82

[13-4-22-24] 曰, 皇后, 憑玉几, 道揚末命, 命汝嗣訓, 臨君周邦, 率循大卞, 燮和天下, 用答揚文武之光訓./ 86

[13-4-22-25] 王再拜興, 答曰眇眇予末小子, 其能而亂四方, 以敬忌天威./ 90

[13-4-22-26] 乃受同瑁, 王三宿, 三祭三咤, 上宗曰饗./ 92

[13-4-22-27] 太保受同, 降盥, 以異同, 秉璋以酢, 授宗人同, 拜, 王答拜./ 95

[13-4-22-28] 太保受同 祭嚌 宅, 授宗人同, 拜, 王答拜./ 101

[13-4-22-29] 太保降, 收, 諸侯出廟門, 俟./ 102

[13-4-23] 「강왕지고(康王之誥)」/ 105

[13-4-23-1] 王出在應門之內, 太保率西方諸侯, 入應門左, 畢公率東方諸侯, 入應門右, 皆布乘黃朱. 賓稱奉圭兼幣, 曰一二臣衛, 敢執壤奠, 皆再拜稽首, 王 義嗣德, 答拜./ 105

[13-4-23-2] 太保, 暨芮伯, 咸進相揖, 皆再拜稽首, 曰敢敬告天子. 皇天改大邦殷之命, 惟周文武, 誕受羑若, 克恤西土./ 113

[13-4-23-3] 惟新陟王, 畢協賞罰, 戡定厥功, 用敷遺後人休, 今王敬之哉, 張皇六師, 無壞我高祖寡命./ 118

[13-4-23-4] 王若曰, 庶邦侯甸男衛. 惟予一人釗, 報誥./ 123

[13-4-23-5] 昔君文武, 丕平富, 不務咎, 底至齊信, 用昭明于天下, 則亦有熊羆之士, 不二心之臣, 保乂王家, 用端命于上帝, 皇天, 用訓厥道, 付畀四方./ 125

[13-4-23-6] 乃命建侯樹屛, 在我後之人, 今予一二伯父, 尙胥暨顧綏爾先公 之臣服于先王, 雖爾身在外, 乃心罔不在王室, 用奉恤厥若, 無遺鞠子羞./ 131

[13-4-23-7] 羣公旣皆聽命, 相揖趨出, 王釋冕, 反喪服./ 135

[13-4-24] 「필명(畢命)」/ 142

[13-4-24-1] 惟十有二年六月庚午朏, 越三日壬申, 王朝步自宗周, 至于豐,以成周之衆, 命畢公, 保釐東郊./ 144

[13-4-24-2] 王若曰, 嗚呼, 父師. 惟文王武王, 敷大德于天下, 用克受殷命./ 146

[13-4-24-3] 惟周公, 左右先王, 綏定厥家, 毖殷頑民, 遷于洛邑, 密邇王室. 式化厥

[13-4-24-4] 道有升降, 政由俗革, 不臧厥臧 ,民罔攸勸./ 148
[13-4-24-5] 惟公懋德, 克勤小物, 弼亮四世, 正色率下, 罔不祗師言, 嘉績多于先王, 予小子, 垂拱仰成./ 151
[13-4-24-6] 王曰, 嗚呼, 父師. 今予, 祗命公以周公之事, 往哉./ 155
[13-4-24-7] 旌別淑慝, 表厥宅里, 彰善癉惡, 樹之風聲, 弗率訓典, 殊厥井疆, 俾克畏慕, 申畫郊圻, 愼固封守, 以康四海./ 155
[13-4-24-8] 政貴有恒, 辭尙體要, 不惟好異. 商俗靡靡, 利口惟賢, 餘風未殄, 公其念./ 162
[13-4-24-9] 我聞, 曰世祿之家, 鮮克由禮, 以蕩陵德, 實悖天道, 敝化奢麗, 萬世同流./ 168
[13-4-24-10] 茲殷庶士, 席寵惟舊, 怙侈滅義, 服美于人, 驕淫矜侉, 將由惡終, 雖收放心, 閑之惟艱./ 170
[13-4-24-11] 資富能訓, 惟以永年, 惟德惟義, 時乃大訓. 不由古訓, 于何其訓./ 173
[13-4-24-12] 王曰, 嗚呼, 父師. 邦之安危, 惟茲殷士, 不剛不柔, 厥德允修./ 178
[13-4-24-13] 惟周公, 克愼厥始, 惟君陳, 克和厥中. 惟公, 克成厥終, 三后協心, 同底于道, 道洽政治, 澤潤生民, 四夷左衽, 罔不咸賴, 予小子, 永膺多福./ 180
[13-4-24-14] 公其惟時成周, 建無窮之基, 亦有無窮之聞, 子孫訓其成式, 惟乂./ 183
[13-4-24-15] 嗚呼, 罔曰弗克, 惟旣厥心, 罔曰民寡, 惟愼厥事, 欽若先王成烈, 以休于前政/ 185

[13-4-25] 「군아(君牙)」/ 187
[13-4-25-1] 王若曰, 嗚呼, 君牙. 惟乃祖乃父, 世篤忠貞, 服勞王家 厥有成績 紀于太常./ 188
[13-4-25-2] 惟予小子, 嗣守文武成康遺緖, 亦惟先王之臣, 克左右亂四方, 心之憂危, 若蹈虎尾, 涉于春冰./ 190
[13-4-25-3] 今命爾, 予翼, 作股肱心膂, 纘乃舊服, 無忝祖考./ 191
[13-4-25-4] 弘敷五典, 式和民則. 爾身克正, 罔敢弗正, 民心罔中, 惟爾之中./ 192
[13-4-25-5] 夏暑雨, 小民, 惟曰怨咨, 冬祁寒, 小民, 亦惟曰怨咨, 厥惟艱哉. 思其艱, 以圖其易, 民乃寧./ 196
[13-4-25-6] 嗚呼, 丕顯哉. 文王謨. 丕承哉. 武王烈. 啓佑我後人, 咸以正罔缺, 爾惟敬明乃訓, 用奉若于先王, 對揚文武之光命, 追配于前人./ 198
[13-4-25-7] 王若曰. 君牙, 乃惟由先正舊典, 時式. 民之治亂, 在茲, 率乃祖考之攸行, 昭乃辟之有乂./ 201

[13-4-26] 「경명(冏命)」/ 205

    [13-4-26-1] 王若曰, 伯冏, 惟予弗克于德, 嗣先人宅丕后, 怵惕惟厲, 中夜以興, 思免厥愆./ 207

    [13-4-26-2] 昔在文武, 聰明齊聖, 小大之臣, 咸懷忠良, 其侍御僕從, 罔匪正人. 以旦夕, 承弼厥辟, 出入起居, 罔有不欽, 發號施令, 罔有不臧, 下民祗若, 萬邦咸休./ 208

    [13-4-26-3] 惟予一人無良, 實賴左右前後, 有位之士, 匡其不及, 繩愆糾謬, 格其非心, 俾克紹先烈./ 210

    [13-4-26-4] 今予命汝, 作大正, 正于羣僕侍御之臣, 懋乃后德, 交修不逮./ 211

    [13-4-26-5] 愼簡乃僚, 無以巧言令色便辟側媚, 其惟吉士./ 213

    [13-4-26-6] 僕臣正, 厥后克正, 僕臣諛, 厥后自聖, 后德, 惟臣, 不德, 惟臣./ 216

    [13-4-26-7] 爾無昵于憸人, 充耳目之官, 迪上以非先王之典./ 220

    [13-4-26-8] 非人其吉, 惟貨其吉, 若時瘝厥官, 惟爾大弗克祗厥辟. 惟予汝辜./ 221

    [13-4-26-9] 王曰. 嗚呼, 欽哉, 永弼乃后于彝憲./ 223

서집전상설 14권 (**書集傳詳說 卷之十四**)

  [14-4-27] 「여형(呂刑)」/ 228

    [14-4-27-1] 惟呂命, 王享國百年, 耄荒, 度作刑, 以詰四方./ 234

    [14-4-27-2] 王曰. 若古有訓, 蚩尤惟始作亂, 延及于平民, 罔不寇賊, 鴟義姦宄 奪攘矯虔./ 240

    [14-4-27-3] 苗民, 弗用靈, 制以刑, 惟作五虐之刑, 曰法, 殺戮無辜. 爰始淫爲劓刵椓黥, 越茲麗刑, 幷制, 罔差有辭./ 242

    [14-4-27-4] 民興胥漸, 泯泯棼棼 罔中于信, 以覆詛盟, 虐威庶戮, 方告無辜于上. 上帝監民, 罔有馨香德, 刑發聞, 惟腥./ 248

    [14-4-27-5] 皇帝哀矜庶戮之不辜, 報虐以威, 遏絶苗民, 無世在下./ 251

    [14-4-27-6] 乃命重黎, 絶地天通, 罔有降格, 羣后之逮在下, 明明棐常, 鰥寡無蓋./ 253

    [14-4-27-7] 皇帝淸問下民, 鰥寡有辭于苗. 德威惟畏, 德明惟明./ 263

    [14-4-27-8] 乃命三后, 恤功于民, 伯夷降典, 折民惟刑, 禹平水土, 主名山川, 稷降播種, 農殖嘉穀, 三后成功, 惟殷于民./ 264

    [14-4-27-9] 士制百姓于刑之中, 以敎祗德./ 269

    [14-4-27-10] 穆穆在上, 明明在下, 灼于四方, 罔不惟德之勤. 故乃明于刑之中, 率乂于民, 棐彝./ 271

    [14-4-27-11] 典獄, 非訖于威, 惟訖于富, 敬忌, 罔有擇言在身, 惟克天德, 自作元命,

配享在下./ 274

[14-4-27-12] 王曰. 嗟四方司政典獄. 非爾惟作天牧. 今爾何監. 非時伯夷播刑之迪. 其今爾何懲. 惟時苗民, 匪察于獄之麗, 罔擇吉人, 觀于五刑之中, 惟時庶威奪貨, 斷制五刑, 以亂無辜, 上帝不蠲降咎于苗, 苗民無辭于罰, 乃絶厥世./ 279

[14-4-27-13] 王曰, 嗚呼, 念之哉. 伯父兄, 仲叔季弟, 幼子童孫, 皆聽朕言. 庶有格命. 今爾罔不由慰日勤, 爾罔或戒不勤. 天齊于民, 俾我一日, 非終惟終 在人, 爾尚敬逆天命, 以奉我一人. 雖畏勿畏, 雖休勿休, 惟敬五刑, 以成三德, 一人有慶, 兆民賴之, 其寧惟永./ 284

[14-4-27-14] 王曰, 吁, 來. 有邦有土. 告爾祥刑. 在今爾安百姓, 何擇. 非人. 何敬, 非刑. 何度, 非及./ 291

[14-4-27-15] 兩造具備, 師聽五辭, 五辭簡孚, 正于五刑, 五刑不簡, 正于五罰, 五罰不服, 正于五過./ 295

[14-4-27-16] 五過之疵, 惟官, 惟反, 惟內, 惟貨, 惟來, 其罪, 惟均, 其審克之./ 298

[14-4-27-17] 五刑之疑, 有赦, 五罰之疑, 有赦, 其審克之. 簡孚有衆, 惟貌有稽, 無簡不聽, 具嚴天威./ 301

[14-4-27-18] 墨辟疑赦, 其罰百鍰, 閱實其罪. 劓辟疑赦, 其罰惟倍, 閱實其罪. 剕辟疑赦, 其罰倍差, 閱實其罪. 宮辟疑赦, 其罰六百鍰, 閱實其罪. 大辟疑赦, 其罰千鍰, 閱實其罪. 墨罰之屬千, 劓罰之屬千, 剕罰之屬五百, 宮罰之屬三百, 大辟之罰, 其屬二百, 五刑之屬三千. 上下比罪, 無僭亂辭, 勿用不行, 惟察惟法, 其審克之./ 305

[14-4-27-19] 上刑, 適輕, 下服, 下刑, 適重, 上服. 輕重諸罰, 有權, 刑罰, 世輕世重, 惟齊非齊, 有倫有要./ 315

[14-4-27-20] 罰懲非死, 人極于病. 非佞折獄, 惟良折獄, 罔非在中. 察辭于差, 非從, 惟從, 哀敬折獄, 明啓刑書, 胥占, 咸庶中正. 其刑其罰, 其審克之, 獄成而孚, 輸而孚, 其刑, 上備, 有幷兩刑./ 321

[14-4-27-21] 王曰, 嗚呼, 敬之哉. 官伯族姓, 朕言多懼. 朕敬于刑. 有德惟刑. 今天相民, 作配在下. 明淸于單辭. 民之亂, 罔不中聽獄之兩辭, 無或私家于獄之兩辭, 獄貨非寶, 惟府辜功, 報以庶尤, 永畏惟罰. 非天不中, 惟人在命, 天罰不極, 庶民罔有令政, 在于天下./ 330

[14-4-27-22] 王曰. 嗚呼, 嗣孫, 今往何監. 非德于民之中. 尚明聽之哉. 哲人惟刑, 無疆之辭, 屬于五極, 咸中有慶, 受王嘉師, 監于玆祥刑./ 337

[14-4-28] 「문후지명(文侯之命)」/ 344

[14-4-28-1] 王若曰. 父義和. 丕顯文武, 克愼明德, 昭升于上, 敷聞在下, 惟時上, 集厥命于文王, 亦惟先正, 克左右, 昭事厥辟, 越小大謀猷, 罔不率從. 肆先祖懷

在位./ 346

[14-4-28-2] 嗚呼, 閔予小子, 嗣造天丕愆, 殄資澤于下民. 侵戎我國家純, 卽我御事罔或耆壽俊, 在厥服, 予則罔克. 曰惟祖惟父 其伊恤朕躬. 嗚呼, 有績予一人, 永綏在位./ 350

[14-4-28-3] 父義和. 汝克昭乃顯祖, 汝肇刑文武, 用會紹乃辟, 追孝于前文人. 汝多修扞我于艱, 若汝, 予嘉./ 355

[14-4-28-4] 王曰. 父義和. 其歸視爾師, 寧爾邦. 用賚爾秬鬯一卣 彤弓一, 彤矢百, 盧弓一, 盧矢百, 馬四匹, 父往哉, 柔遠能邇, 惠康小民, 無荒寧, 簡恤爾都, 用成爾顯德./ 358

[14-4-29] 「비서(費誓)」/ 366

[14-4-29-1] 公曰, 嗟人. 無譁聽命. 徂玆淮夷徐戎, 並興./ 372

[14-4-29-2] 善敹乃甲胄, 敿乃干, 無敢不弔, 備乃弓矢, 鍛乃戈矛, 礪乃鋒刃, 無敢不善./ 374

[14-4-29-3] 今惟淫舍牿牛馬, 杜乃擭, 斁乃穽, 無敢傷牿 牿之傷, 汝則有常刑./ 377

[14-4-29-4] 馬牛其風, 臣妾逋逃, 勿敢越逐, 祗復之. 我商賚汝. 乃越逐,不復, 汝則有常刑. 無敢寇攘, 踰垣牆, 竊馬牛, 誘臣妾. 汝則有常刑./ 381

[14-4-29-5] 甲戌, 我惟征徐戎, 峙乃糗糧, 無敢不逮. 汝則有大刑. 魯人三郊三遂. 峙乃楨幹. 甲戌, 我惟築, 無敢不供. 汝則有無餘刑, 非殺. 魯人三郊三遂, 峙乃芻茭 無敢不多, 汝則有大刑./ 385

[14-4-30] 「진서(秦誓)」/ 391

[14-4-30-1] 公曰, 嗟. 我士. 聽無譁. 予誓告汝羣言之首./ 396

[14-4-30-2] 古人有言曰, 民訖自若是多盤, 責人斯無難, 惟受責俾如流, 是惟艱哉./ 397

[14-4-30-3] 我心之憂, 日月逾邁, 若弗云來./ 399

[14-4-30-4] 惟古之謀人, 則曰未就予, 忌, 惟今之謀人, 姑將以爲親. 雖則云然, 尙猷詢玆黃髮, 則罔所愆./ 400

[14-4-30-5] 番番良士, 旅力旣愆, 我尙有之, 仡仡勇夫, 射御不違, 我尙不欲, 惟截截善諞言, 俾君子易辭, 我皇多有之./ 402

[14-4-30-6] 昧昧我思之, 如有一介臣, 斷斷猗無他技, 其心休休焉, 其如有容, 人之有技, 若己有之, 人之彦聖, 其心好之, 不啻如自其口出, 是能容之. 以保我子孫黎民, 亦職有利哉./ 408

[14-4-30-7] 人之有技, 冒疾以惡之, 人之彦聖, 而違之, 俾不達, 是不能容. 以不能保我子孫黎民, 亦曰殆哉./ 411

[14-4-30-8] 邦之杌隉, 曰由一人, 邦之榮懷, 亦尙一人之慶./ 412

서서변설상설(書序辨說詳說)

[0-3-1] 昔在帝堯, 聰明文思, 光宅天下, 將遜于位, 讓于虞舜, 作堯典./ 420
[0-3-2] 虞舜側微, 堯聞之聰明, 將使嗣位, 歷試諸難, 作舜典./ 421
[0-3-3] 帝釐下土, 方設居方, 別生分類, 作汩作九共九篇槀飫./ 422
[0-3-4] 皐陶矢厥謨, 禹成厥功, 帝舜申之, 作大禹皐陶謨益稷./ 423
[0-3-5] 禹別九州, 隨山濬川, 任土作貢./ 425
[0-3-6] 啓與有扈, 戰于甘之野, 作甘誓./ 425
[0-3-7] 太康失邦, 昆弟五人, 須于洛汭, 作五子之歌./ 427
[0-3-8] 羲和湎淫, 廢時亂日, 胤往征之, 作胤征./ 428
[0-3-9] 自契至于成湯八遷, 湯始居亳, 從先王居, 作帝告釐沃./ 429
[0-3-10] 湯征諸侯, 葛伯不祀, 湯始征之, 作湯征./ 430
[0-3-11] 伊尹去亳適夏, 旣醜有夏, 復歸于亳, 入自北門, 乃遇汝鳩汝方, 作汝鳩汝方. / 430
[0-3-12] 伊尹相湯伐桀, 升自陑, 遂與桀, 戰于鳴條之野, 作湯誓./ 432
[0-3-13] 湯旣勝夏, 欲遷其社, 不可, 作夏社疑至臣扈./ 433
[0-3-14] 夏師敗績, 湯遂從之, 遂伐三朡, 俘厥寶玉, 誼伯仲伯, 作典寶./ 435
[0-3-15] 湯歸自夏, 至于大坰, 仲虺作誥./ 436
[0-3-16] 湯旣黜夏命, 復歸于亳, 作湯誥, 咎單, 作明居./ 437
[0-3-17] 成湯旣沒, 太甲元年, 伊尹作伊訓肆命徂后./ 438
[0-3-18] 太甲旣立不明, 伊尹放諸桐, 三年復歸于亳, 思庸, 伊尹作太甲三篇./ 441
[0-3-19] 伊尹作咸有一德./ 442
[0-3-20] 沃丁旣葬伊尹于亳, 咎單遂訓伊尹事, 作沃丁./ 443
[0-3-21] 伊陟相太戊, 亳有祥, 桑穀共生于朝. 伊陟贊于巫咸, 作咸乂四篇./ 443
[0-3-22] 太戊贊于伊陟, 作伊陟原命./ 444
[0-3-23] 仲丁遷于囂, 作仲丁./ 444
[0-3-24] 河亶甲居相, 作河亶甲./ 445
[0-3-25] 祖乙圮于耿, 作祖乙./ 445
[0-3-26] 盤庚五遷, 將治亳殷, 民咨胥怨, 作盤庚三篇./ 446
[0-3-27] 高宗夢得說, 使百工營求諸野, 得諸傅巖, 作說命三篇./ 448
[0-3-28] 高宗祭成湯, 有飛雉升鼎耳而雊, 祖己訓諸王, 作高宗肜日, 高宗之訓./ 449
[0-3-29] 殷始咎周, 周人乘黎, 祖伊, 恐奔告于受, 作西伯戡黎./ 450
[0-3-30] 殷旣錯天命, 微子作誥, 父師少師. 惟十有一年, 武王伐殷, 一月戊午, 師渡

　　　　　孟津, 作泰誓三篇./ 452
[0-3-31] 武王戎車三百兩, 虎賁三百人, 與受戰于牧野, 作牧誓./ 455
[0-3-32] 武王伐殷, 往伐歸獸, 識其政事, 作武成./ 457
[0-3-33] 武王勝殷殺受, 立武庚, 以箕子歸, 作洪範./ 458
[0-3-34] 武王旣勝殷, 邦諸侯班宗彝, 作分器./ 458
[0-3-35] 西旅獻獒, 太保作旅獒./ 459
[0-3-36] 巢伯來朝, 芮伯作旅巢命./ 459
[0-3-37] 武王有疾, 周公作金縢./ 460
[0-3-38] 武王崩, 三監及淮夷叛, 周公相成王, 將黜殷作大誥./ 460
[0-3-39] 成王旣黜殷命, 殺武庚, 命微子啓, 代殷後, 作微子之命. 微子封於宋爲湯後./ 461
[0-3-40] 唐叔得禾, 異畝同穎, 獻諸天子. 王命唐叔, 歸周公于東, 作歸禾./ 461
[0-3-41] 周公旣得命禾, 旅天子之命, 作嘉禾./ 462
[0-3-42] 成王旣伐管叔蔡叔, 以殷餘民封康叔, 作康誥酒誥梓材./ 463
[0-3-43] 成王在豐, 欲宅洛邑, 使召公先相宅, 作召誥./ 465
[0-3-44] 召公旣相宅, 周公往營成周, 使來告卜, 作洛誥./ 465
[0-3-45] 成周旣成, 遷殷頑民, 周公以王命誥, 作多士./ 465
[0-3-46] 周公作無逸./ 466
[0-3-47] 召公爲保, 周公爲師, 相成王爲左右, 召公不說, 周公作君奭./ 466
[0-3-48] 蔡叔旣沒, 王命蔡仲, 踐履也諸侯位, 作蔡仲之命./ 467
[0-3-49] 成王東伐淮夷, 遂踐奄, 作成王政./ 468
[0-3-50] 成王旣踐奄, 將遷其君於蒲姑, 周公告召公, 作將蒲姑./ 468
[0-3-51] 成王歸自奄, 在宗周, 誥庶邦, 作多方./ 469
[0-3-52] 周公作立政./ 469
[0-3-53] 成王旣黜殷命, 滅淮夷, 還歸在豐, 作周官./ 469
[0-3-54] 成王旣伐東夷, 肅愼來賀王, 俾榮伯作賄肅愼之命./ 470
[0-3-55] 周公在豐沒, 欲葬成周, 公薨, 成王葬于畢, 告周公, 作亳姑./ 471
[0-3-56] 周公旣沒, 命君陳, 分正東郊成周, 作君陳./ 472
[0-3-57] 成王將崩, 命召公畢公, 率諸侯相康王, 作顧命./ 472
[0-3-58] 康王旣尸天子, 遂誥諸侯, 作康王之誥./ 472
[0-3-59] 康王命作冊畢, 分居里, 成周郊, 作畢命./ 474
[0-3-60] 穆王命君牙, 爲周大司徒, 作君牙./ 474
[0-3-61] 穆王命伯冏, 爲周太僕正, 作冏命./ 475
[0-3-62] 呂命, 穆王訓夏贖刑, 作呂刑./ 475
[0-3-63] 平王, 錫晉文侯, 秬鬯圭瓚, 作文侯之命./ 477

[0-3-64] 魯侯伯禽, 宅曲阜, 徐夷並興, 東郊不開, 作費誓./ 478

[0-3-65] 秦穆公伐鄭, 晉襄公帥師敗諸崤. 還歸, 作秦誓./ 478

서집전상설 13권
書集傳詳說 卷之十三

[13-4-22]
「고명(顧命)」

> 集傳
>
> 顧, 還.

고(顧)는 돌아봄이다.

> 詳說
>
> ○ 音旋.
>
> '선(還)'은 음이 '선(旋)'이다.

> 集傳
>
> 視也. 成王將崩, 命群臣, 立康王. 史序其事爲篇, 謂之顧命者, 鄭玄云 回首曰顧 臨死 回顧而發命也.

성왕(成王)이 장차 별세할 적에 군신(群臣)들에게 명하여 강왕(康王)을 세우게 하였다. 사관(史官)이 이 일을 서술하여 편을 만들고 고명(顧命)이라고 말한 것에 대해 정현(鄭玄)은 "머리를 돌림을 고(顧)라 하니, 죽음에 임하여 머리를 돌려 명령을 낸 것이다."라고 하였다.

> 詳說
>
> ○ 王曰, 至非幾是其本事, 餘皆史官事.
>
> 왕이 말한 것이 심지어 거의 그 본래 일이 아니라면, 나머지는 모두 사관의 일이다.

> 集傳
>
> 今文古文皆有 ○ 呂氏曰, 成王經三監

금문(今文)과 고문(古文)에 모두 있다. 여씨(呂氏)가 말하였다. "성왕(成王)이 삼감(三監)의

> 詳說
>
> ○ 平聲.
>
> '감(監)'은 평성이다.

> 集傳

之變 王室幾搖. 故此正其終始, 特詳焉. 顧命, 成王所以正其終,

변란을 겪어 왕실(王室)이 거의 흔들렸다. 그러므로 이는 그 끝과 시작을 바룸에 특별히 자세한 것이다. 「고명(顧命)」은 성왕(成王)이 마침을 바룬 것이고,

> 詳說

○ 陳氏經曰 : "臨死生之變, 卓然不亂 當與曾子易簀, 春秋公薨 路寢參看. 後世之主, 以死爲諱繼成之際, 鮮有能正其終始者."

진씨 경(陳氏經)[1]이 말하였다 : "생사의 변화에 임해 갑자기 어지럽게 되지 않은 것은 '증자가 대자리를 바꾸라.'라고 하고『춘추』에서 '공이 노침에서 훙했다.'는 것과 참고해서 봐야 한다. 후세의 임금은 죽음으로 피할 것을 피하고 이어갈 것을 이어가며 이루는 기회로 삼았으면서도 그 끝과 시작을 바룰 수 있는 경우는 드물었다."[2]

> 集傳

康王之誥, 康王所以正其始.

「강왕지고(康王之誥)」는 강왕(康王)이 그 시작을 바룬 것이다."

[13-4-22-1]

惟四月哉生魄, 王不懌.

4월 재생백(哉生魄)에 왕이 기쁘지 않으셨다.

> 集傳

---

1) 진경(陳經, ?~?) : 송나라 길주(吉州) 안복(安福) 사람으로 자는 현지(顯之) 또는 정보(正甫)이다. 영종(寧宗) 경원(慶元) 5년(1199)에 진사(進士)가 되어 봉의랑(奉議郞)과 천주박간(泉州泊幹)을 지냈다. 평생 독서를 좋아했고, 후학을 많이 가르쳤다. 저서에『상서상해(尙書詳解)』와『시강의(詩講義)』,『존재어록(存齋語錄)』 등이 있다.
2) 『서경대전(書經大全)』, 「주서(周書)」・「고명(顧命)」: "진씨 경이 말하였다 : '생사는 밤과 아침으로 인도의 떳떳함이고 시작과 끝의 의미이니, 학문이 깊지 않으면 이것을 말하기에 부족하다. 성왕은 어려서부터 주공과 소공 두 분을 얻어 그 덕을 기르고 이루었고 그 학문을 이어 밝혔으며, 생사의 변화에 임해 갑자기 어지럽게 되지 않았다. 그러니 이 글을 볼 때는「증자가 대자리를 바꾸라.」라고 하고『춘추』에서「공이 노침에서 훙했다.」고 쓴 것과 참고해서 봐야 한다.' 또 말하였다 : '후세의 임금은 죽음으로 피할 것을 피하고 이어갈 것을 이어가며 이루는 기회로 삼았으면서도 그 끝과 시작을 바룰 수 있는 경우는 드물었다. ….' (陳氏經曰 : 死生, 夜旦也, 人道之常, 始終之義也. 非學問之深, 不足以語此. 成王自幼得周召二公, 養成其德, 緝熙其學, 至於臨死生始終之變, 卓然不亂. 觀此書, 當與曾子易簀, 春秋書公薨于路寢參看. …. 又曰後世之主, 以死爲諱繼成之際, 鮮有能正其終始者. ….)"

始生魄, 十六日. 王有疾, 故不悅懌.
비로소 어둠이 생긴 것은 16일이다. 왕이 병이 있기 때문에 기쁘지 않은 것이다.

詳說

○ 哉.
'시(始)'는 경문에서 '재(哉)'이다.

○ 與金縢不豫, 同義.
「금등」에서 '즐겁지 못하였다.'[3]는 것과 같은 의미이다.

○ 臨川吳氏曰 : "不懌, 疾甚也. 天子之疾, 曰不懌, 曰不豫, 崩曰, 登遐, 曰晏駕, 皆臣子不忍斥言之也."
임천 오씨(臨川吳氏)가 말하였다 : "'기쁘지 않으셨다.'는 것은 질병이 심했기 때문이다. 천자의 질병은 '기쁘지 않았다.'라고 하고 '즐겁지 못하였다.'[4]라고 하며, 돌아가심을 '승하하다.'라고 하고, '안가하다.'라고 하는 것은 모두 신하가 차마 드러내어 말하지 못하기 때문이다."[5]

[13-4-22-2]

甲子, 王乃洮頮水, 相被冕服, 憑玉几.

갑자일(甲子日)에 왕이 물로 손을 씻고 얼굴을 씻자 부축하는 자가 면복(冕服)을 입히니, 옥궤에 기대었다.

詳說

○ 洮, 音桃. 頮, 音悔, 諧音誤. 相去聲
'조(洮)'는 음이 '도(桃)'이다. '회(頮)'는 음이 '회(悔)'이니, 『언해』의 음이 잘못되었다. '상(相)'은 거성이다.

---

3) 『서경대전(書經大全)』, 「주서(周書)」·「금등1(金縢1)」 : "상(商)나라를 이긴 다음 2년에 왕이 병이 있어 즐겁지 못하였다.(既克商二年, 王有疾, 弗豫.)"

4) 『서경대전(書經大全)』, 「주서(周書)」·「금등1(金縢1)」 : "상(商)나라를 이긴 다음 2년에 왕이 병이 있어 즐겁지 못하였다.(既克商二年, 王有疾, 弗豫.)"

5) 『서경대전(書經大全)』, 「주서(周書)」·「고명(顧命)」 : "임천 오씨가 말하였다 : '4월은 성왕이 승하한 4월이다. 「기쁘지 않으셨다.」는 것은 질병이 심했기 때문이다. 천자의 질병은 「기쁘지 않았다.」라고 하고 「즐겁지 못하였다.」라고 하며, 돌아가심을 「승하하다.」라고 하고, 「안가하다.」라고 하는 것은 모두 신하가 차마 드러내어 말하지 못하기 때문이다.'(臨川吳氏曰 : 惟四月, 成王崩年之四月也. 不懌, 疾甚也. 天子之疾, 曰不懌, 曰不豫, 崩曰, 登遐, 曰晏駕, 皆臣子不忍斥言之也.)"

○ 夏氏曰 : "漢志言哉生魄, 卽甲子, 恐不然. 哉生魄, 上無日辰, 故甲子, 不可考其爲何日."
하씨(夏氏)가 말하였다 " 『한지』에서 말한 '재생백'은 곧 갑자일이니, 그렇지 않은 것 같다. 재생백 위로 일진이 없기 때문에 갑자일이 어떤 날인지 상고할 수가 없다."[6]

○ 唐孔氏曰 : "下云彌留, 則疾已多日, 甲子是發命之日耳."
당의 공씨(孔氏)가 말하였다 : "아래에서 '오래 지체한다.'고 하였다면 질병이 이미 오래 된 것이니, 갑자는 명을 내린 때일 뿐인 것이다."[7]

|集傳|

王發大命臨羣臣必齊戒沐浴,
왕이 대명(大命)을 발하고 군신(群臣)에게 임할 때에는 반드시 재계하고 목욕하는데,

|詳說|

○ 音齋.
'제(齊)'는 음이 '재(齋)'이다.

○ 先言平時.
먼저 평상시에 대해 말하였다.

|集傳|

今疾病危殆, 故但洮盥頮面,
이제 질병이 위태하므로 다만 손을 씻고 얼굴을 씻자

---

[6] 『서경대전(書經大全)』, 「주서(周書)」·「고명(顧命)」 : "하씨가 말하였다 : '『한지』에서 말한 「재생백」은 곧 갑자일이니, 그렇지 않은 것 같다. 「무성」에서 말한 「1월 임진일(壬辰日) 방사백(旁死魄) 익일(翼日) 계사일(癸巳日)」은 이제 재생백 위로 일진이 없기 때문에 갑자일이 어떤 날인지 상고할 수가 없다.'(夏氏曰 : 漢志言哉生魄, 卽甲子日, 恐不然. 武成一月壬辰旁死魄越翼日癸巳, 今此哉生魄上無日辰, 故甲子不可考其爲何日也.)"

[7] 『서경대전(書經大全)』, 「주서(周書)」·「고명(顧命)」 : "당의 공씨가 말하였다 : '『한서』「율력지」에서 성왕의 즉위는 30년 4월 경술 초하루 15일 갑자이다. 재생백에 곧 여기 고명의 글을 끌어온 것, 이것은 유흠의 설이다. 공씨가 16일로 여긴 것은 유흠과 같지 않은 것이다. 아래에서 「오래 지체한다.」고 하였다면 질병이 이미 오래 된 것이니, 갑자는 명을 내린 때일 뿐인 것이다.'(唐孔氏曰 : 漢律歷志, 成王卽位, 三十年四月庚戌朔十五日甲子. 哉生魄, 卽引此顧命之文, 此劉歆說也. 孔以爲十六日, 則不與歆同矣. 下云彌留, 則疾已多日, 甲子是發命之日耳.)"

詳說

○ 臨川吳氏曰 : "洮, 盥手也, 頮, 沃面也. 水, 以手洮頮之也."

임천 오씨(臨川吳氏)가 말하였다 : "'조(洮)'는 손을 씻은 것이고, '회(頮)'는 얼굴을 씻은 것이며, '수(水)'는 손으로 손을 씻고 얼굴을 씻은 것이다."[8]

集傳

扶相者, 被以袞冕,

부축하여 돕는 자가 곤면(袞冕)을 입히니,

詳說

○ 臨川吳氏曰 : "相禮者, 以袞冕服被王身也."

임천 오씨(臨川吳氏)가 말하였다 : "예를 돕는 자가 곤룡포와 면류관을 왕의 몸에 입히는 것이다."[9]

○ 陳氏曰 : "孔子朝服拖紳, 不敢以褻服見君也. 此成王不敢以褻服臨臣也."

진씨(陳氏)가 말하였다 : "'공자가 조복을 덮고 띠 자락을 늘어놓은 것'[10]은 것은 감히 속옷으로 임금을 뵐 수 없었기 때문이다. 이것은 성왕이 감히 속옷으로 신하들에게 임할 수 없었기 때문이다."[11]

---

[8] 『서경대전(書經大全)』, 「주서(周書)」·「고명(顧命)」: "임천 오씨가 말하였다 : '「조(洮)」는 손을 씻은 것이고, 「회(頮)」는 얼굴을 씻은 것이며, 「수(水)」는 물로 손을 씻고 얼굴을 씻은 것이다. 큰 명령을 내리고 여러 신하들에게 임할 때에는 반드시 재계하고 목욕하는데, 이제 병 때문에 단지 손을 씻고 얼굴을 씻은 것이다. 「상(相)」은 예를 돕는 자이고, 「면복을 입혔다」는 것은 곤룡포와 면류관을 왕의 몸에 입히는 것이다. 궤는 기대어 편안하게 하는 것이다. 옥괘는 옥으로 궤를 꾸민 것이다. 모든 대조근(大朝覲)에서 왕의 자리에는 보 무늬의 병풍을 설치하고 앞에는 좌우로 옥궤를 놓는다.'(臨川吳氏曰 : 洮, 盥手也, 頮, 沃面也, 水, 以水洮頮之也. 發大命, 臨羣臣, 必齊戒沐浴, 今疾病, 故但洮頮也. 相, 相禮者, 被冕服, 以袞冕服被王身也. 几, 所憑以爲安. 玉几, 以玉飾几也. 凡大朝覲, 王位設黼扆, 前設左右玉几.)"

[9] 『서경대전(書經大全)』, 「주서(周書)」·「고명(顧命)」: "임천 오씨가 말하였다 : '「조(洮)」는 손을 씻은 것이고, 「회(頮)」는 얼굴을 씻은 것이며, 「수(水)」는 물로 손을 씻고 얼굴을 씻은 것이다. 큰 명령을 내리고 여러 신하들에게 임할 때에는 반드시 재계하고 목욕하는데, 이제 병 때문에 단지 손을 씻고 얼굴을 씻은 것이다. 「상(相)」은 예를 돕는 자이고, 「면복을 입혔다」는 것은 곤룡포와 면류관을 왕의 몸에 입히는 것이다. 궤는 기대어 편안하게 하는 것이다. 옥괘는 옥으로 궤를 꾸민 것이다. 모든 대조근(大朝覲)에서 왕의 자리에는 보 무늬의 병풍을 설치하고 앞에는 좌우로 옥궤를 놓는다.'(臨川吳氏曰 : 洮, 盥手也, 頮, 沃面也, 水, 以水洮頮之也. 發大命, 臨羣臣, 必齊戒沐浴, 今疾病, 故但洮頮也. 相, 相禮者, 被冕服, 以袞冕服被王身也. 几, 所憑以爲安. 玉几, 以玉飾几也. 凡大朝覲, 王位設黼扆, 前設左右玉几.)"

[10] 『논어(論語)』 「향당(鄕黨)」: "병환 중에 임금께서 문병 오시면 머리를 동쪽으로 두시고 조복을 덮으시고 띠 자락을 늘어놓으셨다.(疾, 君視之, 東首, 加朝服拖紳.)"

[11] 『서경대전(書經大全)』, 「주서(周書)」·「고명(顧命)」: "진씨가 말하였다 : '「조복을 덮고 띠 자락을 늘어놓은 것」은 공자가 감히 속옷으로 임금을 뵐 수 없었기 때문이다. 이것은 곧 성왕이 감히 속옷으로 신하들에게 임할 수 없었기 때문이다.'(陳氏曰 : 加朝服拖紳, 孔子疾不敢以褻服見君也, 此即成王不敢以褻服臨臣也.)"

○ 呂氏曰 : "去崩纔一日, 猶洗以致潔, 服以致嚴, 不以困憊廢敬, 能臨死亾而不昏."
여씨(呂氏)가 말하였다 : " 붕어하기 겨우 하루 전인데 여전히 씻어서 깨끗하게 하고, 의복을 입어 엄숙하게 하며, 곤궁하고 고달픈 것으로 공경을 폐하지 않고 죽음에 임하여 어둡지 않을 수 있었다."12)

집전

憑玉几
옥궤(玉)에 기대어

상설

○ 臨川吳氏曰 : "所憑以爲安. 凡大朝覲, 王位設黼扆, 前設左右玉几."
임천 오씨(臨川吳氏)가 말하였다 : "기대어 편하게 하는 것이다. 모든 대조근에서 왕의 자리에는 보 무늬의 병풍을 설치하고 앞에는 좌우로 옥궤를 놓는다."13)

○ 卽後節之華玉几也.
곧 뒤의 절에서 화려한 옥궤이다.

집전

以發命.
명령을 발한 것이다.

---

12) 『서경대전(書經大全)』, 「주서(周書)」·「고명(顧命)」: "여씨가 말하였다 : '갑자일은 붕어하기 겨우 하루 전일 뿐인데, 여전히 씻어서 깨끗하게 하고, 면복을 입어 엄숙하게 하며, 돌아보며 부탁하는 말은 의미 깊고 정밀하고 밝았다. 대개 무리에게 임하는 공경은 곤궁하고 고달픔 때문에 원래의 이치를 폐하지 않고 죽음이 드리워져도 진실로 밝았던 것이다. 기운을 잘 다스리는 자는 질병을 겪어도 게으르지 않고 마음을 잘 기르는 자는 죽음에 임하여도 어둡지 않은 것이니, 어찌 하루 아침 하루 저녁에 쌓인 것이겠는가?'(呂氏曰 : 甲子去崩纔一日耳, 猶盥洗以致絜, 冕服以致嚴, 顧托之言, 淵奧精明, 蓋臨衆之敬, 不以困憊, 廢素之理, 雖垂歿固炯如也. 惟善治氣者, 能歷疾病, 而不惰, 善養心者, 能臨死亡而不昏, 豈一朝一夕之積哉.)"

13) 『서경대전(書經大全)』, 「주서(周書)」·「고명(顧命)」: "임천 오씨가 말하였다 : '「조(洮)」는 손을 씻은 것이고, 「회(頮)」는 얼굴을 씻은 것이며, 「수(水)」는 물로 손을 씻고 얼굴을 씻은 것이다. 큰 명령을 내리고 여러 신하들에게 임할 때에는 반드시 재계하고 목욕하는데, 이제 병 때문에 단지 손을 씻고 얼굴을 씻은 것이다. 「상(相)」은 예를 돕는 자이고, 「면복을 입혔다」는 것은 곤룡포와 면류관을 왕의 몸에 입히는 것이다. 궤는 기대어 편하게 하는 것이다. 옥궤는 옥으로 궤를 꾸민 것이다. 모든 대조근(大朝覲)에서 왕의 자리에는 보 무늬의 병풍을 설치하고 앞에는 좌우로 옥궤를 놓는다.'(臨川吳氏曰 : 洮, 盥手也, 頮, 沃面也, 水, 以水洮頮之也. 發大命, 臨羣臣, 必齊戒沐浴, 今疾病, 故但洮頮也. 相, 相禮者, 被冕服, 以袞冕服被王身也. 几, 所憑以爲安. 玉几, 以王飾几也. 凡大朝覲, 王位設黼扆, 前設左右玉几.)"

> 詳說

○ 添三字, 謂將以發命也
세 글자를 더한 것은 명령을 내리기 위한 것이다.

[13-4-22-3]
> 乃同召太保奭, 芮伯彤伯畢公衛侯毛公師氏虎臣百尹御事.

이에 태보(太保)인 석(奭)·예백(芮伯)·동백(彤伯)·필공(畢公)·위후(衛侯)·모공(毛公)·사씨(師氏)·호신(虎臣)·백윤(百尹)·어사(御事)들을 함께 불렀다.

> 集傳

同召六卿, 下至御治事者.
육경(六卿)을 함께 부르고 아래로 일을 다스리는 자에 이른 것이다.

> 詳說

○ 治也.
'어(御)'는 다스리는 것이다.

○ 先總提.
먼저 총괄해서 제시했다.

> 集傳

太保·
태보(太保)·

> 詳說

○ 特名者, 所以致謹重也.
특별히 이름으로 한 것은 삼가 중요하게 여기도록 하기 위한 것이다.

> 集傳

芮伯·彤伯·畢公·衛侯·毛公·六卿也.
예백(芮伯)·동백(彤伯)·필공(畢公)·위후(衛侯)·모공(毛公)은 육경(六卿)이다.

詳說
○ 王氏肅曰 : "肜, 姒姓之國, 餘五國, 姬姓, 畢毛, 文王庶子."
왕씨 숙(王氏肅)14)이 말하였다 : "동(肜)은 성이 사(姒)인 나라이고, 나머지 다섯 나라는 희(姬)으로, 필공과 모공은 문왕의 서자이다."15)

集傳
冢宰第一, 召公領之,
총재(冢宰)가 제일이니, 소공(召公)이 거느리고,

詳說
○ 音邵.
'소(召)'는 음이 '소(邵)'이다.

集傳
司徒第二, 芮伯爲之, 宗伯第三, 肜伯爲之, 司馬第四, 畢公領之, 司寇第五, 衛侯爲之,
사도(司徒)가 두 번째이니 예백(芮伯)이 하며, 종백(宗伯)이 세 번째이니 동백(伯)이 하고, 사마(司馬)가 네 번째이니 필공(畢公)이 거느리며, 사구(司寇)가 다섯 번째이니 위후(衛侯)가 하고,

詳說
○ 朱子曰 : "是康叔所以康誥中多說刑."
주자(朱子)16)가 말하였다 : "강숙(康叔)이기 때문에 「강고(康誥)」 가운데 형벌에

---

14) 왕숙(王肅, 195 ~ 256) : 자는 자옹(子雍)이고, 동해(東海: 山東省) 출생하였다. 왕낭(王朗)의 아들로 시사(時事)와 제도에 대한 의견을 건의하여 정치활동을 하고, 산기상시(散騎常侍)의 벼슬에 승진하였다. 그의 딸은 사마문왕(司馬文王)에게 시집을 가서 진(晉)나라 무제(武帝)를 낳았다. 아버지에게 금문학(今文學)을 배웠으나 고문학자(古文學者) 가규(賈逵)·마융(馬融)의 현실주의적 해석을 이어, 정현(鄭玄)의 참위설(讖緯說)을 혼합한 통일해석을 반박하였다. 많은 경서를 주석하고 신비적인 색채를 실용적인 해석으로 대체하고, 정현의 예학(禮學)에 반대하여 『성증론(聖證論)』을 지었다. 그의 학설은 모두 위나라의 관학(官學)으로서 공인받았다. 그밖의 저서로 『공자가어(孔子家語)』·『고문상서공굉국전(古文尙書孔宏國傳)』 등이 있다.
15) 『서경대전(書經大全)』, 「주서(周書)」·「고명(顧命)」 : "당의 공씨(孔氏)가 말하였다 : '높은 벼슬로 아래의 벼슬을 겸하여 가질 경우에 한나라 이후로 「거느린다[領]」고 했다. 그러므로 소공·필공·모공은 「거느린다.」로 말한 것이다. 왕씨 숙이 「동(肜)은 성이 사(姒)인 나라이고, 나머지 다섯 나라는 희(姬)으로, 필공과 모공은 문왕의 서자이다.」라고 하였다.'(唐孔氏曰 : 高官兼攝下司者, 漢世以來謂之領, 故召畢毛言領. 王肅云, 肜姒姓之國, 其餘五國, 姬姓, 畢毛, 文王庶子.)"
16) 주희(朱熹, 1130~1200) : 자는 원회(元晦)·중회(仲晦)이고, 호는 회암(晦庵)·회옹(晦翁)·고정(考亭)·자양(紫陽)·둔옹(遯翁) 등이다. 송대 무원(婺源 : 현 강서성 무원현) 사람으로 건양(建陽 : 현 복건성 건양현)에서 살았다. 1148년에 진사에 급제하여 동안주부(同安主簿)·비서랑(秘書郞)·지남강군(知南康軍)·강서제형(江西提

대해 설명한 것이 많다."17)

集傳

司空第六毛, 公領之. 太保畢毛, 三公兼也,

사공(司空)이 여섯 번째이니 모공(毛公)이 거느렸다. 태보(太保)와 필공(畢公)과 모공(毛公)은 삼공(三公)을 겸하였고,

詳說

○ 唐孔氏曰 : "高官兼攝下司者, 漢以來謂之領. 故召畢毛, 言領."

당의 공씨(孔氏)가 말하였다 : "높은 벼슬로 아래의 벼슬을 겸하여 가질 경우에 한나라 이후로 '거느린다[領]'고 했다. 그러므로 소공·필공·모공은 '거느린다.'로 말한 것이다."18)

○ 朱子曰 : "顧命, 排得三公三孤六卿齊整, 召畢毛, 是三公, 芮肜衛, 是三孤. 三公, 只是以道義, 保傅王者, 無職事官屬, 却

刑·보문각대제(寶文閣待制)·시강(侍講) 등을 역임하였다. 스승 이동(李侗)을 통해 이정(二程)의 신유학을 전수받고, 북송 유학자들의 철학사상을 집대성하여 신유학의 체계를 정립하였다. 1179~1181년 강서성(江西省) 남강(南康)의 지사(知事)로 근무하면서 9세기에 건립되어 10세기에 번성했다가 폐허가 된 백록동서원(白鹿洞書院)을 재건했다. 만년에 이르러 정적(政敵)인 한탁주(韓侂胄)의 모함을 받아 죽을 때까지 정치활동이 금지되고 그의 학문이 거짓 학문으로 폄훼를 받다가 그가 죽은 뒤에 곧 회복되었다. 저서로는 『정씨유서(程氏遺書)』, 『정씨외서(程氏外書)』, 『이락연원록(伊洛淵源錄)』, 『고금가제례(古今家祭禮)』, 『근사록(近思錄)』의 편찬과 『사서집주(四書集注)』, 『서명해(西銘解)』, 『태극도설해(太極圖說解)』, 『통서해(通書解)』, 『사서혹문(四書或問)』, 『시집전(詩集傳)』, 『주역본의(周易本義)』, 『역학계몽(易學啓蒙)』, 『효경간오(孝經刊誤)』, 『소학서(小學書)』, 『초사집주(楚辭集注)』, 『자치통감강목(資治通鑑綱目)』, 『팔조명신언행록(八朝名臣言行錄)』 등이 있다. 막내아들 주재(朱在)가 편찬한 『주문공문집(朱文公文集)』(100권, 속집 11권, 별집 10권)과 여정덕(黎靖德)이 편찬한 『주자어류(朱子語類)』(140권)가 있다.

17) 『서경대전(書經大全)』, 『주서(周書)』·『고명(顧命)』: "주자가 말하였다 : '「고명(顧命)」에 삼공(三公) 삼고(三孤) 육경(六卿)을 배열한 것이 정돈되어 있으니, 태보석(太保奭) 예백(芮伯) 동백(肜伯) 필공(畢公) 위후(衛侯) 모공(毛公) 같은 것이다. 소공(召公) 필공(畢公) 모공(毛公)은 삼공(三公)이며, 예백(芮伯) 동백(肜伯) 위후(衛侯)는 삼고(三孤)이다. 태보(太保)는 총재(冢宰)이며, 예백(芮伯)은 사도(司徒)이고, 위후(衛侯)는 강숙(康叔)인데 사구(司寇)가 되었기 때문에 「강고(康誥)」 가운데 형벌에 대해 설명한 것이 많다. 삼공은 도의로 왕을 돕고 보호하는 사람으로 직분이나 관속이 없고 다만 낮추어 육경의 일을 행한다. 한나라 때의 태부(太傅)도 또한 관속이 없었다.'(朱子曰 : 顧命, 排得三公三孤六卿齊整, 如日太保奭芮伯肜伯畢公衛侯毛公. 召公與畢公毛公, 是三公, 芮伯肜伯衛侯, 是三孤. 太保是冢宰, 芮伯是司徒, 衛侯是康叔, 爲司寇, 所以康誥中多說刑. 三公, 只是以道義傅保王者, 無職事官屬, 却下行六卿事, 漢時太傅, 亦無官屬.)"

18) 『서경대전(書經大全)』, 『주서(周書)』·『고명(顧命)』: "당의 공씨(孔氏)가 말하였다 : '높은 벼슬로 아래의 벼슬을 겸하여 가질 경우에 한나라 이후로「거느린다[領]」고 했다. 그러므로 소공·필공·모공은「거느린다.」로 말한 것이다. 왕씨 숙이 동(肜)은 성이 사(姒)인 나라이고, 나머지 다섯 나라는 희(姬)으로, 필공과 모공은 문왕의 서자이다.'라고 하였다.'(唐孔氏曰 : 高官兼攝下司者, 漢世以來謂之領, 故召畢毛言領. 王肅云, 肜姒姓之國, 其餘五國, 姬姓, 畢毛, 文王庶子.)"

下行六卿事. 漢時太傅, 亦無官屬."
주자(朱子)가 말하였다 : "「고명(顧命)」에 삼공(三公) 삼고(三孤) 육경(六卿)을 배열한 것이 정돈되어 있다. 소공(召公) 필공(畢公) 모공(毛公)은 삼공(三公)이며, 예백(芮伯) 동백(彤伯) 위후(衛侯)는 삼고(三孤)이다. 삼공은 도의로 왕을 돕고 보호하는 사람으로 직분이나 관속이 없고 다만 낮추어 육경의 일을 행한다. 한나라 때의 태부(太傅)도 또한 관속이 없었다."[19]

集傳

芮彤畢衛毛, 皆國名, 入爲天子公卿. 師氏大夫官, 虎臣虎賁氏,
예(芮)·동(彤)·필(畢)·위(衛)·모(毛)는 모두 나라의 이름이니 들어와서 천자의 공경(公卿)이 된 것이다. 사씨(師氏)는 대부(大夫)의 관원이고, 호신(虎臣)은 호분씨(虎賁氏)이며고,

詳說

○ 音奔.
'분(賁)'은 음이 '분(奔)'이다.

○ 與詩泮水虎臣, 不同.
『시경』에서 「반수(泮水)」의 '호신(虎臣)'[20]과는 같지 않다.

集傳

百尹百官之長,
백윤(百尹)은 백관(百官)의 우두머리

詳說

○ 上聲.

---

[19] 『서경대전(書經大全)』, 「주서(周書)」·「고명(顧命)」: "주자가 말하였다 : '「고명(顧命)」에 삼공(三公) 삼고(三孤) 육경(六卿)을 배열한 것이 정돈되어 있으니, 태보석(太保奭) 예백(芮伯) 동백(彤伯) 필공(畢公) 위후(衛侯) 모공(毛公) 같은 것이다. 소공(召公) 필공(畢公) 모공(毛公)은 삼공(三公)이며, 예백(芮伯) 동백(彤伯) 위후(衛侯)는 삼고(三孤)이다. 태보(太保)는 총재(冢宰)이며, 예백(芮伯)은 사도(司徒)이고, 위후(衛侯)는 강숙(康叔)인데 사구(司寇)가 되었기 때문에 「강고(康誥)」 가운데 형벌에 대해 설명한 것이 많다. 삼공은 도의로 왕을 돕고 보호하는 사람으로 직분이나 관속이 없고 다만 낮추어 육경의 일을 행한다. 한나라 때의 태부(太傅)도 또한 관속이 없었다.'(朱子曰 : 顧命, 排得三公三孤六卿齊整, 如曰太保奭芮伯彤伯畢公衛侯毛公. 召公與畢公毛公, 是三公, 芮伯彤伯衛侯, 是三孤. 太保是冢宰, 芮伯是司徒, 衛侯是康叔, 爲司寇, 所以康誥中多說刑. 三公, 只是以道義傅保王者, 無職事官屬, 却下行六卿事, 漢時太傅, 亦無官屬.)"

[20] 『시경(詩經)』·「노송(魯頌)」·「반수(泮水)」: "굳세고 굳센 범 같은 신하들이 반궁(泮宮)에서 왼쪽 귀를 바치도다.(矯矯虎臣, 在泮獻馘.)"

'장(長)'은 상성이다.

集傳

及諸御治事者.
및 여러 일을 다스리는 자이다.

詳說

○ 旣特言御事, 此六字恐衍耳.
이미 특별히 어사에 대해 말했으니, 여기 여섯 글자는 연문인 것 같다.

集傳

平時則召六卿使帥其屬
평상시에는 육경(六卿)을 불러 그 관속을 거느리게 하는데,

詳說

○ 入聲, 一作率.
'수(帥)'는 입성이고, 어떤 판본에는 '솔(率)'로 되어 있다.

○ 先言平時.
먼저 평상시에 대해 말하였다.

集傳

此則將發顧命, 自六卿至御事, 同以王命召也.
이때에는 고명(顧命)을 내리려고 하였으니, 육경(六卿)으로부터 어사(御事)에 이르기까지 똑같이 왕명으로 부른 것이다.

詳說

○ 林氏曰 : "後世人君, 獨引親信入受遺詔. 漢唐末國嗣, 多立於戚宦, 倉卒之際, 廢立紛然, 顧命之書, 誠萬世之法."
임씨(林氏)가 말하였다 : "후세의 임금은 오직 측근에게 유조(遺詔)를 떠맡겼다. 한당의 말기에는 나라의 후사가 대부분 외척과 환관에게 세워져서 갑작스럽게 폐하고 세우는 것이 어지러웠으니, 「고명」이라는 책은 진실로 만세의 법이다."[21]

[13-4-22-4]

>王曰, 嗚呼, 疾大漸惟幾, 病日臻, 旣彌留, 恐不獲誓言嗣, 茲予, 審訓命汝.

왕(王)이 말씀하였다. "아! 병이 크게 번져 위태로워서 병이 날로 이르러 이미 더 심해지고 오래 지체하니, 맹세하는 말을 하여 잇지 못할까 두려워서 이에 내 살펴 가르쳐 너를 명하노라.

集傳
此下, 成王之顧命也.
이 이하는 성왕(成王)의 고명(顧命)이다.

詳說
○ 總提六節.
총괄해서 여섯 절로 제시했다.

集傳
自歎其疾大進,
스스로 탄식하기를 "병이 크게 진전되어

詳說
○ 漸.
'진(進)'은 경문에서 '점(漸)'이다.

集傳
惟危殆
위태로워서

---

21) 『서경대전(書經大全)』, 「주서(周書)」·「고명(顧命)」: "임씨가 말하였다 : '후세의 임금이 후사를 부탁할 때에 오직 측근에게 유조(遺詔)를 떠맡겼으니, 그들을 고명의 신하라고 한다. 한당의 말기에 나라의 후사가 대부분 외척과 환관에게 세워지며 혹 한밤에 궁중에서 편지를 내어 어떤 사람을 후사로 해도 여러 신하들은 공수하며 아무도 어기지 못했고, 적자가 있을지라도 대신을 모으지 못하였으며, 갑작스럽게 폐하고 세우는 것이 어지러웠으니, 「고명」이라는 책은 진실로 만세의 법이다.'(林氏曰 : 後世人君, 將託後嗣, 獨引親信入受遺詔, 謂之顧命之臣. 漢唐末國, 嗣多立于戚宦, 或有夜半禁中, 出片紙以某人爲嗣, 羣臣拱手, 莫敢違, 雖有嫡嗣, 不能屬於大臣. 倉卒之際, 廢立紛然, 顧命之書, 誠萬世之法.)"

> 詳說

○ 幾,

'위태(危殆)'는 경문에서 '기(幾)'이다.

> 集傳

病日至

병이 날로 이르러

> 詳說

○ 極也.

'지(至)'는 '극(極)'이다.

> 集傳

旣彌甚而留連,

이미 더 심해지고 지체하며 이어지기에

> 詳說

○ 曰漸, 曰幾, 曰臻, 曰留, 重言之者, 見其甚也.

'번진다.'고 하고, '위태로워진다.'고 하며, '이른다.'고 하고, '지체한다.'고 하며 거듭 말한 것은 그 심함을 드러낸 것이다.

> 集傳

恐遂死

마침내 죽어서

> 詳說

○ 添二字.

두 글자를 더하였다.

> 集傳

不得誓言, 以嗣續我志,

맹세하는 말을 하여 나의 뜻을 잇지 못할까 두려우니,

> 詳說

○ 夏氏曰 : "恐不得出誓以言嗣續之事."
하씨(夏氏)가 말하였다 : "맹세를 잇는 일을 말하지 못할 것을 두려워하였다."22)

○ 鄒氏季友曰 : "嗣, 謂嗣君也. 周禮典命云, 諸侯之適子, 誓於天子, 攝其君. 註云, 誓猶命也."
추씨 계우(鄒氏季友)가 말하였다 : "'사(嗣)'는 임금을 잇는 것이다.『주례』「전명(典命)」에서 '제후의 적자는 천자에게 맹세하고 임금의 일을 섭행한다.'고 했다. 주에서 '맹세한다.'는 것은 '명령을 받는다.'는 것과 같다."

○ 與後節二嗣字, 下篇一嗣字, 叅看.
뒤의 절에서 두 번의 '사(嗣)'자,23) 아래의 편에서 한 번의 '사(嗣)'24)자와 참고해서 보라.

集傳

此我所以詳審發訓命汝. 統言曰疾, 甚言曰病.
이 때문에 내 자세히 살피고 훈계를 내어 너를 명하는 것이다. 통틀어 말하면 질(疾)이라 하고, 심한 것으로 말하면 병(病)이라 한다.

[13-4-22-5]

昔君文王武王, 宣重光, 奠麗陳敎, 則肄肄不違, 用克達殷, 集

---

22) 『서경대전(書經大全)』, 「주서(周書)」·「고명(顧命)」 : "하씨가 말하였다 : '죽고 난 다음에 맹세를 잇는 일을 말하지 못할 것을 두려워하였다.'(夏氏曰 : 恐其既死, 則不得出誓以言嗣續之事.)"
23) 『서경대전(書經大全)』, 「주서(周書)」·「고명6(顧命6)」 : "뒤의 어리석은 나에 있어서는 하늘의 위엄을 공경히 맞이하고 문왕(文王)·무왕(武王)의 큰 교훈을 이어 지켜서 감히 어둡거나 넘음이 없었노라.(在後之侗, 敬迓天威, 嗣守文武大訓, 無敢昏逾.)"; 「顧命-24」: "태사(太史)가 다음과 같이 말하였다. "황후(皇后)[위대한 군주]께서 옥궤(玉)에 기대어 마지막 명령을 말씀하시어 너에게 명하여 가르침을 잇게 하시니, '주(周)나라에 임하여 군주노릇하며 큰 법을 따라 천하를 조화롭게 하여 문왕(文王)·무왕(武王)의 빛나는 가르침을 답양(答揚)하라.'라고 하셨다.(曰, 皇后, 憑玉几, 道揚末命, 命汝嗣訓, 臨君周邦, 率循大卞, 燮和天下, 用答揚文武之光訓.)"
24) 『서경대전(書經大全)』, 「주서(周書)」·「강왕지고1(康王之誥1)」 : "왕(王)이 나가서 응문(應門)의 안에 있자, 태보(太保)는 서방(西方)의 제후를 거느리고 응문(應門)으로 들어와 왼쪽에 서고, 필공(畢公)은 동방(東方)의 제후를 거느리고 응문(應門)으로 들어와 오른쪽에 서니, 모두 네 마리의 황마(黃馬)에 갈기가 붉은 것을 진열하였다. 제후왕이 받든 규(圭)와 겸하여 폐백을 들어 올리며 말하기를 '한두 명의 신위(臣衛)는 감히 토지에서 나오는 것을 잡아 올립니다.'라고 하고, 모두 재배하고 머리를 조아리자, 왕이 덕을 이음이 마땅하다고 답배하였다.(王出在應門之內, 太保率西方諸侯, 入應門左, 畢公率東方諸侯, 入應門右, 皆布乘黃朱. 賓稱奉圭兼幣, 曰一二臣衛, 敢執壤奠, 皆再拜稽首, 王 義嗣德, 答拜.)"

大命.

옛날 군주이신 문왕(文王)·무왕(武王)이 거듭 빛난 덕(德)을 베푸시며 백성들이 의지하여 살 바를 정해주고 가르침을 펴시자, 백성들이 익히고 익히며 어기지 아니하여 능히 은(殷)나라에 도달해서 큰 명을 모으셨다.

詳說

○ 重, 平聲. 麗, 音離. 肄, 諺音誤.

'중(重)'은 평성이다. '리(麗)'는 음이 '리(離)'이다. '이(肄)'는 『언해』의 음이 잘못되었다.

集傳

武猶文, 謂之重光, 猶舜如堯謂之重華也.

무왕(武王)이 문왕(文王)과 같아 중광(重光)이라 이른 것이니, 순(舜)이 요(堯)와 같아 중화(重華)라 이른 것과 같다.

詳說

○ 見舜典

「순전」에 보인다.[25]

集傳

奠, 定, 麗, 依也.

전(奠)은 정함이고, 이(麗)는 의지함이다.

詳說

○ 卽多方所謂民之麗也.

곧 「다방」에서 말한 '백성들이 붙어서 하는 것'[26]이다.

---

25) 『서경대전(書經大全)』, 「우서(虞書)」·「순전1(舜典1)」: "옛 제순(帝舜)을 상고하건대 중화(重華)가 제요(帝堯)에게 합하시니, 깊고 명철하며 문채가 나고 밝으시며 온화하고 공손하며 성실하고 독실하시어 그윽한 덕(德)이 올라가 알려지시니, 제요(帝堯)가 마침내 직위(職位)를 명하셨다.(曰若稽古帝舜, 曰重華協于帝, 濬哲文明, 溫恭允塞, 玄德升聞, 乃命以位.)"

26) 『서경대전(書經大全)』, 「주서(周書)」·「다방5(多方5)」: "상제(上帝)의 명을 도모하고 능히 백성들이 붙어서 사는 것을 열어주지 못하며, 크게 벌을 내려 하(夏)나라에 난을 숭상하니, 말미암이 안의 혼란함에서 비롯되어 능히 무리들을 잘 받들지 못하고, 크게 공손함에 나아가 크게 백성들을 펴주지 못하며, 또한 하(夏)나라의 백성 중에 탐욕스럽고 분(忿)해 하는 자들을 날로 공경하며 하읍(夏邑)을 해쳐서이다.(厥圖帝之命, 不克開于民之麗, 乃大降罰, 崇亂有夏, 因甲于內亂, 不克靈承于旅, 罔丕惟進之恭, 洪舒于民, 亦惟有夏之民, 叨懫日欽, 劓割夏邑.)"

集傳
言文武宣布重明之德,
문왕(文王)·무왕(武王)이 거듭 밝은 덕을 선포하여

詳說
○ 添德字
'덕(德)'자를 더하였다.

集傳
定民所依,
백성들이 의지할 바를 정해주고

詳說
○ 蘇氏曰 : "定民居也."
소씨(蘇氏)가 말하였다 : "백성들의 주거를 안정시키는 것이다."27)

集傳
陳列敎條, 則民習服
가르침의 조목을 진열하니, 백성들이 익혀 잘 행하고

詳說
○ 肄, 習也.
'이(肄)'는 '익힌다.'는 것이다.

○ 服, 行也.
'복(服)'은 '행한다.'는 것이다.

集傳
習而不違, 天下化之,
익히고 어기지 않아 천하가 교화되었으니,

---

27) 『서경대전(書經大全)』, 「주서(周書)」·「고명(顧命)」 : "소씨가 말하였다 : '「전(奠)」은 백성들이 붙어사는 것을 안정시키는 것이니, 백성들의 주거를 안정시키는 것이다.(蘇氏曰 : 奠, 定民所麗著, 定民居也.)"

> 詳說

○ 添此句.

여기의 구를 더하였다.

○ 陳氏雅言曰 : "能盡敎養之政, 而化服民心."

진씨 아언(陳氏雅言)이 말하였다 : "가르치고 기르는 정사를 다하여 백성들의 마음을 교화시켜 행하는 것이다."[28]

> 集傳

用能達於殷邦, 而集大命於周也.

이 때문에 은(殷)나라에 도달해서 대명(大命)을 주(周)나라에 모았다고 말한 것이다.

[13-4-22-6]
在後之侗, 敬迓天威, 嗣守文武大訓, 無敢昏逾.

뒤의 어리석은 나에 있어서는 하늘의 위엄을 공경히 맞이하고 문왕(文王)·무왕(武王)의 큰 교훈을 이어 지켜서 감히 어둡거나 넘음이 없었노라.

> 詳說

○ 侗, 音通.

'동(侗)'은 음이 '통(通)'이다.

> 集傳

侗, 愚也. 成王自稱.

동(侗)은 어리석음이니, 성왕(成王)이 자칭한 것이다.

> 詳說

○ 自謙.

스스로 겸손한 것이다.

---

28) 『서경대전(書經大全)』, 「주서(周書)」·「고명(顧命)」 : "진씨 아언이 말하였다 : '…. 「백성들이 의지하여 살 바를 정해준다.」는 것에서 「어기지 않니한다.」까지는 가르치고 기르는 정사를 다하여 백성들의 마음을 교화시켜 행하는 것이라는 말이다. ….'(陳氏雅言曰 : …. 奠麗至不違, 言能盡敎養之政, 而化服民心也. ….)"

集傳
言其敬迎上天威命
공경히 상천(上天)의 위명(威命)을 맞이해서

詳說
○ 迓.
'영(迎)'은 경문에서 '아(迓)'이다.

集傳
而不敢少忽, 嗣守文武大訓, 而無敢昏逾.
감히 소홀히 하지 아니하고, 문왕(文王)·무왕(武王)의 큰 교훈을 잇고 지켜서 감히 어둡거나 넘음이 없었음을 말한 것이다.

詳說
○ 冒昧, 違越也.
어둠을 무릅쓰고, 어기고 넘어서는 것이다.

集傳
天威, 天命也, 大訓, 述天命者也. 於天言天威, 於文武言大訓, 非有二也.
천위(天威)는 천명(天命)이고, 대훈(大訓)은 천명을 기술한 것이다. 하늘에는 천위(天威)를 말하고, 문왕(文王)·무왕(武王)에는 대훈(大訓)을 말했으니, 두 가지가 있는 것이 아니다.

詳說
○ 五句, 論也.
다섯 구는 경문의 의미 설명이다.

[13-4-22-7]

今天降疾, 殆弗興弗悟, 爾尚明時朕言, 用敬保元子釗, 弘濟于艱難.

이제 하늘이 병을 내리시어 위태로워 일어나지 못하고 깨닫지 못하게 되었으니, 너는 부디 이 나의 말을 밝혀서 원자(元子)인 소(釗)를 공경히 보호하고 어려움을 크게 구제하도록 하라.

詳說

○ 釗, 諺音誤.

'소(釗)'는 『언해』의 음이 잘못되었다.

集傳

釗, 康王名. 成王言, 今天降疾我身,

소(釗)는 강왕(康王)의 이름이다. 성왕(成王)이 말씀하기를 "이제 하늘이 내 몸에 병을 내려

詳說

○ 句.

구두해야 한다.

集傳

殆將必死

위태로워 반드시 죽어서

詳說

○ 鄒氏季友曰 : "殆, 當從孔傳, 疾甚危殆, 蔡傳上章兩言疾危殆, 此云殆將, 何也."

추씨 계우(鄒氏季友)가 말하였다 : "'태(殆)'는 공씨의 전을 따라야 한다. 채씨의 전에서는 위의 장에서는

集傳

弗興弗悟,

일어나지 못하고 깨닫지 못할 것이니,

詳說

○ 臨川吳氏曰 : "不能起, 不蘇醒."

임천 오씨(臨川吳氏)가 말하였다 : "일어나지 못하고 깨닫지 못한다는 것이다."[29]

---

29) 『서경대전(書經大全)』, 「주서(周書)」·「고명(顧命)」 : "임천 오씨가 말하였다 : '「불흥(弗興)」은 것은 일어나지 못한다는 것이고, 「불오(弗悟)」는 깨닫지 못한나는 것이나. 이 나의 밀을 밝혀서 나의 명한 깃을 이둡

|集傳|

爾庶幾
너는 바라건대

|詳說|

○ 尚.
'서기(庶幾)'는 경문에서 '상(尚)'이다.

|集傳|

明是我言, 用敬保元子釗, 大濟于艱難. 曰元子者, 正其統也.
나의 이 말을 밝혀서 공경히 원자인 소(釗)를 보호하여 어려움을 크게 구제하라." 한 것이다. 원자(元子)라고 말한 것은 왕통(王統)을 바르게 한 것이다.

|詳說|

○ 此句. 論也.
여기의 구는 경문의 의미 설명이다.

○ 臨川王氏曰 : "王業之大, 付之一人, 可謂艱難."
임천 오씨(臨川吳氏)가 말하였다 : "왕업의 큼을 한 사람에게 맡겼으니 어렵다고 말해야 한다."30)

[13-4-22-8]
|柔遠能邇, 安勸小大庶邦.|

멀리 있는 자를 회유하고 가까이 있는 자를 잘 길들이며, 작고 큰 여러 나라들을 편안히 하

게 하지 말고 따라 쓰라는 것이다. 종사의 중대함과 기업의 큼을 한 사람에게 맡기는 것은 어렵다고 해야 하니, 강왕을 공경히 보호해서 어려움을 크게 건너 벗어나라는 말이다.'(臨川吳氏曰 : 弗興, 弗能起, 弗悟, 不蘇醒,明是朕言者, 不昧我所命而遵用之也. 宗社之重, 基業之大, 付之一人, 可謂艱難, 言當敬保護康王, 大渡脫艱難也.)"

30) 『서경대전(書經大全)』, 「주서(周書)」·「고명(顧命)」 : "임천 오씨가 말하였다 : '「불흥(弗興)」은 것은 일어나지 못한다는 것이고, 「불오(弗悟)」는 깨닫지 못한다는 것이다. 이 나의 말을 밝혀서 나의 명한 것을 어둡게 하지 말고 따라 쓰라는 것이다. 종사의 중대함과 기업의 큼을 한 사람에게 맡기는 것은 어렵다고 해야 하니, 강왕을 공경히 보호해서 어려움을 크게 건너 벗어나라는 말이다.'(臨川吳氏曰 : 弗興, 弗能起, 弗悟, 不蘇醒,明是朕言者, 不昧我所命而遵用之也. 宗社之重, 基業之大, 付之一人, 可謂艱難, 言當敬保護康王, 大渡脫艱難也.)"

고 권면하라.

集傳

懷來馴擾
회유하고 오게 하고 길들이며,

> **詳說**
> ○ 柔.
> '회래(懷來)'는 경문에서 '유(懷來)'이다.
>
> ○ 能.
> '능이(能邇)'는 경문에서 '능(能)'이다.

集傳

安寧勸導, 皆君道所當盡者. 合遠邇小大而言, 又以見君德所施, 公平周溥, 而不可有所偏滯也.
안녕하게 하고 권도(勸導)함은 모두 군주의 도리에 다해야 할 것들이다. 멀리 있는 자·가까이 있는 자와 작은 것·큰 것을 합하여 말했으니, 또 군주의 덕을 베푸는 것이 공평(公平)하고 두루하여 편벽되고 막히는 바가 있어서는 안됨을 나타낸 것이다.

> **詳說**
> ○ 音現.
> '현(見)'은 음이 '현(現)'이다.
>
> ○ 去聲.
> '시(施)'는 거성이다.
>
> ○ 音普.
> '부(溥)'는 음이 '보(普)'이다.
>
> ○ 以論釋之.
> 경문의 의미 설명으로 해석했다.

[13-4-22-9]

> 思夫人自亂于威儀, 爾無以釗, 冒貢于非幾.

생각하건대 사람은 스스로 위의(威儀)를 다스려야 하니, 너희들은 소(釗)를 데리고 나쁜 기미에 무릅쓰고 나아가지 말라."

詳說

○ 夫, 音扶, 無, 毋通.

'부(夫)'는 음이 '부(扶)'이고, '무(無)'는 '무(毋)'와 통한다.

集傳

亂, 治也. 威者, 有威可畏, 儀者, 有儀可象,

난(亂)은 다스림이다. 위(威)는 위엄이 있어 두려울 만한 것이요, 의(儀)는 예의가 있어 본받을 만한 것이니,

詳說

○ 見左襄三十一年.

『좌전』 양공 31년에 보인다.

集傳

舉一身之則而言也. 蓋人受天地之中以生. 是以有動作威儀之則,

한 몸의 법칙을 들어 말한 것이다. 사람은 천지의 중(中)을 받아 태어났다. 이 때문에 동작(動作)과 위의(威儀)의 법칙이 있으니,

詳說

○ 見左成十三年.

『좌전』 성공 13년에 보인다.

集傳

成王思夫人之所以爲人者,

성왕(成王)이 생각하건대 사람이 사람이 되는 까닭은

詳說

○ 陳氏大猷曰 : "夫人, 猶言大凡人."

진씨 대유(陳氏大猷)31)가 말하였다 : "사람은 대체로 사람이라고 말하는 것과 같다."32)

集傳

自治於威儀耳. 自治云者, 正其身, 而不假於外求也. 貢, 進也. 成王又言, 羣臣其無以元子而冒進於不善之幾也.

스스로 위의를 다스리기 때문이라고 여긴 것이다. '스스로 다스린다'는 것은 자기 몸을 바루고 밖에 구함을 빌리지 않는 것이다. 공(貢)은 나아감이다. 성왕(成王)이 또 말씀하기를 "여러 신하들은 원자(元子)를 데리고 불선(不善)한 기미(幾微)에 무릅쓰고 나아가지 말라."라고 하였다.

詳說

○ 非.

'불선(不善)'은 경문에서 '비(非)'이다.

集傳

蓋幾者, 動之微, 而善惡之所由分也, 非幾, 則發於不善, 而陷於惡矣. 威儀, 舉其著於外者, 而勉之也, 非幾, 舉其發於中者, 而戒之也. 威儀之治, 皆本於一念一慮之微, 可不謹乎. 孔子

기(幾)는 동함이 은미한 것으로 선(善)·악(惡)이 말미암아 나누어지는 것이니, 비기(非幾)는 불선(不善)에서 발하여 악(惡)에 빠지는 것이다. 위의(威儀)는 밖에 드러나는 것을 들어 권면한 것이고, 비기(非幾)는 마음속에 발하는 것을 들어 경계한 것이다. 위의(威儀)의 다스림이 모두 한 생각과 한 사려(思慮)의 작은 것에서 근본하니, 삼가지 않겠는가. 공자(孔子)의

詳說

○ 易繫辭.

『주역』「계사」이다.33)

---

31) 진씨 대유(陳氏大猷, ?~?) : 송나라 남강군(南康軍) 도창(都倉) 사람으로 자는 문헌(文獻)이고, 호는 동재(東齋)다. 이종(理宗) 개경(開慶) 원년(1259) 진사(進士)가 되고, 종정랑(從政郞)과 황주군(黃州軍) 판관(判官) 등을 지냈다. 『서경』에 조예가 깊었다. 저서에 『상서집전혹문(尙書集傳或問)』과 『상서집전회통(尙書集傳會通)』 등이 있다.
32) 『서경대전(書經大全)』, 「주서(周書)」·「고명(顧命)」: "진씨 대유가 말하였다 : '사람은 대체로 사람이라고 말하는 것과 같다.'(陳氏大猷曰 : 夫人猶言大凡人.)"
33) 『주역(周易)』「계사하(繫辭下)」: "공자(孔子)께서 말씀하였다. '기미를 앎이 그 신묘(神妙)할 것이다. 군자는

集傳

所謂知幾, 子思

이른바 '기미를 안다'는 것과, 자사(子思)의

詳說

○ 中庸.

『중용』이다.34)

集傳

所謂謹獨, 周子所謂幾善惡者, 皆致意於是也. 成王垂絶之言, 而拳拳及此, 其有得於周公者, 亦深矣.

이른바 '홀로를 삼간다'는 것과, 주자(周子)의 이른바 '기(幾)에 선(善)·악(惡)이 있다'는 것이 다 여기에 뜻을 다한 것이다. 성왕(成王)의 수절(垂絶)[임종]하는 말씀에 권권(拳拳)히 여기에 미쳤으니, 주공(周公)에게서 얻음이 또한 깊은 것이다.

詳說

○ 新安陳氏曰 : "曾子將終, 示孟敬子, 惟在於容貌之間, 與成王告戒之言, 如出一律, 其聞聖學之淵源於周公, 而垂其流派於洙泗歟."

신안 진씨(新安陳氏)가 말하였다 : "증자가 임종하려고 할 때에 맹경자에게 보여준 것이 용모에 있다는 것35)과 성왕이 고하여 경계한 말은 출처가 일률적으로 같으니, 성인의 학문이 주공에게서 연원함을 들음에 그 유파가 주사(洙泗)에 드리워졌다는 것이다."36)

위로 사귀되 아첨하지 않고 아래로 사귀되 모독하지 않으니, 기미를 아는 것이다. 기(幾)는 동함의 은미함으로 길(吉)·흉(凶)이 먼저 나타난 것이니, 군자는 기미를 보고 일어나고 하루가 마치기를 기다리지 않는다.'(子曰, 知幾其神乎. 君子上交不諂, 下交不瀆, 其知幾乎. 幾者, 動之微, 吉[凶]之先見者也, 君子見幾而作, 不俟終日..)"

34) 『중용(中庸)』 1장, "은(隱)보다 드러나는 것이 없으며 미(微)보다 나타나는 것이 없기 때문에 군자는 그 홀로를 삼가는 것이다.(莫見乎隱, 莫顯乎微, 故君子, 愼其獨也..)"

35) 『논어(論語)』 「태백(泰伯)」 : "증자(曾子)가 병환이 있자, 맹경자(孟敬子)가 문병(問病)을 왔다. 증자(曾子)가 말씀하였다. '새가 죽을 때에는 울음소리가 애처롭고, 사람이 죽을 때에는 그 말이 착한 법이다. 군자(君子)가 귀중히 여기는 도(道)가 세 가지 있으니, 용모를 움직일 때에는 사나움과 태만함을 멀리하며, 얼굴빛을 바룰 때에는 성실(誠實)함에 가깝게 하며, 말과 소리를 낼 때에는 비루함과 도리에 위배되는 것을 멀리하여야 한다. 제기(祭器)를 다루는 등의 소소한 일로 말하면 유사(有司)가 있어 하는 것이다.'曾子有疾, 孟敬子問之. 曾子言曰, 鳥之將死, 其鳴也哀, 人之將死, 其言也善. 君子所貴乎道者三, 動容貌, 斯遠暴慢矣, 正顔色, 斯近信矣, 出辭氣, 斯遠鄙倍矣, 籩豆之事則有司存.)"

36) 『서경대전(書經大全)』, 「주서(周書)」·「고명(顧命)」 : "신안 진씨가 말하였다 : '증자가 임종하려고 할 때에

○ 陳氏經曰 : "成王所得於周召者在敬
진씨 경(陳氏經)이 말하였다 : "성왕이 주공에게 얻은 것이 공경에 있다."37)

○ 蓋, 以下, 論也.
'개(蓋)' 이하는 경문의 의미 설명이다.

集傳

○ 蘇氏曰, 死生之際, 聖賢之所甚重也.
소씨(蘇氏)가 말하였다. "사생(死生)의 즈음은 성현(聖賢)이 매우 중하게 여기는 바이다.

詳說

○ 去聲.
'중(重)'은 거성이다.

集傳

成王將崩之一日, 被冕服以見百官, 出經遠保世之言,
성왕(成王)이 별세하려는 어떤 날에 면복(冕服)을 입고서 백관을 만나 영원(永遠)히 지나도록 세상을 보존할 말씀을 내었으니,

詳說

○ 猶圖也.
'경(經)'은 '도(圖)'와 같다.

集傳

其不死於燕安婦人之手也明矣.
편안히 부인의 손에서 죽지 않았음이 분명하다.

맹경자에게 보여준 것은 군자가 도에서 귀하게 여기는 것이 세 가지로 용모와 안색과 어투에 있다는 것인데, 성왕이 임종하려 할 때에 고하여 경계한 말과 출처가 일률적으로 같으니, 성인의 학문이 주공에게서 연원함을 들음에 그 유파가 수사(洙泗)에 드리워졌다는 것이다.'(新安陳氏曰 : 曾子將終, 示孟敬子, 以君子所貴乎道者三, 惟在於容貌顔色辭氣之間, 與成王臨崩告戒之言, 如出一律, 其聞聖學之淵源於周公, 而垂其流派於洙泗者歟.)"

37) 『서경대전(書經大全)』, 「주서(周書)」·「고명(顧命)」 : '진씨 경이 말하였다 : '성왕이 주공에게 얻은 것이 공경에 있다. 이미 공경해서 하늘의 위엄을 맞이하고, 다시 공경을 여러 신하들에게 내려 사왕을 보필하게 해서 「어려움을 크게 구제하도록 하라.」라고 했다.'(陳氏經曰 : 成王所得於周召者, 在敬. 既以敬而迓天威, 復以敬授羣臣, 使輔嗣王, 曰弘濟艱難. ….)"

詳說

○ 見禮記喪大記.
『예기』「상대기」에 보인다.

集傳

其致刑措宜哉
형벌을 버려두고 쓰지 않음을 이룬 것이 당연하구나."

詳說

○ 見史記周紀.
『사기(史記)』「주기(周紀)」에 보인다.

[13-4-22-10]

兹既受命還, 出綴衣于庭, 越翼日乙丑, 王崩.

이미 명을 받고 돌아가자, 철의(綴衣)를 노침(路寢)의 뜰에 내놓았는데, 다음날 을축일(乙丑日)에 왕(王)이 별세하였다.

詳說

○ 綴, 諺音誤.
'철(綴)'은 『언해』의 음이 잘못되었다.

集傳

綴衣, 幄帳也,
추의(綴衣)는 악장이니,

詳說

○ 唐孔氏曰 : "張於黼扆之上, 四合, 象宮室曰, 幄, 王所居之帳也."
당의 공씨(孔氏)가 말하였다 : "보의(黼扆)의 위에 쳐놓고 사방으로 합쳐 궁실을 상징하는 것을 악휘(幄)이라고 하니, 왕이 거주하는 천막이다."[38]

---

38) 『서전회선(書傳會選)』,「주서(周書)」·「고명(顧命)」: "당의 공씨(孔氏)가 말하였다 : '사방으로 합쳐 궁실을 상징하는 것을 악(幄)이라고 하니, 왕이 거주하는 천막이다. 위로 천장이 있는 것은 모두 명주로 만들어

> 集傳

羣臣旣退,

군신(群臣)이 물러간 다음에

> 詳說

○ 復齋董氏曰 : "周禮, 公北面, 孤東面, 卿大夫西面. 還, 謂還就此位."

복재 동씨(復齋董氏)가 말하였다 : "주례에 공은 북면하고 고는 동면하며, 경대부는 서면하는 것이다. '돌아간다[還]'는 것은 이 자리로 돌아가는 것이다."39)

> 集傳

徹出幄帳於庭.

악장(幄帳)을 거둬 뜰에 내놓았다.

> 詳說

○ 王氏曰 : "路寢之庭."

왕씨(王氏)가 말하였다 : "노침의 뜰이다."40)

> 集傳

喪大記

「상대기(喪大記)」에

> 詳說

○ 禮記

『예기』이다.

보의(黼扆)의 위에 쳐놓는다.'(孔䟽云 : 四合象宮室, 曰幄. 王所居之帳也. 上有承塵, 皆以繒爲之, 張於黼扆之上.)"

39) 『서경대전(書經大全)』, 「주서(周書)」·「고명(顧命)」: "복재 동씨가 말하였다 : '주례에 사인(射人)이 나라의 삼공과 삼고와 경대부의 위치를 담당한다. 공은 북면하고 고는 동면하며, 경대부는 서면하니, 이것이 명을 받는 것이다. 돌아간다[還]는 것은 이 자리로 돌아가는 것이다.'(復齋董氏曰 : 周禮, 射人, 掌國之三公三孤卿大夫之位. 公北面, 孤東面, 卿大夫西面, 此受命. 還, 謂還就此位也.)"

40) 『서경대전(書經大全)』, 「주서(周書)」·「고명(顧命)」: "왕씨가 말하였다 : '철의(綴衣)는 그 옷이 연달아 이어져 유악(帷幄)과 같은 것이다. 옆에 있는 것을 유(帷)라고 하고, 위에 있는 것을 막(幕)이라고 하며, 네 곳으로 합해 궁실을 상징하는 것을 악(幄)이라고 하고, 천막 위의 천정을 역(帟)이라고 하니, 노침의 뜰이다.'(王氏曰 : 綴衣, 其衣連綴, 帷幄之屬, 在旁曰帷, 在上曰幕, 四合象宮室曰幄, 幄上承塵曰帟, 庭路寢之庭.)"

> 集傳

云, 疾病君徹縣
"병이 심해지면 군주가 매달아 놓은 악기를 철거하고

> 詳說

○ 音玄.
'현(縣)'은 음이 '현(玄)'이다.

> 集傳

東首於北牖下, 是也.
북쪽 창문 아래에 동쪽으로 머리를 둔다."는 것이 이것이다.

> 詳說

○ 去聲.
'수(首)'는 거성이다.

○ 陳氏澔曰 : "向生氣也."
진씨 호(陳氏澔)가 말하였다 : "생기를 향하는 것이다."

○ 一作墉.
'유(牖)'는 어떤 판본에는 '용(墉)'으로 되어 있다.

○ 不必泥此二字, 謂此徹幄帳, 與禮之鐘磬, 其事相類云.
여기의 두 글자에 구애되어 여기서 악장을 거둔다는 것을 예에서 종과 경을 거두는 것과 그 일이 서로 비슷하다고 말할 필요는 없다.

> 集傳

於其明日, 王崩.
그 다음날에 왕(王)이 별세한 것이다.

> 詳說

○ 經世書曰 : "成王在位三十七年, 起庚戌盡壬辰."
『경세서(經世書)』에서 말하였다 : "성왕은 재위 37년이고, 경술에 태어나 임진에 다하였다."

○ 按崩時年四十四.
살펴보건대, 돌아가셨을 때 44세였다.

[13-4-22-11]
太保, 命仲桓南宮毛, 俾爰齊侯呂伋, 以二干戈虎賁百人, 逆子釗於南門之外, 延入翼室, 恤宅宗.

태보(太保)가 중환(仲桓)과 남궁모(南宮毛)에게 명하여 제후(齊侯)인 여급(呂伋)을 시켜 간과(干戈) 들과 호분(虎賁) 백 명으로 태자(太子) 소(釗)를 남문(南門)의 밖에서 맞이하고, 익실(翼室)로 인도해 들어와 휼택(恤宅)에 종주가 되게 하였다.

詳說
○ 伋, 訖立反, 賁, 音奔.
'급(伋)'은 음이 '흘(訖)'과 '립(立)'의 반절이고, '분(賁)'은 음이 '분(奔)'이다.

集傳
桓毛, 二臣名. 伋, 太公望子,
환(桓)과 모(毛)는 두 신하의 이름이다. 급(伋)은 태공(太公) 망(望)의 아들이니,

詳說
○ 丁公.
정공이다.

集傳
爲天子虎賁氏. 延, 引也. 翼室, 路寢芴, 左右翼室也.
천자국의 호분씨(虎賁氏)가 되었다. 연(延)은 인도함이다. 익실(翼室)은 노침(路寢) 곁에 있는 좌우(左右)의 익실(翼室)이다.

詳說
○ 卽夾室也.
곧 협실이다.

集傳

太保以冢宰攝政, 命桓毛二臣,
태보(太保)가 총재로서 섭정하니, 환(桓)·모(毛) 두 신하에게 명해서

> 詳說

○ 夏氏曰 : "桓毛, 必宿衛之臣."
하씨(夏氏)가 말하였다 : "환(桓)·모(毛)는 숙위(宿衛)의 신하이다."[41]

○ 毛, 豈括之子歟.
'모(毛)'는 '괄(括)'의 자식일 것이다.

> 集傳

使齊侯呂伋,
제후(齊侯)인 여급(呂伋)을 시켜

> 詳說

○ 爰語辭.
'원(爰)'은 어조사이다.

> 集傳

以二干戈虎賁百人, 逆太子釗於路寢門外,
간과(干戈) 둘과 호분(虎賁) 백 명으로 태자(太子) 소(釗)를 노침(路寢)의 문(門) 밖에서 맞이하고

> 詳說

○ 迎也.
'역(逆)'은 맞이하는 것이다.

○ 王氏曰 : "稱子者, 所以正名, 明父子繼世之義, 稱名, 未成君也. 南門, 王宮之外門."
왕씨가 말하였다 : "'자(子)'라고 칭한 것은 명분을 바르게 해서 아비와 자식이 세대를 이어가는 의미를 밝히는 것이고, 이름을 칭한 것은 아직 임금이 되지 않

---

41) 『서경대전(書經大全)』, 「주서(周書)」·「고명(顧命)」 : "하씨가 말하였다 : '환과 모는 숙위(宿衛)의 신하이다.'(夏氏曰 : 桓毛, 必宿衛之臣.)"

앉기 때문이다. 남문은 왕궁의 외문이다."42)

○ 范氏曰 :"成王崩, 太子必在側. 本在內將出而迎之, 所以顯之於衆也.."
범씨(范氏)가 말하였다 :"성왕이 돌아가심에 태자가 반드시 옆에 있었다. 본래 안에서 나가 맞이하려는 것은 무리들에게 드러내기 위함이다."43)

集傳

引入路寢翼室, 爲憂居宗主也.
노침(路寢)의 익실(翼室)로 인도해 들어와 우거(憂居)의 종주가 되게 한 것이다.

詳說

○ 恤宅.
'우거(憂居)'는 경문에서 '휼택(恤宅)'이다.

○ 喪主.
상주이다.

○ 補爲字.
'위(爲)'자를 보완하였다.

集傳

呂氏曰, 發命者, 冢宰, 傳命者, 兩朝臣,
여씨(呂氏)가 말하였다. "명령을 발한 것은 총재(宰)이고, 명령을 전달한 것은 두 조신(朝臣)이며,

詳說

○ 音潮.

---

42) 『서경대전(書經大全)』, 「주서(周書)」·「고명(顧命)」 : "왕씨가 말하였다 : '「자(子)」라고 칭한 것은 명분을 바르게 해서 아비와 자식이 세대를 이어가는 의미를 밝히는 것이고, 이름을 칭한 것은 아직 임금이 되지 않았기 때문이다. 왕궁은 남향이니, 남문은 왕궁의 외문이다.'(王氏曰 : 稱子者, 所以正名, 明父子繼世之義, 稱名, 未成君也. 王宮南向, 南門, 王宮之外門也.)"
43) 『서경대전(書經大全)』, 「주서(周書)」·「고명(顧命)」 : "범씨가 말하였다 : '성왕이 돌아가심에 태자가 반드시 옆에 있었다. 이때에 본래 안에서 나가 맞이하려는 것은 무리들에게 드러내기 위함이다.'(范氏曰 : 成王崩, 太子必在側. 當是時, 本在內出而迎之, 所以顯之於衆也.)"

'조(朝)'는 음이 '조(潮)'이다.

集傳
承命者, 勳戚顯諸侯.
명령을 받든 것은 공로가 있는 외척의 드러난 제후였다.

詳說
○ 呂伋成王之舅.
여급은 성왕의 외삼촌이다.

集傳
體統尊嚴, 樞機周密, 防危慮患之意深矣. 入自端門
체통이 존엄하고 추기(樞機)가 주밀(周密)하니, 위험을 막고 화를 염려한 뜻이 깊다. 궁전의 정문(正門)에서 들어와

詳說
○ 正也.
'단(端)'은 '정(正)'이다.

集傳
萬姓咸覲, 與天下共之也, 延入翼室, 爲憂居之宗示, 天下不可一日無統也. 唐穆敬文武
만성(萬姓)이 모두 보게 한 것은 천하와 함께 한 것이며, 익실(翼室)로 맞이하여 들어와 우거(憂居)의 종주가 되게 한 것은 천하에 하루라도 통솔자가 없어서는 안 됨을 보여준 것이다. 당(唐)나라는 목종(穆宗)·경종(敬宗)·문종(文宗)·무종(武宗)

詳說
○ 四宗.
네 명의 종이다.

集傳
以降, 閹寺執國命, 易主於宮掖, 而外廷猶不聞, 然後知周家之制, 曲盡備豫, 雖一條一節, 亦不可廢也.

이후로 환관들이 나라의 정사를 잡아 궁중에서 군주를 바꿔도 밖의 조정에서는 오히려 듣지 못하였으니, 이러한 뒤에야 주(周)나라의 제도가 곡진하고 미리 대비하여 비록 한 조목과 한 절목(節目)이라도 또한 폐할 수 없음을 알았다."

詳說

○ 呂氏, 以下, 論也.

여씨 이하는 경문의 의미 설명이다.

[13-4-22-12]

丁卯, 命作冊度.

정묘일(丁卯日)에 명하여 책과 법도를 만들게 하였다.

集傳

命史

사관(史官)에게 명하여

詳說

○ 臨川吳氏曰 : "亦太保命也, 旣大斂之後也."

임천 오씨(臨川吳氏)가 말하였다 : "또한 태보의 명으로 대렴을 끝낸 다음이다."[44]

○ 諺讀, 作王命, 何也.

『언해』의 구두는 왕명(王命)으로 되어 있으니, 무엇 때문인가?

集傳

爲冊書法度,

책서(冊書)와 법도(法度)를 만들고,

---

44) 『서경대전(書經大全)』, 「주서(周書)」·「고명(顧命)」: "임천 오씨가 말하였다 : '정묘일은 왕이 돌아가시고 3일째이다. 명은 또한 태보의 명이다. 성왕이 유명(遺命)이 있어 강왕에게 전하려고 하였기 때문에 책으로 그 말을 기록해서 주려는 것이다. 책을 만든 다음에 이어 책을 주는 법도를 만든 것이다. 모든 상례는 그 다음날 소렴하고 또 그 다음날 대렴하니 존비가 모두 같다. 명하여 책과 법도를 만든 것은 대렴을 끝낸 다음이다.'(臨川吳氏曰 : 丁卯, 王崩之第三日也. 命亦, 太保命也. 成王有遺命將傳之于康王, 故作冊以紀其言而授之也. 旣作冊, 因作受冊之度也. 凡喪禮, 厥明而小斂, 又厥明而大斂, 尊卑皆同. 命作冊度者, 旣大斂之後也.)"

詳說

○ 陳氏大猷曰 :"作冊書記先王顧命之言, 並作受冊法度. 下文升階卽位, 受同祭饗等其法度也."

진씨 대유(陳氏大猷)가 말하였다 : "책으로 선왕이 고명한 말을 기록하면서 아울러 책과 법도를 받게 한 것이다. 아래의 글에서 계단으로 올라 자리로 나아가 제향 등의 법도를 받아 함께 한 것이다."45)

集傳

傳顧命於康王.
고명(顧命)을 강왕(康王)에게 전한 것이다.

詳說

○ 臨川吳氏曰 : "將傳於康王."

임천 오씨(臨川吳氏)가 말하였다 : "강왕에게 전하려는 것이다."46)

[13-4-22-13]

越七日癸酉, 伯相, 命士須材.

7일이 지난 계유일(癸酉日)에 백상(伯相)이 사(士)에게 명하여 재목을 취해오게 하였다.

詳說

○ 相, 去聲.
'상(相)'은 거성이다.

---

45) 『서경대전(書經大全)』, 「주서(周書)」·「고명(顧命)」: "진씨 대유가 말하였다 : '성왕이 유명(遺命)을 두었을지라도 책서를 두어 강왕에게 전하지 않았기 때문에 책으로 선왕이 고명한 말을 기록하면서 이어 아울러 책과 법도를 받게 한 것이다. 아래의 글에서 계단으로 올라 자리로 나아가 제향 등의 법도를 받아 함께 한 것이다.'(陳氏大猷曰 : 成王雖有遺命, 未有冊書將傳之康王. 故作冊書紀先王之言以授之, 因並作受冊法度. 下文升階卽位, 及受同祭饗等其法度也.)"
46) 『서경대전(書經大全)』, 「주서(周書)」·「고명(顧命)」: "임천 오씨가 말하였다 : '정묘일은 왕이 돌아가시고 3일째이다. 명은 또한 태보의 명이다. 성왕이 유명(遺命)이 있어 강왕에게 전하려고 하였기 때문에 책으로 그 말을 기록해서 주려는 것이다. 책을 만든 다음에 이어 책을 주는 법도를 만든 것이다. 모든 상례는 그 다음날 소렴하고 또 그 다음날 대렴하니 존비가 모두 같다. 명하여 책과 법도를 만든 것은 대렴을 끝낸 다음이다.'(臨川吳氏曰 : 丁卯, 王崩之第三日也. 命亦, 太保命也. 成王有遺命將傳之于康王, 故作冊以紀其言而授之也. 旣作冊, 因作受冊之度也. 凡喪禮, 厥明而小斂, 又厥明而大斂, 尊卑皆同. 命作冊度者, 旣大斂之後也.)"

○ 鄭氏曰 : "癸酉, 殯之明日也. 天子七日而殯."
정씨(鄭氏)가 말하였다 : "계유일은 염한 다음날이다. 천자는 7일이 지나 염한다."47)

集傳

伯相, 召公也, 召公以西伯爲相.
백상(伯相)은 소공(召公)이니, 소공(召公)이 서백(西伯)으로 정승이 되었다.

詳說

○ 王氏肅曰 : "爲方伯居冢宰."
왕씨 숙(王氏肅)48)이 말하였다 : "방백이 되어 총재로 있는 것이다."49)

集傳

須, 取也, 命士,
수(須)는 취함이니, 사(士)에게 명하여

詳說

○ 薛氏曰 : "山虞, 匠人之屬."
설씨(薛氏)가 말하였다 : "산우(山虞)로 장인의 무리이다."50)

集傳

取材木, 以供喪用.

---

47) 『서경대전(書經大全)』, 「주서(周書)」·「고명(顧命)」 : "정씨가 말하였다 : '대부 이상의 빈렴(殯斂)은 모두 죽은 다음 날로 헤아린다. 천자는 7일이 지나 염하는 것은 죽고 8일이 지난 것으로 계유일은 염한 다음날이다.'(鄭氏曰 : 大夫以上殯斂, 皆以死之來日數. 天子七日而殯, 於死爲八日, 癸酉者, 殯之明日也.)"
48) 왕숙(王肅, 195~256) : 삼국시대 위(魏)나라 동해군 담현(東海郡 郯縣 : 현 산동성 소속) 사람으로 자는 자옹(子雍)이다. 삼국(三國)시대 조위(曹魏)의 관리이자 경학자(經學者)로 왕랑(王朗)의 아들이다. 사마소(司馬昭)의 장인으로 진(晉)나라 무제(武帝)의 외조부이며, 벼슬은 산기황문시랑(散騎黃門侍郎), 비서감(秘書監), 숭문관제주(崇文觀祭酒), 광평태수(廣平太守), 시중(侍中), 하남윤(河南尹) 등을 역임했다. 사후에 위장군(衛將軍)으로 추증되었고, 시호는 경후(景侯)이다. 부친인 왕낭(王朗)에게 금문학(今文學)을 배우고, 당대 대유학자(大儒學者)인 송충(宋忠)을 사사하여 고금경전(今古經典)에 해박했다. 특히 고문학자(古文學者) 가규(賈逵), 마융(馬融)의 현실주의적 해석을 계승해서, 정현(鄭玄)의 참위설(讖緯說)을 혼합한 경전해석을 반박하였다. 또한 정현의 예학(禮學) 체계에 반대하여 『성증론(聖證論)』을 지었다. 그의 학설은 모두 위나라의 관학(官學)으로서 공인받았다. 저서로는 『공자가어(孔子家語)』, 『고문상서공굉국전(古文尙書孔宏國傳)』 등이 있다.
49) 『서경대전(書經大全)』, 「주서(周書)」·「고명(顧命)」 : "왕씨 숙이 말하였다 : '소공이 방백이 되어 총재로 있기 때문에 백상이라고 한 것이다.'(王肅曰 : 召公爲方伯, 居冢宰, 故又曰伯相.)"
50) 『서경대전(書經大全)』, 「주서(周書)」·「고명(顧命)」 : "설씨가 말하였다 : '사(士)는 산우(山虞)로 장인의 무리이니, 사에게 명하여 재목을 취해 오게 한 것은 모두 상사의 쓰임을 제공하기를 기다리는 것이다.'(薛氏曰 : 士, 山虞, 匠人之屬. 命士取材木, 須待以供凡喪事之用.)"

재목을 취해 오게 하고 상사(喪事)에 쓰도록 한 것이다.

詳說

○ 臨川吳氏曰 : "士, 喪禮獻材于殯門外. 檀弓旬而布材與明器."
임천 오씨(臨川吳氏)가 말하였다 : "사는 상례에 빈문 밖에 재목을 바치니,「단궁」에서 열흘이 지나면 재목과 명기를 늘어놓는다는 것이다."51)

[13-4-22-14]

狄, 設黼扆綴衣.

적(狄)이 보의(黼扆)와 추의(綴衣)를 진설하였다.

詳說

○ 扆, 隱豈反.
'의(扆)'는 '은(隱)'과 '기(豈)'의 반절이다.

集傳

狄下士. 祭統
적(狄)은 하사(下士)이다.「제통(祭統)」에

詳說

○ 禮記.
『예기』이다.

集傳

云, 狄者, 樂吏之賤者也.
"적(狄)은 악리(樂吏) 중에 낮은 자이다."라고 하였고,

---

51) 『서경대전(書經大全)』,「주서(周書)」·「고명(顧命)」: "임천 오씨가 말하였다 : '계유는 왕이 죽고 9일째이다. 천자는 7일이 지나 염하니, 죽은 다음날로부터 헤아리면 이것은 이미 염한 다음이다. 염이 끝나면 송사의 일이 대략 갖추어지기 때문에 이때에 고명을 후사의 임금에게 보내는 것이다. 사에게 명하여 재목을 취해 오게 해서 상례의 씀에 이바지 하게 하는 것이다. 사는 상례에 빈문 밖에 재목을 바치니,「단궁」에서 열흘이 지나면 재목과 명기를 늘어놓는다는 것이다.'(臨川吳氏曰 : 癸酉, 王崩之第九日. 天子七日而殯, 自死之明日數, 此既殯之後也. 殯畢, 則送死之事, 畧具矣, 故於此時, 傳顧命于嗣君. 命士取材木, 以供喪用. 士, 喪禮, 獻材于殯門外, 檀弓旬, 而布材與明器.)"

> [詳說]
> ○ 翟通.
>> '적(狄)'은 '적(翟)'과 통한다.

[集傳]
喪大記,
「상대기(喪大記)」에

> [詳說]
> ○ 禮記.
>> 『예기』이다.

[集傳]
狄人設階,
"적인(狄人)이 계단을 설치한다."는 것이니,

> [詳說]
> ○ 梯也, 爲升屋復也.
>> '계(階)'는 '제(梯)'는 사다리로 집으로 올라가는 것이다.

[集傳]
蓋供喪役, 而典設張之事者也.
상역(喪役)에 종사하여 진설하고 베푸는 일을 맡은 자이다.

> [詳說]
> ○ 去聲.
>> '장(張)'은 거성이다.

[集傳]
黼扆, 屛風畫爲斧文者
보의(黼扆)는 병풍에 도끼 문양을 그린 것이니,

> [詳說]

○ 音話
'화(畫)'는 음이 '화(話)'이다.

○ 周禮注曰 : "繡斧文."
『주례』의 주에서 말하였다 : "도끼 문양을 수놓은 것이다."

集傳
設黼扆綴帳,
보의(黼扆)와 악장(幄帳)을 진설하여

詳說
○ 卽前所徹出者.
곧 앞에서 거둬 내놓았다는 것이다.

集傳
如成王生存之日也.
성왕(成王)이 생존했던 날과 같이 한 것이다.

詳說
○ 添此句.
여기의 구를 더하였다.

○ 唐孔氏曰 : "自此至陳輅, 各有所司, 皆是相命, 不言者, 蒙上命士之文也. 皆爲將傳顧命, 而陳儀物也. 於四座, 上言設黼扆綴衣, 則四座皆設也."
당의 공씨(孔氏)가 말하였다 : "보의(黼扆)를 설치한 것부터 노거(輅車)를 진열한 것까지는 각기 맡은 자가 있는 것으로 모두 백상의 명령인데, 말하지 않은 것은 위에서 사에게 명한 글을 이어받기 때문이다. 모두 고명을 전해 의례의 기물을 진설하려는 것이다. 네 자리에 대한 것은 위에서 보의(黼扆)와 철의(綴衣)를 설치한 것을 말했으니, 네 자리가 모두 설치된 것이다."[52]

---

52) 『서경대전(書經大全)』, 「주서(周書)」·「고명(顧命)」: "당의 공씨가 말하였다 : '보의(黼扆)를 설치한 것부터 노거(輅車)를 진열한 것까지는 각기 맡은 자가 있는 것으로 모두 백상의 명령인데, 말하지 않은 것은 위에서 사에게 명한 글을 이어받기 때문이다. 이 아래는 모두 고명을 전해 의례의 기물을 진설하려는 것이다. 네 자리에 떳떳하게 하는 것은 위에서 보의(黼扆)와 의(綴衣)를 설치한 것을 말했으니, 네 자리가 모두 설치된 것이다. 먼저 앞에 병풍을 설치하고, 또 위에 장악(帳幄)을 설치한 것이다.'(唐孔氏曰 : 自設黼扆,

[13-4-22-15]

牖間, 南嚮, 敷重篾席黼純, 華玉仍几.

유(牖)의 사이에 남향하여 이중으로 된 멸석(篾席)을 보(黼)로 선 두른 것을 펴니, 화옥(華玉)으로 된 궤(几)는 그대로 두었다.

詳說

○ 重, 平聲, 下並同. 篾, 莫結反. 純, 音準, 下並同.

'중(重)'은 평성이고 아래에서도 같다. '멸(篾)'은 음이 '막(莫)'과 '결(結)'의 반절이다. '순(純)'은 음이 '준(準)'으로 아래에서도 모두 같다.

集傳

此, 平時見羣臣, 覲諸侯之坐也.

이것은 평상시 여러 신하들을 만나보고 제후들에게 조회 받는 자리이다.

詳說

○ 去聲, 下並同.

'좌(坐)'는 아래에서도 모두 같다.

○ 先總提.

먼저 총괄해서 제시했다.

○ 呂氏曰 : "路寢, 窓牖之間, 卽當宁之所也. 牖, 序, 夾房階塾前, 指路寢言之."

여씨(呂氏)가 말하였다 : "노침은 창유(窓牖)의 사이로 곧 저(宁)에 해당하는 자리이다. 유(牖)는 동쪽과 서쪽의 담 사이로 방(房)·계(階)·숙(塾)의 앞을 끼고 있으니, 노침의 앞을 가리켜 말한 것이다."[53]

集傳

敷設重席, 所謂天子之席三重者也.

至陳輅車, 各有所司, 皆是相命, 不言命者, 蒙上命士之文也. 此下, 皆爲將傳顧命, 而陳儀物也. 經於四座, 上言設黼扆綴衣, 則四座皆設也. 先施屛風於前, 又施帳幄于上.)"

[53] 『서경대전(書經大全)』, 「주서(周書)」·「고명(顧命)」 : "여씨가 말하였다 : '유(牖)는 동쪽과 서쪽의 담 사이로 방(房)·계(階)·숙(塾)의 앞을 끼고 있으니, 노침을 가리켜 말한 것이다. … 사이는 동쪽 문과 서쪽 문을 창으로 한 것이니, 창의 사이로 곧 저(宁)에 해당하는 자리이다.'(呂氏曰 : 牖, 序, 夾房階塾前, 指路寢言之. …. 間者, 窓東戶西戶, 牖之間也, 卽當宁之所.)"

중석(重席)을 편 것은 이른바 천자의 자리가 삼중이라는 것이다.

詳說

○ 見禮記禮器. 三恐, 五之訛.
『예기(禮記)』「예기(禮器)」에 보인다. '삼(三)'은 '오(五)'의 잘못인 것 같다.

○ 鄒氏季友曰 : "周禮司几席云, 莞筵加繅席, 加次席. 次席, 卽篾席也."
추씨 계우가 말하였다 : "『주례』「사궤석」에서 '완연(莞筵)에 소석(繅席)을 놓고 차석(次席)을 가한다고 했으니, 곧 멸석(篾席)이다."

○ 唐孔氏曰 : "坐席皆敷, 三重舉其上而言重, 知其下叟有席也."
당의 공씨(孔氏)가 말하였다 : "좌석은 모두 펴는데, '삼중(三重)'은 그 위를 들어 '중(重)'을 말한 것이니 그 아래에 다시 자리가 있음을 알겠다."

集傳

篾席, 桃竹枝席也.
멸석(席)은 도지(桃枝)의 대로 만든 자리이다.

詳說

○ 竹名.
'도죽(桃竹)'은 대나무의 이름이다.

集傳

黼, 白黑雜繒. 純, 緣也.
보(黼)는 백색과 흑색이 섞여 있는 비단이다. 순(純)은 선을 두른 것이다.

詳說

○ 去聲, 下並同.
'연(緣)'은 거성으로 아래에서도 모두 같다.

集傳

華, 采色也, 華玉以飾几. 仍, 因也, 因生時所設也. 周禮

화(華)는 채색이니, 화옥(華玉)으로 궤(几)를 꾸민 것이다. 잉(仍)은 따른다는 것이니, 생시에 설치했던 것을 그대로 따른 것이다.『주례(周禮)』에

詳說

○ 司几筵.

「사궤연(司几筵)」이다.

集傳

吉事, 變几, 凶事仍几, 是也

"제사에는 궤(几)를 달리하고 상례(喪禮)에는 궤(几)를 그대로 둔다."는 것이 여기에 해당한다.

詳說

○ 此, 證也.

이것은 증거를 든 것이다.

[13-4-22-16]

西序, 東嚮, 敷重底席, 綴純, 文貝仍几.

서서(西序)에 동향하여 이중으로 된 저석(底席)을 여러 문채로 선 두른 것을 펴니, 문패(文貝)로 꾸민 궤(几)는 그대로 두었다.

詳說

○ 底, 諺解用華音

'저(底)'는『언해』의 해석에서 중화의 음을 사용한 것이다.

集傳

此, 旦夕聽事之坐也.

이것은 아침저녁으로 정사를 다스리는 자리이다.

詳說

○ 總提.

총괄해서 제시했다.

集傳

東西廂, 謂之序.

동서(東西)의 상(廂)을 서(序)라 이른다.

詳說

○ 西階上之少西.

서쪽 계단 위에서의 약간 서쪽이다.

○ 呂氏曰 : "就路寢西廂, 設座東向也."

여씨(呂氏)가 말하였다 : "노침의 서쪽 상(廂)에 나아가 좌석을 동향으로 설치한다."54)

集傳

底席, 蒲席也.

저석(底席)은 부들로 만든 자리이다.

詳說

○ 下莞, 故云底歟

아래가 부들이기 때문에 '저(底)'라고 했을 것이다.

集傳

綴, 雜彩. 文貝, 有文之貝, 以飾几也.

추(綴)는 여러 가지 채색이다. 문패(文貝)는 무늬가 있는 조개이니, 이것으로 궤(几)를 꾸민 것이다.

[13-4-22-17]

東序, 西嚮, 敷重豐席畫純, 雕玉仍几.

동서(東序)에 서향하여 이중으로 된 풍석(豐席)을 채색으로 선두른 것을 펴니, 조옥(雕玉)으로 꾸민 궤(几)는 그대로 두었다.

---

54) 『서경대전(書經大全)』, 「주서(周書)」·「고명(顧命)」 : "여씨가 말하였다 : '노침의 서쪽 상(廂)에 나아가 좌석을 동향으로 설치한다.'(呂氏曰 : 就路寢西廂, 設坐東嚮也.)"

詳說

○ 畫, 音話.
　'화(畫)'는 음이 '화(話)'이다.

集傳

此, 養國老饗羣臣之坐也.
이것은 국로(國老)를 기르고 군신(群臣)을 연향하는 자리이다.

詳說

○ 總提.
　총괄해서 제시했다.

○ 東序, 東階上之少東.
　'동서(東序)'는 동쪽 계단 위에서의 약간 동쪽이다.

集傳

豐席, 莞席也.
풍석(豐席)은 왕골자리이다.

詳說

○ 席厚, 故云豐歟.
　자리가 두텁기 때문에 풍(豐)이라고 했을 것이다.

集傳

畫, 彩色. 雕, 刻鏤也.
화(畫)는 채색이다. 조(雕)는 조각한 것이다.

[13-4-22-18]

西夾, 南嚮, 敷重筍席玄紛純, 漆仍几.

서협(西夾)에 남향하여 이중으로 된 순석(筍席)을 검정색을 섞어 선 두른 것을 펴니, 옻칠한 궤(几)는 그대로 두었다.

詳說

○ 夾, 諺音誤.
'협(夾)'은 『언해』의 음이 잘못되었다.

集傳

此, 親屬私燕之坐也,
이것은 친속(親屬)을 사사로이 잔치하는 자리이니,

詳說

○ 總提.
총괄해서 제시했다.

集傳

西廂夾室之前.
서상(西廂) 협실(夾室)의 앞이다.

詳說

○ 夏氏曰 : "夾室, 又謂之房, 卽下文東房西房, 以其夾中央之大室也. 西夾南嚮, 蓋在西廂之夾室中南向, 設此座也."
하씨(夏氏)가 말하였다 : "협실을 또 방이라고 하니, 곧 아래의 글에서 동방과 서방으로55) 중앙을 끼고 있는 대실이다. 서쪽 협실은 남향으로 대개 서상(西廂)의 협실 중에서 남향에 이 자리를 설치하는 것이다."56)

集傳

筍席, 竹席也.

---

55) 『서경대전(書經大全)』, 「주서(周書)」·「고명-19(顧命-19)」: "및 옥(玉)을 오중(五重)으로 진열하고 보물을 진열하니, 적도(赤刀)와 대훈(大訓)과 홍벽(弘璧)과 완염(琬琰)은 서서(西序)에 있고, 대옥(大玉)과 이옥(夷玉)과 천구(天球)와 하도(河圖)는 동서(東序)에 있고, 윤(胤)나라에서 만든 춤추는 옷과 대패(大貝)와 큰 북은 서방(西房)에 있고, 태(兌)가 만든 창과 화(和)가 만든 활과 수(垂)가 만든 대나무 화살은 동방(東房)에 있었다.(越玉五重, 陳寶, 赤刀, 大訓, 弘璧, 琬琰, 在西序, 大玉, 夷玉, 天球 河圖, 在東序, 胤之舞衣, 大貝, 鼖鼓, 在西房, 兌之戈, 和之弓, 垂之竹矢, 在東房.)"
56) 『서경대전(書經大全)』, 「주서(周書)」·「고명(顧命)」: "하씨가 말하였다 : '「상(廂)」의 협실을 협이라고 하고 또 방이라고 한다. 서협(西夾)은 서상(西廂)의 협실로 곧 아래의 글에서 이른바 동방과 서방의 중앙을 끼고 있는 대실이다. 서쪽 협실은 남향으로 대개 서상(西廂)의 협실 중에서 남향에 이 자리를 설치하는 것이다. 『설문』에서 순(筍)은 순태(竹胎)이니, 순석(筍席)은 죽순의 껍질로 자리를 짜서 만든 것이다.'(夏氏曰 : 廂之夾室, 謂之夾, 又謂之房. 西夾, 乃西廂之夾室, 卽下文所謂東房西房, 以其夾中央之大室. 西夾, 南嚮, 蓋在西廂之夾室中, 南嚮設此座也. 說文, 筍, 竹胎, 筍席, 取筍皮, 織爲席也.)"

순석(筍席)은 대자리이다.

詳說

○ 鄒氏季友曰：“竹初萌謂之筍, 取筍皮以爲席.”

추씨 계우(鄒氏季友)57)가 말하였다 : "대나무에 처음 싹이 나온 것을 '순(筍)'이라고 하는데, 그 껍질로 자리를 만든 것이다."

集傳

紛, 雜也, 以玄黑之色雜爲之緣. 漆, 漆几也. 牖間, 兩序西夾, 其席有四, 牖戶之間, 謂之扆. 天子負扆, 朝諸侯,

분(紛)은 섞임이니, 현흑(玄黑)의 색깔을 섞어 선 두른 것이다. 칠(漆)은 옻칠한 궤(几)이다. 유(牖)의 사이와 양서(兩序)와 서협(西夾)에 자리 네 개가 있으니, 유호(戶)의 사이를 의(扆)라 이른다. 천자는 의(扆)를 등지고 제후에게 조회 받으니,

詳說

○ 音潮.

'조(朝)'는 음이 '조(潮)'이다.

集傳

則牖間, 南嚮之席坐之正也. 其三席, 各隨事以時設也. 將傳先王顧命, 知神之在此乎在彼乎.

유(牖)의 사이에 남향한 자리는 자리 중에 바른 것이며, 나머지 세 자리는 각각 일에 따라 때에 맞춰 설치한다. 선왕(先王)의 고명(顧命)을 전하려고 하는데 신(神)이 여기에 있는지 저기에 있는지 알 수 있겠는가?

詳說

---

57) 『서경대전(書經大全)』, 「상서(商書)」·「중훼지고(仲虺之誥)」에는 황보밀(皇甫謐)의 말로 되어 있다. 황보밀(皇甫謐, 215년 ~ 282년)은 서진(西晉) 안정(安定) 조나(朝那) 사람으로 자는 사안(士安)이고, 어릴 때 이름은 정(靜)이며, 자호는 현안선생(玄晏先生)이다. 황보숭(皇甫嵩)의 증손이다. 젊었을 때 거침없이 방탕하여 사람들이 미치광이라고 여겼다. 20살 무렵부터 부지런히 공부해 게으르지 않았다. 집이 가난해 직접 농사를 지었는데, 책을 읽으면서 밭갈이를 함으로써 수많은 서적들을 통독했다. 나중에 질병에 걸렸으면서도 손에서 책을 놓지 않고 저술에 전심하느라 밥 먹는 것도 잊어버려 사람들이 서음(書淫)이라 했다. 무제(武帝) 때 부름을 받았지만 나가지 않았다. 무제가 책 한 수레를 하사했다. 자신의 병을 고치려고 의학서를 읽어 가장 오랜 침구 관련서인 『침구갑을경(鍼灸甲乙經)』을 편찬했다. 역사에도 조예가 깊어 『제왕세기(帝王世紀)』와 『연력(年歷)』, 『고사전(高士傳)』, 『일사전(逸士傳)』, 『열녀전(列女傳)』, 『현안춘추(玄晏春秋)』 등을 지었다.

○ 不知.

'지(知)'는 부지(不知)이다.

○ 見禮記郊特牲.

『예기(禮記)』「교특생(郊特牲)」에 보인다.

集傳

故兼設平生之坐也.

그러므로 평소의 자리를 겸하여 설치한 것이다.

詳說

○ 牖以下, 總論四節.

'유(牖)' 이하에서 네 절을 총괄해서 설명했다.

[13-4-22-19]

越玉五重, 陳寶, 赤刀, 大訓, 弘璧, 琬琰, 在西序, 大玉, 夷玉, 天球 河圖, 在東序, 胤之舞衣, 大貝, 鼖鼓, 在西房, 兌之戈, 和之弓, 垂之竹矢, 在東房.

및 옥(玉)을 오중(五重)으로 진열하고 보물을 진열하니, 적도(赤刀)와 대훈(大訓)과 홍벽(弘璧)과 완염(琬琰)은 서서(西序)에 있고, 대옥(大玉)과 이옥(夷玉)과 천구(天球)와 하도(河圖)는 동서(東序)에 있고, 윤(胤)나라에서 만든 춤추는 옷과 대패(大貝)와 큰 북은 서방(西房)에 있고, 태(兌)가 만든 창과 화(和)가 만든 활과 수(垂)가 만든 대나무 화살은 동방(東房)에 있었다.

詳說

○ 琬, 於阮反. 琰以冉反. 鼖, 音焚.

'완(琬)'은 음이 '어(於)'와 '완(阮)'의 반절이다. '염(琰)'은 음이 '이(以)'와 '염(冉)'의 반절이다. '분(鼖)'은 음이 '분(焚)'이다.

集傳

於東西序坐北, 列玉五重, 及陳先王所寶器物.

동·서의 서(序) 자리 북쪽에 옥(玉)을 오중(五重)으로 진열하고 선왕(先王)이 보물로 여긴 기물을 진열한 것이다.

詳說

○ 陳氏大猷曰 : "越, 及也, 承上文而言. 玉五重陳寶, 總言之, 下復分別焉."

진씨 대유(陳氏大猷)가 말하였다 : "'월(越)'은 '급(及)'으로 위의 글을 이어 말한 것이다. 옥을 오중으로 하고 보물을 진열한 것은 총괄해서 말한 것으로 아래에서 다시 분별하겠다."58)

集傳

赤刀, 赤削也.

적도(赤刀)는 붉은 삭도(削刀)이다.

詳說

○ 禮記疏曰 : "削曲刀."

『예기』의 소에서 말하였다 : "굽게 깎은 칼이다."

集傳

大訓, 三皇五帝之書,

대훈(大訓)은 삼황(三皇)·오제(五帝)의 글이니,

詳說

○ 卽三墳五典.

곧 『삼분오전(三墳五典)』이다.

集傳

訓誥亦在焉,

---

58) 『서경대전(書經大全)』, 「주서(周書)」·「고명(顧命)」 : "진씨 대유가 말하였다 : '여기는 선왕이 대대로 전한 보물을 진열한 것이다. 「월(越)」은 「급(及)」으로 위의 글을 이어 말한 것이다. 옥을 오중으로 하고 보물을 진열한 것은 총괄해서 말한 것으로 다시 분별하지 않겠다. 옥 한 쌍을 중(重)이라고 한다. 옛날에 쌍옥은 곡(穀)이고, 둥근 옥은 벽(璧)이라고 하였다. 위가 날카로운 것을 규(圭)라고 하는데, 염(琰)에는 봉망(鋒芒)이 있고, 완(琬)에는 봉망(鋒芒)이 없다. 대옥(大玉)은 화산(華山)의 옥이고, 이옥(夷玉)은 동이(東夷)의 아름다운 옥이다.'(陳氏人猷曰 : 此陳先工世傳之寶也. 越, 及也, 承上文而言. 玉五重陳寶, 總言之, 不復分別焉. 玉一雙曰重. 古雙玉爲穀, 圓玉曰璧. 銳上曰圭. 琰有鋒芒, 琬無鋒芒. 大玉, 華山之玉, 夷玉, 東夷之美王.)"

훈고(訓詁)가 또한 여기에 들어 있으며,

詳說

○ 伊訓湯誥之類.

「이훈」「탕고」의 종류이다.

集傳

文武之訓, 亦曰大訓.

문왕(文王)·무왕(武王)의 가르침을 또한 대훈(大訓)이라 한다.

詳說

○ 見前節.

앞의 절에 보인다.

集傳

弘璧, 大璧也. 琬琰, 圭名. 夷, 常也,

홍벽(弘璧)은 큰 벽옥(璧玉)이다. 완염(琬琰)은 규(圭)의 이름이다. 이(夷)는 보통이고,

詳說

○ 陳氏大猷曰 : "夷玉, 東夷之美玉."

진씨 대유(陳氏大猷)가 말하였다 : "이옥(夷玉)은 동이(東夷)의 아름다운 옥이다."[59]

集傳

球, 鳴球也.

구(球)는 명구(鳴球)이다.

詳說

---

59) 『서경대전(書經大全)』, 「주서(周書)」·「고명(顧命)」: "진씨 대유가 말하였다 : '여기는 선왕이 대대로 전한 보물을 진열한 것이다. 「월(越)」은 「급(及)」으로 위의 글을 이어 말한 것이다. 옥을 오중으로 하고 보물을 진열한 것은 총괄해서 말한 것으로 다시 분별하지 않겠다. 옥 한 쌍을 중(重)이라고 한다. 옛날에 쌍옥은 곡(穀)이고, 둥근 옥은 벽(璧)이라고 하였다. 위가 날카로운 것을 규(圭)라고 하는데, 염(琰)에는 봉망(鋒芒)이 있고, 완(琬)에는 봉망(鋒芒)이 없다. 대옥(大玉)은 화산(華山)의 옥이고, 이옥(夷玉)은 동이(東夷)의 아름다운 옥이다.'(陳氏大猷曰 : 此陳先王世傳之寶也. 越, 及也, 承上文而言. 玉五重陳寶, 總言之, 不復分別焉. 玉一雙曰重. 古雙玉爲穀, 圓玉曰璧. 銳上曰圭, 琰有鋒芒, 琬無鋒芒. 大玉, 華山之玉, 夷玉, 東夷之美玉.)"

○ 見益稷.

「익직(益稷)」에 보인다.60)

集傳

河圖伏羲時, 龍馬負圖, 出於河, 一六位北, 二七位南, 三八位東, 四九位西, 五十居中者, 易大傳

하도(河圖)는 복희씨(伏羲氏) 때에 용마(龍馬)가 그림을 지고 하수에서 나오니, 1·6은 북쪽에 위치하고 2·7은 남쪽에 위치하고 3·8은 동쪽에 위치하고 4·9는 서쪽에 위치하고 5·10은 중앙에 위치하였으니,『주역(周易)』의「대전(大傳)」에

詳說

○ 去聲.

'전(傳)'은 거성이다.

○ 繫辭

「계사전」이다.61)

集傳

所謂河出圖, 是也. 胤, 國名,

이른바 "하(河)에서 도(圖)가 나왔다."는 것이 이것이다. 윤(胤)은 나라의 이름이니,

詳說

○ 夏有胤侯.

하나라에 윤후(胤侯)가 있었다.

集傳

---

60) 『서경대전(書經大全)』,「주서(周書)」·「익직9(益稷9)」: "기(夔)가 말하였다. '명구(鳴球)를 치고 거문고와 비파를 어루만지며 노래를 읊으니, 조고(祖考)가 와서 이르시고 우빈(虞賓)이 자리에 있으면서 여러 제후들과 덕(德)으로 사양합니다. 당하(堂下)에는 관악기와 도고(鼓)를 진열하고, 음악을 합하고 멈추되 축(柷)과 어(敔)로 하며 생(笙)과 용(鏞)[큰북]을 번갈아 울리니, 새와 짐승이 너울너울 춤을 추며 소소(簫韶)를 아홉 번 연주하자 봉황이 와서 춤을 춥니다.'(夔曰, 戛擊鳴球, 搏拊琴瑟, 以詠, 祖考來格, 虞賓, 在位, 群后, 德讓. 下管鼗鼓, 合止柷敔, 笙鏞以間, 鳥獸蹌蹌, 簫韶九成, 鳳凰來儀.)"

61) 『주역(周易)』「계사전상(繫辭傳上)」: "그러므로 하늘이 신묘한 물건을 내자 성인이 법받으며, 천지(天地)가 변화하자 성인이 본받으며, 하늘이 상(象)을 드리워 길흉을 나타내자 성인이 형상하며, 하수(河水)에서 도(圖)가 나오고 낙수(洛水)에서 서(書)가 나오자 성인이 법받았다.(是故, 天生神物, 聖人則之, 天地變化, 聖人效之, 天垂象, 見吉凶, 聖人象之, 河出圖, 洛出書, 聖人則之.)"

胤國所制舞衣. 大貝, 如車渠.
윤(胤)나라에서 만든 춤추는 옷이다. 대패(大貝)는 차거(車渠)와 같은 것이다.

詳說
○ 沈氏存中曰 : "車渠, 蛤屬, 生南海中, 大者, 如箕."
심씨 존중(沈氏存中)62)이 말하였다 : "차거(車渠)는 대합 조개의 종류로 남해에서 나오는데, 큰 것은 키와 같다."

集傳
鼖鼓, 長八尺.
분고(鼓)는 길이가 8척이다.

詳說
○ 經不言, 所制者, 其人逸也.
가로를 말하지 않은 것은 만드는 경우에 그 사람이 마음대로 하기 때문이다.

集傳
兌和, 皆古之巧工, 垂, 舜時共工.
태(兌)와 화(和)는 모두 옛날에 공교로운 공인(工人)이며, 수(垂)는 제순(帝舜) 때의 공공(共工)이다.

詳說
○ 音恭.
'공(共)'은 음이 '공(恭)'이다.

集傳
舞衣鼖鼓戈弓竹矢, 皆制作精巧, 中法度.
춤추는 옷과 큰 북과 창과 활과 대나무 화살은 모두 제작이 정교하여 법도에 맞기

---

62) 심괄(沈括, 1031 ~ 1095) : "자는 존중(存中)이고, 호는 몽계옹(夢溪翁)이다. 저장성(浙江省) 출생으로 사천감이 되어 천체관측법·역법 등을 창안하였다. 후에 지방관이 되고, 또 수차에 걸쳐 변경지방을 시찰하였다. 당시 송나라는 북쪽에서 요(遼)나라의 압박을 받았으나, 1075년 요나라에 파견되어 국경선 설정에 대해 공을 세웠으며 상세한 지도를 작성했다. 왕안석(王安石)의 신법당(新法黨)에 속했기 때문에 좌천된 일도 있었다. 그는 매우 박학했으며, 특히 천문·수학·지리·본초(本草) 등 과학에 밝았다. 저서의 대부분은 없어졌으나, 『몽계필담(夢溪筆談)』과 『보필담(補筆談)』에는 풍부한 과학적 기사가 실려 있다.

詳說

○ 去聲.

'중(中)'은 거성이다.

集傳

故歷代傳寶之. 孔氏曰, 弘璧琬琰大玉夷玉天球, 玉之五重也. 呂氏曰, 西序所陳, 不惟赤刀弘璧, 而大訓參之, 東序所陳, 不惟大玉夷玉, 而河圖參之, 則其所寶者, 斷

때문에 역대에 전하여 보물로 여긴 것이다. 공씨(孔氏)가 말하였다. "홍벽(弘璧)·완염(琬琰)·대옥(大玉)·이옥(夷玉)·천구(天球)는 오중의 옥(玉)이다." 여씨(呂氏)가 말하였다. "서서(西序)에 진열한 것은 단지 적도(赤刀)·홍벽(弘璧) 만이 아니고 대훈(大訓)이 참여되었으며, 동서(東序)에 진열한 것은 단지 대옥(大玉)·이옥(夷玉) 만이 아니고 하도(河圖)가 참여되었으니, 그렇다면 그 보물로 여긴 것을 결단코

詳說

○ 都玩反.

'단(斷)'은 음이 '도(都)'와 '완(玩)'의 반절이다.

集傳

可識矣

알 수 있다."

詳說

○ 四字, 出易繫辭.

네 글자는 『주역』「계사전」이 출처이다.[63]

集傳

愚謂, 寶玉器物之陳, 非徒以爲國容觀美, 意者成王平日之所觀閱, 手澤在焉,

---

63) 『주역(周易)』「계사전하(繫辭傳下)」: "군자는 기미를 보고 떠나면서 하루가 다하기를 기다리지 않는다. 「예괘(豫卦)」 육이(六二)에 '돌처럼 견고해서 하루가 다하기를 기다리지 않으니 정하고 길하다.'라고 하였다. 절개가 돌과 같으니 어찌 하루가 다하기를 기다리겠는가? 이를 통해서 군자가 결단하는 것을 알 수 있다. (君子見幾而作, 不俟終日. 易曰, 介于石, 不終日, 貞吉. 介如石焉, 寧用終日. 斷可識矣.)"

내가 생각하건대 보옥(寶玉)과 기물을 진열한 것은 한갓 나라의 위용을 보기에 아름답게 하기 위해서가 아니고, 짐작컨대 성왕(成王)이 평소에 보던 것으로 손때가 남아 있으니,

▨詳說▨
○ 四字, 見禮記玉藻.
  네 글자는 『예기』 「옥조」에 보인다.

▨集傳▨
陳之以象其生存也. 楊氏中庸傳,
진열해서 그 생존함을 형상한 것이다. 양씨(楊氏)의 『중용전(中庸傳)』에

▨詳說▨
○ 去聲.
  '전(傳)'은 거성이다.

▨集傳▨
曰宗器於祭陳之, 示能守也, 於顧命陳之, 示能傳也.
"종기(宗器)를 제사할 때에 진열함은 잘 지킴을 보이는 것이며, 고명(顧命)에 진열함은 잘 전함을 보이는 것이다."라고 하였다.

▨詳說▨
○ 呂氏, 以下, 論也.
  여씨 이하는 경문의 의미 설명이다.

[13-4-22-20]

▨大輅, 在賓階, 面, 綴輅, 在阼階, 面, 先輅, 在左塾之前, 次輅, 在右塾之前.▨

대로(大輅)는 빈계에 있어 면(面)하고, 철로(綴輅)는 조계(階)에 있어 면(面)하며, 선로(先輅)는 좌숙(左塾)의 앞에 있고, 차로(次輅)는 우숙(右塾)의 앞에 있었다.

▨集傳▨

大輅, 玉輅也, 綴輅, 金輅也, 先輅, 木輅也, 次輅, 象輅革輅也. 王之五輅, 玉輅以祀

대로(大輅)는 옥로(玉輅)이고, 추로(綴輅)는 금로(金輅)이며, 선로(先輅)는 목로(木輅)이고, 차로(次輅)는 상로(象輅)와 혁로(革路)이다. 왕(王)의 다섯 수레 중에 옥로(玉輅)는 제사에만 쓰고

詳說

○ 乘以祀也.

올라서 제사하는 것이다.

集傳

不以封,

봉하는 데는 쓰지 않으니,

詳說

○ 賜以封之詩, 采菽註, 叅看可也.

하사해서 봉하는 시 채숙(采菽)의 주를 참고해서 봐야 한다.

集傳

爲最貴, 金輅以封同姓, 爲次之, 象輅, 以封異姓, 爲又次之, 革輅, 以封四衛, 爲又次之, 木輅, 以封蕃國,

가장 귀하고, 금로(金輅)는 동성(同姓)을 봉할 때에 쓰니 다음이 되고, 상로(象輅)는 이성(異姓)을 봉할 때에 쓰니 또 다음이 되고, 혁로(革輅)는 사위(四衛)를 봉할 때에 쓰니 또 그 다음이 되고, 목로(木輅)는 번국(蕃國)을 봉할 때에 쓰니

詳說

○ 藩同

'번(蕃)'은 '번(藩)'과 같다.

○ 並見周禮巾車及典路,

아울러 『주례』의 「건거(巾車)」와 「전로(典路)」에 보인다.

集傳

爲最賤. 其行也, 貴者, 宐自近, 賤者, 宐遠也. 王乘玉輅,
가장 천하다. 그 항렬은 귀한 것이 자연 가까워야 하고 천한 것이 멀어야 한다.
왕은 옥로(玉輅)를 타니,

> 詳說
> ○ 祀時.
>> 제사 때이다.

集傳
綴之者, 金輅也,
그 사이를 연결하는 것은 금로(金輅)이기

> 詳說
> ○ 連接.
>> '철(綴)'은 연결해서 잇는 것이다.

集傳
故金輅謂之綴輅, 最遠者, 木輅也, 故木輅謂之先輅.
때문에 금로(金輅)를 추로(綴輅)라 하였고, 가장 멀리 있는 것은 목로(木輅)이기 때문에 목로를 선로(先輅)라 하였다.

> 詳說
> ○ 遠之初也.
>> 멀리하는 처음이다.

集傳
以木輅爲先輅, 則革輅象輅, 爲次輅矣. 賓階, 西階也, 阼階, 東階也.
목로(木輅)를 선로(先輅)라 한다면 혁로(革輅)와 상로(象輅)가 차로(次輅)가 되는 것이다. 빈계(賓階)는 서쪽 계단이고, 조계(阼階)는 동쪽 계단이다.

> 詳說
> ○ 爾雅曰 : "主階也."
>> 『이아』에서 말하였다 : "주계(主階)이다."

集傳

面, 南嚮也.
면(面)은 남향이다.

詳說

○ 夏氏曰 : "其轅向南, 故謂之面. 蓋在階之南面也."
하씨(夏氏)가 말하였다 : "그 끌채가 남쪽을 향하기 때문에 '면(面)'이라고 하였으니, 대개 계(階)에서 남쪽으로 마주하고 있다."[64]

集傳

塾, 門側堂也.
숙(塾)은 문 곁에 있는 당(堂)이다.

詳說

○ 夏氏曰 : "塾在堂之前, 左塾之前, 在門內之西, 自外向內言之, 實在左也, 右塾在東."
하씨(夏氏)가 말하였다 : "숙(塾)이 당(堂)의 앞에 있는 것은 좌숙의 앞이 문 안의 서쪽이니, 밖이 안을 향하는 것으로 말하면 실제로 왼쪽에 있고, 우숙은 동쪽에 있다."[65]

集傳

五輅陳列, 亦

---

[64] 『서경대전(書經大全)』, 「주서(周書)」·「고명(顧命)」 : "하씨가 말하였다 : '⋯. 그 끌채가 남쪽을 향하기 때문에 「면(面)」이라고 하였으니, 대개 계(階)에서 남쪽으로 마주하고 있다. 선로가 좌숙의 앞에 있는 것은 대개 문 안의 서쪽에서 숙(塾)이 당(堂)의 앞에 있기 때문에 안이 밖을 향하는 것으로 말하니, 서쪽에 있을지라도 밖이 안을 향하는 것으로 말하면 실제로 왼쪽에 있는 것이다. 차로가 오른쪽에 숙의 앞에 있는 것은 대개 문 안의 동쪽에서 안이 밖을 향하는 것으로 말하니, 동쪽에 있을지라도 밖에서 안을 향으로 것으로 말하면 실제로 오른쪽에 있는 것이다.'(夏氏 : ⋯. 其轅向南, 故謂之面, 蓋在階之南面也. 先輅在左塾之前, 蓋在門內之西, 以塾在堂之前, 故自內向外言之, 雖在西, 自外向內言之, 實在左也. 次輅在右塾之前, 蓋在門內之東, 自內向外言之, 雖在東, 自外向內言之, 實在右也.)"

[65] 『서경대전(書經大全)』, 「주서(周書)」·「고명(顧命)」 : "하씨가 말하였다 : '⋯. 그 끌채가 남쪽을 향하기 때문에 「면(面)」이라고 하였으니, 대개 계(階)에서 남쪽으로 마주하고 있다. 선로가 좌숙의 앞에 있는 것은 대개 문 안의 서쪽에서 숙(塾)이 당(堂)의 앞에 있기 때문에 안이 밖을 향하는 것으로 말하니, 서쪽에 있을지라도 밖이 안을 향하는 것으로 말하면 실제로 왼쪽에 있는 것이다. 차로가 오른쪽에 숙의 앞에 있는 것은 대개 문 안의 동쪽에서 안이 밖을 향하는 것으로 말하니, 동쪽에 있을지라도 밖에서 안을 향으로 것으로 말하면 실제로 오른쪽에 있는 것이다.'(夏氏 : ⋯. 其轅向南, 故謂之面, 蓋在階之南面也. 先輅在左塾之前, 蓋在門內之西, 以塾在堂之前, 故自內向外言之, 雖在西, 自外向內言之, 實在左也. 次輅在右塾之前, 蓋在門內之東, 自內向外言之, 雖在東, 自外向內言之, 實在右也.)"

오로(五輅)를 진열한 것은 또한

詳說

○ 一作以.

'역(亦)'은 어떤 판본에 '이(以)'로 되어 있다.

集傳

象成王之生存也.

성왕(成王)이 생존함을 형상한 것이다.

詳說

○ 顧氏曰 : "先輅, 在門內之西北面, 對玉輅, 次輅, 在門內之東北面, 對金輅."

고씨(顧氏)가 말하였다 : "선로(先輅)는 문 안의 서북면에서 옥로(玉輅)를 마주하고 있으며, 차로(次輅)는 문 안의 동북면에서 금로(金輅)를 마주하고 있다."66)

集傳

周禮典路,

『주례(周禮)』의 「전로(典路)」에

詳說

○ 輅通

'로(路)'는 '로(輅)'와 통한다.

○ 春官.

「춘관」이다.

集傳

云若有大祭祀, 則出路, 大喪大賓客, 亦如之, 是大喪出輅, 爲常禮也. 又按, 所陳寶玉器物, 皆以西爲上者, 成王殯在西序故也.

"만약 큰 제사가 있으면 수레를 내고, 큰 초상과 큰 빈객에도 또한 이와 같이 한

---

66) 『서경대전(書經大全)』, 「주서(周書)」·「고명(顧命)」 : "선로(先輅)는 침문 안의 서북면에서 옥로(玉輅)를 마주하고 있으며, 차로(次輅)는 침문 안의 동북면에서 금로(金輅)를 마주하고 있다.(顧氏曰 : 先輅, 在寢門內之西北面, 對玉輅, 次輅在寢門內之東北面, 對金輅.)"

다."라고 하였으니, 이 대상(大喪)에 수레를 냄은 떳떳한 예(禮)이다. 또 살펴보건대 진열한 보옥(寶玉)과 기물을 모두 서쪽을 상(上)으로 삼은 것은 성왕(成王)의 빈소가 서서(西序)에 있기 때문이다.

詳說

○ 呂氏曰 : "禮記, 周人殯於西階之上.
여씨(呂氏)가 말하였다 : "『예기』에 주나라 사람들은 서계(西階)의 위에서 염한다는 것이다."67)

○ 周人, 以下, 論也.
'주인(周人)' 이하는 경문의 의미 설명이다.

[13-4-22-21]

二人, 雀弁, 執惠, 立于畢門之內, 四人, 綦弁, 執戈上刃, 夾兩階戺, 一人, 冕, 執劉, 立于東堂, 一人, 冕, 執鉞, 立于西堂, 一人, 冕, 執戣, 立于東垂, 一人, 冕, 執瞿, 立于西垂, 一人, 冕, 執銳, 立于側階.

두 사람은 작변(雀弁)으로 혜(惠)를 잡고서 필문(畢門)의 안에 서 있고, 네 사람은 기변(弁)으로 창을 잡되 칼날을 위로 하여 두 계단의 섭돌에 좌우로 늘어서고, 한 사람은 면복(冕服)으로 창을 잡고서 동당(東堂)에 서 있고, 한 사람은 면복(冕服)으로 도끼를 잡고서 서당(西堂)에 서 있고, 한 사람은 면복(冕服)으로 규(戣)를 잡고서 동쪽 귀퉁이에 서 있고, 한 사람은 면복으로 창을 잡고서 서쪽 귀퉁이에 서 있고, 한 사람은 면복으로 창을 잡고서 옆 계단에 서 있었다.

詳說

○ 綦, 音基, 戺, 音士, 戣, 音逵. 瞿, 戵通, 權俱反.
'기(綦)'는 음이 '기(基)'이고, '사(戺)'는 음이 '사(士)'이며, '규(戣)'는 음이 '규(逵)'이다. '구(瞿)'는 '구(戵)'와 통하고 음은 '권(權)'과 '구(俱)'의 반절이다.

---

67) 『서경대전(書經大全)』, 「주서(周書)」·「고명(顧命)」 : "여씨가 말하였다 : "여기는 문식을 더욱 성대하게 할 뿐만 아니라 갖춘 물건을 밝힌 것이다. …. 『예기』에 주나라 사람들은 서계(西階) 위에서 염한다는 것이다.(呂氏曰 : 此非獨盛彌文, 而彰備物. …. 禮記, 周人, 殯于西階之上.)"

集傳

弁, 士服, 雀弁, 赤色弁也.
변(弁)은 사(士)의 복식이다. 작변(雀弁)은 적색의 변이다.

詳說

○ 唐孔氏曰, "赤而微黑, 如雀頭."
당의 공씨(孔氏)가 말하였다 : "붉으면서 살짝 검은 것이 참새의 머리 같다."[68]

集傳

綦弁, 以文鹿子皮爲之. 惠, 三隅矛.
기변(弁)은 얼룩무늬의 사슴새끼 가죽으로 만든 것이다. 혜(惠)는 세모진 창이다.

詳說

○ 蒼白艾色
'기(綦)'는

○ 稜也.
'우(隅)'는 모서리이다.

集傳

路寢門, 一名畢門.
노침(路寢)의 문을 일명 필문(畢門)이라 한다.

詳說

○ 門東西, 各一人.
문의 동서에 각기 한 사람씩이다.

集傳

上刃, 刃外嚮也. 堂廉曰阰.
상인(上刃)은 칼날이 밖을 향하게 한 것이다. 당(堂)의 모서리를 사(阰)라 한다.

---

68) 『서경대전(書經大全)』, 「주서(周書)」·「고명(顧命)」 : "당의 공씨(孔氏)가 말하였다 : '⋯. 적변(雀弁)은 색이 붉으면서 살짝 검은 것이 참새의 머리 같다.'(唐孔氏曰 : ⋯. 雀弁, 色赤而微黑如雀頭也. ⋯.)"

詳說

○ 唐孔氏曰:"廉, 稜也. 立在堂下, 近於堂稜."
당의 공씨(孔氏)가 말하였다 : "'겸(廉)'은 모서리이다. 당의 아래에 서 있으면 당의 모서리에 가까운 것이다."69)

○ 東西階, 各二人.
동서의 계단에 각기 두 명씩 있다.

集傳

冕, 大夫服. 劉, 鉞屬. 戣瞿, 皆戟屬. 鈗當作鈗, 說文曰, 鈗, 侍臣所執兵, 從金允聲.
면(冕)은 대부(大夫)의 복식이다. 유(劉)는 월(鉞)의 등속이고, 규(戣)와 구(瞿)는 모두 극(戟)의 등속이다. 예(鋭)는 윤(鈗)이 되어야 하니, 『설문(說文)』에 "윤(鈗)은 모시는 신하가 잡는 병기로 금(金)을 따르고 윤(允)의 음이다.

詳說

○ 音也.
'성(聲)'은 '음(音)'이다.

集傳

周書
「주서(周書)」에

詳說

○ 指此篇.
여기의 편을 가리킨다.

集傳

曰一人冕執鋭,

---

69) 『서경대전(書經大全)』, 「주서(周書)」·「고명(顧命)」: "당의 공씨(孔氏)가 말하였다 : '…. 적변(雀弁)은 색이 붉으면서 살짝 검은 것이 참새의 머리 같다. ….「卩((卪)」는 「당의 겸(堂廉)」이고, 겸(廉)은 모서리이다. 당의 아래에 서 있으면 당의 모서리에 가까운 것이다. ….'(唐孔氏曰 : . 雀弁, 色赤而微黑, 如雀頭也. …. 卩, 堂廉, 廉者, 稜也. 立在堂下, 近於堂稜. ….)"

'한 사람은 면복으로 창을 잡았다.'라고 하였는데,

|詳說|

○ 說文似止此.
『설문』은 여기까지인 것 같다.70)

|集傳|

讀若允.
읽기를 윤(允)과 같이 한다."라고 하였다.

|詳說|

○ 謂其音也, 三字, 蓋接上當作鈗之勢而言.
'윤(允)'은 그 음을 말하니, 세 글자는 대개 위로 이어 '윤(鈗)'의 어투가 되는 것으로 말해야 한다.

|集傳|

東西堂, 路寢東西廂之前堂也, 東西垂, 路寢東西序之階上也,
동서당(東西堂)은 노침(路寢)의 동·서 상(廂)의 앞에 있는 당(堂)이며, 동서수(東西垂)는 노침(路寢)의 동·서 서(序)의 뜰 계단 위이고,

|詳說|

○ 夏氏曰 : "凡弁士也, 皆立堂下, 冕大夫也, 皆立堂上."
하씨(夏氏)가 말하였다 : "모든 변사는 모두 당하에 서 있고, 면대부는 모두 당상에 서 있다."71)

○ 唐孔氏曰 : "執兵宿衞, 先東後西者, 以王在東宿衞, 敬新王故也."
당의 공씨(孔氏)가 말하였다 : "무기를 잡은 영위가 동쪽으로 앞서고 서쪽으로 뒤서며 있는 것은 왕이 동쪽의 영위에 있어 새 왕을 공경하기 때문이다."72)

---

70) 『설문계전(說文繋傳)』 : 윤(鈗)은 모시는 신하가 잡는 병기로 부수는 금(金)이고 음은 윤(允)이다. 「주서(周書)」에서는 「면복으로 창을 잡는다는 것은 한 사람이 면복으로 창을 잡았다는 것이다.」라고 하였다.'(以侍臣所執兵, 從金, 允聲. 周書曰, 冕執鈗, 與准反. 周書曰, 一人冕執鈗.)

71) 『서경대전(書經大全)』, 「주서(周書)」·「고명(顧命)」 : "여씨(呂氏)가 말하였다 : '모든 변사는 모두 당하에 서 있고, 면대부는 모두 당상에 서 있다.'(呂氏曰, 凡弁士也, 皆立堂下, 冕大夫也, 皆立堂上.)"

72) 『서경대전(書經大全)』, 「주서(周書)」·「고명(顧命)」 : "당의 공씨가 말하였다 : '술을 드리운 것이 면(冕)이고,

集傳

側階, 北陛之階上也.

측계(側階)는 북쪽 뜰의 계단 위이다.

詳說

○ 唐孔氏曰 : "側, 猶特也. 堂北惟一階而已, 鄭王, 皆以側階爲東下階. 然立東垂者, 已在東下階上, 何由此人復並立. 故傳以爲北階."

당의 공씨가 말하였다 : "'측(側)'은 '특(特)'과 같다. 당의 북에는 하나의 계(階)가 있을 뿐이니, 정씨와 왕씨는 모두 측계를 동쪽의 하계라고 여겼다. 그러나 동쪽에 서서 드리운 것이 이미 동쪽의 하계 위에 있는데, 무슨 연유로 이 사람이 다시 나란히 서 있겠는가? 그러므로 전에서 북계라고 여긴 것이다."[73]

○ 禮記雜記注曰 : "側階, 夯階也."

『예기』「잡기」의 주에서 말하였다 : "측계(側階)는 방계(夯階)이다."

○ 夏氏曰 : "堂之南宿衛備矣, 故此一人立于北階."

하씨(夏氏)가 말하였다 : "당의 남영위가 갖추어졌기 때문에 여기 한 사람이 북계에 서 있는 것이다."[74]

集傳

술이 없는 것이 변(弁)이다. …. 무기를 잡은 영위가 동쪽으로 앞서고 서쪽으로 뒤서며 있는 것은 왕이 동쪽의 영위에 있어 새 왕을 공경하기 때문이다.'(唐孔氏曰 : 垂旒爲冕, 無旒爲弁. …. 執兵宿衛, 先東後西者, 以王在東宿衛, 敬新王故也.)」

73) 『서경대전(書經大全)』, 「주서(周書)」·「고명(顧命)」: "당의 공씨(孔氏)가 말하였다 : '술을 드리운 것이 면(冕)이고, 술이 없는 것이 변(弁)이다. …. 적변(雀弁)은 색이 붉으면서 살짝 검은 것이 참새의 머리 같다. …. 정씨와 왕씨는 모두 측실을 동쪽의 하계라고 여겼다. 그러나 동쪽에 서서 드리운 것이 이미 동쪽의 하계 위는 북계에 해당하는 것을 말하는데, 북계는 당의 북에는 하나의 계(階)가 있을 뿐이니. 「측(側)」은 「특(特)」과 같다. 무기를 잡은 영위가 동쪽으로 앞서고 서쪽으로 뒤서며 있는 것은 왕이 동쪽의 영위에 있어 새 왕을 공경하기 때문이다.'(唐孔氏曰 : 垂旒爲冕, 無旒爲弁. …. 雀弁, 色赤而微黑, 如雀頭也. …. 鄭王, 皆以側室爲東下階. 然立於東垂者, 己在東下階上, 何由此人復並立. 故傳以爲北下階. 上謂當北階. 北階, 則惟堂北一階而已. 側, 猶特也. 執兵宿衛, 先東後西者, 以王在東宿衛敬, 新王故也.)"

74) 『서경대전(書經大全)』, 「주서(周書)」·「고명(顧命)」: "하씨가 말하였다 : '네 사람이 이미 동과 서의 상(廂)의 앞 당에 서 있고, 두 사람이 또 동과 서의 상당(廂堂) 위의 먼 곳에 서 있다면, 당(堂)의 남영위가 갖추어졌기 때문에 여기 한 사람이 면복으로 창을 잡고서 당(堂) 북의 특계(特階)에 서 있는 것이다.'(夏氏曰 : 四人, 旣立於東西廂之前堂, 二人又立於東西廂堂上之遠地, 則堂之南宿衛備矣, 故此一人, 冕執銳, 立於堂北之特階.)"

○ 呂氏曰 : 古者執戈戟以宿衛王宮, 皆士大夫之職. 無事而奉燕私, 則從容養德
여씨(呂氏)가 말하였다. "옛날에 과(戈)와 극(戟)을 잡아 왕궁(王宮)을 숙위(宿)하는 것은 모두 사(士)와 대부(大夫)의 직책이었다. 일이 없어 사사로울 때 받들어 모시면 종용(從容)히 덕(德)을 길러

詳說

○ 一無圈.
어떤 판본에는 '동그라미(圈 : ○)'가 없다.

○ 七容反.
'종(從)'은 '칠(七)'과 '용(容)'의 반절이다.

集傳

而有膏澤之潤,
고택(膏澤)의 윤택함이 있고,

詳說

○ 資益.
이로움이 더해지는 것이다.

集傳

有事, 而司禦侮, 則堅明守義, 而無腹心之虞, 下及秦漢, 陛楯
일이 있어 어모(禦侮)를 맡으면 굳게 밝히고 의(義)를 지켜 복심(腹心)의 근심이 없었으니, 아래로 진(秦)·한(漢)에 이르기까지 폐순(陛楯)과

詳說

○ 竪尹反.
'순(楯)'은 '수(竪)'와 '윤(尹)'의 반절이다.

○ 見史記滑稽傳.
『사기』「골계전(滑稽傳)」에 보인다.

集傳
執戟,
창을 잡는 자들이

詳說
○ 見史記高祖紀.
『사기』「고조기」에 보인다.

集傳
尙餘一二. 此制旣廢, 人主接士大夫者, 僅有視朝
오히려 한두 명 남아 있었다. 이 제도가 이미 폐해짐에 임금이 사(士)와 대부(大夫)를 접하는 것은 겨우 조회 볼 때의

詳說
○ 音潮.
'조(朝)'는 음이 '조(潮)'이다.

集傳
數刻而周廬
몇 시각일 뿐이며, 주려(周廬)와

詳說
○ 見史記秦紀, 宿衛之廬周於宮也.
『사기(史記)』「진기(秦紀)」에 있으니, 궁에서 숙위(宿衛)의 여주(廬周)이다.

集傳
陛楯, 或環以椎埋
폐순(陛楯)을 혹 사람을 때려 죽여 파묻는

詳說
○ 直追反
'추(椎)'는 '직(直)'과 '추(追)'의 반절이다.

集傳

囂悍之徒,

어리석고 사나운 무리로 빙 둘러 놓았으니,

詳說

○ 椎埋, 見史記貨殖傳, 謂椎殺人而埋之也

'사람을 때려 죽여 파묻는 것'은 『사기』「화식전(貨殖傳)」에 있으니, 사람을 때려 죽여 파묻는 것이다.

集傳

有志於復古者, 當深繹也.

옛날의 제도를 회복하려는 데 뜻이 있는 자는 마땅히 깊이 궁구하여야 할 것이다.

詳說

○ 思也.

'역야(繹也)'는 '사야(思也)'이다.

[13-4-22-22]

王, 麻冕黼裳, 由賓階隮, 卿士邦君, 麻冕蟻裳, 入卽位.

왕(王)이 마면(麻冕)과 보상(黼裳)으로 빈계(賓階)를 따라 오르시자, 경사(卿士)와 방군(邦君)들은 마면(麻冕)과 의상(蟻裳)으로 들어가 자리에 나아갔다.

詳說

○ 呂氏曰 : "受顧命而踐位, 自此始稱王."

여씨(呂氏)가 말하였다 : "고명을 받아 즉위했으니 이때부터 비로소 왕으로 부르는 것이다."75)

集傳

麻冕, 三十升麻爲冕也.

---

75) 『서경대전(書經大全)』, 「주서(周書)」·「고명(顧命)」 : "여씨가 말하였다 : '의례의 기물이 이미 갖추어진 다음에 후사를 인도해서 고명을 받아 즉위하게 하니, 이때부터 비로소 왕으로 부르는 것이다.'(呂氏曰 : 儀物旣備, 然後延嗣王, 受顧命而踐位, 自此始稱王.)"

마면(麻冕)은 30승(升) 삼베로 면류관을 만든 것이다.

> 詳說
> ○ 夏氏曰 : "卽袞冕."
>> 하씨(夏氏)가 말하였다 : "곧 곤면이다."76)

集傳
隮, 升也. 康王吉服,
제(隮)는 오름이다. 강왕(康王)이 길복(吉服)을 입고

> 詳說
> ○ 蘇氏曰 : "麻冕之裳, 四章, 此獨用黼, 示變也."
>> 소씨(蘇氏)가 말하였다 : "마면의 치마는 네 장인데, 여기에서만 '보(黼)'를 쓴 것은 변(變)을 보인 것이다."77)

集傳
自西階升堂,
서쪽 계단으로부터 당(堂)에 올라

> 詳說
> ○ 一作陞, 下同.
>> '승(升)'은 어떤 판본에는 '승(陞)'으로 되어 있으니, 아래에서도 같다.

集傳
以受先王之命, 故由賓階也.
선왕(先王)의 명령을 받았으므로 빈계(賓階)를 따라 올라간 것이다.

> 詳說
> ○ 蘇氏曰 : "未受顧命, 猶以子道自居."

---

76) 『서경대전(書經大全)』, 「주서(周書)」·「고명(顧命)」 : "하씨가 말하였다 : '마면(麻冕)은 아주 가는 실을 쓴 베이니, 곧 곤면이다.'(夏氏曰 : 麻冕, 用極細布, 卽袞冕.)"
77) 『서경대전(書經大全)』, 「주서(周書)」·「고명(顧命)」 : "소씨가 말하였다 : '마면의 치마는 네 장인데, 여기에서만 '보(黼)'를 쓴 것은 변(變)을 보인 것이다. 빈계를 따라 오르는 것은 아직 고명을 받지 못한 것이니, 여전히 자식의 도리로 스스로 치신히고, 감히 임금에 해당해서는 안되기 때문이다.'(蘇氏曰 : 麻冕之裳, 四章, 此獨用黼, 示變也. 由賓階隮, 未受顧命, 猶以子道自居, 不敢當主也.)"

소씨(蘇氏)가 말하였다 : "아직 고명을 받지 못해 여전히 자식의 도리로 스스로 처신한 것이다."[78]

集傳

蟻, 玄色公, 卿大夫
의(蟻)는 검정색이니, 공경(公卿)·대부(大夫)와 제후(諸侯)가

詳說

○ 復齋董氏曰 : "卿士, 指朝之執政者."
복재 동씨(復齋董氏)가 말하였다 : "경사는 조정에서 집정하는 자들을 가리킨다."[79]

集傳

及諸侯, 皆同服, 亦廟中之禮.
모두 똑같은 의복을 입었으니, 또한 사당 가운데의 예(禮)이다.

詳說

○ 廟禮然耳.
사당에서의 예가 그럴 뿐이다.

集傳

不言升階者, 從王賓階也. 入卽位者, 各就其位也 ○ 呂氏曰, 麻冕黼裳, 王祭服也. 卿士邦君祭服之裳, 皆纁, 今蟻裳者, 蓋無事於奠祝, 不欲純用吉服, 有位於班列, 不可純用凶服, 酌吉凶之間,
계단을 오름을 말하지 않은 것은 왕의 빈계(賓階)를 따라 올랐기 때문이다. 들어가 자리에 나아갔다는 것은 각기 그 자리로 나아간 것이다. ○ 여씨(呂氏)가 말하였다. "마면(麻冕)과 보상(黼裳)은 왕(王)의 제복(祭服)이다. 경사(卿士)와 방군(邦君)의 제복(祭服)의 치마는 모두 붉은 색인데, 이제 검은 치마를 입은 것은 제수를

---

[78] 『서경대전(書經大全)』, 「주서(周書)」·「고명(顧命)」 : "소씨가 말하였다 : '마면의 치마는 네 장인데, 여기에서만 '보(黼)'를 쓴 것은 변(變)을 보인 것이다. 빈계를 따라 오르는 것은 아직 고명을 받지 못한 것이니, 여전히 자식의 도리로 스스로 처신하고, 감히 임금에 해당해서는 안되기 때문이다.'(蘇氏曰 : 麻冕之裳, 四章, 此獨用黼, 示變也. 由賓階隮, 未受顧命, 猶以子道自居, 不敢當主也.)"

[79] 『서경대전(書經大全)』, 「주서(周書)」·「고명(顧命)」 : "복재 동씨(復齋董氏)가 말하였다 : '공씨는 경사를 공경과 대부로 여겼다. 살펴보건대, …. 「홍범」에서 「경사는 달을 살핀다.」라고 했으니, 경사는 조정에서 집정하는 자들을 가리켜서 말한 것이다.'(復齋董氏曰 : 孔氏以卿士爲公卿大夫. 按, …. 洪範曰, 卿士惟月, 則卿士, 指朝之執政者而言.)"

올리고 축(祝)을 읽을 일이 없어 순전히 길복(吉服)을 쓰고자 하지 않은 것이고, 반렬(班列)에 자리가 있어 순전히 흉복(凶服)을 쓸 수가 없으니, 길·흉의 중간을 참작하여

詳說

○ 參酌

'작(酌)'은 참작하는 것이다.

集傳

示禮之變也.

예(禮)의 변(變)을 나타낸 것이다."

[13-4-22-23]

太保太史太宗, 皆麻冕彤裳, 太保承介圭, 上宗, 奉同瑁, 由阼階隮, 太史秉書, 由賓階隮, 御王冊命.

태보(太保)와 태사(太史)와 태종(太宗)은 모두 마면(麻冕)에 붉은 치마를 입었는데, 태보(太保)는 개규(介圭)를 받들고, 상종(上宗)은 동(同)과 모(瑁)를 받들어 조계(階)를 따라 오르고, 태사(太史)는 책을 잡고서 빈계(賓階)를 따라 올라 왕(王)에게 책명(冊命)을 바쳤다.

詳說

○ 瑁, 音冒.

'모(瑁)'는 음이 '모(冒)'이다.

集傳

太宗, 宗伯也. 彤, 纁也. 太保, 受遺, 太史奉冊, 太宗相禮,

태종(太宗)은 종백(宗伯)이다. 동(彤)은 붉음이다. 태보(太保)는 유명(遺命)을 받고, 태사(太史)는 책을 받들고, 태종(太宗)은 예(禮)를

詳說

○ 去聲.

'상(相)'은 거성이다.

> 集傳

故皆祭服也. 介, 大也. 大圭, 天子之守,
돕기 때문에 모두 제복(祭服)을 입은 것이다. 개(介)는 크다. 대규(大圭)는 천자가 지키는 것이니,

> 詳說

○ 音狩.
'수(守)'는 음이 '수(狩)'이다.

> 集傳

長尺有二寸. 同爵名, 祭
길이가 1척 2촌이다. 동(同)은 술잔의 이름이니, 제사에

> 詳說

○ 祭時.
'제(祭)'는 제사를 지낼 때이다.

> 集傳

以酌酒者. 瑁, 方四寸, 邪刻之, 以冒諸侯之珪璧, 以齊瑞信也.
술을 따르는 것이다. 모(瑁)는 방(方)이 4촌이니, 기울게 새겨서 제후의 규벽(珪璧)에 뒤집어 씌워 서신(瑞信)을 맞추는 것이다.

> 詳說

○ 與舜典註, 叅看.
「순전」에서의 주와 함께 참고하라.

> 集傳

太保宗伯, 以先王之命奉符寶,
태보(太保)와 종백(宗伯)은 선왕(先王)의 명으로 부보(符寶)를 받들어

> 詳說

○ 承.
'봉(奉)'은 받든다는 것이다.

○ 陳氏大猷曰 : "冢宰總大權, 故承鎭圭, 宗伯主祭祀朝覲禮, 故奉同瑁."

진씨 대유(陳氏大猷)80)가 말하였다 : "총재는 대권을 총괄하기 때문에 진규(鎭圭)를 이어받고, 종백은 제사와 조근의 예를 주관하기 때문에 동(同)과 모(瑁)를 받든다."81)

○ 陳氏經曰 : "上宗, 卽宗伯, 大宗伯一人, 小宗伯二人, 凡三人. 使其上二人也, 其一人奉同, 一人奉瑁."

진씨 경(陳氏經)82)이 말하였다 : "상종은 곧 종백으로 대종백 한 사람과 소종백 두 사람으로 모두 세 사람인데, 두 사람을 올려 보내며 한 사람은 동(同)을 받들고 한 사람은 모(瑁)를 받든다."83)

○ 董氏曰 : "瑁以朝諸侯."

동씨(董氏)가 말하였다 : "모(瑁)는 제후를 조회하는 것이다."84)

集傳

以傳嗣君, 有主道焉,
사군(嗣君)에게 전하니, 주인(主人)의 도가 있기

詳說

---

80) 진씨 대유(陳氏大猷, ?~?) : 송나라 남강군(南康軍) 도창(都倉) 사람으로 자는 문헌(文獻)이고, 호는 동재(東齋)다. 이종(理宗) 개경(開慶) 원년(1259) 진사(進士)가 되고, 종정랑(從政郎)과 황주군(黃州軍) 판관(判官) 등을 지냈다. 『서경』에 조예가 깊었다. 저서에 『상서집전혹문(尙書集傳或問)』과 『상서집전회통(尙書集傳會通)』 등이 있다.

81) 『서경대전(書經大全)』, 「주서(周書)」·「고명(顧命)」 : "진씨 대유가 말하였다 : '태보인 총재는 대권을 총괄하기 때문에 진규(鎭圭)를 이어받고, 종백은 제사와 조근의 예를 주관하기 때문에 동(同)과 모(瑁)를 받든다. 서(書)는 곧 책명이다. 「잡는대秉」는 것은 잡고 올라간다는 말이고, 「받처다[御]」는 것은 받들어 나아간다는 말이다.'(陳氏大猷曰 : 太保冢宰總大權, 故承鎭圭, 宗伯主祭祀朝覲禮, 故奉同瑁. 書, 卽冊命也. 秉, 言持之以升. 御, 言奉之以進.)"

82) 진경(陳經, ?~?) : 송나라 길주(吉州) 안복(安福) 사람으로 자는 현지(顯之) 또는 정보(正甫)이다. 영종(寧宗) 경원(慶元) 5년(1199)에 진사(進士)가 되어 봉의랑(奉議郎)과 천주박간(泉州泊幹)을 지냈다. 평생 독서를 좋아했고, 후학을 많이 계도했다. 저서에 『상서상해(尙書詳解)』와 『시강의(詩講義)』, 『존재어록(存齋語錄)』 등이 있다.

83) 『서경대전(書經大全)』, 「주서(周書)」·「고명(顧命)」 : "진씨 경이 말하였다 : '상종은 곧 종백으로 혹 태종백 한 사람과 소종백 두 사람 모두 세 사람을 말하는데, 두 사람을 올려 보내며 한 사람은 동(同)을 받들고 한 사람은 모(瑁)를 받든다.'(陳氏經曰 : 上宗, 卽宗伯, 或言太宗伯一人小宗伯二人, 凡三人, 使其上二人也, 其一人奉同, 一人奉瑁.)"

84) 『서경대전(書經大全)』, 「주서(周書)」·「고명(顧命)」 : "동씨가 말하였다 : '개규(介圭)는 천자가 지키는 것이고, 모(瑁)는 제후를 조회하는 것이다.'(董氏曰 : 介圭, 天子所守, 瑁以朝諸侯.)"

○ 夏氏曰 : "若先王與之."
　　하씨(夏氏)가 말하였다 : "선왕이 주는 것과 같다."85)

集傳
故升自阼階, 太史以冊命
때문에 조계(阼階)로부터 올라가고, 태사(太史)는 책명(冊命)을 가지고

詳說
○ 書.
　　'책명(冊命)'은 경문에서 '서(書)'이다.

集傳
御王
왕에게 올리기

詳說
○ 陳氏大猷曰 : "奉之以進."
　　진씨 대유(陳氏大猷)가 말하였다 : "받들어 나아간다."86)

集傳
故持書
때문에 책을 잡고서

詳說
○ 一作特
　　'지(持)'는 어떤 판본에는 '특(特)'으로 되어 있다.

---

85) 『서경대전(書經大全)』, 「주서(周書)」·「고명(顧命)」 : "하씨가 말하였다 : '규(圭)와 모(瑁)는 선왕이 가지고 있던 것인데, 이제 사왕에게 주려고 하는 것은 선왕이 주는 것과 같기 때문에 조계를 따라 올라가 태사가 책을 가지고 사왕에게 나아가려는 것이다. 그러므로 왕이 무왕을 접하는 것과 같이 올라가는 것이다.'(夏氏曰 : 圭瑁, 先王所執, 今將授嗣王, 若先王予之, 故自阼階而升, 太史執書, 將進之嗣王, 故與王接武同升.)"
86) 『서경대전(書經大全)』, 「주서(周書)」·「고명(顧命)」 : "진씨 대유가 말하였다 : '태보인 총재는 대권을 총괄하기 때문에 진규(鎭圭)를 이어받고, 종백은 제사와 조근의 예를 주관하기 때문에 동(同)과 모(瑁)를 받든다. 서(書)는 곧 책명이다. 「잡는대[秉]」는 것은 잡고 올라간다는 말이고, 「받쳐다[御]」는 것은 받들어 나아간다는 말이다.'(陳氏大猷曰 : 太保冢宰總大權, 故承鎭圭, 宗伯主祭祀朝覲禮, 故奉同瑁. 書, 即冊命也. 秉, 言持之以升, 御, 言奉之以進.)"

○ 陳氏大猷曰 : "秉, 言持之以升."
진씨 대유(陳氏大猷)가 말하였다 : "「잡는다[秉]」는 것은 잡고 올라간다는 말이다."[87]

集傳

由賓階以升
빈계(賓階)를 따라 올라간 것이다.

詳說

○ 夏氏曰 : "將進之新王, 故與王接武同升階."
하씨(夏氏)가 말하였다 : "새 왕에게 나아가려 하는 것이기 때문에 무왕을 접하는 것과 같이 올라가는 것이다."[88]

集傳

蘇氏曰, 凡王所臨所服用, 皆曰御.
소씨(蘇氏)가 말하였다. "대체로 왕이 임하는 바와 입고 쓰는 것을 모두 어(御)라 한다."

詳說

○ 旣進, 則必服用.
이미 나아갔다면 반드시 입고 쓰는 것이다.

[13-4-22-24]

曰, 皇后, 憑玉几, 道揚末命, 命汝嗣訓, 臨君周邦, 率循大卞, 燮和天下, 用答揚文武之光訓.

---

[87] 『서경대전(書經大全)』, 「주서(周書)」·「고명(顧命)」 : "진씨 대유가 말하였다 : '태보인 총재는 대권을 총괄하기 때문에 진규(鎭圭)를 이어받고, 종백은 제사와 조근의 예를 주관하기 때문에 동(同)과 모(瑁)를 받든다. 서(書)는 곧 책명이다. 「잡는다[秉]」는 것은 잡고 올라간다는 말이고, 「받쳐다[御]」는 것은 받들어 나아간다는 말이다.'陳氏大猷曰 : 太保冢宰總大權, 故承鎭圭, 宗伯主祭祀朝覲禮, 故奉同瑁. 書, 即冊命也. 秉, 言持之以升, 御, 言奉之以進."
[88] 『서경대전(書經大全)』, 「주서(周書)」·「고명(顧命)」 : "하씨가 말하였다 : '규(圭)와 모(瑁)는 선왕이 가지고 있던 것인데, 이제 사왕에게 주려고 하는 것은 선왕이 주는 것과 같기 때문에 조계를 따라 올라가 태사가 책을 가지고 사왕에게 나아가려는 것이다. 그러므로 왕이 무왕을 접하는 것과 같이 올라가는 것이다.'(夏氏曰 : 圭瑁, 先工所執, 今將授嗣王, 若先王予之, 故自阼階而升. 太史執書, 將進之嗣王, 故與王接武同升.)"

태사(太史)가 다음과 같이 말하였다. "황후(皇后)[위대한 군주]께서 옥궤(玉)에 기대어 마지막 명령을 말씀하사 너에게 명하여 가르침을 잇게 하시니, '주(周)나라에 임하여 군주노릇하며 큰 법을 따라 천하를 조화롭게 하여 문왕(文王)·무왕(武王)의 빛나는 가르침을 답양(答揚)하라.'라고 하셨다."

集傳

成王顧命之言書之冊矣, 此太史口陳者也.
성왕(成王)의 고명(顧命)한 말씀은 책에 썼는데, 이것은 태사(太史)가 입으로 진술한 것이다.

詳說

○ 先論提.
먼저 경문의 의미 설명으로 제시했다.

○ 陳氏大猷曰 : "史略其前之已見者, 而獨載此口陳語也."
진씨 대유(陳氏大猷)가 말하였다 : "태사가 그 앞의 이미 드러난 것을 생략하고 오로지 여기서 입으로 진술한 것만 실은 것이다."[89]

○ 按, 此必先讀冊, 然後口陳. 否則先口陳, 然後讀冊耳.
내가 살펴보건대, 여기에서는 반드시 먼저 책을 읽고 그런 다음에 입으로 진술한 것이다. 그렇지 않다면 먼저 입으로 진술한 다음에 책을 읽을 뿐인 것이다.

集傳

皇, 大, 后, 君也. 言大君成王力疾
황(皇)은 큼이요, 후(后)는 군주이다. 대군(大君)인 성왕(成王)이 힘을 다해 병든 몸을 부축하고는

---

[89] 『서경대전(書經大全)』, 「주서(周書)」·「고명(顧命)」 : "진씨 대유가 말하였다 : '「도(道)」는 말하는 것이고, 「양(揚)」은 칭하는 것이다. 고명 가운데 성왕이 스스로 문왕의 큰 가르침을 이어받아 지킨다고 말했다. 그러므로 여기에서는 네가 가르침을 이어받으라고 말한 것이다. 「섭(燮)」도 조화롭게 하는 것이다. 문왕과 무왕의 빛나는 가르침을 답양(答揚)하라는 것은 곧 이른바 가르침을 이어받으라는 것이다. 곰곰이 생각해보면, 책 중에서 성왕이 소공과 필공에게 명했으니 그것에 따라 고명의 말을 실으면서 태사가 그 앞의 이미 드러난 것을 생략하고 오로지 여기서 입으로 진술한 것만 실은 것이다.'(陳氏大猷曰 : 道, 言, 揚, 稱也. 顧命中, 成王自言嗣守文武大訓, 故此言命汝嗣訓. 燮, 亦和也. 答揚文武光訓, 即所謂嗣訓也. 竊意冊命中, 必述成王命召畢之, 因載顧命之語, 史畧其前之己見者, 而獨載此口陳語也.)"

詳說

○ 強疾.

병 중에 억지로 하는 것이다.

集傳

親憑玉几, 道揚臨終之命,

친히 옥궤(玉)에 기대어 임종의 명령을 말씀해서

詳說

○ 末

'종(終)'은 경문에서 '말(末)'이다.

○ 陳氏大猷曰 : "道, 言, 揚, 稱也."

진씨 대유(陳氏大猷)가 말하였다 : "'「도(道)」는 말하는 것이고, 「양(揚)」은 칭하는 것이다."90)

集傳

命汝嗣守文武大訓,

너에게 명하여 문왕(文王)·무왕(武王)의 큰 가르침을 이어 지키라고 하였음을 말한 것이다.

詳說

○ 陳氏大猷曰 : 顧命中, 言嗣守文武大訓, 故此言命汝嗣訓."

진씨 대유(陳氏大猷)가 말하였다 : "고명 가운데 문왕의 큰 가르침을 이어받아 지킨다고 말했기 때문에 여기에서는 네가 가르침을 이어받으라고 말한 것이다."91)

---

90) 『서경대전(書經大全)』, 「주서(周書)」·「고명(顧命)」: "진씨 대유가 말하였다 : '「도(道)」는 말하는 것이고, 「양(揚)」은 칭하는 것이다. 고명 가운데 성왕이 스스로 문왕의 큰 가르침을 이어받아 지킨다고 말했다. 그러므로 여기에서는 네가 가르침을 이어받으라고 말한 것이다. 「섭(燮)」도 조화롭게 하는 것이다. 문왕과 무왕의 빛나는 가르침을 답양(答揚)하라는 것은 곧 이른바 가르침을 이어받으라는 것이다. 곰곰이 생각해 보면, 책 중에서 성왕이 소공과 필공에게 명했으니 그것에 따라 고명의 말을 실으면서 태사가 그 앞의 이미 드러난 것을 생략하고 오로지 여기서 입으로 진술한 것만 실은 것이다.'(陳氏大猷曰 : 道, 言, 揚, 稱也. 顧命中, 成王自言嗣守文武大訓, 故此言命汝嗣訓. 燮, 亦和也. 答揚文武光訓, 即所謂嗣訓也. 竊意冊命中, 必述成王命召畢之, 因載顧命之語, 史畧其前之己見者, 而獨載此口陳語也.)"

91) 『서경대전(書經大全)』, 「주서(周書)」·「고명(顧命)」: "진씨 대유가 말하였다 : '「도(道)」는 말하는 것이고, 「양(揚)」은 칭하는 것이다. 고명 가운데 성왕이 스스로 문왕의 큰 가르침을 이어받아 지킨다고 말했다. 그러므로 여기에서는 네가 가르침을 이어받으라고 말한 것이다. 「섭(燮)」도 조화롭게 하는 것이다. 문왕과

集傳

曰汝者, 父前子名之義,
너라고 말한 것은 아버지 앞에서는 자식의 이름을 부르는 의(義)이다.

詳說

○ 見禮記曲禮.
『예기』「곡례」에 보인다.

集傳

卞, 法也. 臨君周邦,
변(卞)은 법이다. 주(周)나라에 임하여 군주 노릇함은

詳說

○ 臨而君之.
임하려 임금 노릇하는 것이다.

集傳

位之大也, 率循大卞, 法之大也, 燮和天下, 和之大也, 居大位, 由大法, 致大和然後, 可以對揚文武之光訓也.
지위의 큰 것이고, 큰 법을 따름은 법의 큰 것이며, 천하를 섭화(燮和)함은 화함의 큰 것이니, 대위(大位)에 거하고 대법(大法)을 따르고 대화(大和)를 이룬 뒤에야 문왕(文王)·무왕(武王)의 빛나는 가르침을 대양(對揚)할 수 있는 것이다.

詳說

○ 以論釋之.
경문의 의미 설명으로 해석하였다.

○ 陳氏大猷曰 : "答揚文武光訓, 卽所謂嗣訓也."
진씨 대유(陳氏大猷)가 말하였다 : "문왕과 무왕의 빛나는 가르침을 답양(答揚)

무왕의 빛나는 가르침을 답양(答揚)하라는 것은 곧 이른바 가르침을 이어받으라는 것이다. 곰곰이 생각해 보면, 책 중에서 성왕이 소공과 필공에게 명했으니 그것에 따라 고명의 말을 실으면서 태사가 그 앞의 이미 드러난 것을 생략하고 오로지 여기서 입으로 진술한 것만 실은 것이다.'(陳氏大猷曰 : 道, 言, 揚, 稱也. 顧命中, 成王自言嗣守文武大訓, 故此言命汝嗣訓. 燮. 亦和也. 答揚文武光訓, 卽所謂嗣訓也. 竊意冊命中, 必述成王命召畢之, 因載顧命之語, 史畧其前之己見者, 而獨載此口陳語也.)"

하라는 것은 곧 이른바 가르침을 이어받으라는 것이다."92)

[13-4-22-25]

> 王再拜興, 答曰眇眇予末小子, 其能而亂四方, 以敬忌天威.

왕(王)이 재배하고 일어나 답하였다. "묘묘(眇眇)한 나 말소자(末小子)가 그 능히 부(父)·조(祖)와 같이 사방을 다스려 하늘의 위엄을 공경하고 삼갈 수 있겠는가."

集傳

眇, 小, 而, 如.
묘(眇)는 작음이고, 이(而)는 같음이며,

詳說

○ 如通.
'여(如)'와 통한다.

集傳

亂, 治也. 王拜受顧命,
난(亂)은 다스림이다. 왕(王)이 절하고 고명(顧命)을 받고는

詳說

○ 拜先王命.
선왕의 명에 절한 것이다.

集傳

起答太史,
일어나 태사(太史)에게 답하기를

---

92) 『서경대전(書經大全)』, 「주서(周書)」·「고명(顧命)」: "진씨 대유가 말하였다 : '「도(道)」는 말하는 것이고, 「양(揚)」은 칭하는 것이다. 고명 가운데 성왕이 스스로 문왕의 큰 가르침을 이어받아 지킨다고 말했다. 그러므로 여기에서는 네가 가르침을 이어받으라고 말한 것이다. 「섭(燮)」도 조화롭게 하는 것이다. 문왕과 무왕의 빛나는 가르침을 답양(答揚)하라는 것은 곧 이른바 가르침을 이어받으라는 것이다. 곰곰이 생각해 보면, 책 중에서 성왕이 소공과 필공에게 명했으니 그것에 따라 고명의 말을 실으면서 태사가 그 앞의 이미 드러난 것을 생략하고 오로지 여기서 입으로 진술한 것만 실은 것이다.'(陳氏大猷曰 : 道, 言, 揚, 稱也. 顧命中, 成王自言嗣守文武大訓, 故此言命汝嗣訓. 燮. 亦和也. 答揚文武光訓, 即所謂嗣訓也. 竊意冊命中, 必述成工命召畢之, 因載顧命之語, 史畧其前之己見者, 而獨載此口陳誥也.)"

詳說

○ 答其口陳.

입으로 진술한 것에 답한 것이다.

集傳

曰眇眇然予微末小子, 其能如父祖治四方, 以敬忌天威乎,

"묘묘(眇眇)한 나 미말(微末)의 소자(小子)가 능히 부(父)·조(祖)와 같이 사방을 다스려 하늘의 위엄을 공경하고 삼갈 수 있겠는가!"라고 하였으니,

詳說

○ 添父祖字.

'부조(父祖)'라는 글자를 더하였다.

○ 文王之敬忌, 見康誥.

문왕이 공경하고 삼가는 것은 「강고(康誥)」에 보인다.

集傳

謙辭退託於不能也.

겸사로 능하지 못하다고 퇴탁(退托)한 것이다.

詳說

○ 陳氏大猷曰 : "其未定之辭."

진씨 대유(陳氏大猷)가 말하였다 : "기(其)는 미정의 말이다."[93]

集傳

顧命有敬迓天威, 嗣守文武大訓之語. 故太史所告康王所答, 皆

고명(顧命)에 "공경히 하늘의 위엄을 맞이하고 문왕(文王)·무왕(武王)의 큰 가르침을 이어 지키라."는 말이 있었다. 그러므로 태사(太史)가 고한 것과 강왕(康王)이 답한 것이 모두

---

93) 『서경대전(書經大全)』, 「주서(周書)」·「고명(顧命)」: "진씨 대유가 말하였다 : '기(其)는 미정의 말이다.'(陳氏大猷曰 : 其未定之辭.)"

詳說

○ 猶各也.

'개(皆)'는 '각(各)'과 같다.

集傳

於是

여기에

詳說

○ 二者.

'시(是)'는 두 가지이다.

集傳

致意焉.

뜻을 다한 것이다.

詳說

○ 此論也.

이것은 경문의 의미 설명이다.

[13-4-22-26]

乃受同瑁, 王三宿, 三祭三咤, 上宗曰饗.

마침내 동(同)과 모(瑁)를 받아 왕이 세 번 술잔을 잡고 신(神)에게 나아가고 세 번 땅에 붓고 세 번 다시 술잔을 신(神)에게 올리시자, 상종(上宗)이 "흠향했노라." 라고 하였다.

詳說

○ 宿, 肅通. 咤, 說文作詫. 陟嫁反, 諺音誤.

'숙(宿)'은 '숙(肅)'과 통한다. '타(咤)'는 『설문』에 '타(詫)'로 되어 있는데, 음은 '척(陟)'과 '가(嫁)'의 반절이니, 『언해』의 음은 잘못되었다.

集傳

王受瑁爲主,

왕(王)이 모(瑁)를 받아 상(喪)의 주(主)가 되고

[詳說]

○ 天下之主.
천하의 주인이 되는 것이다.

○ 林氏曰：＂受瑁必授之人.＂
임씨(林氏)가 말하였다 : "모(瑁)를 받아 반드시 사람에게 준다."94)

[集傳]

受同以祭.
동(同)을 받아 제(祭)한 것이다.

[詳說]

○ 新安陳氏曰：＂王祭告成王, 言己巳受顧命也
신안 진씨(新安陳氏)가 말하였다 : "왕이 제사로 성왕에게 고한 것은 기사일에 고명을 받았다는 말이다."95)

[集傳]

宿, 進爵也,
숙(宿)은 잔을 올리는 것이고,

[詳說]

○ 爾雅曰：＂肅, 進也.＂
『이아』에서 말하였다 : "숙(肅)이 올리는 것이다."

[集傳]

祭, 祭酒也, 咤, 奠爵也, 禮成於三, 故三宿三祭三咤.

---

94) 『서경대전(書經大全)』, 「주서(周書)」・「고명(顧命)」 : "임씨가 말하였다 : '모(瑁)를 받으면 반드시 사람에게 주고 동(同)을 받으면 제사하는 것이다.'(林氏曰 : 受瑁, 必授之人, 受同, 則以祭.)"
95) 『서경대전(書經大全)』, 「주서(周書)」・「고명(顧命)」 : "신안 진씨가 말하였다 : '보제(報祭)는 아관(亞祼)의 종류로 곧 지금의 아헌(亞獻)이다. 왕이 제사로 성왕에게 고한 것은 기사일에 고명을 받았다는 말이다. 태보가 장(璋)을 잡아 술을 따르고 동(同)을 주고 성왕에게 절하고 고한 것은 기사일에 고명을 전한 것이다.'(新安陳氏曰 : '報祭者, 亞祼之類, 即今之亞獻也. 王祭告成王, 言己巳受顧命也. 太保秉璋以酢授同, 而拜告成王, 己巳傳顧命也.)"

제(祭)는 술을 제(祭)하는 것이며, 타(咤)는 잔을 제자리에 놓는 것이니, 예(禮)가 세 번에 이루어지기 때문에 세 번 숙(宿)하고 세 번 제(祭)하고 세 번 타(咤)한 것이다.

詳說

○ 鄭氏曰 : "從立處, 而三進至神所, 三酹酒於神座, 每一酹酒, 則一奠爵."
정씨(鄭氏)가 말하였다 : "서 있는 곳을 따라 세 번 올리고 신이 있는 곳에 나아가고, 세 번 신의 자리에 술을 붓는데, 매번 한 번 술을 부으면, 한 번 잔을 제자리에 놓는다."96)

○ 蓋, 授上宗以奠也.
대개 상종에게 주어 놓는 것이다.

○ 鄒氏季友曰 : "三進各用一爵, 非一爵而三反也."
추씨 계우(鄒氏季友)가 말하였다 : "세 번 올림에 각기 하나의 잔을 사용하니, 하나의 잔으로 세 번 반복하는 것이 아니다."

○ 新安陳氏曰 : "咤, 蘇氏以爲至齒不飮, 與嚌同義. 則何爲君咤, 而臣嚌, 且與呂氏太保飮福不甘味, 王飮福亦廢之說不合矣."
신안 진씨(新安陳氏)가 말하였다 : "타(咤)에 대해 소씨는 이에 대고 마시지 않는 것으로 여겼으니, 맛보는 것과 같은 의미이다. 그렇다면 어찌 임금은 놓았는데, 신하는 맛보겠는가? 또 여씨의 태보가 음복함에 맛을 모르는 것이고, 왕의 음복은 또한 없앴다는 설명과 합하지 않는다."97)

---

96) 『서경대전(書經大全)』, 「주서(周書)」・「고명(顧命)」 : "정씨가 말하였다 : '「석고(釋詁)」에서 「숙(肅)은 올리는 것이다. 숙(宿)이 곧 숙(肅)이다. 삼숙(三肅)은 세 번 잔을 올리는 것으로 서 있는 곳을 따라 세 번 올리고 신이 있는 곳에 나아가는 것이다. 삼제(三祭)는 세 번 신의 자리에 술을 붓는데, 매번 한 번 술을 부으면, 한 번 잔을 제자리에 놓는다. …'(鄭氏曰 : 釋詁云, 肅, 進也. 宿, 即肅也. 三肅, 爲三進爵, 從立處而三進至神所也. 三祭, 三酹酒於神座也. 每一酹酒, 則一奠爵. ….)"

97) 『서경대전(書經大全)』, 「주서(周書)」・「고명(顧命)」 : "신안 진씨가 말하였다 : '타(咤)에는 두 가지 설명이 있다. 공씨는 잔을 놓는 것으로 여겼는데 대부분의 학자들이 그것을 따랐다. 소씨는 이에 대고 마시지 않는 것으로 여겼으니, 맛보는 것과 같은 의미이다. …. 만약 맛보는 것과 같은 의미라면, 이곳은 어찌 금은 놓았는데, 신하는 맛보는 것이겠는가? 또 여씨의 태보가 음복함에 맛을 모르는 것이고, 왕의 음복은 또한 없앴다는 설명과 합하지 않는다.'(新安陳氏 : 咤有兩說. 孔氏以爲奠爵, 諸儒多因之, 蘇氏以爲至齒不飮, 與嚌同義. …. 若與嚌同義, 則此處何爲君咤而臣嚌. 且與呂氏太保飮福, 不并味, 王飮福, 亦廢之說不合矣.)"

> 集傳

葛氏曰, 受上宗同瑁, 則受太保介圭, 可知.
갈씨(葛氏)가 말하기를 "상종(上宗)의 동(同)과 모(瑁)를 받았으면 태보(太保)의 개규(介圭)를 받았음을 알 수 있다."라고 하였다.

> 詳說

○ 必先受以授人.
반드시 먼저 받아 남에게 주는 것이다.

○ 葛論止此.
갈씨의 설명은 여기까지이다.

> 集傳

宗伯曰饗者, 傳神命以饗告也.
종백(宗伯)이 "흠향했다."고 말한 것은 신(神)의 명령을 전달해서 "흠향했노라."고 고한 것이다.

> 詳說

○ 代神告也.
신을 대신해서 고한 것이다.

[13-4-22-27]

太保受同, 降盥, 以異同, 秉璋以酢, 授宗人同, 拜, 王答拜.
태보(太保)가 동(同)을 받아 내려와 손을 씻고는 딴 동(同)으로 장(璋)을 잡아 술을 따르고 종인(宗人)에게 동(同)을 주고 절하자, 왕(王)이 답배하였다.

> 集傳

太保受王所咤之同,
태보(太保)는 왕(王)이 내려놓은 동(同)을 받아

> 詳說

○ 如今之徹酒, 蓋宗人徹而授之.

지금의 술을 치우는 것과 같으니, 대개 종인이 거둬들여 주는 것이다.

集傳
而下堂盥洗, 夒
당(堂)에서 내려와 손을 씻고는 다시

> **詳說**
> ○ 平聲.
> '갱(夒)'은 평성이다.

集傳
用他同,
딴 동(同)을 사용하여

> **詳說**
> ○ 異,
> '타(他)'는 경문에서 '이(異)'이다.

集傳
秉璋以酢.
장(璋)을 잡고 술을 따른 것이다.

> **詳說**
> ○ 陳氏澔曰 : "以圭璋爲柄."
> 진씨 호(陳氏澔)가 말하였다 : "규장(圭璋)을 자루로 한 것이다."

集傳
酢, 報祭也,
초(酢)은 보제(報祭)이니,

> **詳說**
> ○ 出孔傳, 猶言再祭也.
> 「공전」이 출처로 재제(再祭)라고 말하는 것과 같다.

> [集傳]

祭禮

「제례(祭禮)」에

>> [詳說]
>
> ○ 禮記祭統.
>
> 『예기』「제통(祭統)」이다.

> [集傳]

君執圭瓚,

"군주가 규찬(圭瓚)을 잡고

>> [詳說]
>
> ○ 孔氏曰 : "以圭爲杓柄, 謂之圭瓚."
>
> 공씨가 말하였다 : "규를 자루를 한 것을 규찬(圭瓚)이라고 한다."

> [集傳]

祼尸

시(尸)에게 술을 따르거든

>> [詳說]
>
> ○ 古玩反.
>
> '관(祼)'은 '고(古)'와 '완(玩)'의 반절이다.
>
> ○ 陳氏澔曰 : "酌鬱鬯曰祼."
>
> 진씨 호(陳氏澔)가 말하였다 : "울창주를 따르는 것을 관(祼)이라고 한다."

> [集傳]

太宗執璋瓚亞祼,

태종(太宗)이 장찬(璋瓚)을 잡고 아관(亞)을 한다."라고 하였으니,

>> [詳說]
>
> ○ 一作大.

'태(太)'는 어떤 판본에는 '대(大)라고 되어 있다.

集傳
報祭, 亦亞祼之類,
보제(報祭)는 또한 아관의 유(類)이기

詳說
○ 新安陳氏曰 : "卽今之亞獻也."
신안 진씨(新安陳氏)가 말하였다 : "곧 지금의 아헌이다."[98]

集傳
故亦秉璋也.
때문에 또한 장(璋)을 잡은 것이다.

詳說
○ 秉同之柄.
동(同)을 잡는 자루이다.

集傳
以同授宗人,
동(同)을 종인(宗人)에게 주고

詳說
○ 蓋使之奠也.
대개 그를 시켜 놓게 한 것이다.

集傳
而拜尸,
시동에게 절하자

---

[98] 『서경대전(書經大全)』, 「주서(周書)」·「고명(顧命)」 : "신안 진씨가 말하였다 : '보제(報祭)는 아관(亞祼)의 종류로 곧 지금의 아헌(亞獻)이다. 왕이 제사로 성왕에게 고한 것은 기사일에 고명을 받았다는 말이다. 태보가 장(璋)을 잡아 술을 따르고 동(同)을 주고 성왕에게 절하고 고한 것은 기사일에 고명을 전한 것이다.' (新安陳氏曰 : '報祭者, 亞祼之類. 卽今之亞獻也. 王祭告成王, 言己巳受顧命也.. 太保秉璋以酢授同, 而拜告成王, 己巳傳顧命也.)"

詳說
○ 謂神也, 非眞有尸也.
신을 말하니 진실로 시동이 있는 것이 아니다.

○ 新安陳氏曰 : "拜告成王, 己巳傳顧命也."
신안 진씨(新安陳氏)가 말하였다 : "성왕에게 절하고 고한 것은 기사일에 고명을 전한 것이다."99)

集傳
王答拜者, 代尸拜也.
왕(王)이 답배한 것은 시(尸)를 대신하여 절한 것이다.

詳說
○ 王氏曰 : "因太保拜而對拜."
왕씨(王氏)가 말하였다 : "태보가 절하는 것에 따라 짝해서 절한 것이다."100)

○ 夏氏曰 : "王亦拜成王柩."
하씨(夏氏)가 말하였다 : "왕도 성왕의 널에 절한 것이다."101)

○ 新安陳氏曰 : "答召公拜, 何疑焉."
신안 진씨(新安陳氏)가 말하였다 : "왕이 소공의 절에 답배한 것을 어찌 의심하겠는가?"102)

集傳

---

99) 『서경대전(書經大全)』, 「주서(周書)」·「고명(顧命)」 : "신안 진씨가 말하였다 : '보제(報祭)는 아관(亞祼)의 종류로 곧 지금의 아헌(亞獻)이다. 왕이 제사로 성왕에게 고한 것은 기사일에 고명을 받았다는 말이다. 태보가 장(璋)을 잡아 술을 따르고 동(同)을 주고 성왕에게 절하고 고한 것은 기사일에 고명을 전한 것이다.' (新安陳氏曰 : '報祭者, 亞祼之類, 即今之亞獻. 王祭告成王, 言己巳受顧命也. 太保秉璋以酢授同, 而拜告成王, 己巳傳顧命也.)"
100) 『서경대전(書經大全)』, 「주서(周書)」·「고명(顧命)」 : "왕씨측(王氏)가 말하였다 : '태보가 절하는 것에 따라 짝해서 절한 것이다.'(王氏則曰 : 因太保拜而對拜)"
101) 『서경대전(書經大全)』, 「주서(周書)」·「고명(顧命)」 : "하씨가 말하였다 : "왕도 성왕의 널에 절한 것이다. ….(夏氏則曰 : 王亦拜成王柩. ….)"
102) 『서경대전(書經大全)』, 「주서(周書)」·「고명(顧命)」 : "신안 진씨가 말하였다 : '왕이 답배한 것에 대해 채씨는 「시동을 대신해 답한 것이다.」라고 하고, 왕씨는 「태보가 절하는 것에 따라 짝해서 답배했다.」고 하며, 하씨는 「왕도 성왕의 널에 절했다.」고 한다. 분분하게 헤아리는데, 요약하자면 왕이 소공의 절에 답배한 것을 어찌 의심하겠는가? ….'(新安陳氏曰 : 王答拜, 蔡氏則以代尸拜, 王氏則曰, 因太保拜, 而對拜, 夏氏則曰, 王亦拜成王柩. 紛紛揣度, 要之, 王答召公拜, 何疑焉. ….)"

宗人, 小宗伯之屬, 相太保酢者也.
종인(宗人)은 소종백(小宗伯)의 관속이니, 태보(太保)를 도와 술을 따른 자이다.

> 詳說
> ○ 去聲.
> '상(相)'은 거성이다.

> 集傳
> 太宗
> 태종(太宗)이

> 詳說
> ○ 一作保.
> '보(宗)'는 어떤 판본에는 '종(宗)'으로 되어 있다.

> 集傳
> 供王,
> 왕을 위해 술을 따르기

> 詳說
> ○ 上節.
> 위의 절이다.

> 集傳
> 故宗人供太保.
> 때문에 종인(宗人)이 태보(太保)를 위해 술을 따른 것이다.

> 詳說
> ○ 供猶佐也.
> '공(供)'은 돕는다는 것과 같다.

[13-4-22-28]

> 太保受同 祭嚌, 宅, 授宗人同, 拜, 王答拜.

태보(太保)가 동(同)을 받아 제(祭)하고 술을 이에만 대고는 물러가 자기 자리로 가서 종인(宗人)에게 동(同)을 주고는 절하자, 왕(王)이 답배하였다.

詳說

○ 嚌, 才詣反.

'제(嚌)'는 '재(才)'와 '예(詣)'의 반절이다.

集傳

以酒至齒曰嚌, 太保復受同,

술을 이(齒)에만 대는 것을 제(嚌)라 하니, 태보(太保)가 다시 동(同)을 받아

詳說

○ 去聲, 下同.

'부(復)'는 거성으로 아래에서도 같다.

○ 蓋亦宗人取以授之.

대개 또한 종인이 취하여 주는 것이다.

集傳

以祭

제(祭)하고,

詳說

○ 傾地.

땅에 기울인 것이다.

集傳

飮福至齒. 宅, 居也. 太保退居其所,

음복하여 이에 이른 것이다. 택(宅)은 거(居)함이다. 태보(太保)가 물러가 자기 자리에 거(居)하여

> 詳說

○ 其位.

'기소(其所)'는 '기위(其位)'이다.

> 集傳

以同授宗人又拜, 王復答拜. 太保飲福, 至齒者, 方在喪疚, 歆神之賜

동(同)을 종인(宗人)에게 주고 다시 절하자, 왕(王)이 다시 답배한 것이다. 태보(太保)가 음복하되 이에만 댄 것은 막 상중에 있어 신(神)이 주신 것을 먹되

> 詳說

○ 食也.

'흠(歆)'은 먹는 것이다.

> 集傳

而不甘其味也. 若王, 則喪之主, 非徒不甘味, 雖飲福亦廢也.

그 맛을 달게 여기지 않은 것이다. 왕(王)으로 말하면 상주(喪主)이니, 비단 맛을 달게 여기지 않을 뿐만 아니라, 비록 음복이라도 폐해야 한다.

> 詳說

○ 太保飲, 以下, 論也.

'태보음(太保飲)' 이하는 경문의 의미 설명이다.

[13-4-22-29]

太保降, 收, 諸侯出廟門, 俟.

태보(太保)가 내려오자 거두더니, 제후가 묘문(廟門)을 나와 기다렸다.

> 集傳

太保下堂, 有司收撤器用. 廟門, 路寢之門也, 成王之殯在焉, 故曰廟.

태보(太保)가 당(堂)을 내려오자, 유사(有司)가 기용(器用)을 거둔 것이다. 묘문(廟門)은 노침(路寢)의 문이니, 성왕(成王)의 빈소가 있기 때문에 묘(廟)라 한 것이다.

詳說

○ 鄒氏季友曰 : "爾雅云, 室有東西, 廂曰廟, 不專以神居爲廟也."

추씨 계우(鄒氏季友)103)가 말하였다 : "『이아』에서 '실에는 동서가 있고, 상(廂)은 묘라고 하니, 신의 거소를 묘라고만은 하지 않는 것이다."

集傳

言諸侯, 則卿士
제후를 말했으면 경사(卿士)

詳說

○ 前節.
앞의 절이다.

集傳

以下可知.
이하를 알 수 있다.

詳說

○ 此句, 論也.
여기의 구는 경문의 의미 설명이다.

集傳

俟者, 俟見新君也.
사(俟)는 새 군주를 뵙기를 기다리는 것이다.

---

103) 『서경대전(書經大全)』, 「상서(商書)」·「중훼지고(仲虺之誥)」에는 황보밀(皇甫謐)의 말로 되어 있다. 황보밀(皇甫謐, 215년 ~ 282년)은 서진(西晉) 안정(安定) 조나(朝那) 사람으로 자는 사안(士安)이고, 어릴 때 이름은 정(靜)이며, 자호는 현안선생(玄晏先生)이다. 황보숭(皇甫嵩)의 증손이다. 젊었을 때 거침없이 방탕하여 사람들이 미치광이라고 여겼다. 20살 무렵부터 부지런히 공부해 게으르지 않았다. 집이 가난해 직접 농사를 지었는데, 책을 읽으면서 밭갈이를 함으로써 수많은 서적들을 통독했다. 나중에 질병에 걸렸으면서도 손에서 책을 놓지 않고 저술에 전심하느라 밥 먹는 것도 잊어버려 사람들이 서음(書淫)이라 했다. 무제(武帝) 때 부름을 받았지만 나가지 않았다. 무제가 책 한 수레를 하사했다. 자신의 병을 고치려고 의학서를 읽어 가장 오랜 침구 관련서인『침구갑을경(鍼灸甲乙經)』을 편찬했다. 역사에도 조예가 깊어『제왕세기(帝王世紀)』와『연력(年歷)』,『고사전(高士傳)』,『일사전(逸士傳)』,『열녀전(列女傳)』,『현안춘추(玄晏春秋)』등을 지었다.

詳說

○ 音現.

'현(見)'은 음이 '현(現)'이다.

○ 新安陳氏曰 : "傳顧命不言日, 必在癸酉. 復冢宰攝政, 故嗣君, 可以旬日方卽位也. 古今異宜, 何必同哉."

신안 진씨(新安陳氏)가 말하였다 : "고명을 전하면서 날을 말하지 않은 것은 반드시 계유일에 있는 것이다. 다시 총재가 섭정했기 때문에 사왕은 십일에 즉위할 것이다. 고금에 마땅함이 다른 것을 하필 같게 하겠는가!"104)

---

104) 『서경대전(書經大全)』, 「주서(周書)」·「고명(顧命)」 : "신안 진씨가 말하였다 : '성왕이 을축일에 돌아가시고 9일을 지난 계유일에 사에게 재목을 구하고 고명을 전하라고 명하면서 날을 말하지 않은 것은 그것이 계유일 뒤에 있는 것이 분명하기 때문이다. 어찌 후세에 사군이 당일에 관앞에서 즉위하면서 십일을 지내는 것과 같지 않겠는가? …. 소공이 총재가 되어 섭정해서 기강과 정령의 주밀하기가 이와 같이 갖추어졌기 때문에 사왕은 십일에 즉위할 수 있는 것이다. 고금에 마땅함이 다른 것을 하필 같게 하겠는가!"(新安陳氏曰 : 成王以乙丑崩. 越九日癸酉, 命士須材傳顧命, 不言日, 其在癸酉後必矣. 曷不如後世嗣君當日於柩前卽位, 而涉旬日乎. …. 有召公爲冢宰以攝政, 紀綱政令, 周密備具如此. 故嗣君, 可以旬日方卽位也. 古今異宜, 何必同哉.)"

[13-4-23]
「강왕지고(康王之誥)」

集傳

今文古文皆有, 但今文, 合于顧命.
금문(今文)과 고문(古文)에 모두 있으나 다만 금문(今文)은 「고명(顧命)」에 합쳐져 있다.

詳說

○ 朱子曰 : "今除却序文讀著, 則文勢自相連接."
주자(朱子)105)가 말하였다 : "이제 서문을 없애고 읽어보면 어투가 저절로 서로 이어진다."106)

[13-4-23-1]

王出在應門之內, 太保率西方諸侯, 入應門左, 畢公率東方諸侯, 入應門右, 皆布乘黃朱. 賓稱奉圭兼幣, 曰一二臣衛, 敢執壤奠, 皆再拜稽首, 王 義嗣德, 答拜.

왕(王)이 나가서 응문(應門)의 안에 있자, 태보(太保)는 서방(西方)의 제후를 거느리고 응문

---

105) 주희(朱熹, 1130~1200) : 자는 원회(元晦)·중회(仲晦)이고, 호는 회암(晦庵)·회옹(晦翁)·고정(考亭)·자양(紫陽)·둔옹(遯翁) 등이다. 송대 무원(婺源 : 현 강서성 무원현) 사람으로 건양(建陽 : 현 복건성 건양현)에서 살았다. 1148년에 진사에 급제하여 동안주부(同安主簿)·비서랑(秘書郞)·지남강군(知南康軍)·강서제형(江西提刑)·보문각대제(寶文閣待制)·시강(侍講) 등을 역임하였다. 스승 이동(李侗)을 통해 이정(二程)의 신유학을 전수받고, 북송 유학자들의 철학사상을 집대성하여 신유학의 체계를 정립하였다. 1179~1181년 강서성(江西省) 남강(南康)의 지사(知事)로 근무하면서 9세기에 건립되어 10세기에 번성했다가 폐허가 된 백록동서원(白鹿洞書院)을 재건했다. 만년에 이르러 정적(政敵)인 한탁주(韓侂胄)의 모함을 받아 죽을 때까지 정치활동이 금지되고 그의 학문이 거짓 학문으로 폄훼를 받다가 그가 죽은 뒤에 곧 회복되었다. 저서로는 『정씨유서(程氏遺書)』, 『정씨외서(程氏外書)』, 『이락연원록(伊洛淵源錄)』, 『고금가제례(古今家祭禮)』, 『근사록(近思錄)』 등의 편찬과 『사서집주(四書集註)』, 『서명해(西銘解)』, 『태극도설해(太極圖說解)』, 『통서해(通書解)』, 『사서혹문(四書或問)』, 『시집전(詩集傳)』, 『주역본의(周易本義)』, 『역학계몽(易學啓蒙)』, 『효경간오(孝經刊誤)』, 『소학서(小學書)』, 『초사집주(楚辭集注)』, 『자치통감강목(資治通鑑綱目)』, 『팔조명신언행록(八朝名臣言行錄)』 등이 있다. 막내아들 주재(朱在)가 편찬한 『주문공문집(朱文公文集)』(100권, 속집 11권, 별집 10권)과 여정덕(黎靖德)이 편찬한 『주자어류(朱子語類)』(140권)가 있다.

106) 『서경대전(書經大全)』, 「주서(周書)·「강왕지고(康王之誥)」 : "복생은 「강왕지고」를 「고명」에 합하였는데, 이제 서문을 없애고 읽어보면 어투가 저절로 서로 이어진다.(朱子曰 : 伏生以康王之誥合於顧命, 今除却序文讀著, 則文勢自相連接.)"

(應門)으로 들어와 왼쪽에 서고, 필공(畢公)은 동방(東方)의 제후를 거느리고 응문(應門)으로 들어와 오른쪽에 서니, 모두 네 마리의 황마(黃馬)에 갈기가 붉은 것을 진열하였다. 제후왕이 받든 규(圭)와 겸하여 폐백을 들어 올리며 말하기를 "한두 명의 신위(臣衛)는 감히 토지에서 나오는 것을 잡아 올립니다." 라고 하고, 모두 재배하고 머리를 조아리자, 왕이 덕을 이음이 마땅해서 답배하였다.

詳說

○ 乘, 去聲.

'승(乘)'은 거성이다.

集傳

漢孔氏曰, 王出畢門立應門內.

한(漢)나라 공씨(孔氏)가 말하기를 "왕(王)이 필문(畢門)을 나가 응문(應門)의 안에 섰다."라고 하였다.

詳說

○ 南面立.

남면하여 선 것이다.

集傳

鄭氏曰, 周禮

정씨(鄭氏)는 말하기를 "『주례(周禮)』에

詳說

○ 猶言周制.

『주제』라고 말하는 것과 같다.

集傳

五門, 一曰皐門, 二曰雉門, 三曰庫門, 四曰應門, 五曰路門,

다섯 개의 문으로 첫 번째는 고문(皐門)이고, 두 번째는 치문(雉門)이고, 세 번째는 고문(庫門)이고, 네 번째는 응문(應門)이고, 다섯 번째는 노문(路門)인데,

詳說

○ 自外數入也, 詩緜註叅看.
밖에서 자주 들어오는 것이니,『시경』「면(緜)」의 주를 참고하라.

集傳
路門, 一曰畢門. 外朝,
노문(路門)은 일명 필문(畢門)이라 한다."라고 하였다. 바깥 조정은

詳說
○ 音潮, 下同.
'조(朝)'는 음이 '조(潮)'로 아래에서도 같다.

集傳
在路門外, 則應門之內, 蓋內朝所在也.
노문(路門)의 밖에 있으니, 응문(應門)의 안은 안 조정이 있는 곳이다.

詳說
○ 鄒氏季友曰 : "周禮注, 天子外朝一, 在庫門外, 內朝二, 治朝在路門外, 燕朝在路門內."
추씨 계우(鄒氏季友)가 말하였다 : "『주례』의 주에 천자의 외조는 하나로 고문의 밖에 있고, 내조는 둘로 치조는 노문의 밖에 있고 연조는 노문의 안에 있다."

○ 按, 此註與此說不合, 且以上五門作自內數出者, 或引用之誤歟.
살펴보건대, 여기의 주는 여기의 설명과 같지 않고, 또 위의 오문(五門)을 안에서 헤아려나가는 것은 혹 인용할 때의 잘못일 수 있다.

集傳
周中分天下諸侯, 主以二伯. 自陝
주(周)나라는 천하의 제후를 반으로 나누어 두 백(伯)에게 주관하게 하였다. 섬(陝)

詳說
○ 音閃

'섬(陝)'은 음이 '섬(閃)'이다.

集傳
以東, 周公主之, 自陝以西, 召公主之.
이동 지방은 주공(周公)이 주관하고 섬(陝) 이서 지방은 소공(召公)이 주장하였다.

詳說
○ 見史記燕世家.
『사기』「연세가」에 보인다.

集傳
召公率西方諸侯, 蓋西伯舊職,
소공(召公)이 서방의 제후를 거느린 것은 서백(西伯)의 옛 직책이고,

詳說
○ 自武王時已然.
무왕 때부터 이미 그러했다.

集傳
畢公率東方諸侯, 則繼周公爲東伯矣. 諸侯入應門, 列于左右. 布, 陳也, 乘, 四馬也, 諸侯, 皆陳四黃馬, 而朱其鬣以爲廷實.
필공(畢公)이 동방(東方)의 제후를 거느린 것은 주공(周公)을 이어 동백(東伯)이 된 것이다. 제후가 응문(應門)에 들어와 좌·우로 진열하였다. 포(布)는 진열함이고, 승(乘)은 네 필의 말이니, 제후가 모두 네 마리의 황마에 갈기가 붉은 것을 진열하여 정실(庭實)로 삼은 것이다.

詳說
○ 二字出, 儀禮大射禮.
두 글자는 『의례』「대사례」가 출처이다.

集傳
或曰, 黃朱, 若篚厥玄黃之類.
혹자(或者)는 말하기를, "황주(黃朱)는 『시경(詩經)』의 '검은 비단과 누른 비단을

광주리에 담는 것과 같다."라고 한다.

　詳說

　○ 見武成.
　　「무성」에 보인다.

　○ 是謂馬與幣也.
　　이것은 말과 폐백이다.

集傳

賓, 諸侯也. 稱, 擧也, 諸侯擧所奉圭, 兼
빈(賓)은 제후이다. 칭(稱)은 듦이니, 제후가 받든 바의 규(圭)와 겸하여

　詳說

　○ 猶及也.
　　'겸(兼)'은 '급(及)' 같다.

集傳

幣. 曰一二臣衛, 一二見非一也.
폐백을 들어 올린 것이다. '한두 명의 신위(臣衛)'라고 말했으니, 일이(一二)는 하나가 아님을 나타낸 것이다.

　詳說

　○ 音現, 下並同.
　　'현(見)'은 음이 '현(現)'으로 아래에서도 모두 같다.

集傳

爲王蕃衛,
왕(王)의 번위(蕃衛)가 되었기

　詳說

　○ 藩同, 下同.
　　'번(蕃)'은 '번(藩)'과 같고 아래에서도 같다.

> 集傳

故曰臣衛. 敢執壤地所出奠贄,
때문에 신위(臣衛)라고 한 것이다. 감히 토지에서 나오는 것을 잡아 폐백을 올린다 하고,

> 詳說

○ 補二字.
'소출(所出)' 두 글자를 더하였다.

○ 土地所出之奠, 獻幣物也. 諺釋恐非文勢.
토지에서 나오는 것을 잡아 폐물로 올리는 것이다. 『언해』의 해석은 어투가 아닌 것 같다.

> 集傳

皆再拜首至地,
모두 재배하고 머리가 땅에 이르러

> 詳說

○ 稽.
경문에서 '계(稽)'이다.

> 集傳

以致敬. 義, 宜也, 義嗣德云者, 史氏之辭也. 康王宜嗣前人之德, 故答拜也. 吳氏曰, 穆公
공경을 지극히 하였다. 의(義)는 마땅함이니, 덕을 이음이 마땅하다는 것은 사관(史官)의 말이다. 강왕(康王)이 전인(前人)의 덕을 이음이 마땅하므로 답배한 것이다. 오씨(吳氏)가 말하였다. "목공(秦穆公)이

> 詳說

○ 秦.
진(秦)의 목공이다.

> 集傳

使人弔公子重耳,
사람을 시켜 공자(公子) 중이(重耳)에게 조문하게 하자,

> 詳說
> ○ 平聲.
> '중(重)'은 평성이다.
>
> ○ 晉文公
> 중이는 진의 문공이다.

集傳
重耳稽顙而不拜, 穆公曰仁夫.
중이가 머리를 조아리기만 하고 절하지 않으니, 목공(穆公)이 말하기를 '인(仁)하다.

> 詳說
> ○ 音扶.
> '부(夫)'는 음이 '부(扶)'이다.

集傳
公子稽顙而不拜, 則未爲後也.
공자(公子)가 머리를 조아리기만 하고 절하지 않으니, 후계자가 되지 않은 것이다.'라고 하였다.

> 詳說
> ○ 見禮記檀弓.
> 『예기』「단궁」에 보인다.
>
> ○ 未爲父後.
> 아직 아비의 후계가 되지 않은 것이다.

集傳
蓋爲後者拜, 不拜, 故未爲後也.
후계자가 된 자는 절하는데, 절하지 않았으므로 후계자가 되지 않은 것이다.

> 詳說

○ 弔禮, 衆子不拜賓

조문의 예에 여러 자식들은 손님에게 절하지 않은 것이다.

> 集傳

弔者

조문하는 자와

> 詳說

○ 陳氏澔曰 : "列國所送來之使."

진씨 호(陳氏澔)가 말하였다 : "여러 나라에서 보내온 사신들이다."

> 集傳

含者

시신의 입에 쌀을 넣어주는 자와

> 詳說

○ 胡紺反

'함(含)'은 '호(胡)'와 '감(紺)'의 반절이다.

○ 致含玉者

옥을 머금게 하는 자이다.

> 集傳

襚者

수의(衣)를 입히는 자가

> 詳說

○ 音遂.

'수(襚)'는 음이 '수(遂)'이다.

○ 致衣服者.

옷을 입게 하는 자이다.

集傳

升堂致命, 主孤拜稽顙,

당(堂)에 올라가 명령을 올리면 상주(喪主)인 고(孤)가 절하고 머리를 조아리니,

詳說

○ 見禮記雜記.

『예기』「잡기」에 보인다.

集傳

成爲後者也. 康王之見諸侯, 若以爲不當拜, 而不拜, 則疑未爲後也, 且純乎吉也, 答拜, 旣正其爲後, 且知其以喪見也.

이는 후계자가 됨을 이룬 것이다. 강왕(康王)이 제후를 만나볼 때에 만일 마땅히 절하지 않아야 한다고 여겨 절하지 않으면, 후계자가 되지 않는지 의심되지만 또 길함에 순수하니, 답배한 것은 이미 후계자가 됨을 바르게 하고, 또 상례(喪禮)로써 만나봄을 알게 한 것이다."

詳說

○ 吳氏, 以下, 論也.

오씨(吳氏) 이하는 경문의 의미 설명이다.

[13-4-23-2]

太保, 曁芮伯, 咸進相揖, 皆再拜稽首, 曰敢敬告天子. 皇天改大邦殷之命, 惟周文武, 誕受羑若, 克恤西土.

태보(太保)가 예백(芮伯)과 함께 나아가 서로 읍하고는 모두 재배하고 머리를 조아려 말하기를 "감히 천자께 공경히 아뢰옵니다. 황천(皇天)이 대방(大邦)인 은(殷)나라의 명을 바꾸시자, 주(周)나라의 문왕(文王)·무왕(武王)께서 크게 유약(羑若)을 받으시어 능히 서쪽 지방을 구휼하셨습니다.

詳說

○ 羑, 音酉.

'유(羑)'는 음이 '유(酉)'이다.

> 集傳

冢宰及司徒

총재(冢宰)와 사도(司徒)와

>> 詳說

○ 照前篇註.

앞의 편의 주를 참조하라.

> 集傳

與羣臣, 皆進相揖定位

군신(群臣)이 모두 나아가 서로 읍하며 자리를 정하고는,

>> 詳說

○ 呂氏曰 : "二伯率諸侯, 列門左右, 相對朝會, 分班儀也. 今六卿咸進前列, 冢宰司徒之位, 相次, 朝會合班儀也."

여씨(呂氏)가 말하였다 : "이백이 제후를 거느리고 좌우로 진열해서 서로 마주보며 조회하는 것은 분반의 의례이다. 이제 육경이 모두 앞의 열로 나아가고, 총재와 사도의 자리가 서로 다음으로 하는 것은 조회에 합반하는 의례이다."107)

> 集傳

又皆再拜稽首, 陳戒於王曰, 敢敬告天子,

또 모두 재배하고 머리를 조아려 왕(王)에게 경계 말씀을 올리기를 "감히 공경히 천자에게 고한다."라고 하였으니,

>> 詳說

○ 臨川吳氏曰 : "曰者, 太保言也."

임천 오씨(臨川吳氏)가 말하였다 : "왈이라는 것은 태보의 말이다."108)

---

107) 『서경대전(書經大全)』, 「주서(周書)」·「강왕지고(康王之誥)」: "여씨가 말하였다 : '이백이 제후를 거느리고 문의 좌우로 진열하는 것은 조회에 분반하는 의례이다. 태보와 예백이 모두 나아가 서로 읍하는 것은 조회에 합반하는 의례이다. 처음에 반을 나눈 것은 제후가 양립한 것이니, 서백과 동백의 자리가 서로 마주한 것이고, 이제 반을 합한 것은 육경이 앞에 줄을 서고 총재와 사도의 자리가 서로 다음으로 하는 것이다.'(呂氏曰 : 二伯率諸侯, 列門左右, 朝會, 分班儀也. 太保及芮伯, 咸進相揖, 朝會合班儀也. 始而分班, 則諸侯兩立, 西伯與東伯之位相對, 今而合班, 則六卿前列, 冢宰與司徒之位, 相次.)"

108) 『서경대전(書經大全)』, 「주서(周書)」·「강왕지고(康王之誥)」: "임천 오씨가 말하였다 : '…. 왈이라는 것은 태보의 말이다. 태보가 바깥으로 제후의 백과 안으로 모든 신하의 장이 되기 때문에 제후와 모든 신하를

集傳

示不敢輕告,
이는 감히 가볍게 고하지 못함을 보인 것이며,

詳說

○ 敬.
공경하는 것이다.

集傳

且尊稱之,
또 존칭한 것은

詳說

○ 天子.
천자이다.

集傳

所以重其聽也.
그 들음을 중하게 하기 위해서이다.

詳說

○ 去聲.
'중(重)'은 거성이다.

○ 使其重之.

거느리고 왕에게 나아가 경계하는 것이다. 유약(羑若)은 미상이다. 어떤 이는 「약(若) 순함이다. 유리의 갇힌 것은 역경인데 문왕이 한결같이 순함으로 처신했고, 이것에 따라 마침내 천명을 받은 것이다.」라고 하였다. 어떤 이는 「문왕이 유리의 갇힘에서 나오면서 천명이 비로소 순해졌다.」고 했다. 어떤 이는 「유(羑)는 선함이라고 하였다. 하늘이 선하게 여기고 하늘이 순하게 여기는 것은 돌아보며 돕는다는 것이다.」라고 하였다. 어떤 이는 「유약(羑若)은 곧 하문(下文)의 궐약(厥若)으로 혹 글자가 오류가 있는 듯하다.」라고 하였다. 살펴보건대, 네 가지 설명이 모두 편안하지 않다. 서토는 문왕이 흥기한 곳이니, 문왕과 무왕이 천명을 크게 받아 서토의 백성들을 구휼할 수 있는 것이다.'(臨川吳氏曰 : …. 曰者, 太保言也. 太保爲外諸侯之伯, 內羣臣之長, 故率諸侯羣臣, 進戒于王也. 羑若, 未詳. 或曰, 若, 順也. 羑里之囚, 逆境也, 而文一以順處之, 因此遂受天命, 或曰, 文王自出羑里之囚, 而天命始順, 或曰, 羑, 善也, 天所善, 天所若, 謂眷佑之也. 或曰, 羑若, 卽下文厥若, 或字有訛. 按, 四說俱未安. 西土文武所興之地, 言文武所以誕受天命, 以其能恤西土之民也.)"

그들이 중하게 여기게 한 것이다.

集傳

曰大邦殷者, 明有天下不足恃也. 羑若, 未詳. 蘇氏曰, 羑, 羑里也, 文王出羑里之囚, 天命自是始順,

대방(大邦)인 은(殷)이라고 말한 것은 천하를 소유함이 믿을 것이 못됨을 밝힌 것이다. 유약(若)은 상세하지 않다. 소씨(蘇氏)는 말하기를 "유(羑)는 유리(羑里)이니, 문왕(文王)이 갇혀 있던 유리(里)에서 나오자, 천명이 이로부터 비로소 순했다."라고 하였고,

詳說

○ 若.

'순(順)'은 경문에서 '약(若)'이다.

○ 蘇氏曰 : "欲康王知創業之艱難."

소씨(蘇氏)가 말하였다 : "강왕이 창업의 어려움을 알게 하고자 한 것이다."[109]

集傳

或曰, 羑若, 卽下文之厥若也. 羑厥或字有訛謬.

혹자는 "유약(羑若)은 곧 하문(下文)의 궐약(厥若)이다."라고 하니, 유(羑)와 궐(厥)에 혹 글자가 오류가 있는 듯하다.

詳說

○ 臨川吳氏曰 : "或曰, 羑, 善也. 天所善, 天所若, 謂眷佑之也."

임천 오씨(臨川吳氏)가 말하였다 : "어떤 이는 유(羑)는 선함이라고 하였다. 하늘이 선하게 여기고 하늘이 순하게 여기는 것은 돌아보며 돕는다는 것이다."[110]

---

109) 서경대전(書經大全)』, 「주서(周書)」·「강왕지고(康王之誥)」 : "소씨가 말하였다 : '강왕은 생장이 부귀하니 유리에서 문왕의 어려움을 고해 창업의 어려움을 알게 하고자 한 것이다.'(蘇氏曰 : 康王生長富貴, 告以文王羑里之難, 欲其知創業之艱難也.)"

110) 『서경대전(書經大全)』, 「주서(周書)」·「강왕지고(康王之誥)」 : "임천 오씨가 말하였다 : '…. 왈이라는 것은 태보의 말이다. 태보가 바깥으로 제후의 백과 안으로 모든 신하의 장이 되기 때문에 제후와 모든 신하를 거느리고 왕에게 나아가 경계하는 것이다. 유약(羑若)은 미상이다. 어떤 이는 「약(若) 순함이다. 유리의 갇힌 것은 역경인데 문왕이 한결같이 순함으로 처신했고, 이것에 따라 마침내 천명을 받은 것이다.」라고 하였다. 어떤 이는 「문왕이 유리의 갇힘에서 나오면서 천명이 비로소 순해졌다.」고 했다. 어떤 이는 「유(羑)는 선함이라고 하였다. 하늘이 선하게 여기고 하늘이 순하게 여기는 것은 돌아보며 돕는다는 것이다.」라고 하였나. 어떤 이는 「유약(羑若)은 곧 하문(下文)의 설약(厥若)으로 혹 글자가 오류가 있는 듯하다.」라고 하

集傳

西土, 文武所興之地,
서쪽 지방은 문왕(文王)·무왕(武王)이 일어난 지역이니,

詳說

○ 張氏曰 : "示不忘本也."
장씨(張氏)가 말하였다 : "근본을 잊지 않음을 보인 것이다."111)

集傳

言文武所以大受命者
문왕(文王)·무왕(武王)이 크게 천명을 받은 까닭은

詳說

○ 誕
'대(大)'는 경문에서 '탄(誕)'이다.

集傳

以其能恤西土之衆也
서쪽 지방의 무리를 구휼했기 때문임을 말한 것이다.

詳說

○ 諺讀, 恐非註意
『언해』의 구두는 주의 의미가 아닌 것 같다.

集傳

進告不言諸侯
나아가 고할 적에 제후를 말하지 않은 것은

였다. 살펴보건대, 네 가지 설명이 모두 편안하지 않다. 서토는 문왕이 흥기한 곳이니, 문왕과 무왕이 천명을 크게 받아 서토의 백성들을 구휼할 수 있는 것이다.'(臨川吳氏曰 : …. 曰者, 太保言也. 太保爲外諸侯之伯, 內羣臣之長, 故率諸侯羣臣, 進戒于王也. 羑若, 未詳. 或曰, 若, 順也. 羑里之囚, 逆境也, 而文一以順處之, 因此遂受天命, 或曰, 文王自出羑里之囚, 而天命始順, 或曰, 羑, 善也, 天所善, 天所若, 謂眷佑之也. 或曰, 羑若, 即下文厥若, 或字有訛. 按, 四說俱未安. 西土文武所興之地, 言文武所以誕受天命, 以其能恤西土之民也.")

111) 『서경대전(書經大全)』, 「주서(周書)」·「강왕지고(康王之誥)」 : "장씨가 말하였다 : '서토를 구휼했다고 말한 것은 문왕의 기업이 서토에 근본한다는 것으로 근본을 잊지 않음을 보인 것이다.'(張氏曰 : 言克恤西土, 以文武基業本於西土, 示不忘本也.)"

> 詳說

○ 與前篇末不言卿士者, 蓋互見.
앞의 편 끝에서 경사를 말하지 않은 것과 대개 서로 드러낸 것이다.

> 集傳

以內見外.
안으로 밖을 나타낸 것이다.

> 詳說

○ 音現.
'현(見)'은 음이 '현(現)'이다.

○ 論也.
경문의 의미 설명이다.

○ 此不答拜者, 成爲君也.
여기에서 답배하지 않은 것은 임금이 되었기 때문이다.

[13-4-23-3]

> 惟新陟王, 畢協賞罰, 戡定厥功, 用敷遺後人休, 今王敬之哉,
> 張皇六師, 無壞我高祖寡命.

새로 승하하신 왕(王)께서 상(賞)과 벌(罰)을 모두 합당하게 하시고 그 공을 이겨 정하며 후인에게 아름다움을 펴서 끼쳐 주셨으니, 금왕(今王)께서는 공경하고 육사(六師)를 장대하게 해서 우리 고조(高祖)께서 어렵게 얻은 명을 무너뜨리지 마소서."

> 詳說

○ 遺, 去聲, 壞, 音怪.
'유(遺)'는 거성이고, '괴(壞)'는 음이 '괴(怪)'이다.

> 集傳

陟, 升遐也. 成王初崩, 未葬未諡, 故曰新陟王.

척(陟)은 승하(昇遐)함이니, 성왕(成王)이 처음 별세하여 아직 장례하지 않고 시호를 짓지 않았으므로 '새로 승하한 왕'이라고 한 것이다.

詳說

○ 如後世云, 大行皇帝.

이후의 세대에 '대행황제(大行皇帝)'라고 하는 것과 같다.

集傳

畢, 盡, 協, 合也. 好惡,

필(畢)은 다이고, 협(協)은 합함이다. 좋아하고 미워함이

詳說

○ 並, 去聲.

'호(好)'와 '오(惡)'는 모두 거성이다.

集傳

在理不在我, 故能盡合其賞之所當賞, 罰之所當罰,

이치에 있고 자신에게 있지 않았으므로 상은 마땅히 상주어야 할 바에 벌은 마땅히 벌주어야 할 바에 모두 합하여

詳說

○ 朱子曰 : "非至公至明, 何以能此."

주자(朱子)가 말하였다 : "지극한 공정과 지극한 밝음이 아니면 어찌 이것에 능하겠는가?"112)

集傳

而克定其功,

그 공을 이겨 정해서

詳說

---

112) 『서경대전(書經大全)』, 「주서(周書)」·「강왕지고(康王之誥)」: "주자가 말하였다 : '상이 공에 해당하고 벌이 죄에 해당하지 않음을 행할 뿐이기 때문에 일이 어긋나서 어지러워지니, 지극한 공정과 지극한 밝음이 아니면 어찌 이것에 능하겠는가? ….'(朱子曰 : 只爲賞不當功, 罰不當罪, 故事差錯. 若畢協賞罰, 非至公至明, 何以能此. ….)"

○ 戡, 克也.
경문에서 '감(戡)'이 '극(克)'이다.

集傳
用施及後人之休美,
뻗쳐 후인의 아름다움에 미치게 하였으니,

詳說
○ 音異.
'시(施)'은 음이 '이(異)'이다.

○ 敷.
'시(施)'는 경문에서 '부(敷)'이다.

○ 遺.
'급(及)'은 경문에서 '유(遺)'이다.

集傳
今王嗣位其敬勉之哉.
금왕(今王)은 지위를 이음에 공경하여 힘써야 할 것이다.

詳說
○ 張氏曰 : "敬則歷年, 不敬則早墜, 此召公平生所學, 昔以告成王, 今又以告康王."
장씨(張氏)가 말하였다 : "공경하면 오래갈 수 있고, 공경하지 않으면 일찍 떨어지니, 이것은 소공이 평소 배우던 것으로 과거에 성왕에게 고하고 이제 또 강왕에게 고하는 것이다."113)

集傳
皇, 大也, 張皇六師,

---

113) 『서경대전(書經大全)』, 「주서(周書)」·「강왕지고(康王之誥)」 : "장씨가 말하였다 : '지금의 왕이 새로 승하하신 왕을 이었으니, 공경할 뿐이다. 공경하면 오래갈 수 있고, 공경하지 않으면 일찍 떨어지니, 이것은 소공이 평소 배우던 것으로 과거에 성왕에게 고하고 이제 또 강왕에게 고하는 것이다.'(張氏曰 : 今王繼新陟王, 惟敬而已. 敬則歷年, 不敬則早墜, 此召公平生所學, 昔以告成王今, 又以告康王. ….)"

황(皇)은 큼이니, 육사(六師)를 장황(張皇)하고

詳說

○ 六軍.

'육사(六師)'는 '육군(六軍)'이다.

集傳

大戒戎備, 無廢壞我文武

국방(國防)을 크게 경계하여 우리 문왕(文王)·무왕(武王)이

詳說

○ 孔氏曰 : "高德之祖."

공씨(孔氏)가 말하였다 : "높은 덕의 조상이다."114)

集傳

艱難寡得之基命也.

어렵게 얻은 기명(基命)을 폐괴(廢壞)하지 말라.

詳說

○ 孔氏曰 : "寡有之命."

공씨(孔氏)가 말하였다 : "적게 가진 명이다."115)

○ 臨川吳氏曰 : "周之受命, 世所寡有."

임천 오씨(臨川吳氏)가 말하였다 : "주나라가 명을 받은 것은 세상에 적게 있는 것이다."116)

集傳

---

114) 『서경대전(書經大全)』, 「주서(周書)」·「강왕지고(康王之誥)」 : "공씨가 말하였다 : '높은 덕의 조상이 적게 가진 명이다.(孔氏曰 : 高德之祖, 寡有之命. ….)"
115) 『서경대전(書經大全)』, 「주서(周書)」·「강왕지고(康王之誥)」 : "공씨가 말하였다 : '높은 덕의 조상이 적게 가진 명이다.(孔氏曰 : 高德之祖, 寡有之命. ….)"
116) 『서경대전(書經大全)』, 「주서(周書)」·「강왕지고(康王之誥)」 : "임천 오씨가 말하였다 : '…. 주나라가 명을 받은 것은 세상에 적게 있는 것이니, 지금의 왕이 융병의 대비를 잊지 않고, 혹 게을러서 우리 문왕과 무왕이 쉽게 얻지 않은 천명을 무너뜨리지 말아야 한다는 말이다.'(臨川吳氏曰 : …. 言周之受命, 世所寡有, 今王不忘戎備, 無或弛怠而隳壞我文武不易得之天命也.)"

按, 召公此言若導王以尚威武者. 然守成之世, 多溺宴安而無立志, 苟不詰爾戎兵,

살펴보건대 소공(召公)의 이 말은 왕을 위엄과 무력을 숭상함으로 인도하는 듯하다. 그러나 수성(守成)의 세대에는 연안(宴安)에 빠져서 입지(立志)가 없는 경우가 많으니, 만약 너의 융병(戎兵)을 다스려

> 詳說
> ○ 見立政.
> 「입정」에 보인다.117)

集傳

奮揚武烈, 則廢弛怠惰, 而陵遲之漸見矣.

무열(武烈)을 뽐내고 드날리지 않는다면 폐이(廢弛)하고 태타(怠惰)하여 의 징조가 점차로 나타난다.

> 詳說
> ○ 音現.
> '현(見)'은 음이 '현(現)'이다.

集傳

成康之時, 病正在是. 故周公於立政, 亦懇懇言之.

성왕(成王)·강왕(康王)의 때에는 병통이 바로 여기에 있었다. 그러므로 주공(周公)이 「입정(立政)」에서 또한 간곡히 말씀한 것이다.

> 詳說
> ○ 新安陳氏曰 :"周以仁厚立國, 遺弊易至於弛而弱, 如太公言魯後世寢弱. 周召已預見先憂矣, 康王子昭王, 卽有膠舟之陵夷."
> 신안 진씨(新安陳氏)가 말하였다 : "주나라가 어짊의 두터움으로 나라를 세웠는데, 그 유폐가 쉽게 느슨하고 약해지는 데로 흘러갔으니, 이를테면 태공이 노나라의 후세가 점차로 약해졌다고 말한 것이다. 주공과 소공이 이미 예견해서 먼

---

117) 『서경대전(書經大全)』, 「주서(周書)」·「입정-22(立政-22)」 : "능히 너의 융복(戎服)과 병기를 다스리고 우왕의 옛 자취에 올라 사방으로 천하에 행하고 해표(海表)에까지 복종하지 않는 자가 없게 하시어, 문왕의 밝은 빛을 보시고 무왕의 큰 공렬을 드날리소서.(其克詰爾戎兵, 以陟禹之迹, 方行天下, 至于海表, 罔有不服, 以覲文王之耿光, 以揚武王之大烈.)"

저 우려했던 것이니, 강왕의 자식 소왕이 곧 배가 초택의 언덕에 묶임이 있는 것이다."118)

集傳
後世墜先王之業, 忘祖父之讎, 上下苟安, 甚至於口不言兵,
후세에는 선왕(先王)의 기업(基業)을 실추하고 조(祖)·부(父)의 원수를 잊어서 상하(上下)가 구차히 편안하고, 심지어는 입으로 병사(兵事)를 말하지 않기까지 하여

詳說
○ 唐之代德, 宋之南渡, 後其尤耳.
당나라의 덕을 대신하고, 송나라가 밀려 남으로 옮겨갔으니, 그 책망을 뒤로 했기 때문일 뿐이다.

集傳
亦異於召公之見矣, 可勝歎哉.
또한 소공(召公)의 소견과 다르게 되니, 이루 다 탄식할 수 있겠는가!

詳說
○ 平聲.
'승(勝)'은 평성이다.

○ 按, 以下論也.
'안(按)' 이하는 경문의 의미 설명이다.

[13-4-23-4]
王若曰, 庶邦侯甸男衛. 惟予一人釗, 報誥.

---

118) 『서경대전(書經大全)』, 「주서(周書)」·「강왕지고(康王之誥)」: "신안 진씨가 말하였다 : '주나라가 어짊의 두터움으로 나라를 세워 풍성하게 이룸이 오래 되고, 그 유폐가 느슨하고 약해져서 실정하는 데로 흘러가서 동천의 뒤보다 심했을지라도 기미는 이미 한두 번 전해진 나머지에 점칠 수 있었다. 주공·소공·필공 여러 사람이 이미 예견하고 먼저 아직 그렇게 되기 전에 우려했던 것으로 바로 이를테면 태공이 노나라의 후세가 점차로 약해지고 강왕의 자식 소왕이 곧 배가 초택의 언덕에 묶인 것과 같으니 소공의 말이 어찌 지나친 것이겠는가?'(新安陳氏曰 : 周以仁厚立國, 盈成之久, 其流弊易至於弛而弱失政, 雖甚於東遷之後, 幾微已兆於一再傳之餘. 周召畢諸公, 已預見先憂於未然之前矣. 正如太公言魯後世浸弱矣者也, 康王之子昭王, 即有舟膠楚澤之陵夷, 召公之言, 豈過也哉.)"

왕(王)이 이렇게 말씀하였다. "여러 나라의 후(侯)·전(甸)·남(男)·위(衛)야! 나 한 사람 소(釗)는 고(誥)에 답하노라.

集傳
報誥,
고(誥)에 답하면서

詳說
○ 林氏曰 : 諸侯戒我, 故我以誥報之, 報答也."
임씨가 말하였다 : "제후들이 나를 경계하였기 때문에 내가 고(誥)로 갚았으니, 고로 답한 것이다."119)

集傳
而不及羣臣者, 以外見內.
군신(群臣)을 언급하지 않은 것은 밖으로써 안을 나타낸 것이다.

詳說
○ 音現.
'현(見)'은 음이 '현(現)'이다.

○ 論也, 照前節註.
경문의 의미 설명이니, 앞의 절에서 주를 참조하라.

集傳
康王在喪, 故稱名, 春秋
강왕(康王)이 상중(喪中)에 있었으므로 이름을 칭한 것이니,『춘추(春秋)』에

詳說
○ 昭二十二年.

---

119)『서경대전(書經大全)』,「주서(周書)」·「강왕지고(康王之誥)」: "임씨가 말하였다 : '「고에 답한다.」는 것은 제후들이 나를 경계하였기 때문에 내가 고(誥)로 갚았으니, 고로 답한 것이다.'(林氏曰 : 報誥者, 諸侯戒我, 故我以誥報之, 報答也.)"

소공 22년이다.

集傳

嗣王在喪亦, 書名也.

사왕(嗣王)이 상중에 있을 때에도 또한 이름을 썼다.

詳說

○ 證也.

증명한 것이다.

[13-4-23-5]

昔君文武, 丕平富, 不務咎, 底至齊信, 用昭明于天下, 則亦有熊羆之士, 不二心之臣, 保乂王家, 用端命于上帝, 皇天, 用訓厥道, 付畀四方.

옛날 군주이신 문왕(文王)·무왕(武王)께서 크게 공평하고 부유하게 하시며 허물을 힘쓰지 아니하사, 지극함을 이루며 가지런히 지극히 하고 정성스럽게 하시어 천하에 밝히시자, 또한 웅비(熊羆)와 같은 용사(勇士)와 두 마음을 품지 않은 신하들이 왕가(王家)를 보존하고 다스려서 상제(上帝)에게 바른 명을 받으시니, 황천(皇天)이 그 도를 순히 하시어 사방을 맡겨 주셨다.

集傳

丕平富者, 溥博均平, 薄斂富民,

크게 균평하며 부유하게 했다는 것은 부박(溥博)하게 균평(均平)하고 세금을 적게 거두어 백성을 부유하게 한 것이다.

詳說

○ 去聲.

'렴(斂)'은 거성이다.

○ 臨川吳氏曰 : "丕平富, 謂無一人不富也."

임천 오씨(臨川吳氏)가 말하였다 : "크게 균평하며 부유하게 했다는 것은 어떤 사람도 부유하지 않음이 없다는 말이다."[120]

集傳

言文武德之廣也. 不務咎者, 不務咎惡, 輕省刑罰,

문왕(文王)·무왕(武王)의 덕이 넓음을 말한 것이다. 허물을 힘쓰지 않았다는 것은 구악(咎惡)을 힘쓰지 아니하여 형벌을 가볍게 하고 줄인 것이니,

詳說

○ 臨川吳氏曰 : "不以咎人之咎爲務."

임천 오씨(臨川吳氏)가 말하였다 : "사람의 허물을 허물하는 것을 힘쓰지 않는 것이다."[121]

集傳

言文武罰之謹也.

문왕(文王)·무왕(武王)이 형벌을 삼가함을 말한 것이다.

詳說

---

120) 『서경대전(書經大全)』, 「주서(周書)」·「강왕지고(康王之誥)」 : "임천 오씨가 말하였다 : '「크게 균평하며 부유하게 했다.」는 것은 어떤 사람도 부유하지 않음이 없다는 말이다. 「균평하다.」는 것은 각기 분수의 소원을 얻은 것이다. 「부유하게 한다.」는 것은 집안이 넉넉하고 사람들이 만족한다는 것이다. 「허물을 힘쓰지 않았다.」는 것은 사람의 허물을 허물하는 것을 힘쓰지 않고 형벌을 삼갔다는 것이다. 「지극함을 이룬다.」는 것은 지극함에 도달하는 것이다. 「가지런히 미덥게 한다.」는 것은 그 정성을 다하는 것이다. 문왕과 무왕의 마음은 이처럼 천하에 드러낼 수 있었던 것이다. 문왕과 무왕은 이미 성인이었다면, 또한 용맹하기가 웅비같은 용사와 충일하기가 두 마음을 품지 않는 신하가 있었을 것이니, 함께 왕가를 보호하고 다스려 상제에게 바른 명을 받았을 것이다. 임금은 백성에게 어질고 신하는 임금에게 충성해서 양쪽으로 그 도를 다함에 하늘이 순히 여겨 사방을 맡겨주니 천하를 얻었다는 말이다.'(臨川吳氏曰 : 丕平富, 謂無一人不富也. 平者, 各得其分願. 富者, 家給人足也. 不務咎, 不以咎人之咎爲務, 慎刑罰也. 底至, 致于極也, 齊信, 盡其誠也. 文武之心, 如是用能顯著于天下. 文武既聖, 則亦有勇猛如熊羆之士, 忠一不二心之臣, 共保乂王家, 用能受正命于上帝. 君仁於民, 臣忠於君, 兩盡其道, 天用順之, 而付畀以四方, 謂得天下也.)"

121) 『서경대전(書經大全)』, 「주서(周書)」·「강왕지고(康王之誥)」 : "임천 오씨가 말하였다 : '「크게 균평하며 부유하게 했다.」는 것은 어떤 사람도 부유하지 않음이 없다는 말이다. 「균평하다.」는 것은 각기 분수의 소원을 얻은 것이다. 「부유하게 한다.」는 것은 집안이 넉넉하고 사람들이 만족한다는 것이다. 「허물을 힘쓰지 않았다.」는 것은 사람의 허물을 허물하는 것을 힘쓰지 않고 형벌을 삼갔다는 것이다. 「지극함을 이룬다.」는 것은 지극함에 도달하는 것이다. 「가지런히 미덥게 한다.」는 것은 그 정성을 다하는 것이다. 문왕과 무왕의 마음은 이처럼 천하에 드러낼 수 있었던 것이다. 문왕과 무왕은 이미 성인이었다면, 또한 용맹하기가 웅비같은 용사와 충일하기가 두 마음을 품지 않는 신하가 있었을 것이니, 함께 왕가를 보호하고 다스려 상제에게 바른 명을 받았을 것이다. 임금은 백성에게 어질고 신하는 임금에게 충성해서 양쪽으로 그 도를 다함에 하늘이 순히 여겨 사방을 맡겨주니 천하를 얻었다는 말이다.'(臨川吳氏曰 : 丕平富, 謂無一人不富也. 平者, 各得其分願. 富者, 家給人足也. 不務咎, 不以咎人之咎爲務, 慎刑罰也. 底至, 致于極也, 齊信, 盡其誠也. 文武之心, 如是用能顯著于天下. 文武既聖, 則亦有勇猛如熊羆之士, 忠一不二心之臣, 共保乂王家, 用能受正命于上帝. 君仁於民, 臣忠於君, 兩盡其道, 天用順之, 而付畀以四方, 謂得天下也.)"

○ 見康誥.

「강고」에 보인다.122)

集傳

厎至者, 推行而厎其至也,

지지(厎至)는 미루어 행해서 그 지극함을 이루는 것이고,

詳說

○ 臨川吳氏曰 : "致其極也."

임천 오씨(臨川吳氏)가 말하였다 : "지극함에 도달하는 것이다."123)

集傳

齊信者, 兼盡

제신(齊信)은 겸하여 다해서

詳說

○ 齊.

경문에서 '제(齊)'이다.

集傳

而極其誠也.

그 성(誠)을 지극히 하는 것이다.

詳說

---

122) 『서경대전(書經大全)』, 「주서(周書)」·「강고3(康誥3)」 : "너의 크게 드러나신 아버지 문왕께서는 능히 덕을 밝히고 형벌을 삼가셨다.(惟乃丕顯考文王, 克明德愼罰.)"

123) 『서경대전(書經大全)』, 「주서(周書)」·「강왕지고(康王之誥)」 : "임천 오씨가 말하였다 : '「크게 균평하며 부유하게 했다.」는 것은 어떤 사람도 부유하지 않음이 없다는 말이다. 「균평하다.」는 것은 각기 분수의 소원을 얻은 것이다. 「부유하게 한다.」는 것은 집안이 넉넉하고 사람들이 만족한다는 것이다. 「허물을 힘쓰지 않았다.」는 것은 사람의 허물을 허물하는 것을 힘쓰지 않고 형벌을 삼갔다는 것이다. 「지극함을 이룬다.」는 것은 지극함에 도달하는 것이다. 「가지런히 미덥게 한다.」는 것은 그 정성을 다하는 것이다. 문왕과 무왕의 마음은 이처럼 천하에 드러날 수 있었던 것이다. 문왕과 무왕은 이미 성인이었다면, 또한 용맹하기가 웅비같은 용사와 충일하기가 두 마음을 품지 않는 신하가 있었을 것이니, 함께 왕가를 보호하고 다스려 상제에게 바른 명을 받았을 것이다. 임금은 백성에게 어질고 신하는 임금에게 충성해서 양쪽으로 그 도를 다함에 하늘이 순히 여겨 사방을 맡겨주니 천하를 얻었다는 말이다.'(臨川吳氏曰 : 丕平富, 謂無一人不富也. 平者, 各得其分願. 富者, 家給人足也. 不務咎, 不以咎人之咎爲務, 愼刑罰也. 厎至, 致于極也, 齊信, 盡其誠也. 文武之心, 如是用能顯著于天下. 文武旣聖, 則亦有勇猛如熊羆之士, 忠一不二心之臣, 共保乂王家, 用能受正命于上帝. 君仁於民, 臣忠於君, 兩盡其道, 天用順之, 而付畀以四方, 謂得天下也.)"

○ 信.

경문에서 '신(信)'이다.

集傳

文武務德不務罰之心推行, 而底其至, 兼盡而極其誠, 內外充實. 故光輝發越,

문왕(文王)·무왕(武王)이 덕을 힘쓰고 형벌을 힘쓰지 않는 마음을 미루며 행해서 지극함을 이루고, 겸하여 다해서 성신(誠信)을 지극히 하여 내외(內外)가 충실하였다. 그러므로 광휘(光輝)가 발양하여

詳說

○ 見孟子盡心.

『맹자』「진심」에 보인다.124)

集傳

用昭明于天下, 蓋誠之至者, 不可揜也,

천하에 밝혀졌으니, 성신(誠信)이 지극함을 가릴 수 없으며,

詳說

○ 見中庸.

『중용』에 보인다.

○ 二句, 論也.

두 구는 경문의 의미 설명이다.

集傳

而又有熊羆武勇之士, 不二心忠實之臣, 戮力同心,

또 웅비(熊)와 같은 무용(武勇)을 갖춘 용사(勇士)와 두 마음을 품지 않은 충실(忠實)한 신하들이 힘을 합하고 마음을 함께 하며

詳說

---

124) 『맹자(孟子)』「진심하(盡心下)」: "충실(充實)함을 아름다움이라 이르고, 충실(充實)하여 광휘(光輝)함이 있음을 위대함이라 이른다.(充實之謂美, 充實而有光輝之謂大.)"

○ 戮同.

'륙(戮)'은 '류(勠)'과 같다.

集傳

保乂王室,

왕실(王室)을 보호하고 다스려서

詳說

○ 新安陳氏曰 : "王蓋有感於張皇六師之言也."

신안 진씨(新安陳氏)가 말하였다 : "왕이 대개 '육사를 장대하게 했다.'125)는 말에 감격한 것이다."126)

集傳

文武用受正命於天,

문왕(文王)·무왕(武王)이 하늘에게 바른 명을 받으셨으니,

詳說

○ 端.

'정(正)'은 경문에서 '단(端)'이다.

○ 補受字.

'수(受)'자를 보완하였다.

集傳

上天用順文武之道,

상천(上天)이 문왕(文王)·무왕(武王)의 도(道)를 순히 하여

---

125) 『서경대전(書經大全)』, 「주서(周書)」·「강왕지고3(康王之誥3)」: "새로 승하하신 왕(王)께서 상(賞)과 벌(罰)을 모두 합당하게 하시고 그 공을 이겨 정하며 후인에게 아름다움을 펴서 끼쳐 주셨으니, 금왕(今王)께서는 공경하고 육사(六師)를 장대하게 해서 우리 고조(高祖)께서 어렵게 얻은 명을 무너뜨리지 마소서.(惟新陟王, 畢協賞罰, 戡定厥功, 用敷遺後人休, 今王敬之哉, 張皇六師, 無壞我高祖寡命.)"
126) 『서경대전(書經大全)』, 「주서(周書)」·「강왕지고(康王之誥)」: "신안 진씨가 말하였다 : '왕이 내외로 도움을 받았는데, 먼저 문왕과 무왕이 웅비같은 용사와 두 마음을 품지 않는 충신의 도움을 얻은 것에 대해 기술한 것은 대개 육사를 장대하게 했다는 말에 감격한 것이다.'(新安陳氏曰 : 王資助于内外, 而首述文武得熊羆勇士不二心忠臣之助者, 蓋有感於張皇六師之言也.)"

詳說

○ 訓.
'순(順)'은 경문에서 '훈(訓)'이다.

○ 臨川吳氏曰：“天用順之.”
임천 오씨(臨川吳氏)가 말하였다：“하늘이 순히 여긴다는 것이다.”127)

○ 陳氏雅言曰：“眷於聖人之德.”
진씨 아언(陳氏雅言)이 말하였다：“성인의 덕을 돌아본다는 것이다.”128)

集傳

而付之以天下之大也.
천하의 큼을 맡겨주신 것이다.

詳說

○ 四方.

---

127) 『서경대전(書經大全)』, 「주서(周書)」·「강왕지고(康王之誥)」：“임천 오씨가 말하였다：'「크게 균평하며 부유하게 했다.」는 것은 어떤 사람도 부유하지 않음이 없다는 말이다. 「균평하다.」는 것은 각기 분수의 소원을 얻은 것이다. 「부유하게 한다.」는 것은 집안이 넉넉하고 사람들이 만족한다는 것이다. 「허물을 힘쓰지 않았다.」는 것은 사람의 허물을 허물하는 것을 힘쓰지 않고 형벌을 삼갔다는 것이다. 「지극함을 이룬다.」는 것은 지극함에 도달하는 것이다. 「가지런히 미덥게 한다.」는 것은 그 정성을 다하는 것이다. 문왕과 무왕의 마음은 이처럼 천하에 드러날 수 있었던 것이다. 문왕과 무왕은 이미 성인이었다면, 또한 용맹하기가 웅비같은 용사와 충일하기가 두 마음을 품지 않는 신하가 있었을 것이니, 함께 왕가를 보호하고 다스려 상제에게 바른 명을 받았을 것이다. 임금은 백성에게 어질고 신하는 임금에게 충성해서 양쪽으로 그 도를 다함에 하늘이 순히 여겨 사방을 맡겨주니 천하를 얻었다는 말이다.'(臨川吳氏曰：조平富, 謂無一人不富也. 平者, 各得其分願, 富者, 家給人足也. 不務咎, 不以咎人之咎爲務, 愼刑罰也. 底至, 致于極也, 齊信, 盡其誠也. 文武之心, 如是用能顯著于天下. 文武旣聖, 則亦有勇猛如熊羆之士, 忠一不二心之臣, 共保乂王家, 用能受正命于上帝. 君仁於民, 臣忠於君, 兩盡其道, 天用順之, 而付畀以四方, 謂得天下也.)"
128) 『서경대전(書經大全)』, 「주서(周書)」·「강왕지고(康王之誥)」：“진씨 아언이 말하였다：'옛날의 임금인 문왕과 무왕이 천하를 밝히게 되었다.」는 것은 성인의 어짊이 그 정성을 다하기 때문에 그 덕이 백성들에게 드러남이 있다는 말이다. 「또한 웅비(熊羆)와 같은 용사(勇士)가 왕가(王家)를 보존하고 다스렸다.」는 것은 재덕이 있는 신하가 보필했기 때문에 그 다스림이 나라에 유익했다는 말이다. 「상제에게 바른 명을 받았다.」는 것은 문왕과 무왕의 덕이 이미 이와 같아 여러 신하의 도움에 의지해서 또 이와 같이 황천에 바른 명을 받게 된 까닭이라는 말이다. 「그 도를 순히 해서 사방을 맡겨 주셨다.」는 것은 상천이 성인의 덕을 돌아보고 천하의 큼을 맡겼다는 말이다. 「또한」이라고 말한 것은 문왕과 무왕의 덕은 본래 여러 군신의 조력에 의지하지 않았으나 당시에 또한 여러 신하들이 보좌했는데, 하물며 내가 금일에 너희 신하들의 도움에 의지하지 않을 수 있겠느냐고 강왕이 생각했다고 말한 것이니, 여러 신하와 제후에게 도움을 구해야 하는 뜻을 알 수 있는 것이다. ….'(陳氏雅言曰：昔君文武至昭明于天下, 言聖人之仁, 極其誠, 故其德有以著于民也. 則亦有熊羆之士, 至保乂王家, 言才德之臣爲之輔, 故其治有益於國也. 用端於上帝, 言文武之德, 旣如此, 其有賴羣臣之助, 又如此所以能受正命于天皇, 天用訓厥道, 付畀四方, 言上天眷于聖人之德, 而付之以天下之大也, 則亦云者, 康王意謂文武之聖, 本無賴於羣臣之助力, 而當時亦有羣臣爲之輔佐, 而況我之今日得不賴爾臣之助乎. 其求助羣臣諸侯之意, 可見矣. ….)"

경문에서 '사방(四方)'이다.

集傳

康王言此者, 求助羣臣諸侯之意.
강왕(康王)이 이것을 말한 것은 군신(群臣)과 제후(諸侯)들에게 도움을 구하는 뜻이다.

詳說

○ 論也.
경문의 의미 설명이다.

○ 陳氏雅言曰 : "文武之聖, 而當時, 亦有賴於羣臣之助, 況我乎."
진씨 아언(陳氏雅言)이 말하였다 : "문왕과 무왕의 성인인데도 당시에 또한 여러 신하들의 도움에 의지했는데 하물며 나임에야 말해 무엇 하겠는가!"129)

[13-4-23-6]

乃命建侯樹屛, 在我後之人, 今予一二伯父, 尙胥曁顧綏爾先公之臣服于先王, 雖爾身在外, 乃心罔不在王室, 用奉恤厥若, 無遺鞠子羞.

명하여 후(侯)를 세워 번병(藩屛)을 세우심은 뜻이 우리 후인(後人)에게 있으시니, 지금 우리 한두 명의 백부(伯父)들은 부디 서로 더불어 너희들의 선공(先公)이 선왕(先王)께 신복(臣服)

---

129) 『서경대전(書經大全)』, 「주서(周書)」·「강왕지고(康王之誥)」: "진씨 아언이 말하였다 : '「옛날의 임금인 문왕과 무왕이 천하를 밝히게 되었다.」는 것은 성인의 어짊이 그 정성을 다하기 때문에 그 덕이 백성들에게 드러남이 있다는 말이다. 「또한 웅비(熊羆)와 같은 용사(勇士)가 왕가(王家)를 보존하고 다스렸다.」는 것은 재덕이 있는 신하가 보필했기 때문에 그 다스림이 나라에 유익했다는 말이다. 「상제에게 바른 명을 받았다.」는 것은 문왕과 무왕의 덕이 이미 이와 같아 여러 신하의 도움에 의지해서 또 이와 같이 황천에 바른 명을 받게 된 까닭이라는 말이다. 「그 도를 순히 해서 사방을 맡겨 주셨다.」는 것은 상천이 성인의 덕을 돌아보고 천하의 큼을 맡겼다는 말이다. 「또한」이라고 말한 것은 문왕과 무왕의 덕은 본래 여러 군신의 조력에 의지하지 않았으나 당시에 또한 여러 신하들이 보좌했는데, 하물며 내가 금일에 너희 신하들의 도움에 의지하지 않을 수 있겠느냐고 강왕이 생각했다고 말한 것이니, 여러 신하와 제후에게 도움을 구해야 하는 뜻을 알 수 있는 것이다. ….'(陳氏雅言曰 : 昔君文武至昭明于天下, 言聖人之仁, 極其誠, 故其德有以著于民也. 則亦有熊羆之士, 至保乂王家, 言才德之臣爲之輔, 故其治有益於國也. 用端命于上帝, 言文武之德, 旣如此, 其賴羣臣之助, 又如此所以能受正命于天皇, 天用訓厥道, 付畀四方, 言上天眷于聖人之德, 而付之以天下之大也, 則亦云者, 康王意謂文武之聖, 本無賴於羣臣之助力, 而當時則亦有羣臣爲之輔佐, 而況我之今日得不賴爾臣之助乎. 其求助羣臣諸侯之意, 可見矣. ….)"

했던 것을 돌아보고 편안히 하며, 비록 너희들의 몸은 밖에 있으나 너희들의 마음은 왕실에 있지 않음이 없으니, 근심함을 받들어 순히 이어서 극자(鞠子)에게 부끄러움을 끼치지 말도록 하라."

詳說

○ 屛, 音丙, 無, 毋通, 遺去聲.

'병(屛)'은 음이 '병(丙)'이고 '무(無)'는 '무(毋)'와 통하며, '유(遺)'는 거성이다.

集傳

天子稱同姓諸侯, 曰伯父.

천자(天子)가 동성(同姓)의 제후를 칭하여 백부(伯父)라 한다.

詳說

○ 見禮記曲禮.

『예기』「곡례」에 보인다.

集傳

康王言文武所以命建侯邦植立蕃屛者,

강왕(康王)이 말씀하기를 "문왕(文王)·무왕(武王)이 명하여 제후나라를 세워 번병(藩屛)을 세운 까닭은

詳說

○ 樹.

'식립(植立)'은 경문에서 '수(樹)'이다.

集傳

意蓋在我後之人也,

뜻이 우리 후인(後人)에게 있었으니,

詳說

○ 猶爲也.

'재(在)'는 '위하다'라는 것과 같다.

集傳

今我一二伯父,
지금 우리 한두 명의 백부(伯父)들은

詳說

○ 臨川吳氏曰 : "擧同姓大國, 以包其餘."
임천 오씨(臨川吳氏)가 말하였다 : "동성의 대국을 들어 그 나머지를 포함했다."130)

○ 不及羣臣, 亦以外見內也
여러 신하에게 미치지 않은 것도 밖을 가지고 안을 드러낸 것이다.

集傳

庶幾相與顧綏爾祖考所以臣服于我先王之道,
부디 서로 더불어 너희들의 조(祖)·고(考)가 우리 선왕(先王)에게 신복(臣服)했던 도(道)를 돌아보고 편안히 하며,

詳說

○ 胥曁.
'상여(相與)'는 경문에서 '서기(胥曁)'이다.

○ 顧念而安守之.
'고수(顧綏)'는 돌아보며 생각하고 편안히 지킨다는 것이다.

○ 祖與考.
'祖考'는 '조(祖)'와 '고(考)'이다.

---

130) 『서경대전(書經大全)』, 「주서(周書)」·「강왕지고(康王之誥)」: "임천 오씨가 말하였다 : '…. 천자가 동성을 칭함에 대국을 백부라고 하고, 소국을 숙부라고 하며, 이성의 대국은 백구라고 하고, 소국은 숙구하고 하니, 이제 동성의 대국을 들어 그 나머지를 포함한 것이다. 왕실이 이와 같이 하니, 너희는 받들어 이어 똑같이 근심하라는 것은 왕실의 근심으로 근심을 삼으라는 말이다. 국자(鞫子)는 왕이 스스로 제후들에게 말한 것으로 직분을 다할 수 없음이 어찌 나에게 끼치는 부끄러움이 아니겠냐는 것이다.'(臨川吳氏曰 : …. 天子稱同姓, 大國, 曰伯父, 小國, 曰叔父, 異姓大國, 曰伯舅, 小國, 曰叔舅, 今獨擧同姓大國, 以包其餘也. 王室若此, 汝則奉承而同恤之, 言以王室之憂爲憂也. 鞫子, 王自謂諸侯, 不能盡職, 豈不貽我之羞乎.)"

○ 添道字
'도(道)'를 더하였다.

集傳

雖身守國在外, 乃心當常在王室,
비록 몸은 나라를 지키기 위해 밖에 있으나 너희들의 마음은 항상 왕실에 있어

詳說

○ 汝也.
'내(乃)'는 '여(汝)'이다.

集傳

用奉上之憂勤
윗사람의 근심하고 수고로운 마음을 받들어

詳說

○ 以也
'용(用)'은 '이(以)'이다.

○ 恤.
'우근(憂勤)'은 경문에서 '휼(恤)'이다.

集傳

其順承之
순히 이어서

詳說

○ 臨川吳氏曰 : "奉承而同恤之, 言以王室之憂爲憂也."
임천 오씨(臨川吳氏)가 말하였다 : "받들어 이어 똑 같이 근심하라는 것은 왕실의 근심으로 근심을 삼으라는 말이다."[131]

---

[131] 『서경대전(書經大全)』, 「주서(周書)」·「강왕지고(康王之誥)」 : "임천 오씨가 말하였다 : '…. 천자가 동성을 친함에 대국은 백부라고 하고, 소국은 숙부라고 하며, 이성이 대국은 백구라고 하고, 소국은 숙구라고 하니, 이제 동성의 대국을 들어 그 나머지를 포함한 것이다. 왕실이 이와 같이 하니, 너희는 받들어 이어 똑

集傳

母遺我稚子之恥也.

나 치자(稚子)에게 부끄러움을 끼치지 말라."고 한 것이다.

詳說

○ 林氏曰 : "未離鞠養之嗣子, 康王自謂."

임씨(林氏)가 말하였다 : "기르는 후사에게 어긋나지 않게 하라는 것이니, 강왕이 스스로 말한 것이다."132)

[13-4-23-7]

羣公旣皆聽命, 相揖趨出, 王釋冕, 反喪服.

여러 공(公)들이 모두 명령을 듣고는 서로 읍하고 추창하여 나가자, 왕(王)이 면복(冕服)을 벗고 다시 상복(喪服)을 입었다.

集傳

始相揖者, 揖而進也,

처음에 서로 읍(揖)한 것은 읍하고 나아간 것이며,

詳說

○ 前節.

앞의 절이다.

集傳

此相揖者, 揖而退也. 蘇氏曰, 成王崩未葬, 君臣皆冕服禮歟. 曰非也. 謂之變禮可乎, 曰不可. 禮變於不得已, 嫂非溺終, 不援也.

여기에서 서로 읍한 것은 읍하고 물러간 것이다. 소씨(蘇氏)가 말하였다. "'성왕(成

같이 근심하라는 것은 왕실의 근심으로 근심을 삼으라는 말이다. 국자(鞠子)는 왕이 스스로 제후들에게 말한 것으로 직분을 다할 수 없음이 어찌 나에게 끼치는 부끄러움이 아니겠냐는 것이다.'(臨川吳氏曰 : …. 天子稱同姓, 大國, 曰伯父, 小國, 曰叔父, 異姓大國, 曰伯舅, 小國, 曰叔舅, 今獨擧同姓大國, 以包其餘也. 王室若此, 汝則奉承而同恤之, 言王室之憂爲憂也. 鞠子, 王自謂諸侯, 不能盡職, 豈不貽我之羞乎.)"
132)『서경대전(書經大全)』, 「주서(周書)」·「강왕지고(康王之誥)」: "임씨가 말하였다 : '국자(鞠子)는 기르는 후사에게 어긋나지 않게 하라는 것이니, 강왕이 스스로 말한 것이다.(林氏曰 : 鞠子, 未離鞠養之嗣子, 康王, 自謂.)"

王)이 별세하여 장례하지 않았는데, 군주와 신하가 모두 면복(冕服)을 입는 것이 예(禮)인가?' '예(禮)가 아니다.' '변례(變禮)라고 하는 것이 가하겠는가?' '가(可)하지 않다. 예(禮)는 부득이하여 변하는 것이니, 수(嫂)[형수나 제수]가 물에 빠지지 않았으면 끝내 손으로 구원할 수 없는 것이다.

詳說

○ 見孟子離婁.

『맹자』「이루」에 보인다.133)

集傳

三年之喪, 旣成服釋之, 而卽吉, 無時而可者. 曰成王顧命, 不可以不傳, 旣傳, 不可以喪服受也. 曰何爲其不可也. 孔子

3년상에 이미 성복(成服)한 뒤에 상복을 벗고 길복(吉服)에 나아감은 가(可)한 때가 없는 것이다.' '성왕(成王)의 고명(顧命)을 전하지 않을 수 없고, 이미 전한다면 상복으로 받을 수 없다.' '어찌하여 불가(不可)하겠는가. 공자(孔子)가

詳說

○ 禮記曾子問.

『예기』「증자문」이다.

集傳

曰將冠子,

말씀하기를 「자식을 관례(冠禮)하려 할 적에

詳說

○ 去聲, 下並同.

'관(冠)'은 거성으로 아래에서 모두 같다.

集傳

---

133) 『맹자(孟子)』「이루상(離婁上)」: "순우곤이 '남녀간에 주고받기를 친히 하지 않는 것이 예(禮)입니까?'라고 묻자, 맹자께서 '예(禮)이다.'라고 대답하셨다. '제수(弟嫂)가 우물에 빠지면 손으로써 구원하여야 합니까?'라고 묻자, 대답하시기를 '제수(弟嫂)가 물에 빠졌는데도 구원하지 않는다면, 이는 승냥이이니, 남녀 간에 주고받기를 친히 하지 않음은 예(禮)이고, 제수(弟嫂)가 물에 빠졌으면 손으로써 구원함은 권도(權道)이다.'라고 하셨다.(淳于髡曰, 男女授受不親, 禮與. 孟子曰, 禮也. 曰, 嫂溺則援之以手乎. 曰, 嫂溺不援, 是豺狼也, 男女授受不親, 禮也, 嫂溺, 援之以手者, 權也.)"

未及期日, 而有齊衰
기일에 미치지 못하여 제최(齊衰)와

> 詳說
> ○ 音咨催.
> '제최(齊衰)'는 음이 '자최(咨催)'이다.

> 集傳
> **大功之喪, 則因喪服而冠, 冠, 吉禮也, 猶可以喪服行之, 受顧命見諸侯, 獨不可以喪服乎. 太保使太史, 奉冊授王于次, 諸侯入哭於路寢, 而見王於次,**
> 대공(大功)의 상(喪)이 있으면 상복을 그대로 입고 관례한다.」고 하였으니, 관례(冠禮)는 길례(吉禮)인데도 오히려 상복을 입고 행하니, 고명(顧命)을 받고 제후를 만나봄에 홀로 상복으로 할 수 없단 말인가. 태보(太保)가 태사(太史)로 하여금 책을 받들어 상차(喪次)에서 왕(王)에게 올리거든 제후들이 노침(路寢)에 들어가 곡(哭)하고 왕(王)을 상차(喪次)에서 뵈며,

> 詳說
> ○ 音現, 下同.
> '현(見)'은 음이 '현(現)'으로 아래에서도 같다.

> 集傳
> **王喪服受教戒諫, 哭踊答拜,**
> 왕(王)은 상복으로 가르침과 경계와 간언을 받고는 곡(哭)하고 용(踊)하고 답배하여야 하니,

> 詳說
> ○ 音勇.
> '용(踊)'은 음이 '용(勇)'이다.

> 集傳
> **聖人復起不易斯言矣.**
> 성인(聖人)이 다시 나오셔도 이 말을 바꾸지 않으실 것이다.

詳說

○ 去聲.

'부(復)'는 거성이다.

○ 見孟子滕文公.

『맹자』「등문공」에 보인다.134)

集傳

春秋傳

『춘추전(春秋傳)』에

詳說

○ 左昭十年

『좌전』 소공 10년이다.

集傳

曰鄭子皮如晉葬晉平公, 將以幣行, 子産曰, 喪安用幣, 子皮固請以行. 旣葬, 諸侯之大夫, 欲因見新君,

「정(鄭)나라 자피(子皮)가 진(晉)나라에 가서 진(晉)나라 평공(平公)을 장례할 적에 폐백을 가지고 가려 하자, 자산(子産)이 말하기를 '상사에 폐백을 어디에다가 쓰겠는가!'라고 하였으나 자피(子皮)가 굳이 청하여 가지고 갔었다. 장례를 마친 다음 제후의 대부(大夫)들이 인하여 새 군주를 뵙고자 하자,

詳說

○ 必子皮倡之也.

굳이 자피가 주창한 것이다.

集傳

叔向辭之, 曰大夫之事畢矣, 而又命孤, 孤斬焉在衰絰之中,

---

134) 『맹자(孟子)』「등문공하(滕文公下)」: "내가 이 때문에 두려워하여 선성(先聖)의 도(道)를 보호하여 양묵(楊墨)을 막으며 부정한 말을 추방하여 부정한 학설이 나오지 못하게 하는 것이다. 그 마음에서 나와 그 일에 해를 끼치며, 일에서 나와 정사에 해를 끼치니, 성인(聖人)이 다시 나오셔도 내 말을 바꾸지 않으실 것이다.(吾爲此懼, 閑先聖之道, 距楊墨, 放淫辭, 邪說者不得作. 作於其心, 害於其事, 作於其事, 害於其政, 聖人復起, 不易吾言矣.)"

숙향(叔向)이 사양하기를 '대부의 일이 끝났는데 다시 고(孤)에게 명하니, 고(孤)는 참언(斬焉)히 최질(衰絰)의 가운데 계시니,

詳說
○ 音催垤
'최질(衰絰)'은 음이 '최질(催垤)'이다.

集傳
其以嘉服見,
가복(嘉服)으로 만나본다면,

詳說
○ 如字, 下並同.
'견(見)'은 본래의 음 대로 읽으니, 아래에서도 모두 같다.

集傳
則喪禮未畢, 其以喪服見, 是重
상례(喪禮)가 아직 다하지 않았고, 상복으로 만나 본다면 이는 거듭

詳說
○ 去聲.
'중(重)'은 거성이다.

集傳
受弔也, 大夫將若之何, 皆無辭以退. 今康王旣以嘉服見諸侯, 而又受乘黃玉帛之幣, 使周公在, 必不爲此. 然則孔子何取此書也. 曰至矣. 其父子君臣之間, 敎戒深切著明, 足以爲後世法, 孔子何爲不取哉. 然其失禮則不可不辨.
조문을 받는 것이니, 대부(大夫)가 어떻게 해야 되겠는가?'라고 하니, 모두 할 말이 없어 스스로 물러갔다.」고 하였다. 이제 강왕(康王)이 가복(嘉服)으로 제후를 만나보고 또 승황(乘黃)과 옥백(玉帛)의 폐백을 받았으니, 가령 주공(周公)이 계셨다면 반드시 이렇게 하지 않았을 것이다. 그렇다면 공자(孔子)가 어찌하여 이 글을 취하였는가? 지극하다. 부자간과 군신간에 가르침과 경계가 깊고 간절하고 저

명하여 후세의 법이 될 만하니, 공자(孔子)가 어찌하여 취하지 않으시겠는가? 그러나 그 실례(失禮)는 분변하지 않을 수 없다."

詳說

○ 皆論也.
모두 경문의 의미 설명이다.

○ 朱子曰 : "天子諸侯之禮, 與士庶人不同. 伊尹奉嗣王, 祇見厥祖, 不用凶服. 漢唐新主行冊禮, 君臣亦皆吉服, 韓文外集, 順宗實錄中, 有此事可考."
주자(朱子)가 말하였다 : "천자와 제후의 예는 사서인과 같지 않다. 이윤이 사왕을 받들어 공경히 그 할아버지를 뵘에 흉복을 쓰지 않았다. 한당의 새 임금은 책례(冊禮)를 행함에 임금과 신하가 또한 모두 길복을 입으니, 『한문외집』과 『순종실록』 중에 이 일이 있는 것은 참고해야 한다."135)

○ 又曰 : "康王釋斬衰, 而服袞冕, 於禮爲非, 設使制禮作樂, 只得除之."
또 말하였다 : "강왕이 참최를 벗고 면복을 입는 것은 예에서 잘못된 것이니, 설령 예를 제정하고 악을 만들지라도 이런 직분에 해당하면 그만 둘 수 있어야 한다."136)

○ 新安陳氏曰 : "朱子二說, 未知孰先孰後, 莫若兩存之."
신안 진씨(新安陳氏)가 말하였다 : "주자의 두 가지 설명은 어느 것이 먼저고 어느 것이 후인지 모르겠으니, 양쪽을 보존하는 것 만한 것이 없다."137)

---

135) 『서경대전(書經大全)』, 「주서(周書)」·「강왕지고(康王之誥)」 : "주자가 말하였다 : '천자와 제후의 예는 사서인과 같지 않다. 그러므로 『맹자』에 「내가 배우지 못했다.」는 말이 있으니, 대개 이런 종류이다. 이를테면 이윤이 3년 12월 초하루도 신상(新喪)으로 이윤이 사왕을 받들어 공경히 그 할아버지를 뵘에 진실로 흉복을 쓸 수 없었다. 한당의 새 임금이 즉위할 때에 모두 책례(冊禮)를 행하고, 임금과 신하가 또한 모두 길복을 입고 선제의 명령을 추술(追述)해서 사왕(嗣王)에게 고했으니, 『한문외집』과 『순종실록』 중에 이 일이 있는 것은 참고해야 한다. ….'(朱子曰 : 天下諸侯之禮, 與士庶人不同. 故孟子有吾未之學之語, 蓋謂此類耳. 如伊訓三祀十有二月朔, 亦是新喪, 伊尹已奉嗣王, 祇見厥祖, 固不可用凶服矣. 漢唐新主即位, 皆行冊禮, 君臣亦皆吉服, 追述先帝之命以告嗣王, 韓文外集, 順宗實錄中, 有此事可考. ….)"
136) 『서경대전(書經大全)』, 「주서(周書)」·「강왕지고(康王之誥)」 : "…. 참최(斬衰)를 벗고 면복을 입는 것은 예에서 잘못된 것인데, 공자께서 취한 것은 또 어찌된 일인지 모르겠다. 설령 예를 제정하고 음악을 만들지라도 이런 직분에 당하면 다만 그만둘 수 있어야 한다.(…. 康王釋斬衰, 而服袞冕, 於禮爲非, 孔子取之, 又不知如何. 設使制禮作樂, 當此之職, 只得除之.)"
137) 『서경대전(書經大全)』, 「주서(周書)」·「강왕지고(康王之誥)」 : "신안 진씨가 말하였다 : '…. 소씨는 단지 주자의 두 가지 설명은 어느 것이 먼저고 어느 것이 후인지 모르겠으니, 양쪽을 보존하는 것 만한 것이 없

○ 鄒氏季友曰 : "蘇氏說禮之正, 朱子說禮之變, 若國有危疑, 亦不容不行權, 二說不可偏廢."
　추씨 계우(鄒氏季友)가 말하였다 : "소씨의 설명은 예의 바름이고, 주자의 설명은 예의 변용이다. 만약 나라에 의심되는 것이 있음에 또한 권도를 행하지 않음을 받아들이지 못하니, 두 설명은 어느 것도 폐해서는 안된다."

○ 葉氏曰 : "天子卽位之禮, 後世無傳. 春秋, 猶有可考, 必至明年朝廟, 正君位改元, 康王之事, 必有不得已者. 蓋成王初卽位, 猶有三監淮夷殷民之變, 故召公權, 一時之宜也. 魯莊未終桓喪, 王命主王姬嫁. 說者, 曰衰麻, 不可以接弁冕. 古人謹於吉凶之服, 如此其嚴."
　섭씨(葉氏)가 말하였다 : "천자가 즉위하는 예는 후에서 전하는 것이 없지만『춘추』에 여전히 상고할 만한 것이 있으니, 반드시 명년에 임금의 자리를 바로잡고 원년을 고친 것은 강왕의 일로 반드시 부득이한 것이 있었다. 대개 성왕이 처음에 즉위함에 여전히 삼감(三監)과 회이(淮夷)와 은나라 백성들의 변고가 있었기 때문에 소공이 권도로 한 것은 한 때의 마땅함이다. 노나라의 장공이 환공의 상을 아직 마치지 못했는데, 왕이 왕희의 시집을 주관하라고 명하니, 설명하는 자는 최마(衰麻)로 면복을 접할 수 없다고 했다. 옛 사람들이 길흉의 복식에 삼간 것이 이처럼 엄했던 것이다."

○ 呂氏曰 : "說者, 不疑太甲, 乃疑康王過矣."
　여씨(呂氏)가 말하였다 : "설명하는 자가 태갑을 의심하지 않고, 이에 강왕을 의심하는 것은 지나치다는 것이다."[138]

다는 것이다.'(新安陳氏曰 : …. 蘇氏, 但未知二說, 孰先孰後耳, 莫若兩存之.)"
138) 『서경대전(書經大全)』, 「주서(周書)」·「강왕지고(康王之誥)」 : "여씨가 말하였다 : '…. 설명하는 자는 태갑이 거우(居憂) 때에 이윤의 가르침을 받았음을 의심하지 않고, 이에 강왕이 소공과 필공과 제후의 경계를 택휼(宅恤)할 때에 받았음을 의심한 것은 지나치다는 것이다.'(呂氏曰 : …. 說者, 不疑太甲受伊尹之訓於居憂之時, 乃疑康王受召畢諸侯之戒於宅恤之日, 過矣.)"

[13-4-24]
「필명(畢命)」

集傳

康王, 以成周之衆命畢公
강왕(康王)이 성주(成周)의 무리를 필공(畢公)에게 명하여

詳說

○ 名高, 文王庶子.
필공(畢公)은 이름이 '고(高)'이고, 문왕의 서자이다.

集傳

保釐, 此其冊命也. 今文無, 古文有. ○ 唐孔氏曰, 漢律曆志云, 康王畢命豊刑曰, 惟十有二年六月庚午朏, 王命作冊書豊刑, 此僞作者,
보호하고 다스리게 하니, 이것이 그 책명(冊命)이다. 금문(今文)에는 없고 고문(古文)에는 있다. ○ 당(唐)나라 공씨(孔氏)가 말하였다. "『한서(漢書)』「율력지(律曆志)」에 '강왕(康王)의 필명(畢命) 풍형(豊刑)에 12년 6월 경오(庚午) 초사흘에 왕이 명하여 책서(冊書)인 풍형(豊刑)을 짓게 했다.'라고 하였는데, 이는 위작(僞作)한 자가

詳說

○ 按, 張霸無畢命, 豈別有僞作之人歟.
살펴보건대 「장패(張霸)」에는 필명이 없으니, 어찌 따로 위작한 사람이 있는 것이겠는가?

集傳

傳聞舊語, 得其年月,
옛말을 전해 들어 그 연월(年月)만 알고

詳說

○ 此篇首十字.
여기의 편 처음 열 글자이다.139)

| 集傳 |

不得以下之辭,
그 이하의 말은 알지 못하고서

| 詳說 |

○ 猶其也.
'이(以)'는 '기(其)'이다.

| 集傳 |

妄言作豊刑耳.
함부로 풍형(豊刑)을 지었다고 말한 것이다.

| 詳說 |

○ 亦見考定武成小註.
또한 「고정무성(考定武成)」의 소주에 보인다.

| 集傳 |

亦不知豊刑之言, 何所道也.
또한 풍형(豊刑)이란 말이 무엇을 말한 것인지 알 수 없다."

| 詳說 |

○ 豈因下文豊字與後篇呂刑之刑字, 而傳會爲說歟.
어찌 아래의 글에서 '풍(豊)'140)자와 뒤의 편에서 「여형(呂刑)」를 따라 부회해서 설명했겠는가?

---

139) 『서경대전(書經大全)』, 「주서(周書)」·「필명1(畢命1)」: "12년 6월 경오(庚午) 초사흘에서 3일이 지난 임신일(壬申日)에 왕(王)이 아침에 종주(宗周)에서부터 걸어 풍(豊)땅에 이르러서 성주(成周)의 무리를 필공(畢公)에게 명하여 동교(東郊)를 보리(保釐)하게 하였다.(惟十有二年六月庚午朏, 越三日壬申, 王朝步自宗周, 至于豊 以成周之衆 命畢公, 保釐東郊.)"
140) 『서경대전(書經大全)』, 「주서(周書)」·「필명1(畢命1)」: "12년 6월 경오(庚午) 초사흘에서 3일이 지난 임신일(壬申日)에 왕(王)이 아침에 종주(宗周)에서부터 걸어 풍(豊)땅에 이르러서 성주(成周)의 무리를 필공(畢公)에게 명하여 동교(東郊)를 보리(保釐)하게 하였다.(惟十有二年六月庚午朏, 越三日壬申, 王朝步自宗周, 至于豊 以成周之衆 命畢公, 保釐東郊.)"

[13-4-24-1]

|惟十有二年六月庚午朏, 越三日壬申, 王朝步自宗周, 至于豐, 以成周之衆, 命畢公, 保釐東郊.|

12년 6월 경오(庚午) 초사흘에서 3일이 지난 임신일(壬申日)에 왕(王)이 아침에 종주(宗周)로부터 걸어 풍(豐)땅에 이르러서 성주(成周)의 무리를 필공(畢公)에게 명하여 동교(東郊)를 보리(保釐)하게 하였다.

詳說

○ 朏, 敷尾反.

'비(朏)' '부(敷)'와 '미(尾)'의 반절이다.

集傳

康王之十二年也. 畢公嘗相文王

강왕(康王)이 즉위(卽位)한 12년이다. 필공(畢公)이 일찍이 문왕(文王)을 도왔기 때문에

詳說

○ 去聲.

'상(相)'은 거성이다.

集傳

故康王就豐文王廟

강왕(康王)이 풍(豐)땅에 있는 문왕(文王)의 사당에 가서

詳說

○ 補三字.

세 글자를 보완하였다.

○ 步, 猶行也.

경문에서 '보(步)'는 '행(行)'과 같다.

集傳

命之. 成周, 下都也. 保, 安, 釐, 理也,
명한 것이다. 성주(成周)는 하도(下都)이다. 보(保)는 편안함이고, 이(釐)는 다스림이니,

詳說

○ 此其本序也.
이것은 그 본서(本序)이다.

○ 陳氏大猷曰 : "釐雖有辨別分理之意, 曰保, 則有恩意行乎其間."
진씨 대유(陳氏大猷)141)가 말하였다 : "'리(釐)'에는 변별하고 나눠 다스리는 의미가 있을지라도 '보(保)'라고 말했다면, 은혜로운 의미가 그 사이에 행해지고 있는 것이다."142)

集傳

保釐, 卽下文旌別淑慝之謂,
보리(保釐)는 곧 아래의 글에서 선(善)과 악(惡)을 표창하고 구별함143)을 말하니,

詳說

○ 彼列反.
'별(別)'은 '피(彼)'와 '열(列)'의 반절이다.

集傳

蓋一代之治體, 一篇之宗要也.

---

141) 진씨 대유(陳氏大猷. ?~?) : 송나라 남강군(南康軍) 도창(都倉) 사람으로 자는 문헌(文獻)이고, 호는 동재(東齋)다. 이종(理宗) 개경(開慶) 원년(1259) 진사(進士)가 되고, 종정랑(從政郞)과 황주군(黃州軍) 판관(判官) 등을 지냈다. 『서경』에 조예가 깊었다. 저서에 『상서집전혹문(尙書集傳或問)』과 『상서집전회통(尙書集傳會通)』 등이 있다.
142) 『서경대전(書經大全)』, 「주서(周書)」·「필명(畢命)」: "진씨 대유가 말하였다 : ''리(釐)'에는 변별하고 나눠 다스리는 의미가 있을지라도 '보(保)'라고 말했다면, 은혜로운 의미가 그 사이에 행해지고 있으니, 베어서 찢어버리고 다시 윤택하게 함이 없는 것이 아니다. '보(保)'를 '리(釐)'로 여긴다면 대개 함께 살고자 하는 의미가 있는 것이다.'(陳氏大猷曰 : 釐雖有辨別分理之意, 曰保, 則有恩意行乎其間, 非斬然割裂, 無復潤澤也. 以保爲釐, 蓋有欲竝生哉之意.)"
143) 『서경대전(書經大全)』, 「주서(周書)」·「필명7(畢命7)」: "선(善)과 악(惡)을 표창하고 구별하여 거주하는 마을을 정표(旌表)하며, 선(善)을 표창하고 악(惡)을 병들게 하여 풍성(風聲)을 세워주며, 가르치는 법을 따르지 않거든 정강(井疆)을 달리하여 두려워하고 사모하게 하며, 거듭 교기(郊圻)를 구획하며 봉강(封疆)의 지킴을 삼가고 튼튼히 하여 사해(四海)를 편안하게 하라.(旌別淑慝, 表厥宅里, 彰善癉惡, 樹之風聲, 弗率訓典, 殊厥井疆, 俾克畏慕, 申畫郊圻, 愼固封守, 以康四海.)"

일대(一代)의 다스리는 체통(體統)이고 한 편(篇)의 종요(宗要)이다.

> 詳說

○ 三句, 論也.
　세 구는 경문의 의미 설명이다.

[13-4-24-2]

> 王若曰, 嗚呼, 父師. 惟文王武王, 敷大德于天下, 用克受殷命.

왕(王)이 다음과 같이 말씀하였다. "아! 부사(父師)야. 문왕(文王)과 무왕(武王)이 큰 덕(德)을 천하에 펴시어 능히 은(殷)나라의 명(命)을 받으셨다.

> 集傳

> 畢公代周公爲太師也. 文王武王布大德于天下, 用能受殷之命, 言得之之難也.

필공(畢公)이 주공(周公)을 대신하여 태사(太師)가 되었다. 문왕(文王)과 무왕(武王)이 큰 덕(德)을 천하에 펴시어 능히 은(殷)나라의 명을 받았다는 것은 얻기 어려움을 말한 것이다.

> 詳說

○ 此句, 論也.
　여기의 구는 경문의 의미 설명이다.

[13-4-24-3]

> 惟周公, 左右先王, 綏定厥家, 毖殷頑民, 遷于洛邑, 密邇王室.
> 式化厥訓, 旣歷三紀, 世變風移, 四方無虞, 予一人, 以寧.

주공이 선왕을 도와 집을 편안히 안정시키시고, 은나라의 완악한 백성들을 삼가 낙읍으로 옮겨서 왕실에 가깝게 하셨다. 그 가르침에 교화되어 이미 3기(紀)가 지나 대(代)가 변하고 풍속이 바뀌어 사방에 근심이 없으니, 나 한 사람이 편안하노라.

> 詳說

○ 左右, 並去聲.

'좌(左)'와 '우(右)'는 모두 거성이다.

集傳

十二年曰紀, 父子曰世. 周公左右文武成王, 安定國家, 謹毖頑民,

12년을 기(紀)라 하고, 부자간(父子間)을 세(世)라 한다. 주공(周公)이 문왕(文王)·무왕(武王)·성왕(成王)을 도와서 국가를 안정시키고 완악한 백성들을 삼가

詳說

○ 張氏曰 : "殺之, 旣不可, 用之, 又不可."

장씨(張氏)가 말하였다 : "죽이는 것이 이미 불가하니, 쓰는 것이 또 불가하다."144)

集傳

遷于洛邑, 密近王室, 用化其教,

낙읍(洛邑)으로 옮겨서 왕실에 가깝게 하니, 그 가르침에 교화되어

詳說

○ 式.

'용(用)'은 경문에서 '식(式)'이다.

○ 訓.

'교(教)'는 경문에서 '훈(訓)'이다.

集傳

旣歷三紀. 世已變, 而風始移,

이미 3기(紀)가 지났다. 그리하여 세대가 이미 변하고 풍속이 비로소 바뀌면서

詳說

---

144) 『서경대전(書經大全)』, 「주서(周書)」·「필명(畢命)」 : "장씨가 말하였다 : '주공이 상나라 백성을 처리한 것을 보면, …. 아! 죽이는 것이 이미 불가하니, 쓰는 것이 또 불가하다.'(張氏曰 : 觀周公之處商民, …. 嗚呼. 殺之, 旣不可, 用之, 又不可. ….)"

○ 世變, 諺釋有違註意.
'세대의 변화[世變]'는 『언해』의 해석이 주의 의미와 어긋나는 것이 있다.

○ 張氏曰 : "難化者, 或老或死, 已化者, 方少方生."
장씨(張氏)가 말하였다 : "교화가 어려운 자들은 늙거나 죽은 자들이고, 이미 교화되는 자들은 어리거나 막 태어나는 자들이다."145)

集傳
今四方無可虞度之事,
이제 사방이 걱정할 만한 일이 없어

詳說
○ 入聲.
'탁(度)'은 입성이다.

集傳
而予一人以寧, 言化之之難也.
나 한 사람이 편안하다는 것이니, 교화가 어렵다는 말이다.

詳說
○ 此句, 論也.
여기의 구는 경문의 의미 설명이다.

[13-4-24-4]
道有升降, 政由俗革, 不臧厥臧 ,民罔攸勸.

도(道)는 오르내림이 있고 정사는 풍속을 따라 변혁하니, 선(善)을 선(善)하게 여기지 않으면 백성들이 권면됨이 없을 것이다.

---

145) 『서경대전(書經大全)』, 「주서(周書)」·「필명(畢命)」: "장씨가 말하였다 : '주공이 상나라 백성을 처리한 것을 보면, …. 아! 죽이는 것이 이미 불가하니, 쓰는 것이 또 불가하다. …. 군자가 여유 있게 함양해서 복종하지 않은 마음을 변화시키는 것이 이와 같은 것이 36년이다. 교화가 어려운 자들은 늙거나 죽은 자들이고, 이미 교화되는 자들은 어리거나 막 태어나는 자들이다. …."『서경대전(書經大全)』, 「주서(周書)」·「필명(畢命)」: "張氏曰 : 觀周公之處商民, …. 嗚呼. 殺之, 既不可, 用之, 又不可. …. 君子優游涵養, 以變易其不服之心, 如此者, 三十六年矣. 難化者, 或老或死, 已化者, 方少方生. ….)"

集傳

有升有降, 猶言有隆有汙也.
오름이 있고 내림이 있다는 것은 성함이 있고 쇠함이 있다는 말과 같다.

詳說

○ 音蛙.
'와(汙)'는 음이 '와(蛙)'이다.

集傳

周公當世道方降之時,
주공(周公)은 세도(世道)가 막 내려가는 때에

詳說

○ 四國之變.
네 나라가 변화는 것이다.

集傳

至君陳畢公之世,
군진(君陳)과 필공(畢公)의 세대에 이르러서는

詳說

○ 君陳, 繼周公治洛, 畢公, 又繼君陳, 故此並及之.
군진은 주공이 낙읍을 다스린 것을 이었고, 필공은 또 군진을 이었기 때문에 여기에서 함께 언급한 것이다.

集傳

則將升於大猷矣.
대도(大道)에 오르려고 하였다.

詳說

○ 見君陳.
「군진(君陳)」에 보인다.146)

集傳

爲政者, 因俗變革. 故周公愼殷

정사를 하는 자는 풍속을 따라 변혁하여야 한다. 그러므로 주공(周公)은 은(殷)나라 백성들을 삼가

詳說

○ 承上節.

위의 절을 이어받았다.

集傳

而謹厥始, 君陳有容,

그 처음을 삼갔고, 군진(君陳)은 포용함이 있어

詳說

○ 見君陳.

「군진」에 보인다.147)

集傳

而和厥中,

그 중간(中間)을 화(和)하게 하였으니,

詳說

○ 後節.

뒤의 절이다.148)

---

146) 『서경대전(書經大全)』, 「주서(周書)」·「군진-14(君陳-14)」: "백성들이 태어날 때는 후하나 물건에 따라 옮겨가니, 윗사람의 명령하는 바를 어기고 그 윗사람의 좋아하는 바를 따른다. 네가 능히 떳떳한 도를 공경하되 덕에 있게 하면 이에 변하지 않는 자가 없어 진실로 대도에 오를 것이니, 나 한 사람이 많은 복을 응하여 받을 것이며, 너의 아름다움도 끝내 영원한 세상에 훌륭한 명성이 있을 것이다.(惟民生厚, 因物有遷, 違上所命, 從厥攸好. 爾克敬典在德, 時乃罔不變, 允升于大猷, 惟予一人, 膺受多福, 其爾之休, 終有辭於永世.)"

147) 『서경대전(書經大全)』, 「주서(周書)」·「군진-12(君陳-12)」: "반드시 참음이 있어야 이에 이룸이 있으며, 포용함이 있어야 덕이 이에 커질 것이다.(必有忍, 其乃有濟, 有容, 德乃大.)"

148) 『서경대전(書經大全)』, 「주서(周書)」·「필명-13(畢命-13)」: "주공(周公)이 능히 그 처음을 삼가고, 군진(君陳)이 능히 그 중도를 화(和)하게 하였다. 공(公)이 능히 그 끝을 이루고 세 후(后)가 마음을 합하여 함께 도(道)에 이르러, 도(道)가 흡족하고 정사가 다스려져서 은택이 생민(生民)들에게 윤택하여 좌임(左)한

集傳

皆由俗爲政者. 當今之政, 旌別淑慝之時也,

모두 풍속을 따라 정사한 것이다. 당금(當今)의 정사는 선(善)과 악(惡)을 표창하고 구별해야 할 때이니,

詳說

○ 添二句.

두 구를 더하였다.

集傳

苟不善其善, 則民無所勸慕矣.

만약 선을 선하게 여기지 않으면 백성들이 권면되고 사모하는 바가 없을 것이다.

詳說

○ 臧.

'선(善)'은 경문에서 '장(臧)'이다.

○ 新安陳氏曰 : "臧厥臧, 卽下文旌淑彰善之事."

신안 진씨(新安陳氏)가 말하였다 : "'선을 선하게 여긴다.'는 것은 곧 아래의 글에서 '선을 드러내고 선을 표창하는 일'149)이다."150)

[13-4-24-5]

惟公懋德, 克勤小物, 弼亮四世, 正色率下, 罔不祗師言, 嘉績

사방의 오랑캐들이 모두 의뢰하지 않음이 없으니, 나 소자(小子)는 길이 많은 복에 응(應)할 것이다.(惟周公, 克愼厥始, 惟君陳, 克和厥中. 惟公, 克成厥終, 三后協心, 同底于道, 道洽政治, 澤潤生民, 四夷左衽, 罔不咸賴, 予小子, 永膺多福.)"

149) 『서경대전(書經大全)』,「주서(周書)」·「필명7(畢命7)」: "선(善)과 악(惡)을 드러내고 구별하여 거주하는 마을을 정표(旌表)하며, 선(善)을 표창하고 악(惡)을 병들게 하여 풍성(風聲)을 세워주며, 가르치는 법을 따르지 않거든 정강(井疆)을 달리하여 두려워하고 사모하게 하며, 거듭 교기(郊圻)를 구획하며 봉강(封疆)의 지킴을 삼가고 튼튼히 하여 사해(四海)를 편안하게 하라.(旌別淑慝, 表厥宅里, 彰善癉惡, 樹之風聲, 弗率訓典, 殊厥井疆, 俾克畏慕, 申畫郊圻, 愼固封守, 以康四海.)"

150) 『서경대전(書經大全)』,「주서(周書)」·「필명(畢命)」: "신안 진씨가 말하였다 : '「선을 선하게 여긴다.」는 것은 곧 아래의 글에서 「선을 드러내고 선을 표창하는 일」이니, 이른바 권하면 사특한 자들이 모두 두려워하고 사모하게 된다는 것이다.'(新安陳氏曰 : 臧厥臧卽下文, 旌淑彰善之事, 所謂勸, 則使慝惡者, 皆克畏慕也.)"

多于先王, 予小子, 垂拱仰成.

공(公)이 성대한 덕으로 능히 작은 행실을 부지런히 힘써 4대를 보필하고 밝혀서 얼굴빛을 바르게 하고 아랫사람들을 거느리자, 태사의 말을 공경하지 않음이 없어 아름다운 공적이 선왕의 세대보다 많으니, 나 소자는 의상을 드리우고 손을 마주잡고서 이루어지기만을 바라노라."

詳說

○ 仰, 魚向反.

'앙(仰)'은 음이 '어(魚)'와 '향(向)'의 반절이다.

集傳

懋, 盛大之義, 予懋乃德之懋,

무(懋)는 성대하다는 뜻이니, "내 너의 덕을 성대히 여긴다.[予懋乃德]"는 것에서의 무(懋)이다.

詳說

○ 見大禹謨.[151]

「대우모」에 보인다.

集傳

小物, 猶言細行也.

소물(小物)은 세행(細行)이라고 말하는 것과 같다.

詳說

○ 去聲, 下同.

'행(行)'은 거성으로 아래에서도 같다.

○ 唐孔氏曰:"猶小事也."

---

151) 『서경대전(書經大全)』,「우서(虞書)」·「대우모-14(大禹謨-14)」: "제순(帝舜)이 말씀하였다. '이리 오라. 우(禹)야! 홍수가 나를 경계하였는데 믿음을 이루고 공을 이룸은 너의 어짊이며, 나라 일에 부지런하고 집안에 검소하여 자만하고 큰 체하지 않음은 너의 어짊이다. 네가 자랑하지 않으나 천하에 너와 더불어 능함을 다툴 자가 없으며, 네가 과시하지 않으나 천하에 너와 더불어 공을 다툴 자가 없으니, 내 너의 덕을 성대하게 여기며 너의 아름다운 공적을 가상하게 여기노라. 하늘의 역수(曆數)가 너의 몸에 있으니, 네가 마침내 원후(元后)의 자리에 오를 것이다.'(帝曰, 來. 禹. 水儆予, 成允成功, 惟汝賢, 克勤于邦, 克儉于家, 不自滿假, 惟汝賢, 汝惟不矜, 天下莫與汝, 爭能, 汝惟不伐, 天下莫與汝, 爭功, 予懋乃德, 嘉乃丕績. 天之曆數, 在汝躬, 汝終陟元后.)"

당의 공씨(孔氏)가 말하였다 : "작은 일과 같다."152)

集傳
言畢公旣有盛德, 又能勤於細行,
필공(畢公)이 이미 성대한 덕이 있고, 또 작은 행실을 부지런히 힘써 4대(代)를

詳說
○ 新安陳氏曰 : "於小物克勤, 愈見其德之盛也."
신안 진씨(新安陳氏)가 말하였다 : "작은 일에 힘쓸 수 있다는 것은 그 덕의 성대함을 더욱 드러내는 것이다."153)

集傳
輔導四世, 風采凝峻,
보도(輔導)해서 풍채가 응준(凝峻)하고

詳說
○ 正色
'응준(凝峻)'은 바른 색이다.

集傳
表儀朝著,
조저(朝著)에 의표(儀表)가 되어서

詳說
○ 音潮.
'조(朝)'는 음이 '조(潮)'이다.

○ 音箸.

---

152) 『서경대전(書經大全)』, 「주서(周書)」·「필명(畢命)」: "당의 공씨가 말하였다 : 「소물(小物)」은 작은 일과 같다. 작은 일에 힘쓸 수 있으면 큰일에 반드시 힘쓴다. 그러므로 이것을 들어 필공의 선함으로 여긴 것이다. …'(唐孔氏曰 : 小物, 猶小事也. 能勤小事, 大事必勤矣, 故擧此以爲畢公之善. ….)"
153) 『서경대전(書經大全)』, 「주서(周書)」·「필명(畢命)」: "신안 진씨가 말하였다 : '작은 일을 삼가지 않으면 마침내 큰 덕에 장애가 된다. 공이 작은 일에 힘쓸 수 있다는 것이 그 덕에 힘쓰는 성실함을 더욱 드러내는 것이다.'(新安陳氏曰 : 不矜細行, 終累大德. 公于小物克勤, 所以愈見其懋德之誠也.)"

'저(著)'는 음이 '저(箸)'이다.

◯ 左昭十年注曰, "朝內列位常處, 謂之表著."
『좌전』 소공 10년의 주에서 말하였다 : "조정의 안에 정렬된 자리는 일정한 곳이니, 그것을 조저에 의표가 된 것이라고 한다."

◯ 率下.
아래를 인솔하는 것이다.

集傳

若大若小, 罔不祗服師訓,
큰 사람과 작은 사람이 태사(太師)의 가르침에 공경히 복종하지 않음이 없어

詳說

◯ 言.
'훈(訓)'은 경문에서 '언(言)'이다.

集傳

休嘉之績, 蓋多於先王之時矣.
아름다운 공적(功績)이 선왕(先王)의 때보다 많다.

詳說

◯ 視先王時爲多.
선왕의 때보다 많다.

集傳

今我小子, 復
지금 나 소자(小子)는 다시

詳說

◯ 去聲.
'부(復)'는 거성이다.

집傳

何爲哉. 垂衣拱手, 以仰其成而已. 康王將付畢公以保釐之寄, 故敍其德業之盛, 而歸美之也.
무엇을 하겠는가. 의상(衣裳)을 드리우고 손을 마주잡고서 그 이루어지기만을 우러를 뿐이다. 강왕(康王)이 필공(畢公)에게 보리(保釐)를 맡기려 하였으므로 덕업(德業)의 성대함을 서술하여 그에게 아름다움을 돌린 것이다.

詳說

○ 二句, 論也.
두 구는 경문의 의미 설명이다.

[13-4-24-6]

王曰, 嗚呼, 父師. 今予, 祗命公以周公之事, 往哉.

왕(王)이 말씀하였다. "아! 부사(父師)야. 지금 나는 공(公)에게 주공(周公)의 일을 공경히 명하노니, 갈지어다.

集傳

今我敬命公以周公化訓頑民之事, 公其往哉. 言非周公所爲, 不敢屈公以行也.
지금 나는 공(公)에게 주공(周公)이 완민(頑民)을 교화하고 가르쳤던 일을 공경히 명하노니, 공(公)은 갈지어다. 주공(周公)이 행한 바가 아니면 감히 공(公)을 굽혀서 가게 할 수 없다는 말이다.

詳說

○ 二句, 論也.
두 구는 경문의 의미 설명이다.

[13-4-24-7]

旌別淑慝, 表厥宅里, 彰善癉惡, 樹之風聲, 弗率訓典, 殊厥井疆, 俾克畏慕, 申畫郊圻, 愼固封守, 以康四海.

선(善)과 악(惡)을 드러내고 구별하여 거주하는 마을을 정표(旌表)하며, 선(善)을 표창하고 악(惡)을 병들게 하여 풍성(風聲)을 세워주며, 가르치는 법을 따르지 않거든 정강(井疆)을 달리하여 두려워하고 사모하게 하며, 거듭 교기(郊圻)를 구획하며 봉강(封疆)의 지킴을 삼가고 튼튼히 하여 사해(四海)를 편안하게 하라.

詳說

○ 別, 彼列反. 癉, 音亶, 諺音誤. 守, 音狩.

'별(別)'은 음이 '피(彼)'와 '열(列)'의 반절이다. '단(癉)'은 음이 '단(亶)'이니, 『언해』의 음이 잘못되었다. '수(守)'는 음이 '수(狩)'이다.

集傳

淑, 善, 慝, 惡, 癉, 病也. 旌善別惡, 成周, 今日由俗革之政也.

숙(淑)은 선(善)이요, 특(慝)은 악(惡)이고, 탄(癉)은 병들게 함이다. 선을 표창하고 악을 구별함은 성주(成周)가 오늘날 풍속을 따라 변혁하는 정사이다.

詳說

○ 承前節.

앞의 절을 이어받았다.

○ 新安陳氏曰:"旌別淑慝一句, 綱也."

신안 진씨(新安陳氏)가 말하였다 : "'선(善)과 악(惡)을 드러내고 구별한다.'는 한 구절은 강령이다."154)

集傳

表異善人之居里,

---

154) 『서경대전(書經大全)』, 「주서(周書)」·「필명(畢命)」: "'신안 진씨가 말하였다 : '선(善)과 악(惡)을 드러내고 구별한다.'는 한 구절은 강령이다. 「거주하는 마을을 정표한다.」는 것에서부터 「풍성」까지 세 구는 「선을 드러낸다.」는 것이고, 「따르지 않는다.」는 것에서부터 「두려워하고 사모한다.」는 것까지 세 구는 악을 구별하는 것이다. 동교의 정사는 「보훔함」으로 「다스림」을 삼았다. 「선(善)과 악(惡)을 드러내고 구별한다.」는 것은 '다스린다[釐]'는 것으로 의(義)의 다함이다. … 풍(風)에는 반드시 성(聲)이 있으니, 백이와 유하혜의 풍문을 들었다는 것이 바로 풍(風)의 성(聲)을 들은 것이다. 그런데 왕씨와 하씨가 나눠 두 글자로 했으니, 합당하지 않다. …'(新安陳氏曰 : 旌別淑慝一句, 綱也. 表厥至風聲三句, 旌淑也, 弗率至畏慕三句, 別慝也. 東郊之政, 以保爲釐, 旌別淑慝者 釐也, 義之盡也. … 風必有聲, 聞夷惠之風聞, 卽聞風之聲也, 王夏分爲二字未當. …)."

선인(善人)이 거주하는 마을을 표이(表異)함은

> 詳說

○ 宅.
'거(居)'는 경문에서 '택(宅)'이다.

○ 添善人字.
'선인(善人)'이라는 말을 더하였다.

> 集傳

如後世旌表門閭之類. 顯其爲善者,
후세에 문려(門閭)를 정표(旌表)하는 유(類)와 같은 것이다. 선(善)을 하는 자를 드러내고

> 詳說

○ 彰.
'현(顯)'은 경문에서 '팽(彭)'이다.

> 集傳

而病其爲不善者,
불선(不善)을 하는 자를 병들게 하면서

> 詳說

○ 癉惡, 亦爲爲善者謀也.
'악을 병들게 한다.'는 것도 선을 행하는 자를 위해 도모하는 것이다.

> 集傳

以樹立爲善者風聲,
선을 하는 자의 풍성(風聲)을 세워주어

> 詳說

○ 添三字.
'위선자(爲善者)'라는 말을 더하였다.

集傳

使顯於當時, 而傳於後世,
당시에 드러나고 후세에 전해지게 하니,

詳說

○ 新安陳氏曰 : "風必有聲, 王夏分爲二事, 未當."
신안 진씨(新安陳氏)가 말하였다 : "풍(風)에는 반드시 성(聲)이 있으니, 왕씨와 하씨가 나눠 두 가지로 한 것은 합당하지 않다."155)

集傳

所謂旌淑也, 其不率訓典者, 則殊異其井里彊界, 使不得與善者雜處.
이른바 '선(善)을 표창한다.'는 것이며, 가르치는 법을 따르지 않는 자는 그 정리(井里)와 강계(彊界)를 다르게 하여 선(善)한 자와 뒤섞여 살지 못하게 한다.

詳說

○ 上聲.
'처(處)'는 상성이다.

○ 呂氏曰 : "周公治商民善惡, 並育以安反側, 至君陳, 則商民寢服周化. 故簡修進良, 猶未大區別. 至康王, 則世變風移, 苟猶並容, 則餘孽終爲良民之害. 故命畢公分別里居爲治之序, 固如此."

여씨가 말하였다 : "주공이 상나라 백성의 선악을 다스리고 아울러 불안한 것을 길러서 편하게 하였다. 군진에 와서는 상나라 백성들이 쉬고 복종하며 두루 교화되었기 때문에 현량함을 구별하고 다스려 나아가게 했으나 여전히 아직 크게 구별하지는 않았다. 강왕에 와서는 세속과 풍속이 바뀌었으니, 여전히 아울러 받아들이면, 여얼(餘孽)이 마침내 양민의 해로움이 될 것이다. 그러므로 필공에

---

155) 『서경대전(書經大全)』, 「주서(周書)」·「필명(畢命)」 : "신안 진씨가 말하였다 : '「선(善)과 악(惡)을 드러내고 구별한다.」는 한 구절은 강령이다. 「거주하는 마을을 정표한다.」는 것에서부터 「풍성」까지 세 구는 「선을 드러낸다.」것이고, 「따르지 않는다.」는 것에서부터 두려워하고 사모한다.」는 것까지 세 구는 악을 구별하는 것이다. 동교의 정사는 「보홈함」으로 「다스림」을 삼았다. 「선(善)과 악(惡)을 드러내고 구별한다.」는 것은 '다스린다[釐]'는 것으로 의(義)의 다함이다. … 풍(風)에는 반드시 성(聲)이 있으니, 백이와 유하혜의 풍문을 들었다는 것이 바로 풍(風)의 성(聲)을 들은 것이다. 그런데 왕씨와 하씨가 나눠 두 글자로 했으니, 합당하지 않다. …'(新安陳氏曰 : 旌別淑慝一句, 綱也. 表厥宅里三句, 旌淑也, 弗率至畏慕三句, 別慝也. 東郊之政, 以保爲釐, 旌別淑慝者, 釐也, 義之盡也, …, 風必有聲, 聞夷惠之風聞, 卽聞風之聲也. 王夏分爲二字未當. ….)"

게 거주를 분별해서 다스리는 순서로 하라고 명한 것이 진실로 이와 같은 것이다."

集傳
禮記
『예기(禮記)』에

> **詳說**
> ○ 王制.
> 「왕제」이다.

集傳
曰. 不變移之郊, 不變移之遂,
"변하지 않거든 교(郊)로 옮기고 변하지 않거든 수(遂)로 옮긴다."는 것이

> **詳說**
> ○ 鄕遂.
> 향수(鄕遂)이다.

集傳
卽其法也.
바로 이 법이다.

> **詳說**
> ○ 三句, 論也.
> 세 구는 경문의 의미 설명이다.

集傳
使能畏爲惡之禍, 而慕爲善之福,
악(惡)을 하는 화(禍)를 두려워하고 선(善)을 하는 복(福)을 사모하게 하는 것이니,

> **詳說**
> ○ 俾克.

'사능(使能)'은 경문에서 '비극(俾克)'이다.

○ 添禍福字.
'화(禍)'와 '복(福)'을 더하였다.

集傳

所謂別慝也. 圻, 與畿同,
이른바 '악(惡)을 구별한다.'는 것이다. 기(圻)는 기(畿)와 같으니,

詳說

○ 鄒氏季友曰 : "此章似不專指王畿, 但言嚴疆界耳."
추씨 계우(鄒氏季友)156)가 말하였다 : "여기의 장에서는 오로지 왕기를 가리키지 않은 것 같고 단지 강계를 엄하게 할 것을 말했을 뿐이다."

集傳

郊圻之制, 昔固規畫矣, 曰申云者, 申明之也. 封域之險, 昔固有守矣, 曰謹云者,
교기(郊圻)의 제도를 옛날에 진실로 구획하였으니 거듭한다고 말한 것은 거듭 밝히는 것이다. 봉역(封域)의 험함을 옛날에 진실로 지킴이 있었으니, 삼간다고 말한 것은

詳說

○ 愼
'근(謹)'은 경문에서 '신(愼)'이다.

集傳

戒嚴之也. 疆域障塞,

---

156) 『서경대전(書經大全)』, 「상서(商書)」·「중훼지고(仲虺之誥)」에는 황보밀(皇甫謐)의 말로 되어 있다. 황보밀(皇甫謐, 215년 ~ 282년)은 서진(西晉) 안정(安定) 조나(朝那) 사람으로 자는 사안(士安)이고, 어릴 때 이름은 정(靜)이며, 자호는 현안선생(玄晏先生)이다. 황보숭(皇甫嵩)의 증손이다. 젊었을 때 거침없이 방탕하여 사람들이 미치광이라고 여겼다. 20살 무렵부터 부지런히 공부해 게으르지 않았다. 집이 가난해 직접 농사를 지었는데, 책을 읽으면서 밭갈이를 함으로써 수많은 서적들을 통독했다. 나중에 질병에 걸렸으면서도 손에서 책을 놓지 않고 저술에 전심하느라 밥 먹는 것도 잊어버려 사람들이 서음(書淫)이라 했다. 무제(武帝) 때 부름을 받았지만 나가지 않았다. 무제가 책 한 수레를 하사했다. 자신의 병을 고치려고 의학서를 읽어 가장 오랜 침구 관련서인 『침구갑을경(鍼灸甲乙經)』을 편찬했다. 역사에도 조예가 깊어 『제왕세기(帝王世紀)』와 『연력(年歷)』, 『고사전(高士傳)』, 『일사전(逸士傳)』, 『열녀전(列女傳)』, 『현안춘추(玄晏春秋)』 등을 지었다.

경계하고 엄하게 하는 것이다. 강역(疆域)과 장새(障塞)는

> 詳說

○ 去聲.
'새(塞)'는 거성이다.

> 集傳

歲久, 則易湮,
세월이 오래되면 무너지기 쉽고

> 詳說

○ 去聲, 下同.
'이(易)'는 거성으로 아래에서도 같다.

> 集傳

世平, 則易玩,
세상이 태평하면 하찮게 여기기 쉬우니,

> 詳說

○ 狎也.
친압한다는 것이다.

> 集傳

時緝而屢省之,
때때로 보수하고 여러 번 살핌이

> 詳說

○ 悉井反.
'성(省)'은 음이 '실(悉)'과 '정(井)'의 반절이다.

> 集傳

乃所以尊嚴王畿. 王畿安,
바로 왕기(王畿)를 존엄히 하는 것이다. 왕기(王畿)가 편안하면,

詳說

○ 添二句.

두 구를 더하였다.

集傳

則四海安矣.

사해(四海)가 편안할 것이다.

詳說

○ 新安陳氏曰 : "旌別淑慝, 釐也, 俾克畏慕, 保也."

신안 진씨(新安陳氏)가 말하였다 : "'선(善)과 악(惡)을 드러내고 구별한다.'는 것은 '다스린다[釐]'157)는 것이고, '두려워하고 사모하게 한다.'는 것은 '보호한다[保]'158)는 것이다."159)

[13-4-24-8]

政貴有恒, 辭尚體要, 不惟好異. 商俗靡靡, 利口惟賢, 餘風未殄, 公其念哉.

정사는 일정함이 있음을 귀하게 여기고, 말은 체(體)와 요(要)를 숭상하니, 괴이함을 좋아하지 않아야 한다. 상나라 풍속이 사치하고 화려하여 말 잘하는 것을 어질게 여겼는데, 남은 풍속이 아직도 끊어지지 않았으니, 공(公)은 이것을 생각할지어다.

---

157) 『서경대전(書經大全)』, 「주서(周書)」・「필명1(畢命1)」 : "12년 6월 경오(庚午) 초사흘에서 3일이 지난 임신일(壬申日)에 왕(王)이 아침에 종주(宗周)에서부터 걸어 풍(豊)땅에 이르러서 성주(成周)의 무리를 필공(畢公)에게 명하여 동교(東郊)를 보리(保釐)하게 하였다.(惟十有二年六月庚午朏, 越三日壬申, 王朝步自宗周, 至于豊 以成周之衆 命畢公, 保釐東郊.)"

158) 『서경대전(書經大全)』, 「주서(周書)」・「필명1(畢命1)」 : "12년 6월 경오(庚午) 초사흘에서 3일이 지난 임신일(壬申日)에 왕(王)이 아침에 종주(宗周)에서부터 걸어 풍(豊)땅에 이르러서 성주(成周)의 무리를 필공(畢公)에게 명하여 동교(東郊)를 보리(保釐)하게 하였다.(惟十有二年六月庚午朏, 越三日壬申, 王朝步自宗周, 至于豊 以成周之衆 命畢公, 保釐東郊.)"

159) 『서경대전(書經大全)』, 「주서(周書)」・「필명(畢命)」 : "신안 진씨가 말하였다 : '「선(善)과 악(惡)을 드러내고 구별한다.」는 한 구절은 강령이다. 「거주하는 마을 정표한다.」는 것에서부터 「풍성」까지 세 구는 「선을 드러낸다.」 것이고, 「따르지 않는다.」는 것에서부터 「두려워하고 사모한다.」는 것까지 세 구는 악을 구별하는 것이다. 동교의 정사는 「보홈함」으로 「다스림」을 삼았다. 「선(善)과 악(惡)을 드러내고 구별한다.」는 것은 '다스린다[釐]'는 것으로 의(義)의 다함이다. …. 풍(風)에는 반드시 성(聲)이 있으니, 백이와 유하혜의 풍문을 들었다는 것이 바로 풍(風)의 성(聲)을 들은 것이다. 그런데 왕씨와 하씨가 나눠 두 글자로 했으니, 합당하지 않다. ….'(新安陳氏曰 : 旌別淑慝一句, 綱也. 表厥至風聲三句, 旌淑也, 弗率至畏慕三句, 別慝也. 東郊之政, 以保爲釐, 旌別淑慝者, 釐也, 義之盡矣. …. 風必有聲, 聞夷惠之風聞, 即聞風之聲也. 王夏分爲二字未當. ….)"

詳說

○ 好, 去聲.

'호(好)'는 거성이다.

集傳

對暫之謂恆, 對常之謂異. 趣

잠시와 대칭되는 것을 일정함이라 하고, 일정함과 대칭되는 것을 괴이함이라 한다. 지취(志趣)가

詳說

○ 鄒氏季友曰：" 謂旨趣也."

추씨 계우(鄒氏季友)가 말하였다：" '취(趣)'는 '지취(旨趣)'를 말한다.

集傳

完具而已之謂, 體,

완전히 갖추어졌을 뿐인 것을 체(體)라 하고,

詳說

○ 達意而已, 不事枝蔓.

뜻에만 통달해서 지엽을 일삼지 않는 것이다.

集傳

衆體所會之謂, 要. 政事純一,

여러 체(體)가 모인 것을 요(要)라 한다. 정사(政事)는 순일(純一)하고

詳說

○ 恆.

경문에서 '항(恒)'이다.

集傳

辭令簡實,

사령(辭令)은 간략하고 진실하여야 하니,

詳說

○ 夏氏曰 : "辭理足而簡約也."

하씨(夏氏)가 말하였다 : "말의 이치가 충분하면서도 간약한 것이다."160)

集傳
深戒作聰明,
총명(聰明)을 일으키고

詳說
○ 見蔡仲之命.
「채중지명」에 보인다.」161)

○ 政不恆
정사가 일정하지 않은 것이다.

集傳
趨浮末,
부말(浮末)에 달려서

詳說
○ 去聲.
'추(趨)'는 거성이다.

○ 辭不要.
말이 요약되지 않은 것이다.

集傳
好異之事.
괴이함을 좋아하는 일을 깊이 경계한 것이다.

---

160) 『서경대전(書經大全)』, 「주서(周書)」·「필명(畢命)」: "하씨가 말하였다 : '체(體)는 이를 갖춰 부족함이 없는 것이고, 요(要)는 간단하면서도 나머지가 있게 되지 않는 것이니, 말의 이치가 충분하면서도 간약한 것이다. ….'(夏氏曰 : 體, 則具于理, 而無不足, 要, 則簡, 而亦不至於有餘, 謂辭理足而簡約也. ….)"
161) 『서경대전(書經大全)』, 「주서(周書)」·「채중지명(蔡仲之命)」: "따르기를 중도(中道)로부터 하고, 총명을 일으켜 옛 법을 어지럽히지 말며, 너의 보고 들음을 상세히 하고 편벽된 말로 법도를 고치지 않으면 나 한 사람이 너를 가상히 여길 것이다.(率自中, 無作聰明, 亂舊章, 詳乃視聽, 罔以側言, 改厥度, 則予一人, 汝嘉.)"

詳說

○ 陳氏雅言曰 : "政而好異, 則安能有恆, 言而好異, 則安能體要."
　　진씨 아언(陳氏雅言)162)이 말하였다 : "정사를 하면서 괴이함을 좋아하면 어떻게 일정할 수 있겠으며, 말을 하면서 괴이함을 좋아하면 어떻게 체로 하고 요약할 수 있겠는가?"163)

○ 惟, 語辭.
　　경문에서 '유(惟)'는 어조사이다.

集傳

凡論治體者, 皆然, 而在商俗, 則尤爲對病之藥也.
대체로 다스리는 체통(體統)을 논한 것이 모두 그러하나 상(商)나라의 풍속에 있어서는 더욱 병에 대한 약이 된다.

詳說

○ 二句, 論也.
　　두 구는 경문의 의미 설명이다.

集傳

蘇氏曰 : 張釋之諫漢文帝,
소씨(蘇氏)가 말하였다. "장석지(張釋之)164)가 한(漢)나라 문제(文帝)165)에게 간하

---

162) 진아언(陳雅言, 1318~1385)은 원말명초 때 강서(江西) 영풍(永豊) 사람이다. 원나라 말에 무재(茂材)로 천거되었지만 나가지 않았다. 명나라 초 홍무(洪武) 연간에 영풍현 향교(鄕校)에서 학생을 가르쳤다. 당시 호구(戶口)와 토전(土田)이 실상과 달라 현관(縣官)도 대처할 방법을 찾지 못했는데, 그가 계획을 내놓자 공사가 모두 편리해졌다. 저서에 『사서일람(四書一覽)』과 『대학관견(大學管窺)』, 『중용류편(中庸類編)』 등이 있었지만 전하지 않고, 지금은 『서의탁약(書義卓躍)』만 전한다.
163) 『서경대전(書經大全)』, 「주서(周書)」・「필명(畢命)」: "진씨 아언이 말하였다 : '…. 정사를 하면서 괴이함을 좋아하면 어떻게 일정할 수 있겠으며, 말을 하면서 괴이함을 좋아하면 어떻게 체로 하고 요약할 수 있겠는가? 필공은 사대의 원로로 이런 잘못이 없었을지라도 고하여 경계하는 도는 이와 같아야 하는 것이다.' (陳氏雅言曰 : …. 若政而好異, 則安能有恒, 言而好異, 則安能體要. 畢公四世元老, 雖無此失, 而所以告戒之道, 當如此也.)"
164) 장석지(張釋之) : 한나라 문제(文帝) 때의 정위(廷尉) 곧 형관(刑官)인데 공평한 법의 운용으로 유명하다. 『사기(史記)』「장석지열전(張釋之列傳)」에 '왕생(王生)'이란 노인이 조회 때 장석지를 만나 자기 버선 끈이 풀어졌다고 매어 주기를 청하니 장석지가 꿇어 앉아 매어 주었는데, 다른 사람이 왕생을 보고 「왜 장 정위를 모욕했는가?」라고 하니, 왕생은 「그는 천하에 이름난 분인데 내가 달리 도와 줄 것은 없고 내 버선 끈을 매게하여 그를 더욱 중하게 만들었노라.」라고 하였다.
165) 한문제(漢文帝, BC202~ BC157) : 유항(劉恒). 전한의 제5대 황제(재위, 기원전 180-기원전 157)로 고조(高祖) 유방(劉邦)의 넷째 아들이다. 처음에 대왕(代王)에 책봉되어 중도(中都)에 도읍했다가 조정을 전단

기를

詳說

○ 以爲.

~라고 여긴 것이다.

集傳

秦任刀筆之吏, 爭以亟疾苛察

'진(秦)나라는 도필(刀筆)의 아전에게 맡겨서 빨리하고 까다롭게 살핌을 다투어

詳說

○ 音何.

'가(苛)'는 음이 '하(何)'이다.

集傳

相高, 其弊徒文具

서로 숭상하니, 그 병폐가 문식의 갖춤만 있고

詳說

○ 虛文之具.

헛된 문식만 갖추는 것이다.

集傳

無惻隱之實. 以故不聞其過, 陵夷至於二世, 天下土崩. 今以嗇夫

측은(惻隱)해 하는 실제가 없었습니다. 이 때문에 과실을 듣지 못하고 침체가 이세(二世)에 이르러 천하(天下)가 흙처럼 무너졌습니다. 지금 색부(嗇夫)가

(專斷)하던 여씨(呂氏)의 난이 평정된 뒤 태위(太尉) 주발(周勃)과 승상 진평(陳平) 등 중신의 옹립으로 제위에 올랐다. 요역(徭役)을 가볍게 하고 세금을 감해주는 등 백성들에게 휴식을 주면서 농경을 장려했다. 경제가 점차 회복되어 사회는 전반적으로 안정 국면으로 접어 들어가고 있었다. 여씨의 난 진압에 공적이 있었던 고조 이후의 공신(功臣)을 중용하는 한편 가의(賈誼)와 조착(晁錯) 등 새 관원도 두각을 나타냈다. 또 선거(選擧)에 의해 지방의 유지(有志)가 관원으로 등용되었다. 한편 가의와 조착 등이 건의한 제후왕(諸侯王)의 영지 삭감과 억상중농(抑商重農), 대흉노강경론 등은 전면적으로 채택되지 못했는데, 이에 대한 해결은 경제(景帝)와 무제(武帝) 때 실현되었다. 고조의 군국제(郡國制)를 계승하고, 전조(田租)와 인두세(人頭稅)를 감면했다. 가혹한 형벌을 폐지했고, 흉노에 대한 화친(和親) 정책 등으로 민생 안정과 국력 배양에 힘을 기울였다. 노학(老學)에 경도되어 이에 의한 간이(簡易)의 정치를 펼치고자 한 것으로 알려져 있다. 뒤를 이은 경제(景帝)와 함께 '문경지치(文景之治)'로 불린다. 시호는 효문황제(孝文皇帝)다. 23년 동안 제위했다.

詳說

○ 上林嗇夫.

상림(上林)의 색부이다.

集傳

口辨, 而超遷之, 臣恐天下隨風靡,

구변(口辯)이 있다고 하여 크게 승진시키신다면 신(臣)은 천하가 바람을 따라 쏠려서

詳說

○ 唐孔氏曰 : "靡靡者, 相隨順之意."

당의 공씨(孔氏)가 말하였다 : "'사치하고 화려하다.'는 것은 서로 따르며 순응한다는 의미이다."166)

集傳

爭口辯無其實, 凡釋之所論, 則康王以告畢公者也.

구변만을 다투고 실제는 없을까 두렵습니다.'라고 하였으니, 대체로 장석지(張釋之)가 논한 것은 강왕(康王)이 필공(畢公)에게 고한 것이다."

詳說

○ 以證釋下四句意.

증거를 가지고 아래 네 구의 의미를 풀었다.

○ 殄, 絶也.

경문의 '진(殄)'은 끊어진다는 것이다.

○ 新安陳氏曰 : "利口, 卽辭體要之反."

신안진씨(新安陳氏)가 말하였다 : "말 잘하는 것은 곧 말이 체이고 요약되었다는 것의 반대이다."167)

---

166) 『서경대전(書經大全)』, 「주서(周書)」·「필명(畢命)」: "당의 공씨가 말하였다 : '한의자(韓宣子)는 주(紂)가 악사 양에게 사치하고 화려한 음악을 짓게 했다고 했다. 「사치하고 화려하다.」는 것은 서로 따르며 순응한다는 의미이다.'(唐孔氏曰 : 韓宣子稱, 紂使師襄作靡靡之樂. 靡靡者, 相隨順之意.)"

167) 『서경대전(書經大全)』, 「주서(周書)」·「필명(畢命)」: "신안진씨가 말하였다 : '말 잘하는 것은 곧 말이 체이고 요약되었다는 것의 반대이다. 말 잘 하는 것을 싫어하는 것은 말 재주 있는 사람이 큰 것에 관계하는 것을 멀리하는 것이다.'(新安陳氏曰 : 利口, 卽辭體要之反. 惡利口, 遠佞人, 所關大矣.)"

○ 陳氏雅言曰 : "畢公雖無此失, 而所以告戒之道, 當如是也."
진씨 아언(陳氏雅言)이 말하였다 : "필공은 이런 잘못이 없었을지라도 고하여 경계하는 도는 이와 같아야 하는 것이다."168)

[13-4-24-9]

我聞, 曰世祿之家, 鮮克由禮, 以蕩陵德, 實悖天道, 敝化奢麗, 萬世同流.

내가 들으니, '세록(世祿)의 집안들은 능히 예(禮)를 따르는 이가 적어 방탕함으로 덕(德) 있는 이를 능멸하고, 실로 천도(天道)를 어지럽혀 교화(敎化)를 무너뜨리며, 사치하고 화려함이 만세(萬世)에 한 가지로 흐른다.' 하였다.

詳說
○ 鮮, 上聲.
'선(鮮)'은 상성이다.

集傳
古人論, 世祿之家, 逸樂
옛사람이 논하기를 "세록(世祿)의 집안은 편안히 놀며 즐기고

詳說
○ 音洛.
'락(樂)'은 음이 '락(洛)'이다.

集傳
豢養, 其能由禮者, 鮮矣.
잘 길러주어 예(禮)를 따를 수 있는 자가 적다.

詳說

---

168) 『서경대전(書經大全)』, 「주서(周書)」・「필명(畢命)」 : "진씨 아언이 말하였다 : '…. 정사를 하면서 괴이함을 좋아하면 어떻게 일정할 수 있겠으며, 말을 하면서 괴이함을 좋아하면 어떻게 체로 하고 요약할 수 있겠는가? 필공은 사대의 원로로 이런 잘못이 없었을지라도 고하여 경계하는 도는 이와 같아야 하는 것이다.' (陳氏雅言曰 : …. 若政而好異, 則安能有恒, 言而好異, 則安能體要. 畢公四世元老, 雖無此失, 而所以告戒之道, 當如此也.)"

○ 古今同歎

예나 지금이나 똑같이 탄식한 것이다.

集傳

旣不由禮, 則心無所制, 肆其驕蕩, 陵蔑有德

이미 예(禮)를 따르지 않으면 마음이 제재하는 바가 없어 교만함과 방탕함을 부리고 덕(德)있는 이를 능멸하면서

詳說

○ 之人.

덕이 있는 사람이라는 것이다.

集傳

悖亂天道, 敝壞風化,

천도(天道)를 혼란하게 하고, 풍화(風化)를 무너뜨리며

詳說

○ 音怪.

'괴(壞)'는 음이 '괴(怪)'이다.

集傳

奢侈美麗, 萬世同一流也. 康王將言殷士怙侈滅義之惡,

사치하고 화려함이 만세(萬世)에 동일하게 흐른다."라고 하였다. 강왕(康王)이 은(殷)나라 선비들이 세력을 믿고 사치하여 의(義)를 멸한 악(惡)을 말하려 하였기

詳說

○ 下節.

아래의 절이다.169)

---

169) 『서경대전(書經大全)』, 「주서(周書)」·「필명-10(畢命-10)」: "이 은(殷)나라의 여러 선비들은 은총을 빙자(憑藉)한 지가 오래여서 세력을 믿고 사치하여 의(義)를 멸하며 의복을 남에게 아름다움을 자랑하여 교음(驕淫)하고 긍과(矜夸)해서 장차 악(惡)으로 말미암아 마치게 되었는데, 지금은 비록 방심(放心)을 거두었으나 막기가 어렵다.(玆殷庶士 席寵 惟舊 怙侈滅義 服美于人 驕淫矜侉 將由惡終 雖收放心 閑之惟艱.)"

集傳

故先取古人論世族者, 發之.
때문에 먼저 고인(古人)이 세족(世族)을 논한 것을 취하여 말씀한 것이다.

詳說

○ 蒙氏復禮曰 : "觀此, 則洛邑所遷, 豈多世祿之家歟."
몽씨 복례(蒙氏復禮)가 말하였다 : "이것으로 본다면 낙읍으로 옮겨간 이들이 어찌 여러 세대 동안 녹봉을 받은 가문들이겠는가?"
『서경대전(書經大全)』,「주서(周書)」·「필명(畢命)」: "몽씨 복례(蒙氏復禮)가 말하였다 : '이것으로 본다면 낙읍으로 옮겨간 이들이 어찌 여러 세대 동안 녹봉을 받은 가문들이겠는가?'(家氏復禮曰 : 觀此, 則洛邑所遷, 豈多世祿之家歟.)"

○ 康王, 以下, 論也.
강왕 이하는 경문의 의미 설명이다.

[13-4-24-10]

茲殷庶士, 席寵惟舊, 怙侈滅義, 服美于人, 驕淫矜侉, 將由惡終, 雖收放心, 閑之惟艱.

이 은(殷)나라의 여러 선비들은 은총을 빙자(憑藉)한 지가 오래여서 사치함을 믿고 의(義)를 멸하며 의복을 남에게 아름다움을 자랑하고 교음(驕淫)하며 긍과(矜侉)해서 악(惡)으로 말미암아 마치게 되었었는데, 지금은 비록 방심(放心)을 거두었으나 막기가 어렵다.

詳說

○ 侉, 誇同.
'과(侉)'는 '과(誇)'와 같다.

集傳

呂氏曰, 殷士憑藉光寵,
여씨(呂氏)가 말하였다. "은(殷)나라 선비들이 광총(光寵)을 빙자해서

詳說

○ 席.

'빙자(憑藉)'자는 경문에서 '석(席)'이다.

集傳
助發其私欲者, 有自來矣.
사욕(私慾)을 조장하여 냄은 유래(由來)가 있었다.

詳說
○ 舊.
유래가 있었다는 것은 경문에서 '구(舊)'이다.

集傳
私欲公義, 相爲消長.
사욕(私慾)과 공의(公義)는 서로 사라지고 자란다.

詳說
○ 上聲.
'장(長)'은 상성이다.

集傳
故恃侈,
사치함을 믿으면

詳說
○ 恃其侈肆.
사치하고 방자함을 믿는 것이다.

集傳
必至滅義. 義滅, 則無復羞惡之端,
반드시 의(義)를 멸함에 이른다. 의(義)가 멸하면 다시는 수오(羞惡)하는 마음이 없어

詳說
○ 去聲.
'부(復)'는 거성이다.

○ 去聲.

'오(惡)'는 거성이다.

○ 見孟子公孫丑

『맹자』「공손추」에 보인다.

|集傳|

徒以服飾之美, 侉之於人,

한갓 복식(服飾)의 아름다움을 남에게 과시하고

|詳說|

○ 添侉字.

'과(侉)' 자를 더하였다.

|集傳|

而身之不美, 則莫之恥也. 流而不反, 驕淫矜侉, 百邪並見,

몸의 아름답지 못함은 부끄러워하지 않는다. 흘러가고 돌아오지 아니하여 교음(驕淫)하고 긍과(矜)하며 온갖 사악함이 아울러 나타나서

|詳說|

○ 音現

'현(見)'은 음이 '현(現)'이다.

|集傳|

將以惡終矣

악(惡)으로 마치게 되었는데,

|詳說|

○ 由.

'이(以)'는 경문에서 '유(由)'이다.

|集傳|

洛邑之遷, 式化厥訓,

낙읍(洛邑)으로 옮김에 써 가르침에 교화되어

> 詳說

○ 承前節.
앞의 절을 이어받았다.

> 集傳

雖已收其放心, 而其所以防閑其邪者,
이미 그 방심(放心)을 거두었으나 사악함을 막기가

> 詳說

○ 添邪字
'사(邪)'자를 더하였다.

> 集傳

猶甚難也.
오히려 심히 어려운 것이다.

> 詳說

○ 惟.
'유(猶)'는 경문에서 '유(惟)'이다.

○ 夏氏曰 : "畢公當有以閑之, 下文, 訓以德義古訓, 又言閑之之道."
하씨(夏氏)가 말하였다 : "필공은 막아야 하니, 아래의 글에서 덕의의 옛 가르침으로 가르쳐 또 막는 방법을 말한 것이다."[170]

[13-4-24-11]

> 資富能訓, 惟以永年, 惟德惟義, 時乃大訓. 不由古訓, 于何其

---

170) 『서경대전(書經大全)』, 「주서(周書)」·「필명(畢命)」: "하씨가 말하였다 : '주공과 군진이 서로 이어 상나라를 교화시킴에 그 방심을 거뒀을지라도 막기가 여전히 어려워 필공이 막아야 했다. 아래의 글에서 덕의의 옛 가르침으로 가르쳤으니, 또 막는 방법을 말한 것이다.'夏氏曰 : 周公君陳, 相繼化商, 雖收其放心, 然閑之尚難. 畢公當有以閑之. 下文, 訓以德義古訓, 又言閑之之道.)"

訓.

물자(物資)가 풍부하거든 가르치는 것이 연수(年數)를 길게 하는 것이니, 덕(德)과 의(義) 이것이 바로 큰 가르침이다. 옛날을 따라 가르치지 않으면 무엇으로 가르치겠는가?"

集傳
言殷士不可不訓之也.
은(殷)나라 선비를 가르치지 않을 수 없음을 말한 것이다.

詳說
○ 先總提.
먼저 총괄해서 제시했다.

集傳
資, 資財也. 資富
자(資)는 자재(資財)이다. 자재(資財)가 풍부하고서

詳說
○ 諺釋叓商.
『언해』의 해석에서는 상나라를 고치는 것이다.

集傳
而能訓,
가르치면,

詳說
○ 旣富而敎.
부유한 다음에 가르치는 것이다.

集傳
則心不遷於外物,
마음이 외물(外物)에 옮겨가지 아니하여

詳說

○ 添此句.
여기의 구를 더하였다.

集傳

而可全其性命之正也.
성명(性命)의 바름을 온전히 할 수 있다.

詳說

○ 陳氏經曰 : "順正命所以永年也."
진씨 경(陳氏經)171)이 말하였다 : "바른 명을 따라 연수를 길게 하는 것이다."172)

集傳

然訓非外立敎條也,
그러나 가르침은 겉으로 교조(敎條)를 세우는 것이 아니고,

詳說

○ 添此句.
여기의 구를 더하였다.

集傳

惟德惟義而已, 德者, 心之理,
오직 덕(德)과 의(義)로써 할 뿐이니, 덕(德)은 마음의 이치이고

詳說

○ 得於心者, 卽理也.
마음에서 얻는 것은 이치이다.

集傳

---

171) 진경(陳經, ?~?) : 송나라 길주(吉州) 안복(安福) 사람으로 자는 현지(顯之) 또는 정보(正甫)이다. 영종(寧宗) 경원(慶元) 5년(1199)에 진사(進士)가 되어 봉의랑(奉議郎)과 천주박간(泉州泊幹)을 지냈다. 평생 독서를 좋아했고, 후학을 많이 계도했다. 저서에 『상서상해(尙書詳解)』와 『시강의(詩講義)』, 『존재어록(存齋語錄)』 등이 있다.
172) 『서경대전(書經大全)』, 「주서(周書)」·「필명(畢命)」: "진씨 경이 말하였다 : '예의는 부유하고 풍족함에서 나온다. 부유한 다음에 그 몸을 기르고, 또 가르침으로 그 마음을 길러 바른 본성을 온전하게 하기 때문에 바른 명을 따르니, 이것이 연수를 길게 하는 것이다. …'(陳氏經曰 : 禮義生於富足. 旣富以養其身, 又訓以養其心, 全正性, 所以順正命. 此所以永年也. …)

義者, 理之宜也. 德義, 人所同有也, 惟德義以爲訓, 是乃天下之大訓.
의(義)는 이치에 마땅한 것이다. 덕(德)과 의(義)는 사람이 똑같이 가지고 있는 것이니, 덕(德)과 의(義)로써 가르치는 것이 바로 천하의 큰 가르침이다.

詳說

○ 新安陳氏曰 : "訓以德, 所以化其陵德, 訓以義, 所以化其滅義."
신안 진씨(新安陳氏)가 말하였다 : "덕으로 가르치기 때문에 덕을 무시하는 사람들을 교화시킬 수 있고 의로 가르치기 때문에 의를 멸시하는 사람들을 교화시킬 수 있다."173)

集傳

然訓, 非可以己私言也,
그러나 가르침은 자기의 사사로운 생각으로 말할 것이 아니고,

詳說

○ 添此句.
여기의 구를 더하였다.

集傳

當稽古以爲之說.
마땅히 옛날을 상고하여 말해야 한다.

詳說

○ 平聲.
'계(稽)'는 평성이다.

集傳

---

173) 『서경대전(書經大全)』, 「주서(周書)」·「필명(畢命)」 : "신안 진씨가 말하였다 : '덕으로 가르치기 때문에 덕을 무시하는 사람들을 교화시킬 수 있고 의로 가르치기 때문에 의를 멸시하는 사람들을 교화시킬 수 있다. 선과 악을 드러내고 분별해서 상나라 사람들로 상나라 사람들을 교화시키기 때문에 힘쓰고 사모하는 권모를 흥기시켜 덕의를 숭상하고 옛 가르침을 상고한다. 몸을 반성해서 상나라 사람들을 교화시키기 때문에 되돌아 그 가르침을 구하니 교화의 큰 근본이다. 상나라 사람들을 교화시키는 도는 여기에서 다한다.'(新安陳氏曰 : 訓以德, 所以化其陵德, 訓以義, 所以化其滅義. 旌別淑慝, 以商人化商人也, 所以興起其勸慕之微懷, 崇德義稽古訓, 反身以化商人也, 所以反求其訓, 化之大本, 化商之道, 至是盡矣.)"

蓋善無證,
선(善)은 증거가 없으면

|詳說|

○ 當作徵.
'증(證)'은 '징(徵)'으로 해야 한다.

|集傳|

則民不從,
백성들이 따르지 않으니,

|詳說|

○ 見中庸.
『중용』에 보인다.174)

|集傳|

不由古以爲訓,
옛날을 따라 가르치지 않으면

|詳說|

○ 添以爲字.
'이위(以爲)'라는 말을 더하였다.

|集傳|

于何以爲訓乎.
무엇으로 가르치겠는가!

|詳說|

---

174) 『대학(大學)』 전문 9장 : "요(堯)·순(舜)이 천하를 인(仁)으로써 거느리시자 백성들이 그를 따랐고, 걸(桀)·주(紂)가 천하를 포악함으로써 거느리자 백성들이 따랐으니, 그 명령하는 바가 그 좋아하는 바와 반대되면 백성들이 따르지 않는다. 이러므로 군자(君子)는 자기 몸에 선(善)이 있은 뒤에 남에게 선(善)을 요구하며, 자기 몸에 악(惡)이 없은 뒤에 남의 악(惡)을 비난하는 것이다. 자기 몸에 간직하고 있는 것이 서(恕)하지 못하고서 능히 남을 깨우치는 자는 있지 않다.(堯舜帥天下以仁, 而民從之, 桀紂帥天下以暴, 而民從之, 其所令, 反其所好, 而民不從. 是故君子, 有諸己而後求諸人, 無諸己而後非諸人. 所藏乎身, 不恕, 而能喩諸人者, 未之有也.)"

書集傳詳說 卷之十三 177

○ 新安陳氏曰 : "旌別淑慝, 以商人化商人也, 訓德義反其身, 以化之也.."

신안 진씨(新安陳氏)가 말하였다 : "선과 악을 드러내고 분별해서 상나라 사람들로 상나라 사람들을 교화시키고, 덕과 의를 가르치고 그 몸에 되돌려서 교화시키는 것이다."[175]

○ 陳氏經曰 : "君陳, 尚有三細不宥之說. 此篇惟務敎訓以導善, 無片言及於刑, 蓋純以德化, 刑措不用矣."

진씨 경(陳氏經)이 말하였다 : "군진에는 여전히 '세 가지는 작은 죄라도 용서하지 말아야 한다.'[176]는 말이 있다. 여기의 편에서는 가르침에 힘써 선으로 인도하는 것이니, 몇 마디로 형벌에 대해 언급한 것은 없으니, 대개 덕의 교화로 순수하게 하고 형벌로 하는 것을 쓰지 않은 것이다."[177]

[13-4-24-12]

王曰, 嗚呼, 父師. 邦之安危, 惟玆殷士, 不剛不柔, 厥德允修.

왕(王)이 말씀하였다. "아! 부사(父師)야. 나라의 안위가 이 은(殷)나라 선비들에게 달려 있으니, 강(剛)하지도 않고 유(柔)하지도 않아야 그 덕(德)이 진실로 닦여질 것이다.

集傳

是時四方無虞矣, 蕞爾殷民

---

[175] 『서경대전(書經大全)』,「주서(周書)」·「필명(畢命)」: "신안 진씨가 말하였다 : '덕으로 가르치기 때문에 덕을 무시하는 사람들을 교화시킬 수 있고 의로 가르치기 때문에 의를 멸시하는 사람들을 교화시킬 수 있다. 선과 악을 드러내고 분별해서 상나라 사람들로 상나라 사람들을 교화시키기 때문에 힘쓰고 사모하는 권모를 흥기시켜 덕의를 숭상하고 옛 가르침을 상고한다. 몸을 반성해서 상나라 사람들을 교화시키기 때문에 되돌아 그 가르침을 구하니 교화의 큰 근본이다. 상나라 사람들을 교화시키는 도는 여기에서 다한다.'(新安陳氏曰 : 訓以德, 所以化其陵德, 訓以義, 所以化其滅義, 旌別淑慝, 以商人化商人也, 所以興起其勸慕之微權, 崇德義稽古訓, 反身以化商人也, 所以反求其訓, 化之大本, 化商之道, 至是盡矣.)"

[176] 『서경대전(書經大全)』,「주서(周書)」·「군진-10(君陳-10)」: "간궤(姦宄)에 익숙하며 떳떳함을 무너뜨리고 풍속을 어지럽힘 이 세 가지는 작은 죄라도 용서하지 말아야 한다.(狃于姦宄, 敗常亂俗, 三細, 不宥.)"

[177] 『서경대전(書經大全)』,「주서(周書)」·「필명(畢命)」: "진씨 경이 말하였다 : '예의는 부유하고 풍족함에서 나온다. 부유한 다음에 그 몸을 기르고, 또 가르침으로 그 마음을 길러 바른 본성을 온전하게 하기 때문에 바른 명을 따르니, 이것이 연수를 길게 하는 것이다. …. 군진에는 여전히 「형벌하여 형벌을 그치고」 「세 가지는 작은 죄라도 용서하지 말아야 한다.」는 말이 있다. 여기의 편에서는 상나라 풍속이 아름답지 않음을 낱낱이 열거할지라도 힘써 부끄러움을 낳는 것을 구별해서 가르침에 선으로 인도하는 것이니, 몇 마디로 형벌에 대해 언급한 것은 없다. 대개 덕의 교화로 순수하게 하고 형벌로 하는 것을 쓰지 않은 것이다.'(陳氏經曰 : 禮義生於富足. 旣富以養其身, 又訓以養其心, 全正性, 所以順正命. 此所以永年也. …. 君陳尙有辟以止辟, 三細不宥之說. 此篇雖歷數商俗之不美, 然惟務區別以生其愧, 敎訓以導其善, 無片言及于刑. 蓋純以德化, 而刑措不用信矣.)"

이때에 사방이 근심할 만한 일이 없었고, 작은 은(殷)나라 백성들도

|詳說|

○ 祖外反.

'최(蕞)'는 음이 '조(祖)'와 '외(外)'의 반절이다.

|集傳|

化訓三紀之餘,

가르침에 교화된 지가 3기(紀)인 뒤였으니,

|詳說|

○ 並照前節.

앞의 절을 아울러 참조하라.

|集傳|

亦何足慮, 而康王眷眷以邦之安危,

또한 어찌 우려할 것이 있겠는가마는 강왕(康王)이 권권(拳拳)히 나라의 안위(安危)가

|詳說|

○ 以爲.

'이(以)'는 '~로 여긴다[以爲]'는 것이다.

|集傳|

惟繫於此, 其不苟於小成者如此, 文武周公之澤, 其深長也宜哉. 不剛, 所以保之, 不柔所以釐之

여기에 달려 있다고 하여 작은 이룸에 구차하지 않음이 이와 같았으니, 문왕(文王)·무왕(武王)과 주공(周公)의 은택이 깊고 긺이 당연하다. 강(剛)하지 않음은 보호하는 것이고, 유(柔)하지 않음은 다스리는 것이니,

|詳說|

○ 照首節.

첫 절을 참조하라.

書集傳詳說 卷之十三 179

集傳

不剛不柔, 其德信乎其修矣.
강(剛)하지도 않고 유(柔)하지도 않으면 그 덕(德)이 진실로 닦여질 것이다.

詳說

○ 以論釋之.
경문의 의미 설명으로 해석했다.

○ 葉氏曰 : "不剛不柔, 卽寬而有制, 從容以和之意. 周公君陳畢公, 非有意於同, 同合道耳."
섭씨(葉氏)가 말하였다 : "강하지도 않고 유하지 않다는 것은 곧 관대하지만 제재함이 있고 여유 있게 조화롭게 한다는 의미다. 주공·소공·필공은 함께 함에 뜻이 있는 것이 아니라 함께 도에 합하는 것일 뿐이다."178)

[13-4-24-13]

惟周公, 克愼厥始, 惟君陳, 克和厥中. 惟公, 克成厥終, 三后協心, 同底于道, 道洽政治, 澤潤生民, 四夷左衽, 罔不咸賴, 予小子, 永膺多福.

주공(周公)이 능히 그 처음을 삼가고, 군진(君陳)이 능히 그 중도를 화(和)하게 하였다. 공(公)이 능히 그 끝을 이루고 세 후(后)가 마음을 합하여 함께 도(道)에 이르니, 도(道)가 흡족하고 정사가 다스려져서 은택이 생민(生民)들에게 윤택하고 좌임(左)한 사방의 오랑캐들이 모두 의뢰하지 않음이 없으니, 나 소자(小子)는 길이 많은 복에 응(膺)할 것이다.

詳說

○ 陳氏經曰 : "愼始, 毖殷頑民也, 和中, 從容以和也."
진씨 경(陳氏經)이 말하였다 : "처음을 삼가는 것은 상나라의 완악한 백성들을 삼가게 하는 것이다. 중도를 화하게 하는 것은 여유 있게 조화를 이루는 것이다."179)

---

178) 『서경대전(書經大全)』, 「주서(周書)」·「필명(畢命)」: "섭씨가 말하였다 : '강하지도 않고 유하지 않다는 것은 곧 관대하지만 제재함이 있고 여유 있게 조화롭게 한다는 의미다. 주공·소공·필공은 같게 함께 함에 뜻이 있는 것이 아니라 함께 도에 합하는 것일 뿐이다.'(葉氏曰 : 不剛不柔, 卽寬而有制, 從容以和之意. 周公君陳畢公, 非有意於同, 同合於道耳.)"

179) 『서경대전(書經大全)』, 「주서(周書)」·「필명(畢命)」: "진씨 경이 말하였다 : '처음을 삼가는 것은 상나라의

○ 中, 謂始終之中也.
　중도는 처음과 끝의 중이다.

【集傳】
殊厥,
정강(井疆)을 달리함은

【詳說】
○ 照前節.
　앞의 절을 참조하라.180)

【集傳】
非治之成也,
다스림을 이룬 것이 아니니,

【詳說】
○ 去聲
　'치(治)'는 거성이다.

【集傳】
使商民, 皆善然後, 可謂之成, 此曰成者, 預期之也.
상(商)나라 백성들을 모두 선(善)하게 한 뒤에야 이루었다고 말할 수 있는데, 여기에 이루었다고 말한 것은 미리 기약한 것이다.

【詳說】
○ 陳氏雅言曰："三后之意, 皆期於化殷而已, 故曰協心. 因時制

완악한 백성들을 삼가게 하는 것이다. 중도를 화하게 하는 것은 여유 있게 조화를 이루는 것이니, 오늘 대비하고 막은 것이 이전의 공이 무너지지 않게 하는 것일 뿐이다. 일은 마지막을 이루는 것보다 어려운 것이 없으니, 조금이라도 해이하면 두 공의 교화가 모두 끝마치지 못했을 것이다. 성현의 정사는 시작·중간·끝의 다름이 있을지라도 그 마음은 도와 함께 하니 처음·중간·끝의 차이가 없다. ….'(陳氏經曰：愼始, 遂殷頑民也. 和中, 從容以和也. 今日惟防閑之, 使前日之功不壞耳. 事莫難於成終, 少有懈弛, 則二公之化, 皆爲之不終矣. 聖賢之政, 雖有始中終之異, 其心與道, 則無始中終之殊. ….)"
180) 『서경대전(書經大全)』, 「주서(周書)」·「필명7(畢命7)」： "선(善)과 악(惡)을 표창하고 구별하여 거주하는 마을을 정표(旌表)하며, 선(善)을 표창하고 악(惡)을 병들게 하여 풍성(風聲)을 세워주며, 가르치는 법을 따르지 않거든 정강(井疆)을 달리하여 두려워하고 사모하게 하며, 거듭 교기(郊圻)를 구획하며 봉강(封疆)의 지킴을 삼가고 튼튼히 하여 사해(四海)를 편안하게 하라.(旌別淑慝, 表厥宅里, 彰善癉惡, 樹之風聲, 弗率訓典, 殊厥井疆, 俾克畏慕, 申畫郊圻, 愼固封守, 以康四海.)"

叴, 各當於理, 故曰同底于道. 道化浹洽, 政事修治."
진씨 아언(陳氏雅言)이 말하였다 : "세 후의 뜻은 모두 은나라를 교화하는 것을 기약할 뿐이기 때문에 '마음을 합하라.'라고 하였다. 때에 따라 마땅함을 제재함에 각기 이치에 합당하게 하기 때문에 '함께 도에 이른다.'고 하였다. 도의 교화가 두루 젖어 들어가면 정사가 닦여져 다스려진다."181)

○ 道洽, 諺釋叓商.
'도가 흡족하다[道洽]'는 것은 『언해』의 해석을 다시 생각해 봐야 한다.

集傳

三后所治者, 洛邑, 而施及四夷,
세 후(后)가 다스린 것은 낙읍(洛邑)이었으나 뻗쳐 사이(四夷)에 미쳤으니,

詳說

○ 音異.
'시(施)'는 음이 '일(異)'이다.

○ 朱子曰 : "左衽, 夷狄之俗."
주자(朱子)가 말하였다 : "좌임은 이적의 풍속이다."182)

集傳

王畿四方之本也 吳氏曰, 道者致治之道也.
왕기(王畿)는 사방(四方)의 근본이다. 오씨(吳氏)가 말하였다. "도(道)는 다스림을 지극히 하는 도(道)이다.

---

181) 『서경대전(書經大全)』, 「주서(周書)」·「필명(畢命)」 : "진씨 아언이 말하였다 : '은나라 백성들을 처음 옮겼을 때는 주공이 다스렸다. …. 세 후의 뜻은 모두 은나라를 교화하는 것을 기약할 뿐이기 때문에 「마음을 합하라.」라고 하였다. 시행하는 것이 다를지라도 때에 따라 마땅함을 제재함에 각기 이치에 합당하게 하기 때문에 「함께 도에 이른다.」고 하였다. 성현은 마음이 합하여 도가 함께 하기 때문에 인이 나아가고 의가 닦여져서 도의 교화가 두루 젖어 들어가니, 강목을 들고 베풀어서 정사가 닦여진다. 다스림이 점점 젖어들며 쌓이고 혜택의 싸임이 깊어져서 백성들에게 들어감이 어찌 하루아침이나 하루저녁에 이룰 수 있는 것이겠는가? 강왕의 이 말은 필공에게 이를 것을 기약하여 소원하는 것이다.'(陳氏雅言曰 : 殷民初遷, 周公治之. …. 三后之意, 皆期于化殷而已, 故曰協心. 所施雖異然, 因時制宜, 各得當于理, 故曰同底于道. 聖賢心協道同, 故能仁漸義摩, 而道化浹洽, 綱擧目張, 而政事修. 治漸漬積, 累澤之深, 入於民者, 豈一朝一夕, 所能致哉. 康王此言, 期望于畢公者至矣.)"
182) 『서경대전(書經大全)』, 「주서(周書)」·「필명(畢命)」 : "주자가 말하였다 : '임(衽)은 옷고름이다. 좌임은 이적의 풍속이다.'(朱子曰 : 衽, 衣衿也. 左衽, 夷狄之俗.)"

詳說

○ 去聲.

'치(治)'는 거성이다.

集傳

始之中之終之, 雖時有先後, 皆能卽其行事, 觀其用心, 而有以濟之, 若出於一時, 若成於一人, 謂之協心如此.

시작하고 중간에 이어가고 끝마침이 비록 때에 선후(先後)가 있을지라도 모두 행사(行事)에 나아가 용심(用心)을 살펴보보 이룸이 있는 것이 마치 한 때에 나온 듯하고 한 사람에게서 이루어진 듯하니, 마음을 합했다고 이른 것이 이와 같다.

詳說

○ 張氏曰：“三后, 猶四時之序不同, 而同於成歲功也.”

장씨(張氏)가 말하였다：“세 후는 사시의 순서가 같지 않으나 한 해의 공을 이루는 것에서 함께 하는 것과 같다.”[183]

○ 吳說, 論也.

오씨의 설명은 경문의 의미 설명이다.

[13-4-24-14]

公其惟時成周, 建無窮之基, 亦有無窮之聞, 子孫訓其成式, 惟乂.

공(公)이 이 성주(成周)에 무궁한 기업(基業)을 세우면 또한 무궁한 명예가 있을 것이니, 자손(子孫)이 이루어놓은 법을 순히 하여 다스려지는 것이다.

詳說

○ 聞, 去聲.

'문(聞)'은 거성이다.

---

183) 『서경대전(書經大全)』, 「주서(周書)」·「필명(畢命)」: "장씨가 말하였다 : '세 후는 사시의 순서가 같지 않으나 한 해의 공을 이루는 것에서 함께 하는 것과 같다.'(張氏曰 : 三后, 猶四時之序不同, 而同於成歲功也.)"

> 集傳

建, 立, 訓, 順, 式, 法也. 成周, 指下都而言.
건(建)은 세움이고, 훈(訓)은 순함이며, 식(式)은 법이다. 성주(成周)는 하도(下都)를 가리켜 말한 것이다.

> 詳說

○ 豈恐讀者, 作成就周德之義看, 故又特訓之歟.
아마도 독자들이 주나라의 덕을 성취하는 뜻으로 볼 것을 염려했기 때문에 또 설명했을 것이다.

> 集傳

呂氏曰, 畢公, 四世元老, 豈區區立後世名者, 而勳德之隆, 亦豈少.
여씨(呂氏)가 말하였다. "필공(畢公)은 4대(代)의 원로(元老)이니, 어찌 후세에 이름을 세우는 데 구구한 자이겠으며, 공덕(功德)이 융성함을 또한 어찌 하찮게 여기겠는가?

> 詳說

○ 聞望, 素重.
명망을 평소 중요하게 여기는 것이다.

> 集傳

此, 康王所以望之者,
이것은 강왕(康王)이 바란 것이다.

> 詳說

○ 於此.
'이것'은 '여기에서'이다.

> 集傳

蓋相期以無窮事業, 乃尊敬之至也.
서로 무궁한 사업으로 기약하였으니, 존경함이 지극하다."

> 詳說

○ 以論釋其意.
경문의 의미 설명으로 그 뜻을 풀이했다.

[13-4-24-15]

嗚呼, 罔曰弗克, 惟旣厥心, 罔曰民寡, 惟愼厥事, 欽若先王成烈, 以休于前政.

아! 능하지 못하다고 말하지 말고 그 마음을 다하며, 백성이 적다고 말하지 말고 그 일을 삼가며, 선왕(先王)이 이룬 공렬(功烈)을 공경하고 순히 하여 옛 정사에 아름답게 하라."

集傳

蘇氏曰, 曰弗克者, 畏其難, 而不敢爲者也,
소씨(蘇氏)가 말하기를 "능하지 못하다는 것은 그 어려움을 두려워하여 감히 하지 않는 것이고,

詳說

○ 孔氏曰 : "旣盡也."
공씨(孔氏)가 말하였다 : "이미 다했다는 것이다."

集傳

曰民寡者, 易其事以爲不足爲者也
백성이 적다는 것〔民寡〕은 그 일을 쉽게 여겨 별로 할 것이 없다고 여기는 것이다."라고 하였다.

詳說

○ 去聲.
'이(易)'는 거성이다.

○ 若, 順也, 烈, 功也.
경문에서 '약(若)'은 순히 한다는 것이고, 경문에서 '열(烈)'은 공이다.

集傳

前政, 周公君陳也.
전정(前政)은 주공(周公)과 군진(君陳)이다.

詳說

○ 視前政, 當尤美也.
전정(前政)보다 더욱 아름다워야 하는 것이다.

○ 董氏鼎曰 : "區處殷人, 見於大誥洛誥多士多方君陳畢命諸書, 何其難也. 殷俗尚質, 其蔽也, 易惑而難曉. 盤庚遷都, 爲民利耳, 至煩三書之訓. 況視爲讎者乎."
동씨 정(董氏鼎)184)이 말하였다 : "은나라 사람들을 처리한 것은 「대고」·「낙고」·「다사」·「다방」·「군진」·「필명」의 여러 곳에 있는데, 어쩌면 그리도 어려운가! 은나라 풍속은 질박함을 숭상하니, 그 폐단은 쉽게 미혹되고 깨닫기 어려운 것이다. 반경이 천도한 것은 백성들에게 이로울 뿐인데, 심지어 세 서의 가르침을 번거롭게 여겼다. 하물며 원수로 봄에 있어서야 말해 무엇 하겠는가?"185)

---

184) 동정(董鼎, ?~?) 원나라 요주(饒州) 파양(鄱陽) 사람으로 자는 계형(季亨)이고, 별호는 심산(深山)이다. 동몽정(董夢程)의 먼 친척이고, 주희(朱熹)의 재전제자(再傳弟子)다. 황간(黃幹), 동수(董銖)를 사숙했다. 저서에 『서전집록찬소(書傳輯錄纂疏)』와 『효경대의(孝經大義)』가 있다. 『서전집록찬소』는 여러 학자의 설을 두루 모아 어느 한 사람의 설에만 얽매이지 않았다고 평가된다.

185) 『서경대전(書經大全)』, 「주서(周書)」·「필명(畢命)」 : "동씨 정이 말하였다 : ···. 주공·성왕·강왕이 은나라 사람들을 처리한 것은 지금 「대고」·「낙고」·「다사」·「다방」·「군진」·「필명」의 여러 곳에 있는데, 어쩌면 그리도 어려운가! ···그런데 오래도록 변화시키지 못한 것은 은나라 풍속이 질박함을 숭상하는 것이 그 폐단으로 쉽게 미혹되면서도 깨닫기 어려운 것이다. 반경이 천도한 것은 백성들에게 이로울 뿐인데, 근거 없는 말로 서로 선동하며 심지어 세 서의 가르침을 번거롭게 여겼으니, 비유하자면 부형이 자제를 가르침에 오히려 또 이와 같은 것과 같은데, 하물며 그 말에 대해 이웃보다 원수로 봄에 있어서야 갑자기 따르려고 하겠는가? ···.'(董鼎曰或曰 : ···. 周公成王康王所以區處殷人, 今見於大誥洛誥多士多方君陳畢命諸書, 何其難也, 然其所以久而未革者, 則以殷俗尚質, 其蔽也, 易惑而難曉. 盤庚遷都, 爲民利耳, 浮言胥動, 至煩三書之訓, 諭猶父兄之訓子弟, 尚且如是, 況視隣人爲讎者於其言, 肯遽從乎. ···.)"

[13-4-25]
「군아(君牙)」

> 集傳
> 君牙, 臣名.

군아(君牙)는 신하의 이름이다.

> 詳說
> ○ 新安陳氏曰 : "稱君必有國. 成康時芮伯爲司徒伯爵諸侯也, 君牙當是其後."

신안 진씨(新安陳氏)가 말하였다 : "임금으로 칭하면 반드시 나라가 있는 것이고, 성왕과 강왕 때에 예백은 사도와 백작과 제후이니, 군아는 그 후에 해당하는 것이다."[186]

> 集傳
> 穆王, 命君牙, 爲大司徒, 此其誥命也. 今文無, 古文有.

목왕(穆王)이 군아(君牙)를 명하여 대사도(大司徒)를 삼으니, 이것이 그 고명(誥命)이다. 금문(今文)에는 없고 고문(古文)에는 있다.

> 詳說
> ○ 呂氏曰 : "穆王書三篇, 君牙冏命, 初年書也, 呂刑末年書也. 舜命契爲司徒, 止一語, 而君牙至一篇, 世降而文勝也."

여씨(呂氏)가 말하였다 : "목왕의 책 세 편에서 「군아」와 「필명」은 초년의 책이고, 「여형」은 말년의 책이다. 순이 설에게 명해 사도로 삼음에는 한 마디뿐인데, 군아에서는 심지어 한 편이니, 세대가 내려오면서 문식이 우세해졌기 때문이다."[187]

---

[186] 『서경대전(書經大全)』, 「주서(周書)」·「군아(君牙)」 : "신안 진씨가 말하였다 : '…. 또 살펴보건대, 임금으로 칭하면 반드시 나라가 있는 것이고, 성왕과 강왕 때에 예백은 사도와 백작과 제후이니, 군아는 그 후에 해당하는 것이다.'(新安陳氏曰 : …. 又按, 君牙稱君, 必有國, 成康時芮伯爲司徒伯爵諸侯也, 君牙當是其後.)"

[187] 『서경대전(書經大全)』, 「주서(周書)」·「군아(君牙)」 : "여씨가 말하였다 : '목왕의 책 세 편에서 「군아」와 「필명」은 초년의 책이고, 「여형」은 말년의 책이다. 중간에 방일해서 그 처음의 경외를 보존하지 못했을지라도 말년에 슬퍼하고 공경해서 처음의 마음을 회복했다. 순이 설에게 명해 사도로 삼음에는 한 마디뿐인데, 군아에서는 책으로 이끌며 심지어 한 편이 되니, 세대가 내려오면서 문식이 우세해졌기 때문이다. …'(呂氏曰 : 穆王書三篇, 君牙冏命, 初年書也, 呂刑, 末年書也. 中雖放逸, 不克保其始之祗畏, 然暮年哀敬, 初心

○ 朱子曰 : "此篇, 乃內史之屬所作, 猶今之翰林作制誥. 君陳周官蔡仲微子之命等篇, 自有格子, 首呼其名而告之, 末又爲嗚呼之辭, 以戒之. 篇篇皆然, 觀之可見.

주자(朱子)[188]가 말하였다 : "여기의 편은 내사의 소속이 지은 것이니, 지금 한림이 제고(制誥)를 지은 것과 같다. 「군진」·「주관」·「채중지명」·「미자지명」 등의 편에는 본래 격식이 있어 처음에 이름을 불러 고하고 끝에 또 부르는 말을 해서 경계하는 것이다. 편마다 모두 그러니 보면 알 수 있다."[189]

○ 按, 此皆古文, 故然耳. 若今文, 則事雖或同, 文未嘗相襲, 此亦今古文有分之一也.

내가 살펴보건대, 이것은 모두 고문에 본래 그렇게 되어 있을 뿐이다. 만약 금문이라면 일이 비록 혹 같을지라도 글에는 서로 이어지는 것이 없으니, 이것이 또한 금고문에 구분이 있는 하나이다.

[13-4-25-1]

王若曰, 嗚呼, 君牙. 惟乃祖乃父, 世篤忠貞, 服勞王家 厥有成績 紀于太常.

復還. 舜命契爲司徒, 止一語, 而君牙贊書, 至一篇, 世降而文勝也. ….)"

188) 주희(朱熹, 1130~1200) : 자는 원회(元晦)·중회(仲晦)이고, 호는 회암(晦庵)·회옹(晦翁)·고정(考亭)·자양(紫陽)·둔옹(遯翁) 등이다. 송대 무원(婺源 : 현 강서성 무원현) 사람으로 건양(建陽 : 현 복건성 건양현)에서 살았다. 1148년에 진사에 급제하여 동안주부(同安主簿)·비서랑(秘書郞)·지남강군(知南康軍)·강서제형(江西提刑)·보문각대제(寶文閣待制)·시강(侍講) 등을 역임하였다. 스승 이동(李侗)을 통해 이정(二程)의 신유학을 전수받고, 북송 유학자들의 철학사상을 집대성하여 신유학의 체계를 정립하였다. 1179~1181년 강서성(江西省) 남강(南康)의 지사(知事)로 근무하면서 9세기에 건립되어 10세기에 번성했다가 폐허가 된 백록동서원(白鹿洞書院)을 재건했다. 만년에 이르러 정적(政敵)인 한탁주(韓侂)의 모함을 받아 죽을 때까지 정치활동이 금지되고 그의 학문이 거짓 학문으로 폄훼를 받다가 그가 죽은 뒤에 곧 회복되었다. 저서로는 『정씨유서(程氏遺書)』, 『정씨외서(程氏外書)』, 『이락연원록(伊洛淵源錄)』, 『고금가제례(古今家祭禮)』, 『근사록(近思錄)』 등의 편찬과 『사서집주(四書集注)』·『서명해(西銘解)』·『태극도설해(太極圖說解)』·『통서해(通書解)』·『사서혹문(四書或問)』·『시집전(詩集傳)』·『주역본의(周易本義)』·『역학계몽(易學啓蒙)』·『효경간오(孝經刊誤)』·『소학서(小學書)』·『초사집주(楚辭集注)』·『자치통감강목(資治通鑑綱目)』·『팔조명신언행록(八朝名臣言行錄)』 등이 있다. 막내아들 주재(朱在)가 편찬한 『주문공문집(朱文公文集)』(100권, 속집 11권, 별집 10권)과 여정덕(黎靖德)이 편찬한 『주자어류(朱子語類)』(140권)가 있다.

189) 『서경대전(書經大全)』, 「주서(周書)」·「군아(君牙)」 : "주자가 말하였다 : '여기의 편은 내사의 소속이 지은 것이니, 지금 한림이 제고(制誥)를 지은 것과 같다. 그런데 이를테면, 「군진」·「주관」·「채중지명」·「미자지명」 등의 편에 또한 당시 이런 문자가 있는 것은 본래 격식이 있는 것으로 처음에 이름을 불러 고하고 끝에 또 부르는 말을 해서 경계하는 것이다. 편마다 모두 그러니 보면 알 수 있다.'(朱子曰 : 此篇, 乃內史之屬所作, 猶今之翰林作制誥. 然如君陳周官蔡仲微子之命等篇, 亦是當時此等文字, 自有格子, 首呼其名而告之, 末又爲嗚呼之辭以戒之. 篇篇皆然, 觀之可見.)"

왕이 다음과 같이 말씀하였다. "아! 군아(君牙)야. 네 할아버지와 네 아버지가 대대로 충정(忠貞)을 돈독히 하여 왕가에 수고롭게 일하며 그 이룩한 업적이 태상(太常)에 기록되어 있다.

集傳
王, 穆王也,
왕(王)은 목왕(穆王)이니,

詳說
○ 名滿.
이름은 '만(滿)'이다.

集傳
康王孫, 昭王子. 周禮司勳
강왕(康王)의 손자이고 소왕(昭王)의 아들이다. 『주례(周禮)』의 「사훈(司勳)」에

詳說
○ 夏官.
하관이다.

集傳
云凡有功者銘書於王之太常.
"대체로 공(功)이 있는 자는 왕(王)의 태상(太常)에 이름을 쓴다."라고 하였고,

詳說
○ 大旗.
'대기(大旗)'이다.

集傳
司常
「사상(司常)」에

詳說
○ 春官.

춘관이다.

集傳

云日月爲常, 畫日月於旌旗也.
"해와 달을 상(常)이라 하니, 해와 달을 정기(旌旗)에 그리는 것이다."라고 하였다.

詳說

○ 音話.
'화(畫)'는 음이 '화(話)'이다.

○ 周以衣之二章移於旗.
주나라에서는 옷의 두 무늬를 기발로 옮긴 것이다.

[13-4-25-2]

惟予小子, 嗣守文武成康遺緒, 亦惟先王之臣, 克左右亂四方, 心之憂危, 若蹈虎尾, 涉于春冰.

나 소자(小子)가 문왕(文王)·무왕(武王)·성왕(成王)·강왕(康王)이 남기신 전통을 이어 지킴은 또한 선왕의 신하들이 능히 보좌하여 사방을 다스리기 때문이니, 마음에 근심하고 위태롭게 여김이 범의 꼬리를 밟는 듯하며 봄에 살얼음을 건너는 듯하다.

詳說

○ 左右, 並去聲.
'좌(左)'와 '우(右)'는 모두 거성이다.

集傳

緒, 統緒也.
서(緒)는 통서(統緒)이다.

詳說

○ 新安陳氏曰 : "先王或作先正, 孔註亦作先正."
신안 진씨(新安陳氏)가 말하였다 : "선왕은 혹 선정(先正)으로 되어 있기도 하다. 공씨의 주에서도 선정(先正)으로 되어 있다."[190]

○ 諺釋, 亦惟之惟, 作思義, 更詳之.
『언해』의 해석에서는 '역유(亦惟)'에서의 '유(惟)'는 생각한다는 의미로 되어 있으니, 다시 생각해 봐야 한다.

○ 亂, 治也.
'란(亂)'은 '치(治)'이다.

集傳

若蹈虎尾, 畏其噬, 若涉春冰, 畏其陷. 言憂危之至, 以見求助之切也.
범의 꼬리를 밟는 듯하다는 것은 물릴까 두려워하는 것이고, 봄에 살얼음을 건너는 듯하다는 것은 빠질까 두려워하는 것이다. 근심하고 위태롭게 여김이 지극함을 말하여 도움을 구함이 간절함을 나타낸 것이다.

詳說

○ 音現.
'현(見)'은 음이 '현(現)'이다.

○ 此句, 論也.
여기의 구도 경문의 의미 설명이다.

[13-4-25-3]

今命爾, 予翼, 作股肱心膂, 續乃舊服, 無忝祖考.

지금에 너를 명하노니, 너는 나를 도우며 고굉(股肱)과 심려(心)가 되어 네 조(祖)·고(考)가 옛날 일하던 것을 이어서 조(祖)·고(考)에게 욕됨이 없도록 하라.

集傳

膂, 脊也.
여(膂)는 등뼈이다.

詳說

---

190) 『서경대전(書經大全)』, 「주서(周書)」·「군아(君牙)」 : "신안 진씨가 말하였다 : '선왕의 신하는 혹 선정(先正)으로 되어 있기도 하다. 공씨의 주에서도 「조부의 신정[祖父之臣正]」이 선정(先正)으로 되어 있다. ….' (新安陳氏曰 : 先王之臣, 或作先正, 孔注亦, 惟祖父之臣正, 作先正. ….)"

○ 纘, 繼也.
'찬(纘)'은 잇는 것이다.

集傳
舊服, 忠貞服勞之事.
구복(舊服)은 충정(忠貞)으로 복로(服勞)한 일이다.

詳說
○ 照首節.
처음의 절을 참조하라.

集傳
忝, 辱也.
첨(忝)은 욕됨이다.

詳說
○ 今命爾予翼, 當爲一句, 諺讀夐商.
'지금에 너를 명하노니, 너는 나를 도우라.'는 것은 한 구가 되어야 하니, 『언해』의 구두는 다시 생각해 봐야 한다.

集傳
欲君牙以其祖考事先王者, 而事我也.
군아(君牙)가 그 조(祖)·고(考)가 선왕(先王)을 섬기던 것으로 자신을 섬겨주기를 바란 것이다.

詳說
○ 祖與考
'조고(祖考)'는 '조(祖)'와 '고(考)'이다.

[13-4-25-4]

弘敷五典, 式和民則. 爾身克正, 罔敢弗正, 民心罔中, 惟爾之中.

오전(五典)을 키워 넓히고, 백성의 법을 공경하여 화(和)하라. 네 몸이 능히 바르면 감히 바르지 않음이 없을 것이니, 백성들의 마음이 중(中)하지 못한 것은 너의 중(中)으로 하여야 한다.

集傳
弘敷者, 大而布之也, 式和者, 敬而和之也.
홍부(弘敷)는 크게 하여 폄이고, 식화(式和)는 공경하여 화하게 하는 것이다.

詳說
○ 式
'경(敬)'은 경문에서 '식(式)'이다.

集傳
則, 有物有則之則,
칙(則)은 '사물이 있으면 법칙이 있다.[有物有則]'는 칙(則)이니,

詳說
○ 見詩烝民.
『시경』「증민」에 보인다.[191]

集傳
君臣之義, 父子之仁, 夫婦之別,
군신(君臣)의 의(義)와 부자(父子)의 인(仁)과 부부(夫婦)의 별(別)과

詳說
○ 彼列反
'별(別)'은 음이 '피(彼)'와 '열(列)'의 반절이다.

集傳
長幼之序, 朋友之信, 是也.
장유(長幼)의 서(序)와 붕우(朋友)의 신(信)이 이것이다.

---

191) 『시경(詩經)』「증민(蒸民)」: "하늘이 사람을 이 세상에 내시니, 사물이 있음에 법이 있도다. 사람들이 떳떳한 성품을 지니고 있으니, 이 아름다운 덕을 좋아한다.(天生蒸民, 有物有則. 民之秉彝, 好是懿德.)"

詳說

○ 上聲.

'장(長)'은 상성이다.

集傳

典以設敎言, 故曰弘敷, 則, 以民彝言, 故曰式和. 此, 司徒之敎也, 然敎之本, 則在君牙之身. 正也, 中也, 民則之體, 而人之所同然也. 正, 以身言, 欲其所處,

전(典)은 가르침을 베푸는 것으로 말하였기 때문에 크게 하여 편다고 말하였고, 칙(則)은 백성의 떳떳함으로 말하였기 때문에 공경하여 화한다고 말한 것이다. 이것은 사도(司徒)의 가르침이나 가르침의 근본은 군아(君牙) 자신에게 있는 것이다. 정(正)과 중(中)은 백성의 법(法)의 체(體)이니, 사람들이 똑같이 옳게 여기는 것이다. 정(正)은 몸으로 말하였으니 처하는 바에

詳說

○ 上聲.

'처(處)'는 상성이다.

集傳

無邪行也,

사악한 행실이 없고자 함이고,

詳說

○ 去聲.

'행(行)'은 거성이다.

集傳

中, 以心言, 欲其所存, 無邪思也.

중(中)은 마음으로 말하였으니 마음에 둔 것이 사악한 생각이 없고자 한 것이다.

詳說

○ 以論釋之.

경문의 의미 설명으로 해석하였다.

○ 陳氏曰 : "於身先言爾, 於心先言民, 互文耳."
진씨(陳氏)가 말하였다 : "몸에서는 먼저 너를 말하고, 마음에서는 먼저 백성을 말한 것은 호문(互文)이다."192)

集傳
孔子
공자(孔子)가 말씀하기를

詳說
○ 論語顔淵.
『논어』「안연」이다.193)

集傳
曰子率以正, 孰敢不正, 周公
"그대가 바름으로 이끌면 누가 감히 바르지 않겠는가?"라고 하였고, 주공(周公)이

詳說
○ 蔡仲之命
「채중지명」이다.194)

集傳
曰率自中
말씀하기를 "거느리기를 중(中)으로부터 하라."라고 하였으니,

詳說
○ 此, 證也.

---

192) 『서경대전(書經大全)』, 「주서(周書)」·「군아(君牙)」 : "진씨 대유(陳氏大猷)가 말하였다 : '…. 몸에서는 먼저 너를 말하고, 마음에서는 먼저 백성을 말한 것은 호문(互文)이다.'(陳氏大猷曰 : …. 於身先言爾, 于心先言民, 互文耳.)"
193) 『논어(論語)』「안연(顔淵)」 : "계강자(季康子)가 공자(孔子)에게 정사(政事)를 묻자, 공자(孔子)께서 대답하셨다. '정사(政事)란 바로잡는다는 것이니, 그대가 바름으로써 솔선수범한다면 누가 감히 바르지 않겠는가?'(季康子問政於孔子, 孔子對曰, 政者, 正也, 子帥以正, 孰敢不正.)"
194) 『서경대전(書經大全)』, 「주서(周書)」·「채중지명7(蔡仲之命7)」 : "따르기를 중도(中道)로부터 하고, 총명을 일으켜 옛 법을 어지럽히지 말며, 너의 보고 들음을 상세히 하고 편벽된 말로 법도를 고치지 않으면 나 한 사람이 너를 가상히 여길 것이다.(率自中, 無作聰明, 亂舊章, 詳乃視聽, 罔以側言, 改厥度, 則予一人, 汝嘉.)"

이것은 증거이다.

集傳

此, 告君牙以司徒之職也.
이것은 군아(君牙)에게 사도(司徒)의 직책을 말한 것이다.

詳說

○ 此, 提論也.
이것은 제시하여 논한 것이다.

[13-4-25-5]

夏暑雨, 小民, 惟曰怨咨, 冬祁寒, 小民, 亦惟曰怨咨, 厥惟艱哉. 思其艱, 以圖其易, 民乃寧.

여름에 무덥고 비가 내리면 소민(小民)들이 원망하고, 겨울에 크게 추우면 소민(小民)들이 또한 원망하니, 어려운 것이다. 그 어려움을 생각하여 쉽게 해줄 것을 도모하면 백성들이 이에 편안해질 것이다.

詳說

○ 易, 去聲.
'이(易)'는 거성이다.

集傳

祁, 大也. 暑雨祁寒,
기(祁)는 큼이다. 무덥고 비가 내리거나 크게 추움에

詳說

○ 錯擧.
번갈아가며 든 것이다.

集傳

小民怨咨,
소민(小民)들이 원망함은

詳說

○ 惟曰, 語辭.

'유왈(惟曰)'은 어조사이다.

集傳

自傷其生之艱難也. 厥惟艱哉者, 歎小民之誠爲艱難也, 思念其難以圖其易, 民乃安也.艱者, 飢寒之艱, 易者, 衣食之易.

스스로 삶의 어려움을 서글퍼하는 것이다. 그 어렵다는 것은 소민(小民)들이 진실로 어려움이 됨을 한탄한 것이니, 그 어려움을 생각하여 쉽게 해줄 것을 도모하면 백성들이 이에 편안할 것이다. 간(艱)은 기한(飢寒)의 어려움이고, 이(易)는 의식(衣食)의 쉬움이다.

詳說

○ 導使樹畜, 是易也

인도하여 심고 기르게 하는 것이 바로 쉽게 하는 것이다.

集傳

司徒, 敷五典, 擾兆民,

사도(司徒)는 오전(五典)을 펴고 조민(兆民)을 길들여서

詳說

○ 見周官.

「주관」에 보인다.[195]

集傳

兼敎養之職,

가르치고 기르는 직책을 겸하였으니,

詳說

○ 證也.

증거이다.

---

195) 『서경대전(書經大全)』, 「주서(周書)」·「주관8(周官8)」 : "사도(司徒)는 나라의 교육을 관장하니, 오전(五典)을 펴서 조민(兆民)을 길들인다.(司徒, 掌邦敎, 敷五典, 擾兆民.)"

集傳

此, 又告君牙以養民之難也.

이것은 또 군아(君牙)에게 백성을 기르는 어려움을 말한 것이다.

詳說

○ 此提論也.

여기에서는 제시하여 논하였다.

[13-4-25-6]

嗚呼, 丕顯哉. 文王謨. 丕承哉. 武王烈. 啓佑我後人, 咸以正罔缺, 爾惟敬明乃訓, 用奉若于先王, 對揚文武之光命, 追配于前人.

아! 크게 드러났다. 문왕의 가르침이여! 크게 계승하였다. 무왕의 공렬이여! 우리 후인들을 계도하고 도와주시되 모두 바름으로써 하고 결함이 없게 하셨으니, 너는 네 가르침을 공경히 밝혀서 선왕을 받들어 순히 하여 문왕·무왕의 빛나는 명을 대양(對揚)하며 전인에게 똑같게 하라."

集傳

丕, 大, 謨, 謀, 烈, 功也. 文顯於前,

비(丕)는 큼이고, 모(謨)는 정책이며, 열(烈)은 공이다. 문왕(文王)은 앞에서 드러났고,

詳說

○ 丕顯, 又見康誥.

'크게 드러났다.'는 것은 또 「강고」에 보인다.[196]

集傳

武承於後, 曰謨曰烈, 各指其實而言之. 咸以正者, 無一事不出於正, 咸罔缺者, 無一事不致其周密.

---

196) 『서경대전(書經大全)』,「주서(周書)」·「강고3(康誥3)」 : "너의 크게 드러나신 아버지 문왕께서는 능히 덕을 밝히고 형벌을 삼가셨다(惟乃丕顯考文王, 克明德愼罰.)"

무왕(武王)은 뒤에서 이었으니, 모(謨)라고 하고 열(烈)이라고 한 것은 각기 그 실제를 가리켜 말한 것이다. 모두 바름으로써 했다는 것은 한 가지 일도 바름에서 나오지 않음이 없는 것이고, 모두 결함이 없게 했다는 것은 한 가지 일도 주밀(周密)함을 지극히 하지 않음이 없는 것이다.

> 詳說

○ 陳氏雅言曰 : "爲訓之道, 不可以不敬, 尤不可以不明."
진씨 아언(陳氏雅言)이 말하였다 : "가르침을 행하는 도는 공경하지 않아서는 안되고 더욱 밝지 않아서는 안된다."[197]

> 集傳

若, 順,
약(若)은 순함이고,

> 詳說

○ 奉承也.
받들어 이어받는 것이다.

○ 張氏曰 : "先王指成康."
장씨(張氏)가 말하였다 : "선왕은 성왕과 강왕을 가리킨다."[198]

> 集傳

對, 答,
대(對)는 답함이며,

> 詳說

○ 新安陳氏曰 : "文武之光命, 成康已對揚之. 今又能奉若成康, 所以對揚文武也."

---

[197] 『서경대전(書經大全)』, 「주서(周書)」·「군아(君牙)」: 진씨 아언이 말하였다 : '…. 가르침을 행하는 도는 공경하지 않아서는 안되고 더욱 밝지 않아서는 안된다. 공경으로 대하고 밝음으로 고하면 가르침을 행하는 도는 얻는다. ….'(陳氏雅言曰 : …. 爲訓之道, 不可以不敬, 而尤不可以不明. 敬以待之明以告之, 則爲敎之道, 得矣. ….)

[198] 『서경대전(書經大全)』, 「주서(周書)」·「군아(君牙)」: 장씨가 말하였다 : '선왕은 성왕과 강왕을 가리킨다.'(張氏曰 : 先王, 指成康.)

신안 진씨(新安陳氏)가 말하였다 : "문왕과 무왕의 빛나는 명은 성왕과 강왕이 이미 대양(對揚)하고, 이제 또 성왕과 강왕을 받들어 이어받는 것이 문왕과 무왕을 대양하는 것이다."199)

集傳

配, 匹也. 前人, 君牙祖父.

배(配)는 짝함이다. 전인(前人)은 군아(君牙)의 조(祖)·부(父)이다.

詳說

○ 祖與父.

'조(祖)·부(父)'는 조(祖)와 부(父)이다.

○ 新安陳氏曰 : "一篇之要, 不出舜之一語. 此曰敬明, 乃訓敬敷五敎也. 前曰弘敷式和在寬也. 帝舜此言, 實萬世掌敎者, 不能易也."

신안 진씨(新安陳氏)가 말하였다 : "한 편의 요점은 순의 한 마디를 벗어나지 않는다. 여기서 '공경히 밝히라.'라고 한 것은 바로 '다섯 가지 가르침을 펴라'200)고 가르친 것이니, 앞에서 '키워 넓히고 공경하여 화하라.'201)라고 한 것을 너그러움에 두라는 것이다. 순의 이 말은 실로 만세에 가르침을 담당하는 자들이 바꿀 수 없는 것이다."202)

---

199) 『서경대전(書經大全)』, 「주서(周書)」·「군아(君牙)」 : "신안 진씨가 말하였다 : 『빛나는 명은 곧 드러남과 가르침이다. 무왕의 공렬은 문왕의 가르침을 이어받는 것에 불과하니, 공렬일지라도 가르침이기 때문에 문왕과 무왕에서 총괄해서 빛나는 명이라고 말한 것이다. 문왕과 무왕의 빛나는 명은 성왕과 강왕이 이미 대양하고, 이제 또 성왕과 강왕을 받들어 이어받는 것이 문왕과 무왕의 뜻을 대양하는 것이다. ….'(新安陳氏曰 : 光命, 即顯謨, 武烈, 不過承文謨, 雖烈亦謨也所以於文武總言光命也. 文武之光命, 武康已對揚之. 今又能奉若成康, 所以對揚文武之意也. ….)"

200) 『서경대전(書經大全)』, 「우서(虞書)」·「순전-19(舜典-19)」 : "제순(帝舜)이 말씀하였다. '설(契)아! 백성이 친목하지 않고 오품(五品)이 순하지 않으므로 너를 사도(司徒)로 삼으니, 공경히 다섯 가지 가르침을 펴되 너그러움에 있게 하라.'(帝曰 : 契. 百姓不親, 五品不遜, 汝作司徒, 敬敷五敎, 在寬.)"

201) 『서경대전(書經大全)』, 「주서(周書)」·「군아4(君牙4)」 : "오전(五典)을 키워 넓히고, 백성의 법을 공경하여 화(和)하라. 네 몸이 능히 바르면 감히 바르지 않음이 없을 것이니, 백성들의 마음이 중(中)하지 못한 것은 너의 중(中)으로 하여야 한다.(弘敷五典, 式和民則. 爾身克正, 罔敢弗正, 民心罔中, 惟爾之中.)"

202) 『서경대전(書經大全)』, 「주서(周書)」·「군아(君牙)」 : "신안 진씨가 말하였다 : 『빛나는 명은 곧 드러남과 가르침이다. 무왕의 공렬은 문왕의 가르침을 이어받는 것에 불과하니, 공렬일지라도 가르침이기 때문에 문왕과 무왕에서 총괄해서 빛나는 명이라고 말한 것이다. 문왕과 무왕의 빛나는 명은 성왕과 강왕이 이미 대양하고, 이제 또 성왕과 강왕을 받들어 이어받는 것이 문왕과 무왕의 뜻을 대양하는 것이다. 이와 같이 하면 군아가 조(祖)와 부(父)를 따라 짝할 수 있으니, 순이 설에게 사도로 명하고 「공경히 다섯 가르침을 펴되 너그러움에 있게 하라.」라고 말한 것에 불과한 것이다. 이제 목왕이 군아에게 명한 것이 그 상세한 것이 한 편에 이를지라도 그 요점은 순의 한 마디를 벗어나지 않는다. 앞에서 「오전(五典)을 키워 넓히고, 백성의 법을 공경하여 학(和)하라.」라고 한 것은 「공경히 다섯 가지 가르침을 펴되 너그러움에 있게 하라.」는 것이고, 여기서 「공경히 밝히라.」라고 한 것은 바로 「공경히 다섯 가지 가르침을 펴라.」라고 가르친

[13-4-25-7]

>王若曰. 君牙, 乃惟由先正舊典, 時式. 民之治亂, 在茲, 率乃祖考之攸行, 昭乃辟之有乂.

왕(王)이 다음과 같이 말하였다. "군아(君牙)야! 너는 선정(先正)의 옛 법을 따라서 이에 법받으라. 백성의 다스려지고 어지러움이 이에 달려 있으니, 네 조(祖)·고(考)가 행하신 바를 따라 네 군주의 다스림을 밝혀라."

詳說

○ 治, 去聲.

'치(治)'는 거성이다.

集傳

先正, 君牙祖父也.

선정(先正)은 군아(君牙)의 조(祖)·부(父)이다.

詳說

○ 鄒氏季友曰 : "下旣言祖考, 則先正但當指先賢, 不應四句. 中乃, 爾重複."

추씨 계우(鄒氏季友)203)가 말하였다 : "아래에서 이미 조고(祖考)라고 말했다면, 선정(先正)은 선현을 가리켜야 할 뿐인데, 네 구와 호응하지 않는다. 가운데의 '내(乃)'는 '이(爾)'의 중복이다."

것이다. 제순의 이 말은 목왕이 바꿀 수 없었으니, 실로 만세에 가르침을 담당하는 자들이 바꿀 수 없는 것이다.'(新安陳氏曰 : 光命, 卽顯誤, 武烈, 不過承文誤, 雖烈亦誤也所以於文武總言光命也. 文武之光命, 武康已對揚之. 今又能奉若成康, 所以對揚文武之意也. 如此, 則君牙可追配其祖父矣, 舜命契爲司徒, 不過曰敬敷五敎在寬. 今穆王命君牙, 其詳雖至於一篇, 其要不出舜之一語. 前曰弘敷五典式和民, 則敷五敎在寬也, 此曰敬明, 乃訓敬敷五敎也. 帝舜此言, 豈惟穆王不能易, 萬世掌敎者不能易也.)

203) 『서경대전(書經大全)』, 「상서(商書)」·「중훼지고(仲虺之誥)」에는 황보밀(皇甫謐)의 말로 되어 있다. 황보밀(皇甫謐, 215년 ~ 282년)은 서진(西晉) 안정(安定) 조나(朝那) 사람으로 자는 사안(士安)이고, 어릴 때 이름은 정(靜)이며, 자호는 현안선생(玄晏先生)이다. 황보숭(皇甫嵩)의 증손이다. 젊었을 때 거침없이 방탕하여 사람들이 미치광이라고 여겼다. 20살 무렵부터 부지런히 공부해 게으르지 않았다. 집이 가난해 직접 농사를 지었는데, 책을 읽으면서 밭갈이를 함으로써 수많은 서적들을 통독했다. 나중에 질병에 걸렸으면서도 손에서 책을 놓지 않고 저술에 전심하느라 밥 먹는 것도 잊어버려 사람들이 서음(書淫)이라 했다. 무제(武帝) 때 부름을 받았지만 나가지 않았다. 무제가 책 한 수레를 하사했다. 자신의 병을 고치려고 의학서를 읽어 가장 오랜 침구 관련서인 『침구갑을경(鍼灸甲乙經)』을 편찬했다. 역사에도 조예가 깊어 『제왕세기(帝王世紀)』와 『연력(年歷)』, 『고사전(高士傳)』, 『일사전(逸士傳)』, 『열녀전(列女傳)』, 『현안춘추(玄晏春秋)』 등을 지었다.

○ 按, 此註, 以祖父爲先正, 與洛誥註, 以正父爲先正者, 相類云.
살펴보건대, 여기의 주에서 '조(祖)·부(父)'를 '선정(先正)'으로 여겼으니, 「낙고」의 주에서 '정부(正父)'를 '선정(先正)'[204]으로 여긴 것과 서로 비슷할 것이다.

集傳
君牙由祖父舊職,
군아(君牙)가 조(祖)·부(父)의 옛 직책을 따라

詳說
○ 典.
'직(職)'은 경문에서 '전(典)'이다.

集傳
而是法之.
법 받아야 한다.

詳說
○ 式.
'법(法)'은 경문에서 '식(式)'이다.

集傳
民之治亂在此而已, 法則治, 否則亂也. 循汝祖父之所行,
백성의 다스려지고 어지러움이 이에 달려 있을 뿐이니, 법 받으면 다스려지고 그렇지 않으면 어지럽다. 네 조(祖)·부(父)가 행하신 바를 따라

詳說
○ 率.
'순(循)'은 경문에서 '솔(率)'이다.

---

204) 『서경대전(書經大全)』, 「주서(周書)」·「낙고-13(洛誥-13)」: "그대 유자(孺子)는 나의 한가롭지 않음을 반포하여 내가 당신에게 백성의 떳떳한 성품을 도우라고 가르쳐준 것을 들으소서. 당신께서 이것을 힘쓰지 않으면 이에 영원하지 못할 것입니다. 당신의 정부(正父)를 돈독히 생각하고 차례를 따르되 나와 같이 하지 않음이 없으면 백성들이 감히 당신의 명(命)을 폐하지 않을 것이니, 당신은 낙읍(洛邑)에 가서 공경하소서. 나는 물러가 농사를 밝힐 것이니, 저 낙읍(洛邑)에서 우리 백성들을 편안히 하면 먼데 할 것이 없이 다 올 것입니다.(乃惟孺子, 頒朕不暇, 聽朕教汝于棐民彝. 汝乃是不蘉, 乃時惟不永哉. 篤敍乃正父, 罔不若予, 不敢廢乃命, 汝往敬哉. 玆予其明農哉, 彼裕我民, 無遠用戾.)" 주자의 주: "정부(正父)는 무왕(武王)이니, 지금에 선정(先正)이라고 칭하는 것과 같다.(正父, 武王也, 猶今稱先正云者.)"

|集傳|

而顯其君之有乂.
군주의 다스림을 드러내라 하였으니,

|詳說|

○ 昭.
'현(顯)'은 경문에서 '소(昭)'이다.

○ 辟.
'군(君)'은 경문에서 '벽(辟)'이다.

○ 治.
'예(乂)'는 경문에서 '치(治)'이다.

|集傳|

復申戒其守家法以終之.
다시 가법(家法)을 지킬 것을 거듭 경계하여 끝맺은 것이다.

|詳說|

○ 去聲.
'부(復)'는 거성이다.

○ 此句, 提論也, 與上二註末, 相照應.
여기의 구는 제시하여 논한 것이니, 위의 두 주의 끝과 서로 호응한다.

|集傳|

按, 此篇專以君牙祖父爲言, 曰纘舊服, 曰由舊典,
살펴보건대, 이 편은 오로지 군아(君牙)의 조(祖)·부(父)를 가지고 말하여 '옛 일을 이으라.'라고 하고, '옛 법을 따르라'라고 하며,

|詳說|

○ 四字恐衍.
'왈유구전(曰由舊典)', 이 네 글자는 연문인 것 같다.

集傳

曰無忝, 曰追配, 曰由先正舊典, 曰率祖考攸行. 然則君牙之祖父, 嘗任司徒之職. 而其賢可知矣. 惜載籍之無傳也. 陳氏曰, 康王時芮伯爲司徒, 君牙豈其後耶.

'욕되게 하지 말라'라고 하고, '추배(追配)하라'라고 하며, '선정(先正)의 옛 법을 따르라'라고 하고, '조(祖)·고(考)가 행하신 바를 따르라'라고 하였다. 그렇다면 군아(君牙)의 조(祖)·부(父)가 일찍이 사도(司徒)의 직책을 맡았고, 그 어질었음을 알 수 있는데, 재적(載籍)에 전하지 않음이 애석하다. 진씨(陳氏)가 말하기를 "강왕(康王) 때에 예백(芮伯)이 사도(司徒)가 되었으니, 군아(君牙)가 그 후손인가 보다."라고 하였다.

詳說

○ 按, 以下. 論也.

'안(按)' 이하는 경문의 의미 설명이다.

[13-4-26]
「경명(冏命)」

集傳

穆王, 命伯冏,

목왕(穆王)이 백경(伯冏)을 명하여

詳說

○ 俱永反. 史記作臩.

'경(冏)'은 음이 '구(俱)'와 '영(永)'의 반절이고, 『사기』에는 '경(臩)'으로 되어 있다.

集傳

爲太僕正, 此其誥命也. 今文無, 古文有. ○ 呂氏曰, 陪僕褻御之臣,

태복정(太僕正)을 삼았으니, 이것이 그 고명(誥命)이다. 금문(今文)에는 없고 고문(古文)에는 있다. ○ 여씨(呂氏)가 말하였다. "배복(陪僕)과 설어(褻御)의 신하를

詳說

○ 私列反.

'설(褻)'은 음이 '사(私)'와 '열(列)'의 반절이다.

集傳

後世, 視爲賤品, 而不之擇者, 曾不知人主朝夕與居, 氣體移養,

후세에서는 천한 품류(品類)로 보아 선별하지 않으니, 이것은 일찍이 인주(人主)가 조석으로 함께 거처하여 기체(氣體)를 기름이

詳說

○ 四字, 見孟子盡心.

'기체이양(氣體移養)', 이 글자는 『맹자』「진심」에 보인다.[205]

---

205) 『맹자(孟子)』「진심상(盡心上)」: "거처하는 곳이 기질을 바꾸고, 봉양을 받는 것이 체질을 변화시키니, 생활 환경이 얼마나 중요하다고 하겠는가!(居移氣, 養移體, 大哉居乎.)"

集傳

常必由之. 潛消默奪於冥冥之中, 而明爭顯諫於昭昭之際,

항상 반드시 이에서 말미암음을 알지 못하는 것이다. 어둡고 어두운 가운데에 은근히 사라지고 묵묵히 빼앗기고는 밝고 밝은 즈음에 밝게 간하고 드러나게 간하는 것은

詳說

○ 皆以格非言.

모두 잘못을 바로 잡는 것으로 말한 것이다.

集傳

抑末矣.

말단이다.

詳說

○ 非也.

잘못된 것이다.

集傳

自周公作立政으로 而嘆綴衣虎賁,

주공(周公)이 「입정(立政)」을 짓고부터 추의(綴衣)와 호분(虎賁)으로

詳說

○ 音奔.

'분(賁)'은 음이 '분(奔)'이다.

集傳

知恤者鮮, 則君德之所繫, 前此知之者, 亦罕矣, 周公表而出之, 其選始重. 穆王之用太僕正, 特作命書, 至與大司徒略等, 其知本哉.

근심할 줄 아는 자가 적음을 한탄하였으니, 군주의 덕(德)이 관계되는 것을 이보다 앞서 안 자가 또한 드물었는데, 주공(周公)이 표출(表出)하여 그 선임(選任)을 비로소 중하게 한 것이다. 목왕(穆王)은 태복정(太僕正)을 등용할 적에 특별히 명하는 글을 지어 대사도(大司徒)와 대략 비등하게 함에 이르렀으니, 그 근본을 알

앞다고 할 것이다.

[13-4-26-1]

王若曰, 伯冏, 惟予弗克于德, 嗣先人宅丕后, 怵惕惟厲, 中夜以興, 思免厥愆.

왕(王)이 다음과 같이 말씀하였다. "백경(伯冏)아! 나는 덕(德)에 능하지 못하면서 선인(先人)을 이어 큰 임금의 자리에 거하니, 두려워하고 위태롭게 여겨서 한밤중에 일어나 허물을 면할 것을 생각하노라.

詳說

○ 冏, 諺音誤. 怵, 勅律反.

'경(冏)'은 『언해』의 음이 잘못되었다. '출(怵)'은 음이 '래(勅)'와 '률(律)'의 반절이다.

集傳

伯冏, 臣名, 穆王言, 我不能于德, 繼前人, 居大君之位,

백경(伯冏)은 신하의 이름이다. 목왕(穆王)이 말하기를 "내 덕(德)에 능하지 못하면서 전인(前人)을 이어 대군(大君)의 지위에 거하니,

詳說

○ 宅.

'거(居)'는 경문에서 '택(宅)'이다.

○ 丕后.

'대군(大君)'은 경문에서 '비후(丕后)'이다.

集傳

恐懼危厲, 中夜以興, 思所以免其咎過.

공구(恐懼)하고 위려(危)하여 한밤중에 일어나 허물을 면할 것을 생각한다."라고 한 것이다.

[13-4-26-2]

|昔在文武, 聰明齊聖, 小大之臣, 咸懷忠良, 其侍御僕從, 罔匪正人. 以旦夕, 承弼厥辟, 出入起居, 罔有不欽, 發號施令, 罔有不臧, 下民祗若, 萬邦咸休.|

옛날 문왕(文王)·무왕(武王)에 있어 총명하고 공경하며 성스러우셨는데, 작고 큰 신하들이 모두 충량(忠良)을 생각하며, 시어(侍御)하는 복종(僕從)들이 올바른 사람이 아닌 이가 없었다. 그리하여 아침저녁에 군주를 받들어 순종하고 보필하였으므로, 출입(出入)하고 기거(起居)함에 공경하지 않음이 없으며 호령을 냄에 불선(不善)함이 없으니, 하민(下民)들이 공경하여 순종하고 만방(萬邦)이 모두 아름다웠다.

詳說
○ 從, 去聲.
'종(從)'은 거성이다.

集傳
侍, 給
시(侍)는

詳說
○ 給事.
급사(給事)이다.

集傳
侍左右者, 御, 車御之官. 僕從, 太僕羣僕, 凡從王者. 承, 承順之謂, 弼, 正救之謂. 雖文武之君聰明齊聖.
좌우에서 심부름하고 모시는 자이고, 어(御)는 수레를 모는 관원이다. 복종(僕從)은 태복(太僕)과 군복(群僕)으로 모두 왕을 따르는 자들이다. 승(承)은 받들어 순종함을 이르고, 필(弼)은 바로잡음을 이른다. 비록 문왕(文王)·무왕(武王)의 군주가 총명하고 공경하고 성스러웠으며

詳說

○ 陳氏大猷曰 : "聰明, 自其質之生知者言, 齊聖, 自其德之極至
者言."
진씨 대유(陳氏大猷)[206]가 말하였다 : "총명함은 태어나면서부터 아는 자질로
말한 것이고, 공경하고 성스러움은 지극한 덕으로 말한 것이다."[207]

集傳

小大之臣,
작고 큰 신하가

詳說

○ 一作大小.
'소대(小大)'는 어떤 판본에는 '대소(大小)'로 되어 있다.

集傳

咸懷忠良, 固無待於侍御僕從之承弼者,
모두 충량(忠良)을 생각하였으니, 진실로 시어(侍御)와 복종(僕從)이 받들어 순종하
고 보필할 필요가 없었으나,

詳說

○ 諺釋, 作侍御之僕從
'시어복종(侍御僕從)'은 『언해』의 해석에서는 '시어지복종(侍御之僕從)'으로 되어
있다.

集傳

然其左右奔走, 皆得正人, 則承順正救, 亦豈小補哉.
좌우에서 분주한 자들이 모두 올바른 사람을 얻는다면 받들어 순종하고 바로잡음
이 또한 어찌 작은 도움이겠는가!

---

206) 진씨 대유(陳氏大猷, ?~?) : 송나라 남강군(南康軍) 도창(都倉) 사람으로 자는 문헌(文獻)이고, 호는 동재
(東齋)다. 이종(理宗) 개경(開慶) 원년(1259) 진사(進士)가 되고, 종정랑(從政郎)과 황주군(黃州軍) 판관(判
官) 등을 지냈다. 『서경』에 조예가 깊었다. 저서에 『상서집전혹문(尙書集傳或問)』과 『상서집전회통(尙書集
傳會通)』 등이 있다.
207) 『서경대전(書經大全)』, 「주서(周書)」·「경명(冏命)」 : "(진씨 대유가 말하였다 : '총명함은 태어나면서부터
아는 자질로 말한 것이고, 공경하고 성스러움은 지극한 덕으로 말한 것이다. 출입과 기거에 호령을 내어
시행하는 것은 태복과 직장에 따라 말한 것이다. …'(陳氏大猷曰 : 聰明, 自其質之生知者言之, 齊聖, 自其
德之充于極至者言之. 出入起居, 發號施令, 就太僕職掌而言. …)"

詳說

○ 以論釋之.
경문의 의미 설명으로 해석했다.

○ 陳氏大猷曰 : "出入起居, 發號施令, 就太僕職掌而言."
진씨 대유(陳氏大猷)가 말하였다 : "출입과 기거에 호령을 내어 시행하는 것은 태복과 직장에 따라 말한 것이다."208)

○ 陳氏雅言曰 : "此求助於伯冏之意也."
진씨 아언(陳氏雅言)209)이 말하였다 : "이것은 백경에게 도움을 구하는 의미이다."210)

[13-4-26-3]
惟予一人無良, 實賴左右前後, 有位之士, 匡其不及, 繩愆糾謬, 格其非心, 俾克紹先烈.

나 한 사람이 어질지 못하여 실로 좌우와 전후에 힘입고자 하니, 지위에 있는 선비들은 허물을 바로잡고 잘못을 바로잡아 나의 나쁜 마음을 바르게 하고 선조의 공렬을 계승하게 하라.

詳說

○ 謬, 諺音誤.
'류(謬)'는 『언해』의 음이 잘못되었다.

集傳

無良, 言其質之不善也. 匡, 輔助也. 繩, 直, 糾, 正也. 非心, 非僻之心也.

---

208) 『서경대전(書經大全)』, 「주서(周書)」·「경명(冏命)」 : "(진씨 대유가 말하였다 : '총명함은 태어나면서부터 아는 자로 말한 것이고, 공경하고 성스러움은 지극한 덕으로 말한 것이다. 출입과 기거에 호령을 내어 시행하는 것은 태복과 직장에 따라 말한 것이다. ….'(陳氏大猷曰 : 聰明, 自其質之生知者言之, 齊聖, 自其德之充于極至者言之. 出入起居, 發號施令, 就太僕職掌而言. ….)"
209) 진아언(陳雅言, 1318~1385)은 원말명초 때 강서(江西) 영풍(永豐) 사람이다. 원나라 말에 무재(茂材)로 천거되었지만 나가지 않았다. 명나라 초 홍무(洪武) 연간에 영풍현 향교(鄕校)에서 학생을 가르쳤다. 당시 호구(戶口)와 토전(土田)이 실상과 달라 현관(縣官)도 대처할 방법을 찾지 못했는데, 그가 계획을 내놓자 공사가 모두 편리해졌다. 저서에 『사서일람(四書一覽)』과 『대학관견(大學管窺)』, 『중용류편(中庸類編)』 등이 있었지만 전하지 않고, 지금은 『서의탁약(書義卓躍)』만 전한다.
210) 『서경대전(書經大全)』, 「주서(周書)」·「경명(冏命)」 : "진씨 아언이 말하였다 : '…. 목왕의 이 말은 백경에게 도움을 구하는 의미이다.'(陳氏雅言曰 : …. 穆王此言, 蓋有求助于伯冏之意也.)"

先烈, 文武也.

무량(無良)은 자질(資質)이 좋지 않음을 말한 것이다. 광(匡)은 보조(輔助)함이다. 승(繩)은 곧게 폄이고, 규(糾)는 바로잡음이다. 비심(非心)은 비벽(非僻)한 마음이다. 선렬(先烈)은 문왕(文王)·무왕(武王)이다.

詳說

○ 陳氏大猷曰 : "文武猶資左右, 況予無良乎."
  진씨 대유가 말하였다 : "문왕과 무왕이 오히려 좌우에 도움을 받았는데, 하물며 네가 자질도 좋지 못함에야 말해 무엇 하겠는가!"211)

[13-4-26-4]

今予命汝, 作大正, 正于羣僕侍御之臣, 懋乃后德, 交修不逮.

이제 나는 너에게 명하여 대정(大正)을 삼노니, 군복(群僕)과 시어(侍御)하는 신하들을 바로잡아 네 임금의 덕(德)을 힘써서 여러 가지로 미치지 못하는 것을 닦아라.

集傳

大正, 太僕正也. 周禮, 太僕,

대정(大正)은 태복정(太僕正)이다.『주례(周禮)』에 태복(太僕)은

詳說

○ 夏官.
  하관(夏官)이다.

集傳

下大夫也. 羣僕, 謂祭僕隸僕戎僕齊僕之類.

하대부(下大夫)이다. 군복(群僕)은 제복(祭僕), 예복(隸僕), 융복(戎僕), 제복(齊僕)의 따위를 이른다.

詳說

---

211)『서경대전(書經大全)』,「주서(周書)」·「경명(冏命)」: "진씨 대유가 말하였다 : '문왕과 무왕이 오히려 좌우에 도움을 받았는데, 하물며 네가 자질도 좋지 못함에야 말해 무엇 하겠는가!'(陳氏大猷曰 : 文武, 猶資左右, 況予之無良乎. ….)"

○ 音齋.

'제(齊)'는 음이 '재(齋)'이다.

集傳

穆王, 欲伯冏正其羣僕侍御之臣, 以勉進君德,

목왕(穆王)은 백경(伯冏)이 군복(群僕)과 시어(侍御)하는 신하를 바로잡아 군주(君主)의 덕(德)을 힘써 나아가게 하여

詳說

○ 懋.

'면(勉)'은 경문에서 '무(懋)'이다.

○ 添進字.

'진(進)'자를 더하였다.

集傳

而交修其所不及.

여러 가지로 미치지 못하는 바를 닦게 하고자 한 것이다.

詳說

○ 亦上節匡其不及也.

또한 위의 절에서 '허물을 바로 잡는다.'212)는 것이다.

集傳

或曰, 周禮下大夫不得爲正,

혹자는 말하기를 "『주례(周禮)』에 '하대부(下大夫)는 정(正)이 될 수 없다.'라고 하였고,

詳說

○ 或說止此, 或云至末.

---

212) 『서경대전(書經大全)』, 「주서(周書)」·「경명(冏命)」 : "나 한 사람이 어질지 못하여 실로 좌우와 전후에 힘입고자 하니, 지위에 있는 선비들은 허물을 바로잡고 잘못을 바로잡아 나의 나쁜 마음을 바르게 하고 선조의 공렬을 계승하게 하라.(惟予一人無良, 實賴左右前後, 有位之士, 匡其不及, 繩愆糾謬, 格其非心, 俾克紹先烈.)"

혹자의 설명은 여기까지이다. 어떤 이는 끝까지라고 한다.

|集傳|

漢孔氏以爲太御

한(漢)나라 공씨(孔氏)는 '태어(太御)는

|詳說|

○ 夏官.

하관(夏官)이다.

|集傳|

中大, 夫蓋周禮太御最長,

중대부(中大夫)이다.'라고 하였으니, 『주례(周禮)』에 태어(太御)가 가장 우두머리이고

|詳說|

○ 上聲.

'장(長)'은 상성이다.

|集傳|

下又有羣僕, 與此所謂正于羣僕者合, 且與君同車最爲親近也.

아래에 또 군복(群僕)이 있는 것은 여기의 이른바 '군복(群僕)을 바로잡는다.'는 말과 합하며, 또 군주와 함께 수레를 타서 가장 친근함이 된다."라고 한다.

|詳說|

○ 或, 以下, 論也.

'혹(或)' 이하는 경문의 의미 설명이다.

[13-4-26-5]

|愼簡乃僚, 無以巧言令色便辟側媚, 其惟吉士.|

네 막료(幕僚)들을 삼가 선발하되 말을 잘하고 얼굴빛을 좋게 하며 편벽(便)되고 측미(側媚)한 자를 쓰지 말고 길사(吉士)를 쓰도록 하라.

詳說

○ 便, 平聲, 辟, 婢亦反.

'편(便)'은 평성이고, '벽(辟)'은 음이 '비(婢)'와 '역(亦)'의 반절이다.

集傳

巧, 好, 令, 善也, 好其言, 善其色, 外飾而無質實者也. 便者, 順人之所欲, 辟者, 避人之所惡,

교(巧)는 아름다움이고, 영(令)은 좋음이니, 말을 아름답게 하고 얼굴빛을 좋게 하여 겉만 꾸미고 실질(實質)이 없는 자이다. 편(便)은 남이 하고자 하는 바에 순종함이고, 벽(辟)은 남이 싫어하는 바를 피하는 것이며,

詳說

○ 去聲.

'오(惡)'는 거성이다.

○ 不用論語便辟之訓, 何也.

『논어』에서의 '편벽(便辟)'213)의 풀이를 쓰지 않은 것은 무엇 때문인가?

集傳

側者, 姦邪, 媚者, 諛悅, 小人也.

측(側)은 간사함이고, 미(媚)는 아첨함이니, 소인(小人)이다.

詳說

○ 通指四事.

네 가지 일을 합쳐서 가리킨다.

---

213) 『논어(論語)』「계씨(季氏)」 "공자(孔子)께서 말씀하셨다. '유익한 것이 세 가지 벗이고, 손해되는 것이 세 가지 벗이다. 벗이 곧으며, 벗이 성실하며, 벗이 문견(聞見)이 많으면 유익하고, 벗이 한쪽만을 잘하며, 벗이 유순하기를 잘하며, 벗이 말을 잘하면 손해된다.'(孔子曰, 益者, 三友, 損者, 三友. 友直, 友諒, 友多聞, 益矣, 友便辟, 友善柔, 友便佞, 損矣.)" 주자의 주 : "벗이 곧으면 자신의 허물을 듣게 되고, 벗이 성실하면 성실(誠實)에 나아가고, 벗이 문견이 많으면 지혜가 밝아짐에 나아가게 된다. 편(便)은 익숙함이다. 편벽(便辟)은 위의(威儀)에만 익숙하고 곧지 못함을 이르며, 선유(善柔)는 아첨하여 기쁘게 하는 데만 잘하고 성실치 못함을 이르며, 편녕(便佞)은 말에만 숙달하고 문견(聞見)의 실제가 없음을 이른다. 이 세 가지의 손해(損害)됨과 유익함은 정반대(正反對)가 된다.(友直, 則聞其過, 友諒則進於誠, 友多聞則進於明. 便, 習熟也. 便辟, 謂習於威儀而不直, 善柔, 謂工於媚悅而不諒, 便佞, 謂習於口語, 而無聞見之實. 三者, 損益, 正相反也.)"

集傳

吉士, 君子也. 言當謹擇汝之僚佐,
길사(吉士)는 군자(君子)이다. 마땅히 너의 요좌(僚佐)들을 삼가 선택하되

詳說
○ 簡.
'택(擇)'은 간택함이다.

集傳

無任小人, 而惟用君子也.
소인(小人)에게 맡기지 말고 오직 군자(君子)를 쓰라고 말한 것이다.

詳說
○ 諺釋此等惟字, 亦作語辭, 恐合更詳.
『언해』의 해석에서 이런 것 등의 '유(惟)'자를 어조사로 했는데 합하는지 다시 생각해 봐야 할 것 같다.

集傳

又按, 此言謹簡乃僚, 則成周之時, 凡爲官長者,
또 살펴보건대 여기에 "네 막료(幕僚)들을 삼가 선발하라."라고 하였으니, 성주(成周)의 때에 모든 관장(官長)이 된 자들은

詳說
○ 上聲.
'장(長)'은 상성이다.

集傳

皆得自擧其屬, 不特辟除府史胥徒而已.
모두 스스로 관속(官屬)을 들어 쓸 수 있었고, 비단 부(府)·사(史)·서(胥)·도(徒)를 불러 제수할 뿐만이 아니었다.

詳說
○ 音璧.

'벽(辟)'은 음이 '벽(壁)'이다.

○ 庶人在官者.
부(府)·사(史)·서(胥)·도(徒)는 서인으로 관직에 있는 자들이다.

○ 又, 以下, 論也.
'우(又)' 이하는 경문의 의미 설명이다.

[13-4-26-6]

僕臣正, 厥后克正, 僕臣諛, 厥后自聖, 后德, 惟臣, 不德, 惟臣.

복신(僕臣)이 바르면 군주가 능히 바르고 복신(僕臣)이 아첨하면 군주가 스스로 성인(聖人)이라 할 것이니, 군주가 덕(德)이 있는 것도 신하 때문이며 덕이 없는 것도 신하 때문이다.

集傳
自聖自以爲聖也僕臣之賢否係君德之輕重如此
자성(自聖)은 스스로 성인(聖人)이라고 여기는 것이다. 복신(僕臣)의 어질고 어질지 않음이 군주의 덕(德)의 경중(輕重)에 관계됨이 이와 같다.

詳說
○ 下二臣字, 蒙上僕字.
아래의 두 번의 '신(臣)'자는 위의 '복(僕)'자를 이어받은 것이다.

集傳
呂氏曰, 自古小人之敗君德,
여씨(呂氏)가 말하였다. "자고(自古)로 소인(小人)들이 군주(君主)의 덕(德)을 무너뜨려

詳說
○ 必邁反.

'패(敗)'는 음이 '필(必)'과 '매(邁)'의 반절이다.

集傳

爲昏爲虐, 爲侈爲縱, 曷其有極. 至於自聖, 猶若淺之爲害,
어둡게 하고 사납게 하고 사치하게 하고 방종하게 함이 어찌 다함이 있겠는가. 스스로 성인(聖人)이라고 여김에 이르러서는 오히려 해됨이 얕을 것 같은데도

詳說

○ 爲害者淺.
해롭게 됨이 얕은 것이다.

集傳

穆王獨以是
목왕(穆王)이 오히려 이것으로

詳說

○ 一言.
한 마디이다.

集傳

蔽之者, 蓋小人之蠱其君, 必使之虛譽熏心,
결단한 것은 소인(小人)이 군주(君主)를 고혹(蠱惑)시킬 적에 반드시 헛된 칭찬으로 마음을 동요시켜

詳說

○ 四字出漢書.
네 글자는 『한서』「노온서전(路溫舒傳)」이 출처이다.

集傳

傲然自聖. 則謂人莫己若,
오만하게 스스로 성인(聖人)이라고 여기게 만든다. 그러면 군주는 사람들이 자기만 못하다고 여겨

詳說

○ 見仲虺之誥.

「중훼지고」에 보인다.214)

集傳

而欲予言莫之違,

자신의 말을 어기지 않기를 바라니,

詳說

○ 見論語子路.

『논어』「자로」에 보인다.215)

集傳

然後法家拂士,

그런 뒤에 법도(法度)있는 집안과 보필(輔弼)하는 신하가

詳說

○ 音弼.

'불(拂)'은 음이 '필(弼)'이다.

○ 出孟子告子.

『맹자』「고자」가 출처이다.216)

集傳

日遠而快意, 肆情之事, 亦莫或齟齬其間

날로 멀어져서 뜻을 쾌하게 하고 정(情)을 부리는 일이 또한 혹시라도 그 사이에

---

214) 『서경대전(書經大全)』,「상서(商書)」·「중훼지고8(仲虺之誥8)」: "덕이 날로 새로워지면 만방이 그리워하고, 마음이 자만하면 구족(九族)이 마침내 이반할 것이니, 왕께서는 힘써 큰 덕을 밝히시어 백성들에게 중도를 세우소서. 의로 일을 제재하고 예로 마음을 제재하셔야 후손들에게 넉넉함을 드리울 것입니다. 제가 듣기로는 '능히 스스로 스승을 얻는 자는 왕자가 되고, 남들이 자기만 못하다고 말하는 자는 망한다. 묻기를 좋아하면 여유가 있고, 스스로 지혜를 쓰면 작아진다.'라고 하는 것이었습니다.(德日新, 萬邦惟懷, 志自滿, 九族乃離, 王懋昭大德, 建中于民, 以義制事, 以禮制心, 垂裕後昆. 予聞, 曰能自得師者, 王, 謂人莫己若者, 亡. 好問則裕, 自用則小.)"
215) 『논어(論語)』「자로(子路)」: "만약 임금의 말이 선하지 않은데도 어기는 이가 없다면 한마디 말로 나라를 잃게 됨을 기약할 수 없겠습니까.(如不善, 而莫之違也, 不幾乎一言, 而喪邦乎.)"
216) 『맹자(孟子)』「고자하(告子下)」: "내부에는 법가와 필사가 없고, 외부에는 적국과 외환이 없는 경우는, 나라가 항상 멸망한다.(入則無法家拂士, 出則無敵國外患者, 國恒亡.)"

저어(齟齬)함이 없게 되니,

> 詳說

○ 音阻語.

'저어(齟齬)'는 음이 '조어(阻語)'이다.

> 集傳

自聖之證,

스스로 성인(聖人)이라고 여기는 증세가

> 詳說

○ 痛證.

통증이다.

> 集傳

旣見

이미 나타남에

> 詳說

○ 音現.

'현(見)'은 음이 '현(現)'이다.

> 集傳

而百疾從之. 昏虐侈縱, 皆其枝葉, 而不足論也.

백 가지 병통이 따르게 된다. 어둡고 사나우며 사치하고 방종함은 모두 그 지엽이어서 족히 논할 것이 없다."

> 詳說

○ 呂說, 論也.

여씨의 설명은 경문의 의미 설명이다.

[13-4-26-7]

> 爾無昵于憸人, 充耳目之官, 迪上以非先王之典.

너는 간사한 사람과 친하여 이목(耳目)의 관원에 채워서 군상(君上)을 선왕(先王)의 법(法)이 아닌 것으로 인도하지 말라.

詳說

○ 無, 毋通. 憸, 諺音誤.

'무(無)'는 '무(毋)'와 통한다. '섬(憸)'은 『언해』의 음이 잘못되었다.

集傳

汝無比近小人,

너는 소인(小人)들을 비근(比近)하여

詳說

○ 必二反.

'비(比)'는 음이 '필(必)'과 '이(二)'의 반절이다.

○ 昵.

'근(近)'은 경문에서 '닐(昵)'이다.

集傳

充我耳目之官,

나의 이목(耳目)의 관(官)에 채워서

詳說

○ 補我字, 王自我也. 官, 司也. 充官, 諺釋更詳.

'아(我)'자를 보완하였으니, 왕 스스로 자신이라는 것이다. '관(官)'은 '사(司)'이다. '충관(充官)'은 『언해』의 해석을 다시 생각해야 할 것이다.

集傳

導君上以非先王之典.

군상(君上)을 선왕(先王)의 법(法)이 아닌 것으로 인도하지 말라.

> 詳說

○ 迪.

'도(導)'는 경문에서 '적(迪)'이다.

> 集傳

蓋穆王自量, 其執德未固, 恐左右以異端進, 而蕩其心也.

목왕(穆王)이 스스로 헤아려봄에 덕(德)을 잡음이 견고하지 못하여 자우(左右)가 이단(異端)을 올려 그 마음을 방탕하게 할까 두려워한 것이다.

> 詳說

○ 二句, 論也.

두 구는 경문의 의미 설명이다.

[13-4-26-8]

非人其吉, 惟貨其吉, 若時癏厥官, 惟爾大弗克祗厥辟. 惟予汝辜.

사람을 선(善)하게 여기지 않고 재물을 선(善)하게 여기면 이에 그 관직을 폐할 것이니, 너는 네 군주를 크게 공경하지 않는 것이다. 나는 너를 죄줄 것이다."

> 集傳

戒其以貨賄任羣僕也.

재화(財貨)와 뇌물로 군복(群僕)을 선임(選任)함을 경계한 것이다.

> 詳說

○ 先總提.

먼저 총괄해서 제시했다.

> 集傳

言不于其人之善,

사람의 선(善)함으로 하지 않고

詳說

○ 其.
'지(之)'는 경문에서 '기(其)'이다.

○ 吉.
'선(善)'은 경문에서 '길(吉)'이다.

○ 諺釋恐違註意.
『언해』의 해석은 주의 의미에 어긋나는 것 같다.

集傳

而惟以貨賄爲善
오직 재화와 뇌물로 선(善)하게 여기면,

詳說

○ 其.
'위(爲)'는 경문에서 '기(其)'이다.

○ 二吉字, 其意微異.
두 번의 '길(吉)'자는 그 의미가 살짝 다르다.

集傳

則是曠厥官,
이는 그 관직을 버리는 것이니,

詳說

○ 若.
'즉(則)'은 경문에서 '약(若)'이다.

○ 瘝, 曠也.
경문에서 '환(瘝)'이 '광(曠)'이다.

集傳

汝大不能敬其君,

네가 네 군주를 크게 공경하지 않는 것이어서

|詳說|
○ 辟.
'군(君)'은 경문에서 '군(君)'이다.

|集傳|
而我亦汝罪矣.
내가 또한 너를 죄줄 것이다.

|詳說|
○ 罪汝.
너를 죄주는 것이다.

○ 呂氏曰 : "自盤康總貨之戒至此. 復見之其商周之衰乎."
여씨(呂氏)가 말하였다 : "「반경」에서 '화보를 모으려는 것에 대한 경계'[217]부터 여기까지는 다시 상주의 쇠함을 드러내는 것이다."[218]

○ 陳氏經曰 : "此及呂刑, 皆言貨, 可見風俗之衰矣."
진씨 경(陳氏經)이 말하였다 : "여기와 「여형」에서 모두 재화를 말했으니, 풍속의 쇠미함을 알 수 있다."[219]

[13-4-26-9]

王曰. 嗚呼, 欽哉, 永弼乃后于彝憲.

왕(王)이 말씀하였다. "아! 공경하여 네 군주를 떳떳한 법으로 길이 도와라."

---

217) 『서경대전(書經大全)』, 「상서(商書)」·「반경하-12(盤庚下-12)」 : "화보(貨寶)를 모으려 하지 말고, 생업에 종사함을 자신의 공으로 삼으라.(無總于貨寶, 生生自庸.)"
218) 『서경대전(書經大全)』, 「주서(周書)」·「경명(囧命)」 : "여씨가 말하였다 : '…. 「반경」에서 「화보를 모으려는 것에 대한 경계」부터 여기까지는 다시 성탕과 문무의 융성함이 재화로 그 신하를 막음에 급급해 하지 않았음을 드러냈으니, 아마도 상주의 쇠했기 때문일 것이다.'(呂氏曰 : …. 自盤庚總貨寶之戒至此, 復見之成湯文武之隆, 未數數以貨防其臣也, 其商周之衰乎.)"
219) 『서경대전(書經大全)』, 「주서(周書)」·「경명(囧命)」 : "진씨 경이 말하였다 : '목왕은 여기와 「여형」에서 모두 재화를 말했으니, 또한 풍속이 점차로 쇠미해졌음을 알 수 있다.'(陳氏經曰 : 穆王于此及呂刑, 皆言貨, 亦可見其風俗之漸衰矣.)"

集傳

彛憲, 常法也.
이헌(彛憲)은 떳떳한 법이다.

詳說

○ 于, 猶以也. 經書, 語辭字中, 于之用, 最廣. 於往彼, 其曰之, 而以爲及之義. 及往取, 與於是之訓, 皆是也.
'우(于)'는 '이(以)'와 같다. 경서에서 어조사의 글자 중에 '우(于)'의 사용이 가장 넓다. 저곳으로 간다는 것에서는 '지(之)'라고 하는데, '미친다[及]'는 의미로 여기는 것이다. '급(及)'·'왕(往)'·'취(取)'는 여기에서의 풀이와 모두 옳은 것이다.

○ 王氏曰 : "近習之臣, 不患其不能將順, 而惟患其不能正救, 故在先王, 則稱其承弼, 在己, 則責之以弼而不及於承."
왕씨(王氏)가 말하였다. "가까이 익숙한 신하는 그 순히 하지 않을 것을 걱정하지 않고, 그 바르게 구하지 못할 것을 걱정하기 때문에 선왕에게서는 받들어 보필한 것을 칭하였고 자신에게서는 보필해서 받듦에 미치지 못할 것을 질책한 것이다."220)

集傳

呂氏曰, 穆王卒章之命, 望於伯冏者, 深且長矣, 此心不繼, 造父
여씨(呂氏)가 말하였다. "목왕(穆王)이 마지막 장(章)의 명령에 백경(伯冏)에게 바란 것이 깊고 또 길었는데, 이 마음이 이어지지 아니하여 조보(造父)를

詳說

○ 音糙.
'조(造)'는 음이 '조(糙)'이다.

○ 音甫.
'보(父)'는 음이 '보(甫)'이다.

---

220) 『서경대전(書經大全)』, 「주서(周書)」·「경명(冏命)」: "왕씨가 말하였다 : '가까이 익숙한 신하는 그 순히 하지만 아무도 받들지 않을 것을 걱정하지 않고, 그 바르게 구하지만 마무도 보필하지 못할 것을 걱정하기 때문에 선왕에게서는 받들어 보필한 것을 칭하였고, 자신에게서는 보필해서 받듦에 미치지 못할 것을 질책한 것이다.'(王氏曰 : 近習之臣, 不患其不能將順而莫之承, 惟患其不能救正而莫之弼. 故在先王, 則稱其承弼, 在己, 則責之以永弼而不及于承焉.)"

서집전상설 14권
書集傳詳說 卷之十四

[14-4-27]
「여형(呂刑)」

集傳

呂侯爲天子司寇, 穆王命訓刑, 以詰四方.
여후(呂侯)가 천자의 사구(司寇)가 되자, 목왕(穆王)이 명하여 형벌을 가르쳐 사방(四方)을 다스리게 하였다.

詳說

○ 一作誥.
'힐(詰)'이 어떤 판본에는 '고(誥)'로 되어 있다.

集傳

史錄爲篇
사관(史官)이 이것을 기록하여 편(篇)을 만들었으니,

詳說

○ 王氏炎曰 : "此書, 穆王之言, 而名呂刑者, 呂侯言於王, 王命之參定刑書, 乃推作刑之意, 以訓四方, 司政典獄者, 故以呂刑名之."
왕씨 염(王氏炎)221)이 말하였다 : "이 책은 목왕의 말인데, 「여형」이라고 이름붙인 것은 여후가 왕께 말함에 왕이 형서를 참작하고 결정하며 바로 형벌을 내리는 의미를 미뤄 사방을 가르치라고 명령한 것으로 정사를 맡아 옥사를 주관하는 것이기 때문에 여형으로 이름을 붙인 것이다."222)

---

221) 왕염(王炎, 1137 ~ 1218) : 송나라 휘주(徽州, 강서성) 무원(婺源) 사람으로 자는 회숙(晦叔) 또는 회중(晦仲)이고, 호는 쌍계(雙溪)이다. 효종(孝宗) 건도(乾道) 5년(1169) 진사(進士)가 되었다. 장식(張栻)이 강릉(江陵)을 다스릴 때 그의 현명함을 듣고 막부(幕府)에 들게 했다. 담주교수(潭州教授)를 지냈고, 임상지주(臨湘知州)로 옮겼다. 영종(寧宗) 경원(慶元) 연간에 호주지주(湖州知州)에 올랐는데, 호족이나 귀척(貴戚)을 두려워하지 않았다. 군기소감(軍器少監)까지 올랐다. 경사(經史)에 정통했고, 시문에도 뛰어났으며, 주희(朱熹)와 절친했다. 저서에 『쌍계집(雙溪集)』과 『독역필기(讀易筆記)』, 『상서소전(尚書小傳)』 등이 있었고, 『역해(易解)』를 저술하다가 마치지 못하고 죽었다.
222) 『서경대전(書經大全)』, 「주서(周書)」·「여형(呂刑)」: "왕씨가 말하였다 : "이 책은 목왕의 말인데, 「여형」이라고 이름붙인 것은 여후가 주나라의 사구가 되어 왕께 말함에 왕이 형서를 참작하고 결정해서 바로 형벌을 내리는 의미를 미뤄 사방을 가르치라고 명령한 것으로 정사를 맡아 옥사를 주관하는 것이기 때문에 여형으로 이름을 붙인 것이다.(王氏炎曰 : 此書, 穆王之言, 而名呂刑者, 呂侯爲周司寇, 言於王, 王命之參

集傳

爲御, 周遊天下, 將必
마부로 삼아 천하를 주유(周遊)하고 반드시

詳說

○ 猶欲也.
'필(必)'은 '욕(欲)'과 같다.

集傳

有車轍馬迹
수레바퀴 자국과 말 발자국이 있어

詳說

○ 見左昭十二年.
『좌전』 소공 12년에 보인다.

集傳

導其侈者, 果出於僕御之間. 抑不知伯冏猶在職乎否也.
사치함으로 인도한 자가 과연 복어(僕御)의 사이에서 나왔다. 그런데 백경(伯冏)이 이 때까지도 직책에 있었는지 알 수 없다.

詳說

○ 亦猶乎也.
'야(也)'는 또한 '호(乎)'와 같다.

集傳

穆王豫知所戒, 憂思
목왕(穆王)이 미리 경계할 바를 알아 근심하고 생각함이

詳說

○ 去聲.
'사(思)'는 거성이다.

> [!NOTE] 集傳
>
> **深長, 猶不免躬自蹈之, 人心操舍,**

깊고 길었는데도 오히려 몸소 스스로 범함을 면치 못하였으니, 인심(人心)을 잡고 버림의

> [!NOTE] 詳說
>
> ○ 平聲.
>
> '조(操)'는 평성이다.
>
> ○ 上聲, 一作捨.
>
> '사(舍)'는 상성인데, 어떤 판본에는 '사(捨)'로 되어 있다.

> [!NOTE] 集傳
>
> **之無常可懼哉.**

무상(無常)함을 두려워해야 한다."

> [!NOTE] 詳說
>
> ○ 呂說論也.
>
> 여씨의 설명은 경문의 의미 설명이다.

[집전]

今文古文皆有. ○ 按, 此篇, 專訓贖刑, 蓋本舜典金作贖刑之語, 今詳此書, 實則不然. 蓋舜典所謂贖者, 官府學校之刑爾.
금문(今文)과 고문(古文)에 모두 있다. ○ 살펴보건대, 이 편(篇)은 오로지 속형(贖刑)을 가르쳤으니, 「순전(舜典)」에 "금(金)으로 속형(贖刑)을 만든다."[223]는 말에 근본한 것이나 이제 이 글을 살펴보면 실제는 그렇지 않다. 「순전(舜典)」에 이른 바 '속형(贖刑)'이라는 것은 관부(官府)와 학교(學校)의 형(刑)일 뿐이다.

[상설]

○ **音效.**
'교(校)'은 음이 '효(效)'이다.

[집전]

若五刑, 則固未嘗贖也. 五刑之寬, 惟處以流,
오형(五刑)으로 말하면 진실로 일찍이 속죄(贖罪)해 주지 않았다. 오형(五刑)의 관대함은 오직 유형(流刑)으로 처리하였고,

[상설]

○ **上聲.**
'처(處)'는 상성이다.

[집전]

鞭扑之寬,
채찍과 회초리의 관대함이라야

[상설]

○ **普卜反.**
'복(扑)'은 음이 '보(普)'와 '복(卜)'의 반절이다.

定刑書, 乃推作刑之意, 以訓四方, 司政典刑者, 故以呂刑名之.)"
223) 『서경대전(書經大全)』, 「주서(周書)」·「순전-11(舜典-11)」: "떳떳한 형벌로 보여주되 유형(流刑)으로 오형(五刑)을 용서해주시며, 채찍은 관부(官府)의 형벌로 만들고 회초리는 학교(學校)의 형벌로 만들되 황금으로 속죄하는 형벌을 만드시며, 과오와 불행으로 지은 죄는 풀어 놓아주고 믿고 끝까지 재범(再犯)하는 자는 죽이는 형벌을 하시되 공경하고 공경하여 형벌을 신중히 하셨다.(象以典刑, 流宥五刑, 鞭作官刑, 扑作教刑, 金作贖刑, 眚災肆赦, 怙終賊刑, 欽哉欽哉, 惟刑之恤哉.)"

集傳
方許其贖, 今穆王贖法, 雖大辟
비로소 속죄(贖罪)를 허락하였는데, 이제 목왕(穆王)의 속죄법(贖罪法)은 비록 대벽(大辟)이라도

詳說
○ **辟亦, 下並同.**
'벽(辟)'은 음이 '비(睥)'에서의 'ㅂ'과 '역(亦)'에서의 'ㅕㄱ'을 합한 '벽'으로 아래에서도 같다.

集傳
亦與其贖免矣.
또한 속면(贖免)에 참여시켰다.

詳說
○ **許也.**
'여(與)'는 허여한다는 것이다.

集傳
漢張敞以討羌, 兵食不繼, 建爲入穀贖罪之法,
한(漢)나라 장창(張敞)이 오랑캐를 토벌할 적에 병식(兵食)[군량]이 이어지지 못한다 하여 곡식을 납입하고 속죄받는 법을 만들 것을 건의하였는데,

詳說
○ **沙溪曰 :"建爲建白而爲之也."**
사계(沙溪)224)가 말하였다 :"'건의한다.'는 것은 국가의 일에 건의할 것이 있어

---

224) 김장생(金長生, 1548~1631) : 본관은 광산(光山)이고, 자는 희원(希元)이며, 호는 사계(沙溪)이고, 시호는 문원(文元)이다. 한양 정릉동(貞陵洞 : 현 서울 중구 정동)에서 태어났다. 1560년 송익필(宋翼弼)로부터 사서(四書)와 『근사록(近思錄)』 등을 배웠고, 20세 무렵에 이이(李珥)의 문하에 들어갔다. 1578년 학행(學行)으로 천거되어 창릉참봉(昌陵參奉)이 되고, 성균관 사업(司業), 집의(執義), 공조참의, 형조참판 등을 역임했다. 인조반정 이후로는 서인의 영수격으로 영향력이 매우 컸다. 학문적으로 송익필, 이이, 성혼(成渾) 등의 영향을 받았다. 이이와 성혼을 제향하는 황산서원(黃山書院)을 세웠다. 특히 둘째 아들이 그와 함께 문묘에 종사된 유명한 신독재(愼獨齋) 김집(金集, 1574~1656)이다. 저서로는 1583년 첫 저술인 『상례비요(喪禮備要)』 4권을 비롯, 『가례집람(家禮輯覽)』·『전례문답(典禮問答)』·『의례문해(疑禮問解)』 등 예에 관한 것으로서, 조선 예학의 기반을 마련했다. 스승 이이가 시작한 『소학집주(小學集註)』를 1601년에 완성하였으며, 저술로 『근사록석의(近思錄釋疑)』, 『경서변의(經書辨疑)』, 시문집을 모은 『사계선생전서(沙溪先生全

말하고 행하는 것이다."

集傳
初亦未嘗及夫殺人及盜之罪.
애당초 또한 일찍이 살인자와 도둑질을 한 죄인에게는 미치지 않았다.

詳說
○ 音扶.
'부(夫)'는 음이 '부(扶)'이다.

集傳
而蕭望之等, 猶以爲如此, 則富者得生, 貧者獨死, 恐開利路, 以傷治化,
그러나 소망지(蕭望之) 등은 오히려 말하기를 "이와 같이 하면 부유한 자들은 살고 가난한 자들만이 죽을 것이니, 이익의 길을 열어 다스리는 교화를 손상할까 두렵다."라고 하였으니,

詳說
○ 見漢書蕭望之傳.
『한서』「숙망지전(蕭望之傳)」에 보인다.

集傳
曾謂唐虞之世, 而有是贖法哉. 穆王, 巡遊無度, 財匱民勞, 至其末年, 無以爲計, 乃爲此一切
일찍이 당(唐)·우(虞)의 세대에 이러한 속법(贖法)이 있었다고 말하겠는가! 목왕(穆王)은 순유(巡遊)하기를 법도가 없이 하여 재물이 다하고 백성들이 수고로웠으며, 말년(末年)에 이르러는 계책을 할 수 없어 마침내 이러한 일체의

詳說
○ 鄒氏季友曰:"千結反."
추씨 계우(鄒氏季友)가 말하였다: "'체(切)'는 음이 '천(千)'과 '결(結)'의 반절이다.

書)』가 있다.

集傳

權宜之術하여 **以斂民財,**
일시방편을 만들어 백성들의 재물을 거둔 것이니,

詳說

○ 去聲.
'렴(斂)'은 거성이다.

○ 鄒氏季友曰 : "穆王非爲斂民財也, 刑之可疑者, 罪金, 乃哀矜敬愼之至, 非謂罪, 皆可贖也. 罰贖特篇中之一事耳. 小序專言訓夏贖刑, 遂使解者, 肆爲譏刺惜哉."
추씨 계우(鄒氏季友)가 말하였다 : "목왕이 백성들의 재물을 거둬들이는 것이 아니라 형벌주기 의심스러운 자들은 금(金)으로 죄를 주었으니, 바로 지극히 애긍하고 삼가는 것이고, 죄라고 말하지 않은 것은 모두 대속할 수 있기 때문이다. 죄를 대속하는 것은 특히 편 가운데 하나의 일일 뿐이다.「소서(小序)」에서 하나라의 속형을 오로지 말해 마침내 풀어주게 한 것은 나무람을 아끼는 것일 것이다."

集傳

夫子錄之, 蓋亦示戒. 然其一篇之書, 哀矜惻怛, 猶可以想見三代忠厚之遺意云爾.
부자(夫子)가 기록함은 또한 경계를 보인 것이다. 그러나 한 편의 글이 애긍(哀矜)하고 측달(惻怛)하여 오히려 삼대(三代)의 충후(忠厚)한 남은 뜻을 상상해 볼 수 있다.

詳說

○ 朱子曰 : "其中論不可輕於用刑之類. 有許多好說話不可不知."
주자(朱子)가 말하였다 : "형벌을 가볍게 해서는 안되는 종류에 대해 중간에 논했으니, 또한 많은 좋은 말이 있는 것을 알지 않아서는 안된다."[225]

---

225)『서경대전(書經大全)』,「주서(周書)」·「여형(呂刑)」: "주자(朱子)가 말하였다 : '…. 성인이 법이 변하는 것에 뜻을 둔 것은 단지 이런 것들 뿐으로 중간에 형벌을 가볍게 해서는 안되는 종류에 대해 논했으니, 또한 많은 좋은 말이 있는 것을 알지 않아서는 안된다.'(朱子曰 : …. 聖人也, 是志法之變處, 但是他, 其中論不可輕於用刑之類也, 有許多好說話不可不知.)"

> 集傳
>
> **又按, 書傳**

또 살펴보건대 『서전(書傳)』에

>> 詳說
>>
>> ○ 去聲.
>>
>> '전(傳)'은 거성이다.
>
>> ○ 古傳記, 如禮記表記緇衣之類.
>>
>> 옛날의 전기로 『예기』의 「표기」·「치의」와 같은 것들이다.

> 集傳
>
> **引此, 多稱甫刑, 史記**

이 편을 인용하면서 대부분 '보형(甫刑)'이라 칭하였고, 『사기(史記)』에

>> 詳說
>>
>> ○ 周紀.
>>
>> 「주기(周紀)」이다.

> 集傳
>
> **作甫侯言於王, 作修刑辟,**

"보후(甫侯)가 왕(王)에게 말하여 형벽(刑)을 지어 닦았다."라고 하였으니,

>> 詳說
>>
>> ○ 修定.
>>
>> '수(修)'는 닦아서 정하는 것이다.
>>
>> ○ 史記止此.
>>
>> 『사기』는 여기까지이다.

> 集傳
>
> **呂後爲甫歟.**

여씨(呂氏)가 뒤에 보씨(甫氏)가 되었는가 보다.

詳說

○ 唐孔氏曰 : "呂侯子孫, 後改封甫, 如詩之生甫及申, 不與我戍甫. 穆王時未有甫名, 後人以子孫國號名之, 追稱甫刑. 若叔虞封唐, 子孫封晉, 而史記作晉世家."

당의 공씨(孔氏)가 말하였다 : "여후의 자손은 후에 보로 다시 봉해졌으니, 이를테면 『시경』에서 '보후와 신후를 내셨도다.'[226] '나와 함께 보로 오지 못하였다'[227]는 것이다. 목왕 때에는 보(甫)라는 이름이 없었으니, 후대의 사람들이 자손의 국호로 이름을 붙임에 추급해서 보형(甫刑)이라고 한 것이다. 이를테면 숙우가 당(唐)에 봉해지고, 자손이 진(晉)에 봉해지니, 『사기』에서 「진세가(晉世家)」라고 한 것이다."[228]

○ 林氏曰 : "猶荊與楚, 殷與商."

임씨(林氏)가 말하였다 : "이를테면 형(荊)과 초(楚), 은(殷)과 상(商)이다."[229]

○ 鄒氏季友曰 : "呂, 姓也. 甫, 國名, 甫侯姓呂 故亦稱甫刑."

추씨 계우가 말하였다 : "여(呂)는 성이고 보(甫)는 나라의 이름이니, 보후(甫侯)의 성은 여(呂)이기 때문에 보형(甫刑)이라고도 하는 것이다."

[14-4-27-1]

惟呂命, 王享國百年, 耄荒, 度作刑, 以詰四方.

여후(呂侯)를 명하니, 왕(王)이 나라를 누린 지 백년에 노황(耄荒)해서 헤아려 형서를 만들어 사방을 다스렸다.

---

226) 『시경(詩經)』「대아(大雅)」「탕지십(蕩之什)」「숭고(崧高)」: "산악(山嶽)에서 신(神)을 내려 보후(甫侯)와 신후(申侯)를 내셨도다.(維嶽降神, 生甫及申.)"
227) 『시경(詩經)』「국풍(國風)」「왕(王)」「양지수(揚之水)」: "저 그 사람이여 나와 함께 신(申)나라로 오지 못하였도다.(彼其之子, 不與我戍申.)"
228) 『서경대전(書經大全)』, 「주서(周書)」·「여형(呂刑)」: "당의 공씨가 말하였다 : '『서전』에서 여기의 편을 인용하면서 말에 보형(甫刑)이라고 한 것이 많은 것은 여후의 자손이 후에 보로 다시 봉해졌으니, 이를테면 『시경』에서 「보후와 신후를 내셨도다.」「나와 함께 보로 오지 못하였다.」는 것이다. 목왕 때에는 보(甫)라는 이름이 없었으니, 후대의 사람들이 자손의 국호로 이름을 붙임에 추급해서 보형(甫刑)이라고 한 것이다. 이를테면 숙우가 당(唐)에 봉해지고, 자손이 진(晉)에 봉해지니, 『사기』에서 「진세가(晉世家)」라고 한 것이다.'(唐孔氏曰 : 書傳引此篇, 語多稱甫刑者, 呂侯子孫後改封甫, 如詩之生甫及申, 不與我戍甫. 穆王時未有甫名, 後人以子孫國號名之, 追稱甫刑. 若叔虞封唐, 子孫封晉, 而史記作晉世家.)"
229) 『서경대전(書經大全)』, 「주서(周書)」·「여형(呂刑)」: "임씨가 말하였다 : '여(呂)와 보(甫)는 이를테면 형(荊)과 초(楚), 은(殷)과 상(商)이다.'(林氏曰 : 呂與甫, 猶荊與, 楚殷與商.)"

詳說

○ 度入聲, 詰, 諺音誤.

'탁(度)'은 입성이고, '힐(詰)'은 『언해』의 음이 잘못되었다.

集傳

惟呂命, 與惟說命, 語意同,

'유려명(惟呂命)'은 '유열명(惟說命)'과 말뜻이 같으니,

詳說

○ 悅同.

'열(說)'은 '열(悅)'과 같다.

○ 見說命.

「열명」에 보인다.230)

○ 謂呂受命也. 諺釋與說命異同, 豈爲此三字, 與下文勢, 不相蒙歟.

여(呂)가 명을 받았다는 말이다. 『언해』의 해석은 「열명」과 다르니, 어찌 여기의 세 글자가 아래의 어투와 서로 이어지겠는가?

○ 臨川吳氏曰 : "呂侯爲司寇, 叓定贖刑新制, 具載刑書, 因諸侯來朝. 王使呂侯以王之意告命諸侯也."

임천 오씨(臨川吳氏)가 말하였다 : "여후가 사구가 되어 속형을 고쳐 새로운 제도로 정하고 형서로 갖춰 실으니, 이에 따라 제후들이 와서 조문하였다. 왕이 여후에게 왕의 뜻으로 제후에게 고명하게 하였다."231)

---

230) 『서경대전(書經大全)』, 「상서(商書)」·「열명중1(說命中1)」 : "부열이 고종의 명령으로 백관을 총괄하였다. (惟說, 命, 總百官.)" 상설 : "중편에서는 그 첫머리에서 단지 편명 두 글자만 언급했을 뿐이고, 그 의미가 또 편명의 의미와 다르니, 부열을 위주로 읽어야 할 뿐이다. 그러나 「여형(呂刑)」의 '여후를 명한다'는 주에서는 여기에서 말의 의미와 같은데, 『언해』의 풀이에서는 차이가 있으니, 다시 살펴봐야 할 것이다.(中篇, 其首只及篇名二字, 而其義, 則又與名篇之義不同, 蓋欲主說而讀耳. 然呂刑惟呂命註云, 與此語意同, 而諺釋則有異, 叓詳之.)"

231) 『서경대전(書經大全)』, 「주서(周書)」·「여형(呂刑)」 : "임천 오씨가 말하였다 : '여후가 왕의 사구가 되어 속형을 고쳐 새로운 제도로 정하고 형서로 갖춰 실으니, 이에 따라 제후들이 와서 조문하였다. 왕이 여후에게 서의 뜻으로 제후에게 고명하게 하였다. 목왕이 지위를 이어받을 때에 나이가 이미 50이었는데 나라를 누린 것이 백년이라는 것은 대개 재위 50년 후라는 것이다. 「힐(詰)」은 다스리는 것이다. 헤아려 형서를 만들어 사방을 다스리는 것이다.'(臨川吳氏曰 : 呂侯爲王司寇, 更定贖刑, 新制具載刑書, 因諸侯來朝, 王使呂侯以書之意告命諸侯也. 穆王嗣位時, 年已五十, 享國百年, 蓋在位五十年之後也. 詰, 治也. 揆度作爲刑書, 以詰治四方也.)"

> 集傳

先此
이것을 먼저 하여

> 詳說

○ 去聲.
'선(先)'은 거성이다.

○ 首揭此三字.
먼저 이 세 자를 게시하였다.

> 集傳

以見訓刑爲呂侯之言也.
형벌을 가르침이 여후(呂侯)를 위한 말임을 나타낸 것이다.

> 詳說

○ 音現, 下同.
'현(見)'은 음이 '현(現)'으로 아래에서도 같다.

○ 猶諸誥之言. 王若曰者, 實皆周公之言也.
모든 '고(誥)'의 말과 같다. '왕약왈(王若曰)'은 실로 모두 주공의 말이다.

> 集傳

耄老而昏亂之稱, 荒, 忽也.
모(耄)는 늙어서 혼란함을 일컫고 황(荒)은 소홀함이다.

> 詳說

○ 遺忘.
유망(遺忘)한 것이다.

> 集傳

孟子
맹자(孟子)가

詳說

○ 梁惠王.

「양혜왕」이다.232)

集傳

曰從獸無厭

말씀하기를 "사냥함에 짐승을 좇아 만족함이 없음을

詳說

○ 平聲.

'염(厭)'은 평성이다.

集傳

謂之荒, 穆王享國百年,

황(荒)이라 한다."라고 하였으니, 목왕(穆王)이 나라를 누린 지 백년에

詳說

○ 唐孔氏曰 : "無逸言享國, 皆謂在位之年, 此乃從王生年而數, 不與彼同."

당의 공씨가 말하였다 : "「무일」에서 나라를 누린 것을 말함에는 모두 재위한 기간에 있는 것을 말했는데, 여기에서 왕의 생년을 따라 헤아린 것이 저것과 같지 않다."233)

○ 新安陳氏曰 : "如大禹謨云, 耄期耳."

신안 진씨(新安陳氏)가 말하였다 : "「대우모」에서 '늙었다'234)고 말한 것과 같

---

232) 『맹자(孟子)』「양혜왕하(梁惠王下)」: "짐승을 좇아 만족함이 없음을 황(荒)이라 하고, 술을 즐겨 만족함이 없음을 망(亡)이라 한다.(從獸無厭, 謂之荒, 樂酒無厭, 謂之亡.)"
233) 『서경대전(書經大全)』, 「주서(周書)」·「여형(呂刑)」: "당의 공씨가 말하였다 : '기(記)에서 「80과 90을 노(耄)이라고 한다.」고 했으니, 노황(耄荒)은 연로한 것이다. 주의 본기에 「목왕의 즉위 춘추가 이미 50이었고, 55년 동안 재위에 있다가 돌아가셨다.」고 했다. 「무일」에서 나라를 누린 것을 말함은 모두 재위한 해인데, 여기에서는 왕의 생년을 따라 헤아렸다. 글로 의미를 해치지 않으면, 저것과 같지 않다.'(唐孔氏曰 : 記云八十九十曰耄, 是耄荒爲年老. 周本紀云, 穆王即位春秋, 已五十矣, 立五十五年崩. 無逸, 言其享國, 皆在位之年. 此乃從王生年而數, 文不害意, 不與彼同.)"
234) 『서경(書經)』「대우모9(大禹謨9)」: "제순(帝舜)이 말씀하였다 : '이리 오라. 너 우(禹)야! 짐이 제위에 있은 지가 33년이니 늙어서 부지런히 해야 할 정사에 게으르니, 너는 태만히 하지 말아서 짐의 무리를 거느리라.'(帝曰, 格. 汝禹. 朕宅帝位, 三十有三載, 耄期, 倦于勤, 汝惟不怠, 總朕師.)"

다."235)

集傳

車轍馬迹遍于天下. 故史氏以耄荒二字發之, 亦以見贖刑爲穆王耄荒所訓耳. 蘇氏曰, 荒, 大也. 大度作刑,

수레바퀴 자국과 말 발자국이 천하에 두루 미쳤다. 그러므로 사관(史官)이 모황(耄荒)이라는 두 글자로 발하였으니, 또한 속형(贖刑)은 목왕(穆王)이 모황(耄荒)해서 가르친 것임을 나타낸 것이다. 소씨(蘇氏)가 말하기를 "황(荒)은 큼이다. 크게 헤아려 형벌을 만들었다는 것은

詳說

○ 孔氏曰 : "度時世所宜, 訓刑."

공씨(孔氏)가 말하였다 : "당시의 마땅한 것을 헤아려 형에 대해 설명한 것이다."236)

集傳

猶禹曰, 予荒度土功.

우(禹)임금이 '내 크게 토공(土功)을 헤아렸다.'고 말씀한 것과 같으니,

詳說

○ 見益稷.

「익직」에 보인다.237)

集傳

荒當屬下句, 亦通

황자(荒字)는 마땅히 아래 구(句)에 연결해야 한다."라고 하였으니, 또한 통한다.

---

235) 『서경대전(書經大全)』, 「주서(周書)」·「여형(呂刑)」 : "신안 진씨가 말하였다 : '「왕(王)이 나라를 누린 지 백년에 노황하다.」는 것은 「순전」에서 「짐이 제위에 있은 지가 33년이니 늙었다.」고 말한 것과 같다.'(耄荒)(新安陳氏曰 : 王享國百年耄荒. 如舜典云, 朕在位三十有三載, 耄期耳. ….)"
236) 『서경대전(書經大全)』, 「주서(周書)」·「여형(呂刑)」 : "공씨가 말하였다 : '왕이 나라를 누린지 백년에 늙고 소홀해서 당시의 마땅한 것을 헤아려 형에 대해 설명한 것이다.'(孔氏曰 : 王享國百年耄亂荒忽. 度時世所宜, 訓刑以治四方.)"
237) 『서경(書經)』「익직8(益稷)8」 : "내가 도산씨에게 장가들고 겨우 신(辛)·임(壬)·계(癸)·갑(甲)의 4일 만에 홍수를 다스리기 위해 집을 나갔으며, 아들 계(啓)가 출생하여 고고(呱呱)히 우는데도 나는 그를 자식으로 여기지 못하고 오직 물과 흙을 다스리는 일을 크게 헤아렸다.(娶于塗山, 辛壬癸甲, 啓呱呱而泣, 予弗子, 惟荒度十功.)"

詳說

○ 音燭.
'촉(屬)'은 음이 '촉(燭)'이다.

○ 新安陳氏曰 : "土功可言荒, 度作刑, 何荒度之有. 蔡氏, 只備一說矣. 詰, 如詰姦慝之詰."
신안 진씨가 말하였다 : "토공에서는 크게[荒]를 말할 수 있는데, '헤아려 형서를 만듦'에 어찌 크게 헤아림이 있다는 것인가? 채씨는 단지 하나의 설을 갖추었을 뿐이다. '힐(詰)'은 '간특한 짓을 하는 자를 다스린다.'고 할 때의 '다스린다.'238)는 것이다."239)

集傳

然耄, 亦貶之之辭也.
그러나 모(耄)는 또한 폄하(貶下)하는 말이다.

詳說

○ 雖以荒屬上句, 亦不爲加貶, 蓋又抑蘇說耳.
'황(荒)'을 위의 구로 연결할지라도 또한 더하고 뺄 것이 없으니, 대개 또 소씨의 설명을 물리칠 뿐이다.

○ 以論釋之.
경문의 의미 설명으로 해석하였다.

○ 臨川吳氏曰 : "詰, 治也. 揆度作爲刑書, 以詰治四方也."
임천 오씨가 말하였다 : "'힐(詰)'은 다스린다는 것이다. 형서를 헤아려 만들어 사방을 다스리는 것이다."240)

---

238) 『서경(書經)』「주관-11(周官-11)」: "사구는 나라의 금함을 관장하니, 간특한 짓을 하는 자를 다스리며 포악하여 난을 일으키는 자들을 형벌한다.(司寇, 掌邦禁, 詰姦慝, 刑暴亂.)"
239) 『서경대전(書經大全)』, 「주서周書」·「여형(呂刑)」: "신안 진씨가 말하였다 : '「왕(王)이 나라를 누린 지 백년에 노황하다.」는 것은 「순전」에서 「짐이 제위에 있은 지가 33년이니 늙었다.」고 말한 것과 같다. …. 그러나 토공에서는 크게[荒]를 말할 수 있는데, 「헤아려 형서를 만듦」에 어찌 크게 헤아림이 있다는 것인가? 채씨는 단지 소씨가 말한 것의 아래에 하나의 설을 갖추었을 뿐이다. 「다스린다.」고 할 때의 「다스린다.」는 것이다.'(新安陳氏曰 : 王享國百年耄荒, 如舜典云, 朕在位三十有三載, 耄期耳. …. 然土功可言荒, 度作刑, 何荒度之有. 蔡氏只存蘇曰於下以備一說得之矣. 詰, 如詰姦慝之詰.)"
240) 『서경대전(書經大全)』, 「주서(周書)」·「여형(呂刑)」: "임천 오씨가 말하였다 : '여후가 왕의 사구가 되어 속형을 고쳐 새로운 제도로 정하고 형서로 갖춰 실으니, 이에 따라 제후들이 와서 조문하였다. 왕이 여후

○ 此本序也.
이것은 「본서(本序)」이다.

[14-4-27-2]
王曰. 若古有訓, 蚩尤惟始作亂, 延及于平民, 罔不寇賊, 鴟義姦宄, 奪攘矯虔.

왕(王)이 말씀하였다. "옛날에 가르침이 있었으니, 치우(蚩尤)가 처음으로 난을 일으키자 평민에게까지 구적(寇賊)이 되지 않는 자가 없어 치장(鴟張)함을 의(義)로운 것으로 여겨 도둑질하고 빼앗으며 속이고 죽였다.

詳說
○ 古訓, 蓋古訓刑之書也
'고훈(古訓)'는 대개 옛날의 형벌을 가르치는 책이다.

集傳
言鴻荒之世, 渾厚敦厖,
홍황(鴻荒)의 세대에 혼후(渾厚)하고 돈방(敦厖)하였는데,

詳說
○ 上聲.
'혼(渾)'은 상성이다.

○ 厚也.
'방(厖)'은 '후(厚)'이다.

集傳
蚩尤
치우(蚩尤)가

에게 서의 뜻으로 제후에게 고명하게 하였다. 목왕이 지위를 이어받을 때에 나이가 이미 50이었는데 나라를 누린 것이 백년이라는 것은 대개 재위 50년 후라는 것이다. 「힐(詰)」은 다스리는 것이다. 헤아려 형서를 만들어 사방을 다스리는 것이다.'(臨川吳氏曰 : 呂侯爲王司寇, 更定贖刑, 新制具載刑書, 因諸侯來朝, 王使呂侯以書之意告命諸侯也. 穆王嗣位時, 年已五十, 享國百年, 蓋在位五十年之後也. 詰, 治也. 揆度作爲刑書, 以詰治四方也.)"

詳說

○ 孔氏曰 : "九黎之君, 號曰蚩尤."
공씨(孔氏)가 말하였다 : "구려(九黎)의 임금을 치우(蚩尤)라고 부른다."241)

○ 唐孔氏曰 : "楚語九黎在少昊之末, 非蚩尤也."
당의 공씨(孔氏)가 말하였다 : "초어(楚語)에서 구려구려(九黎)는 소호의 말기에 있었으니 치우가 아니다."242)

○ 史記五帝紀曰 : "黃帝與蚩尤戰于涿鹿之野, 殺之."
『사기』「오제본기」에서 말하였다 : "황제는 치우와 탁록의 들에 전투를 해서 죽였다."243)

集傳

始開暴亂之端, 驅扇熏炙,
처음으로 포란(暴亂)의 단서를 열어 몰아서 선동하고 훈자(熏炙)함에

詳說

○ 音隻.
'자(炙)'는 음이 '척(隻)'이다.

集傳

延及平民, 無不爲寇爲賊.
평민에게까지 뻗쳐 구적(寇賊)이 되지 않음이 없음을 말한 것이다.

詳說

○ 平民化爲寇賊.
평민들이 구적으로 변했다.

---

241) 『서경대전(書經大全)』, 「주서(周書)」·「여형(呂刑)」 : "공씨가 말하였다 : '구려(九黎)의 임금을 치우(蚩尤)라고 부르는데, 부엉이의 의를 행한다. 삼묘의 임금은 치우의 악을 익혀 우매하고 거만한 것이 백성과 같다.'(孔氏曰 : 九黎之君, 號曰蚩尤, 爲鴟梟之義. 三苗之君, 習蚩尤之惡, 頑凶若民.)"
242) 『서경대전(書經大全)』, 「주서(周書)」·「여형(呂刑)」 : "당의 공씨가 말하였다 : '초어(楚語)에서 「소호의 쇠퇴에 구려(九黎)… …. 그렇다면 구려(九黎)는 소호의 말기에 있었으니 치우가 아니다. ….'(唐孔氏曰 : 楚語云, 少昊氏之衰, 九黎…, …. 則九黎在少昊之末, 非蚩尤也. ….)"
243) 『서경대전(書經大全)』, 「주서(周書)」·「여형(呂刑)」 : "『사기』「오제본기」에서 말하였다 : '신농의 세상이 쇠퇴함 제후들이 침범함에 치우가 가장 강포해서 황제가 치우와 탁록의 들에 전투를 해서 죽였다.'(史記五帝本紀 : 神農世衰, 諸侯侵伐, 蚩尤最强暴, 黃帝與蚩尤戰于涿鹿之野, 殺之.)"

集傳

鴟義者, 以鴟張跋扈爲義,
치의(義)는 치장(鴟張)하고 발호(跋扈)함을 의(義)로 여기는 것이며,

詳說

○ 鄒氏季友曰 : "猛悍, 如鴟之張翼, 詩疏云, 跋扈凶橫, 自恣陵人之貌."
추씨 계우(鄒氏季友)가 말하였다 : "사나움이 부엉이가 날개를 편 것과 같으니, 『시경』의 소에서 '발호(跋扈)하고 흉횡(凶橫)하여 스스로 방자하게 사람들을 능멸하는 모양이다.'라고 하였다."

○ 按, 鴟是鷙害之鳥, 鴟義, 猶言害義也, 夏詳之, 且因鴟之張翼, 而並及魚之跋扈, 亦未知其必當.
살펴보건대, 부엉이는 사납게 해치는 새이니 부엉이의 의미는 의를 해친다고 말하는 것과 같다. 다시 자세히 살펴보면, 또 부엉이가 날개를 피는 것에 따라 아울러 물고기의 발호까지 미쳤는데, 또한 반드시 합당한지는 모르겠다.

集傳

矯虔者, 矯詐虔劉也.
교건(矯虔)은 속이고 죽이는 것이다.

詳說

○ 殺也.
'류(劉)'는 죽이는 것이다.

○ 將言苗民制虐刑, 先以蚩尤暴亂起之.
묘민(苗民)들이 사나운 형벌을 제정하니 먼저 치우의 난폭함을 제기했다.

[14-4-27-3]

苗民, 弗用靈, 制以刑, 惟作五虐之刑, 曰法, 殺戮無辜. 爰始淫爲劓刵椓黥, 越玆麗刑, 幷制, 罔差有辭.

묘민(苗民)이 선(善)을 써서 형벌을 제재하지 않고, 오직 다섯 가지 사나운 형벌을 만들고는 법(法)이라고 하며 무고(無辜)한 자들을 살육(殺戮)하였다. 이에 처음으로 지나치게 코 베고 귀 베며 음부를 제거하고 얼굴을 자자(刺字)하며 죄에 걸린 자들을 형벌하고 아울러 죄가 없는 자까지 제재하여 논죄(論罪)하는 말로 차별을 둠이 없었다.

詳說

○ 劓, 音二, 椓, 諺音誤. 麗, 音離, 幷, 去聲, 差, 音釵.
'이(劓)'는 음이 '이(二)'이고, '탁(椓)'은 『언해』의 음이 잘못되었다. '이(麗)'는 음이 '리(離)'이고, '병(幷)'은 거성이며, '차(差)'는 음이 '차(釵)'이다.

集傳

苗民, 承蚩尤之暴,
묘민(苗民)이 치우(蚩尤)의 포악함을 이어

詳說

○ 承上節.
위의 절을 이어받았다.

○ 孔氏曰 : "三苗之君, 習蚩尤之惡, 頑凶若民."
공씨(孔氏)가 말하였다 : "삼묘의 임금은 치우의 악을 익혀 우매하고 거만한 것이 백성과 같다."244)

○ 臨川吳氏曰 : "蠻獠擅自君長, 非受天子命爲諸侯, 其實一民而已."
임천 오씨(臨川吳氏)가 말하였다 : "오랑캐는 멋대로 스스로 군장노릇을 하니 천자의 명을 받아 제후가 된 것은 아니지만 그 내실은 하나의 백성들일 뿐이다."245)

---

244) 『서경대전(書經大全)』, 「주서(周書)」·「여형(呂刑)」: "공씨가 말하였다 : '구려(九黎)의 임금을 치우(蚩尤)라고 부르는데, 부엉이의 의를 행한다. 삼묘의 임금은 치우의 악을 익혀 우매하고 거만한 것이 백성과 같다.'(孔氏曰 : 九黎之君, 號曰蚩尤, 爲鴟梟之義. 三苗之君, 習蚩尤之惡, 頑凶若民.)"
245) 『서경대전(書經大全)』, 「주서(周書)」·「여형(呂刑)」: "임천 오씨가 말하였다 : '묘민(苗民)은 삼묘의 임금이다. 오랑캐의 처신은 멋대로 스스로 우두머리 노릇을 하니 비록 그 나라에 임금 노릇하는 것이 천자의 명을 받아 제후가 된 것은 아닐지라도 그 내실은 하나의 백성들일 뿐이다. 다섯 가지 사나운 형벌은 옛 다섯 형벌보다 다시 혹독하게 사나움을 더한 것이다. 「법이라고 한다.」는 것은 법이 아닌데 법이라고 하는 것이다. 살육(殺戮)은 죄인의 목을 베는 형벌이다. 코 베고 귀 베는 것은 모두 코 베는 형벌이니, 발 베는 형벌을 말하지 않는 것은 코 베는 궁형에 포함되기 때문이다. 어떤 이는 「월(刖)자가 잘못 이(劓)로 되었다.」고 했다. …'(臨川吳氏曰 : 苗民, 三苗之君也. 蠻獠之處, 擅自雄長, 雖君其國, 非受天子命, 而爲諸侯

○ 鄭氏曰 : "苗民, 卽九黎之後."
정씨(鄭氏)가 말하였다 : "묘민은 곧 구려의 후예이다."246)

集傳
不用善
선(善)을 써서 형벌을

詳說
○ 靈.
'선(善)'은 경문에서 '령(靈)'이다.

集傳
而制以刑,
제재하지 않고,

詳說
○ 不作善刑.
훌륭한 형벌을 만들지 못했다.

集傳
惟作五虐之刑, 名之曰法,
오직 다섯 가지 사나운 형벌을 만들고는 법(法)이라고 이름하며,

詳說
○ 新安陳氏曰 : "非古之五刑, 或如紂之炮烙剖心, 孫皓之鑿目剝面."
진안 진씨(新安陳氏)가 말하였다 : "옛날의 오형이 아니면, 혹 주(紂)임금의 달

也, 其實一民而已. 五虐之刑, 比舊五刑, 更加酷虐也. 曰法, 非法而謂之法也. 殺戮, 大辟也. 劓刵, 皆劓辟, 不言刵辟者, 包於劓宮. 或曰, 刖字誤爲刵也. ….)"
246) 『서경대전(書經大全)』, 「주서(周書)」·「여형(呂刑)」 : "당의 공씨가 말하였다 : '초어(楚語)에서 말하였다 : 「소호의 쇠퇴에 구려(九黎)… …. 그렇다면 구려(九黎)는 소호의 말기에 있었으니 치우가 아니다.」 초어에서 또 말하였다 : 「삼묘는 구려의 악을 반복했다.」 정씨는 묘민이 곧 구려의 후예라고 여겼다. 전욱이 구려를 주벌해서 그 자손이 삼국에 이르렀다. 죄가 있는 자는 말이 없고 죄가 없는 자는 말이 있는데, 묘민이 형옥을 단죄할 때에는 아울러 모두 죄주었던 것이다. ….'(唐孔氏曰 : 楚語云, 少昊氏之衰, 九黎…, …. 則九黎在少昊之末, 非蚩尤也. 楚語又云, 三苗復九黎之惡. 鄭氏以苗民卽九黎之後. 顓帝誅九黎, 至其子孫爲三國. 有罪者, 無辭, 無罪者, 有辭. 苗民斷獄, 並皆罪之. ….)"

군쇠로 단근질하거나 심장을 가르거나 손호(孫皓)의 눈을 파내거나 얼굴의 껍질을 벗기는 것과 같다."247)

○ 臨川吳氏曰 : "曰法, 非法而謂之法也."
임천 오씨(臨川吳氏)가 말하였다 : "'법이라고 한다.'는 것은 법이 아닌데 법이라고 하는 것이다."248)

集傳

以殺戮無罪.
무죄(無罪)한 자를 살육(殺戮)하였다.

詳說

○ 臨川吳氏曰 : "殺戮, 大辟也."
임천 오씨(臨川吳氏)가 말하였다 : "살육(殺戮)은 죄인의 목을 베는 형벌이다."249)

集傳

於是
이에

詳說

---

247) 『서경대전(書經大全)』, 「주서(周書)」·「여형(呂刑)」 : "진안 진씨가 말하였다 : '곧 옛날의 오형이 아니면, 반드시 또 포학하고 어지럽게 지나치게 사용하니, 혹 주(紂)임금의 달군쇠로 단근질하거나 심장을 가르거나 손호(孫皓)의 사람의 눈을 파내거나 사람 얼굴의 껍질을 벗기는 것과 같다. ….'(新安陳氏曰 : …. 非即古之五刑, 必又暴虐淫過用之, 或如紂之炮烙剖心, 孫皓之鑿人目剝人面之類耳. ….)"

248) 『서경대전(書經大全)』, 「주서(周書)」·「여형(呂刑)」 : "임천 오씨가 말하였다 : '묘민(苗民)은 삼묘의 임금이다. 오랑캐의 처신은 멋대로 스스로 우두머리 노릇을 하니 비록 그 나라에 임금 노릇하는 것이 천자의 명을 받아 제후가 된 것은 아닐지라도 그 내실은 하나의 백성들일 뿐이다. 다섯 가지 사나운 형벌은 옛 다섯 형벌보다 다시 혹독하게 사나움을 더한 것이다. 「법이라고 한다.」는 것은 법이 아닌데 법이라고 하는 것이다. 살육(殺戮)은 죄인의 목을 베는 형벌이다. 코 베고 귀 베는 것은 모두 코 베는 형벌이니, 발 베는 형벌을 말하지 않는 것은 코 베는 궁형에 포함되기 때문이다. 어떤 이는 「월(刖)자가 잘못 이(刵)로 되었다.」고 했다. ….'(臨川吳氏曰 : 苗民, 三苗之君也. 蠻獠之處, 擅自雄長, 雖君其國, 非受天子命, 而爲諸侯也, 其實一民而已. 五虐之刑, 比舊五刑, 更加酷虐也. 曰法, 非法而謂之法也. 殺戮, 大辟也. 劓刵, 皆劓辟, 不言刖辟者, 包於劓宮. 或曰, 刖字誤爲刵也. ….)"

249) 『서경대전(書經大全)』, 「주서(周書)」·「여형(呂刑)」 : "임천 오씨가 말하였다 : '묘민(苗民)은 삼묘의 임금이다. 오랑캐의 처신은 멋대로 스스로 우두머리 노릇을 하니 비록 그 나라에 임금 노릇하는 것이 천자의 명을 받아 제후가 된 것은 아닐지라도 그 내실은 하나의 백성들일 뿐이다. 다섯 가지 사나운 형벌은 옛 다섯 형벌보다 다시 혹독하게 사나움을 더한 것이다. 「법이라고 한다.」는 것은 법이 아닌데 법이라고 하는 것이다. 살육(殺戮)은 죄인의 목을 베는 형벌이다. 코 베고 귀 베는 것은 모두 코 베는 형벌이니, 발 베는 형벌을 말하지 않는 것은 코 베는 궁형에 포함되기 때문이다. 어떤 이는 「월(刖)자가 잘못 이(刵)로 되었다.」고 했다. ….'(臨川吳氏曰 : 苗民, 三苗之君也. 蠻獠之處, 擅自雄長, 雖君其國, 非受天子命, 而爲諸侯也, 其實一民而已. 五虐之刑, 比舊五刑, 更加酷虐也. 曰法, 非法而謂之法也. 殺戮, 大辟也. 劓刵, 皆劓辟, 不言刖辟者, 包於劓宮. 或曰, 刖字誤爲刵也. ….)"

○ 爰.
'어시(於是)'는 경문에서 '원(爰)'이다.

集傳
始過爲劓鼻刵耳, 椓竅黥面之法
비로소 지나치게 코를 베고 귀를 베며 구멍을 도려내고 얼굴을 자자(刺字)하는 법을 만들어

詳說
○ 淫.
'과(過)'는 경문에서 '음(淫)'이다.

○ 臨川吳氏曰 : "不言剕辟者, 包於劓宮, 或曰, 刖字誤爲刵也."
임천 오씨(臨川吳氏)가 말하였다 : "발 베는 형벌을 말하지 않는 것은 코 베는 궁형에 포함되기 때문이다. 어떤 이는 「월(刖)자가 잘못 이(刵)로 되었다.」고 했다."250)

○ 沙溪曰 : "椓竅, 宮刑之屬."
사계(沙溪)가 말하였다 : "음부를 도려내는 것은 궁형에 속한다."

集傳
於麗法者,
법에 걸린 자를

詳說
○ 越.
'어(於)'는 경문에서 '월(越)'이다.

---

250) 『서경대전(書經大全)』, 「주서(周書)」·「여형(呂刑)」 : "임천 오씨가 말하였다 : '묘민(苗民)은 삼묘의 임금이다. 오랑캐의 처신은 멋대로 스스로 우두머리 노릇을 하니 비록 그 나라에 임금 노릇하는 것이 천자의 명을 받아 제후가 된 것은 아닐지라도 그 내실은 하나의 백성들일 뿐이다. 다섯 가지 사나운 형벌은 옛 다섯 형벌보다 다시 혹독하게 사나움을 더한 것이다. 「법이라고 한다.」는 것은 법이 아닌데 법이라고 하는 것이다. 살육(殺戮)은 죄인의 목을 베는 형벌이다. 코 베고 귀 베는 것은 모두 코 베는 형벌이니, 발 베는 형벌을 말하지 않는 것은 코 베는 궁형에 포함되기 때문이다. 어떤 이는 「월(刖)자가 잘못 이(刵)로 되었다.」고 했다. ….'(臨川吳氏曰 : 苗民, 三苗之君也. 蠻獠之處, 擅自雄長, 雖君其國, 非受天子命, 而爲諸侯也, 其實一民而已. 五虐之刑, 比舊五刑, 更加酷虐也. 曰法, 非法而謂之法也. 殺戮, 大辟也. 劓刵, 皆劓辟, 不言剕辟者, 包於劓宮. 或曰, 刖字誤爲刵也. ….)"

○ 添法字.
　'법(法)'자를 더하였다.

集傳

必刑之, 并制無罪,
반드시 형벌하고 아울러 무죄한 자까지 제재하며

詳說

○ 添二字.
　두 글자를 더하였다.

集傳

不復曲直之辭爲差別,
다시는 곡직(曲直)의 말로 차별하지 않고

詳說

○ 去聲.
　'부(復)'는 거성이다.

集傳

以皆刑之也.
모두 형벌한 것이다.

詳說

○ 有.
　'이(以)'는 경문에서 '유(有)'이다.

○ 彼列反.
　'별(別)'은 음이 '피(彼)'와 '열(列)'의 반절이다.

○ 添曲直字.
　곡진이라는 말을 더하였다.

○ 唐孔氏曰：" 有罪者, 無辭, 無罪者, 有辭, 苗民, 並皆罪之."

당의 공씨(孔氏)가 말하였다 : "죄가 있는 자는 말이 없고 죄가 없는 자는 말이 있는데 묘민은 아울러 모두 죄주었던 것이다."251)

○ 陳氏曰 : "二始字, 見蚩尤爲作亂之始, 而苗民爲淫刑之始."
진씨(陳氏)가 말하였다 : "두 번의 시(始)자는 치우가 혼란을 만든 시작이고,252) 묘민이 형벌을 혼란하게 한 시작임을 드러내는 것이다."253)

[14-4-27-4]

民興胥漸, 泯泯棼棼, 罔中于信, 以覆詛盟, 虐威庶戮, 方告無辜于上. 上帝監民, 罔有馨香德, 刑發聞, 惟腥.

백성들이 일어나 서로 물들이고 어둡고 어지러워 마음속에 성신(誠信)으로 하지 않고, 저주와 맹약을 반복하니, 사나운 정사로 위엄을 베풀어 여러 형벌을 받은 자들이 바야흐로 무고(無辜)함을 상천에 하소연하였다. 상제께서 백성들을 굽어보시니, 향기로운 덕이 없고 형벌의 냄새 풍김이 비린내 뿐이었다.

詳說

○ 漸, 將廉反. 棼, 音紛. 覆, 音福. 詛, 莊助反.
'점(漸)'은 '장(將)'과 '렴(廉)'의 반절이다. '분(棼)'은 음이 '분(紛)'이다. '복(覆)'은 음이 '복(福)'이다. '저(詛)'는 '장(莊)'과 '조(助)'의 반절이다.

集傳

---

251) 『서경대전(書經大全)』, 「주서(周書)」·「여형(呂刑)」 : "당의 공씨가 말하였다 : '초어(楚語)에서 말하였다 : 「소호의 쇠퇴에 구려(九黎)… …. 그렇다면 구려(九黎)는 소호의 말기에 있었으니 치우가 아니다.」 초어에서 또 말하였다 : 「삼묘는 구려의 악을 반복했다.」 정씨는 묘민이 곧 구려의 후예라고 여겼다. 전욱이 구려를 주벌해서 그 자손이 삼국에 이르렀다. 죄가 있는 자는 말이 없고 죄가 없는 자는 말이 있는데, 묘민이 형옥을 단죄할 때에는 아울러 모두 죄주었던 것이다. ….'(唐孔氏曰 : 楚語云, 少昊氏之衰, 九黎…, …. 則九黎在少昊之末, 非蚩尤也. 楚語又云, 三苗復九黎之惡, 鄭氏以苗民卽九黎之後. 顓帝誅九黎, 至其子孫爲三國. 有罪者, 無辭, 無罪者, 有辭. 苗民斷獄, 並皆罪之. ….)"
252) 『서경대전(書經大全)』, 「주서(周書)」·「여형2(呂刑2)」 : "왕(王)이 말씀하였다. "옛날에 가르침이 있었으니, 치우(蚩尤)가 처음으로 난을 일으키자 평민에게까지 구적(寇賊)이 되지 않는 자가 없어 치장(鴟張)함을 의(義)로운 것으로 여겨 도둑질하고 빼앗으며 속이고 죽였다.(王曰. 若古有訓, 蚩尤惟始作亂, 延及于平民, 罔不寇賊, 鴟義姦宄, 奪攘矯虔.)"
253) 『서경대전(書經大全)』, 「주서(周書)」·「여형(呂刑)」 : "진씨가 말하였다 : '「마음속에 성신(誠信)으로 하지 않는다.」는 것은 마음속에 성신에서 나옴이 없는 것이니, 신이 중심에 나오지 않은 것이다. 향기로운 덕이 없으면서 드러남이 없는 것은 오직 더럽고 사나운 형벌 때문이다. 두 번의 시(始)자를 보면, 치우가 혼란을 만든 시작이고, 묘민이 형벌을 혼란하게 한 시작임이 드러난다.'(陳氏曰 : 罔中于信, 無中心出於誠信者, 信不由中也. 無馨香之德, 而發聞者, 惟腥穢之虐耳. 觀二始字, 見蚩尤爲作亂之始, 而苗民爲淫刑之始.)"

泯泯, 昏也. 棼棼, 亂也. 民相漸染
민민(泯泯)은 어두움이고, 분분(棼棼)은 어지러움이다. 백성들이 서로 물들어서

> [詳說]
> ○ 略興字, 何也.
> '흥(興)'자를 생략한 것은 무엇 때문인가?

[集傳]
爲昏爲亂, 無復誠信, 相與
어두운 짓을 하고 어지러운 짓을 하며 다시는 성신(誠信)이 없고 서로 함께

> [詳說]
> ○ 去聲.
> '부(復)'는 거성이다.
>
> ○ 陳氏曰:"罔中于信, 無中心出於誠信者, 信不由中也."
> 진씨(陳氏)가 말하였다: "'마음속에 성신(誠信)으로 하지 않는다.'는 것은 마음속이 성신에서 나옴이 없는 것이니, 신이 중심에 나오지 않은 것이다."254)

[集傳]
反覆詛盟而已. 虐政作威, 衆
저맹(詛盟)을 반복할 뿐이었다. 사나운 정사로 위엄을 세워 모든

> [詳說]
> ○ 庶.
> '중(衆)'은 경문에서 '서(庶)'이다.

[集傳]
被戮者, 方各告無罪於天. 天視苗民,
형벌을 받은 자들이 바야흐로 각기 무죄함을 하늘에 하소연하였다. 하늘이 묘민

---

254) 『서경대전(書經大全)』, 「주서(周書)」·「여형(呂刑)」: "진씨가 말하였다: '「마음속에 성신(誠信)으로 하지 않는다.」는 것은 마음속이 성신에서 나옴이 없는 것이니, 신이 중심에 나오지 않은 것이다. 향기로운 덕이 없으면서 드러남이 없는 것은 오직 더럽고 사나운 형벌 때문이다. 두 번의 시(始)자를 보면, 치우가 혼란을 만든 시작이고, 묘민이 형벌을 혼란하게 한 시작임이 드러난다.'(陳氏曰: 罔中于信, 無中心出於誠信者, 信不由中也. 無馨香之德, 而發聞者, 惟腥穢之虐刑. 觀二始字, 見蚩尤爲作亂之始, 而苗民爲淫刑之始.)"

(苗民)을 살펴보니,

> 詳說

○ 添苗字.
'묘(苗)'자를 더하였다.

> 集傳

無有馨香德, 而刑戮發聞, 莫非腥穢. 呂氏曰, 形於聲嗟,
향기로운 덕(德)이 없고 형륙(刑戮)의 발문(發聞)이 더러운 비린내 아님이 없었다. 여씨(呂氏)가 말하였다. "목소리로 슬퍼함에 나타남은

> 詳說

○ 告于天.
하늘에 고한 것이다.

> 集傳

窮之反也,
궁하여 근본에 돌아감이고,

> 詳說

○ 人窮則反本. 本謂所從生也, 卽天也.
사람이 궁하면 근본으로 돌아간다. 근본은 그것에서 나온 것으로 곧 하늘이다.

> 集傳

動於氣臭, 惡之熟也. 馨香, 陽也, 腥, 穢陰也. 故德爲馨香而刑發腥穢也
기운과 냄새에 동함은 악(惡)이 성숙한 것이다. 향기로움은 양(陽)이고 더러운 비린내는 음(陰)이다. 그러므로 덕은 향기로움이 되고 형벌은 더러운 비린내를 풍기는 것이다.

> 詳說

○ 呂說, 論也.
여씨의 설명은 경문의 의미 설명이다.

[14-4-27-5]

> 皇帝哀矜庶戮之不辜, 報虐以威, 遏絶苗民, 無世在下.

황제(皇帝)께서 여러 형벌을 받은 자의 무죄(無罪)함을 가엾게 여기시고, 사나움을 갚되 위엄으로써 하여 묘민(苗民)을 끊어서 대를 이어 하국(下國)에 있지 못하게 하였다.

集傳

皇帝, 舜也. 以書

황제(皇帝)는 순(舜)이다. 『서경(書經)』을 가지고

詳說

○ 舜典.

「순전」이다.

集傳

考之, 治苗民, 命伯夷禹稷皐陶,

살펴보면 묘민(苗民)을 다스린 것과 백이(伯夷)와 우(禹)·직(稷)·고요(皐陶)에게 명한 것은

詳說

○ 音遙, 下並同.

'요(陶)'는 음이 '요(遙)'로 아래에서 모두 같다.

集傳

皆舜之事.

모두 순(舜)의 일이다.

詳說

○ 鄒氏季友曰 : "竄苗時, 舜未爲帝. 當從孔傳作堯爲是."

추씨 계우(鄒氏季友)[255]가 말하였다 : "묘를 죽일 때에 순은 아직 황제가 되지

---

255) 『서경대전(書經大全)』, 「상서(尙書)」·「중훼지고(仲虺之誥)」에는 황보밀(皇甫謐)의 말로 되어 있다. 황보밀(皇甫謐, 215년 ~ 282년)은 서진(西晉) 안정(安定) 조나(朝那) 사람으로 자는 사안(士安)이고, 어릴 때 이름은 정(靜)이며, 자호는 현안선생(玄晏先生)이다. 황보숭(皇甫嵩)의 증손이다. 젊었을 때 거침없이 방탕하여 사람들이 미치광이라고 여겼다. 20살 무렵부터 부지런히 공부해 게으르지 않았다. 집이 가난해 직접 농사를 지었는데, 책을 읽으면서 밭갈이를 함으로써 수많은 서적들을 통독했다. 나중에 질병에 걸렸으면서도

않았으니 공씨의 전에 따라 요(堯)로 해야 하는 것이 옳다."

○ 新安陳氏曰 : "表記引德威惟畏, 曰非虞帝, 其孰能之乎. 皇帝爲舜明矣."
신안 진씨(新安陳氏)가 말하였다 : "「표기」에서 '덕으로 위엄을 보이자 두려워하였다.'는 것을 인용하고는 '우제(虞帝)가 아니라면 그 누가 할 수 있겠는가!'라고 하였으니, 황제가 순임이 분명하다."256)

集傳
報苗之虐, 以我之威. 絶, 滅也, 謂竄與分北之類,
묘(苗)의 사나움을 갚되 자신의 위엄으로써 하였다. 절(絶)은 멸함으로 죽임과 분리의 종류를 이르니,

詳說
○ 音佩.
'패(北)'는 음이 '패(佩)'이다.

○ 並見舜典.
아울러 모두 「순전」에 보인다.

集傳
遏絶之, 使無繼世在下國.
끊고 멸하여 대를 이어 하국(下國)에 있지 못하게 한 것이다.

詳說
○ 添使國字.
'사(使)'와 '국(國)'자를 더하였다.

손에서 책을 놓지 않고 저술에 전심하느라 밥 먹는 것도 잊어버려 사람들이 서음(書淫)이라 했다. 무제(武帝) 때 부름을 받았지만 나가지 않았다. 무제가 책 한 수레를 하사했다. 자신의 병을 고치려고 의학서를 읽어 가장 오랜 침구 관련서인 『침구갑을경(鍼灸甲乙經)』을 편찬했다. 역사에도 조예가 깊어 『제왕세기(帝王世紀)』와 『연력(年歷)』, 『고사전(高士傳)』, 『일사전(逸士傳)』, 『열녀전(列女傳)』, 『현안춘추(玄晏春秋)』 등을 지었다.
256) 『서경대전(書經大全)』, 「주서(周書)」·「여형(呂刑)」 : "신안 진씨가 말하였다 : 「표기」에서 '덕으로 위엄을 보이자 두려워하고, 덕으로 밝히자 밝아졌다.'는 것을 인용하고 이어 '우제(虞帝)가 아니라면 그 누가 할 수 있겠는가!'라고 하였으니 황제가 순임이 분명하다. …'(新安陳氏曰 : …. 表記引德威惟畏, 德明惟明, 繼之曰非虞帝, 其孰能如是乎, 則皇帝爲舜, 明矣. ….)"

[14-4-27-6]

> 乃命重黎, 絶地天通, 罔有降格, 羣后之逮在下, 明明棐常, 鰥寡無蓋.

마침내 중(重)·여(黎)에게 명하여 땅이 하늘과 통함을 끊어 강림하여 이름이 없게 하시니, 여러 제후와 아래에 있는 자들이 명명(明明)하게 떳떳한 도(道)를 도와 환과(鰥寡)가 가림이 없었다.

詳說

○ 重, 平聲.

'중(重)'은 평성이다.

集傳

重, 少昊之後, 黎, 高陽之後, 重, 卽羲, 黎卽和也.

중(重)은 소호(少昊)의 후손이고 여(黎)는 고양(高陽)의 후손이니, 중(重)은 곧 희(羲)이고 여(黎)는 곧 화(和)이다.

詳說

○ 龜山楊氏曰 : "揚雄云, 羲近重, 和近黎, 羲和, 非重黎也. 重黎司天地, 羲和掌四時. 春夏, 陽也, 故羲近重, 秋冬陰也, 故和近黎."

구산 양씨(龜山楊氏)가 말하였다 : "양웅이 말하였다 : 희(羲)는 중(重)에 가깝고 화(和)는 여(黎)에 가까우니, 희화는 중려가 아니다. 중려가 천지를 맡고 희화가 사시를 담당한다. 봄과 여름은 양이기 희가 중에 가깝고 가을과 겨울은 음이기 때문에 화가 려에 가깝다."[257]

集傳

呂氏曰, 治世公道昭明, 爲善得福, 爲惡得禍.

---

[257] 『서경대전(書經大全)』, 「주서(周書)」·「여형(呂刑)」 : "구산 양씨(龜山楊氏)가 말하였다 : '양웅이 말하였다 : 남정인 중이 하늘을 맡고 북정인 려가 땅을 맡아 희(羲)는 중(重)에 가깝고 화(和)는 여(黎)에 가까우니, 희화는 중려가 아니고 가까울 뿐이다. 중려가 천지의 관을 맡고 희화가 사시의 관을 담당한다. 봄과 여름은 양이기 희가 중에 가깝고 가을과 겨울은 음이기 때문에 화가 려에 가깝다.'(龜山楊氏曰 : 揚雄云, 南正重司天, 北正黎司地, 羲近重, 和近黎, 羲和, 非重黎也. 近之而已. 重黎, 司天地之官也, 羲和, 掌日時之官也. 春夏陽也, 故羲近重, 秋冬陰也, 故和近黎.)"

여씨(呂氏)가 말하였다. "치세(治世)에는 공정한 도가 밝아 선을 하면 복을 얻고 악을 하면 화를 얻는다.

詳說
○ 去聲.
'치(治)'는 거성이다.

集傳
民曉然知其所由,
백성들이 분명히 그 이유를 아니,

詳說
○ 禍福
'기(其)'는 화와 복이다.

集傳
則不求之渺茫冥昧之間. 當三苗昏虐, 民之得罪者, 莫知其端無所控訴,
아득하고 어두운 사이에 구하지 않는다. 그런데 삼묘(三苗)가 어둡고 사나운 때를 만나 백성 중에 죄를 얻은 자가 그 단서를 알지 못하고 하소연할 곳이 없으니,

詳說
○ 其不入罪者, 亦恐得罪而求以自免.
죄에 들어가지 않은 자들마저도 죄를 얻으면 스스로 면할 길을 찾는 것에 대해 염려하였다.

集傳
相與聽於神, 祭非其鬼.
서로 함께 신(神)에게 듣고 자신의 조상신이 아닌 것에 제사하였다.

詳說
○ 四字, 見論語爲政.
네 글자는 『논어』「위정」에 보인다.258)

---

258) 『논어(論語)』「(爲政)」: "공자(孔子)께서 말씀하셨다. '그 제사지내어야 할 귀신이 아닌 것을 제사하는 것

集傳
天地人神之典, 雜糅瀆亂,
하늘과 땅과 사람의 신(神)에 대한 예(禮)가 혼잡하고 독란(瀆亂)하니,

詳說
○ 女救反.
'유(糅)'는 음이 '여(女)'와 '구(救)'의 반절이다.

集傳
此妖誕之所以興, 人心之所以不正也. 在舜當務之急, 莫先於正人心.
이것이 요탄(妖誕)이 일어나는 이유이고 인심(人心)이 바르지 못하게 된 까닭이다. 순(舜)에게 급히 힘써야 할 것은 인심(人心)을 바로잡는 것보다 먼저 할 것이 없었다.

詳說
○ 先立論.
먼저 입론한 것이다.

集傳
首命重黎, 修明祀典, 天子然後祭天地, 諸侯然後祭山川,
먼저 중(重)·여(黎)에게 명하여 제사하는 예(禮)를 수명(修明)하게 해서 천자(天子)인 뒤에야 천지(天地)에 제사하고 제후(諸侯)인 뒤에야 산천(山川)에 제사하니,

詳說
○ 見禮記王制.
『예기』「왕제」에 보인다.

集傳
高卑上下各有分限,
존비(尊卑)와 상하(上下)가 각각 분한(分限)이 있고,

詳說

은 아첨함이다.'(子曰, 非其鬼而祭之, 諂也.)"

○ 去聲.
'분(分)'은 거성이다.

○ 添五句.
다섯 구를 더하였다.

集傳

絶地天之通, 嚴幽明之分,
천(天)·지(地)의 통함을 끊고 유(幽)·명(明)의 구분을 엄격히 하여

詳說

○ 人明也在地, 神幽也在天.
사람의 명(明)은 땅에 있고, 신의 유(幽)는 하늘에 있다.

○ 張氏曰 : "絶在地之民, 使人不得以妖術格在天之神, 絶在天之神, 使人不得假其名字, 以降于在地之民."
장씨(張氏)가 말하였다 : "땅에 있는 백성들을 끊어 괴이한 술수로 하늘에 있는 신에게 이름을 얻지 못하게 하고, 하늘에 있는 신을 끊어 그 이름과 자를 빌려 땅에 있는 백성들에게 강림하지 못하게 하는 것이다."259)

○ 孔氏曰 : "天神無有降地, 地祇不至於天."
공씨(孔氏)가 말하였다 : "하늘의 신은 내려옴이 없고, 땅의 신은 하늘에 이르지 않는다."260)

---

259) 『서경대전(書經大全)』, 「주서(周書)」·「여형(呂刑)」 : "장씨가 말하였다 : '…. 간사한 사람들은 매번 신을 빌려 난을 일으킨다. 이를테면 한나라 말기에 장각이 모반하니, 하루에 함께 일어나는 자들이 서른여섯 무리나 되었고, 장어가 거병하니, 또한 오두미교의 머리로 신을 지나쳐 사람들을 인도한 것이 모두 여기에 해당한다. 「땅이 하늘과 통함을 끊어 강림하여 이름이 없게 했다.」는 것은 땅에 있는 백성들을 끊어 괴이한 술수로 하늘에 있는 신에게 이름을 얻지 못하게 하고, 하늘에 있는 신을 끊어 그 이름과 자를 빌려 땅에 있는 백성들에게 강림하지 못하게 하는 것이다.'(張氏曰 : …. 奸人每假神, 以作亂. 如漢末張角謀叛, 一日同起者, 三十六方, 張魯起兵, 亦以五斗米首, 過於神以誘人, 皆是也. 絶地天通, 因有降格者. 絶在地之民, 使人不得以妖術格在天之神, 絶在天之神, 使人不得假其名字以降于在地之民.)"
260) 『상서찬전(尙書纂傳)』, 「주서(周書)」·「여형(呂刑)」 : "한나라의 공씨가 말하였다 : '중(重)은 곧 희(羲)이고 여(黎)는 곧 화(和)이다. 요가 희와 화에게 대대로 천지와 사시의 관을 담당해서 사람과 신이 어지럽지 않게 각기 그 순서를 얻게 하라고 명한 것이 바로 땅이 하늘과 통함을 끊으라는 말이니, 하늘의 신은 땅에 내려옴이 없고, 땅의 신은 하늘에 이르지 않게 되었다는 말이다. ….'(漢孔氏曰 : 重即羲, 黎即和. 堯命羲和, 世掌天地四時之官, 使人神不擾, 各得其序. 是謂絶地天通, 言天神無有降地, 地祇不至于天. …)"

集傳
焄蒿
훈호(焄蒿)와

詳說
○ 許云反.
'훈(焄)'은 음이 '허(許)'와 '운(云)'의 반절이다.

○ 音薅.
'호(蒿)'는 음이 '호(薅)'이다.

○ 見禮記祭義.
『예기』「제의」에 보인다.

集傳
妖誕之說, 擧皆屛息,
요탄(妖誕)한 말이 모두 감춰져 종식되니,

詳說
○ 必正反.
'병(屛)'은 음이 '필(必)'과 '정(正)'의 반절이다.

○ 添二句.
두 구를 더하였다.

集傳
羣后及在下之羣臣,
여러 제후와 아래에 있는 군신(群臣)들이

詳說
○ 添二字, 然本文之勢, 似指羣后之及其世在下者.
'군신(羣臣)'이라는 글자를 더하였지만 본문의 어투는 여러 제후와 그 세대에 아

書集傳詳說 卷之十四　257

래에 있는 자들을 가리키는 듯하다.

○ 孔氏曰:"下, 下國."
공씨(孔氏)가 말하였다 : "'하(下)'는 하국(下國)이다."

集傳

皆精白一心,
모두 한 마음을 정백(精白)히 하여

詳說

○ 明明, 與後節明明同.
'명명(明明)'은 뒤의 절에서 '명명(明明)'261)과 같다.

集傳

輔助常道.
떳떳한 도(道)를 도왔다.

詳說

○ 棐.
'보조(輔助)'는 경문에서 '비(棐)'이다.

集傳

民卒善而得福, 惡而得禍,
백성들이 마침내 선하면 복을 얻고 악하면 화를 얻어

詳說

○ 收結起語.
일으킨 말을 거둬 매듭지었다.

集傳

---

261) 『서경대전(書經大全)』, 「주서(周書)」·「여형-10(呂刑-10)」: "군주는 목목(穆穆)히 위에 있고 신하는 명명(明明)히 아래에 있어 사방에 빛나며 덕을 부지런히 힘쓰지 않음이 없다. 그러므로 마침내 형벌의 알맞음을 밝혀서 백성을 모두 다스려 떳떳한 성품을 도왔다.(穆穆在上, 明明在下, 灼于四方, 罔不惟德之勤. 故乃明于刑之中, 率乂于民, 棐彝.)"

雖鰥寡之微, 亦無有蓋蔽而不得自伸者也

비록 환과(鰥寡)의 미천한 자라도 또한 가려져 스스로 폄을 얻지 못한 자가 없었다."

[詳說]

○ 新安陳氏曰:"民心坦然無疑, 不復求之於神."

신안 진씨(新安陳氏)가 말하였다 : "민심이 안정되어 의심이 없어 다시 신에게 구하지 않았다."262)

[集傳]

○ **按, 國語**

○ 살펴보건대 『국어(國語)』에

[詳說]

○ 楚語.

「초어」이다.

[集傳]

曰少皞氏之衰,

"소호(少皞)씨가 쇠하자

[詳說]

○ 猶末也.

'쇠(衰)'는 '말(末)'과 같다.

[集傳]

九黎亂德,

구려(九黎)가 덕(德)을 어지럽히니,

[詳說]

○ 韋氏昭曰:"九黎氏, 九人."

---

262) 『서경대전(書經大全)』, 「주서(周書)」·「여형(呂刑)」:"신안 진씨가 말하였다 : '민심이 안정되어 의심이 없어 다시 신에게 구하지 않았으니, 이것은 중과 려가 그 직분을 얻었기 때문이다. ….'(新安陳氏曰 : …. 民心坦然無疑, 而不復求之于神, 此重黎所以得擧其職也. ….)"

위씨 소(韋氏昭)²⁶³⁾가 말하였다 : "구려씨는 구인이다."²⁶⁴⁾

集傳
民神雜糅, 家爲巫史, 民瀆齊盟,
백성과 신(神)이 혼잡하여 집집마다 무당을 위하고 백성들이 번독(煩瀆)하게 서로 맹약하여

詳說
○ 猶詛也, 或曰齋也.
'제(齊)'는 '맹약한다.'는 것이다. 어떤 이는 '재계한다(齋)'는 것이라고 하였다.

集傳
禍災荐臻,
재앙이 거듭 이르렀는데,

詳說
○ 張氏曰 : "姦人每假神以作亂, 如漢末張角張魯是也."
장씨(張氏)가 말하였다 : "간사한 사람들은 매번 신을 빌려 난을 일으키니, 한나라 말기에 장각과 장어가 여기에 해당하는 사람들이다."²⁶⁵⁾

集傳
顓頊受之,

---

263) 위소(韋昭, 204 ~ 273) : 즉, 위요(韋曜)이다. 오군(吳郡) 운양(雲陽) 사람으로 본명은 위소(韋昭)이고, 자는 홍사(弘嗣)이다. 삼국(三國) 시기 오(吳)나라 중신(重臣)이자 정치가이다. 젊어서 승상연(丞相掾), 서안령(西安令), 상서랑(尙書郞), 태자중서자(太子中庶子), 황문시랑(黃門侍郞), 태사령(太史令), 중서랑(中書郞) 등을 지냈다. 258년 손휴(孫休)가 손량(孫亮)을 폐하고 황제가 되자 오경박사(五經博士)와 국학(國學)을 설립하였는데, 이때 위소는 중서랑(中書郞), 박사제주(博士祭酒)가 되어 국자학(國子學)을 장관했다. 264년 손휴가 별세하고 손호(孫皓)가 즉위하자 위소를 고릉정후(高陵亭侯)로 봉했다. 그 뒤에 중서복야(中書僕射), 시중(侍中), 좌국사(左國史) 등을 지냈지만 손호에게 피살되었다. 일찍이 『오서(吳書)』편찬에 참여했고, 저서로 『한서음의(漢書音義)』, 『국어주(國語注)』, 『관직훈(官職訓)』, 『삼오군국지(三吳郡國志)』 등이 있다.
264) 『상서주소(尙書注疏)』, 「주서(周書)」·「여형(呂刑)」 : "위씨 소가 말하였다 : '구려씨는 구인으로 치우의 무리이다.'(韋昭云 : 九黎氏, 九人, 蚩尤之徒也.)"
265) 『서경대전(書經大全)』, 「주서(周書)」·「여형(呂刑)」 : "장씨가 말하였다 : '…. 간사한 사람들은 매번 신을 빌려 난을 일으킨다. 이를테면 한나라 말기에 장각이 모반하니, 하루에 함께 일어나는 자들이 서른여섯 무리나 되었고, 장어가 거병하니, 또한 오두미교의 머리로 신을 지나쳐 사람들을 인도한 것이 모두 여기에 해당한다. 「땅이 하늘과 통함을 끊어 강림하여 이름이 없게 했다.」는 것은 땅에 있는 백성들을 끊어 괴이한 술수로 하늘에 있는 신에게 이름을 얻지 못하게 하고, 하늘에 있는 신을 끊어 그 이름과 자를 빌려 땅에 있는 백성들에게 강림하지 못하게 하는 것이다.'(張氏曰 : …. 奸人每假神, 以作亂, 如漢末張角謀叛, 一日同起者, 三十六方, 張魯起兵, 亦以五斗米首, 過於神以誘人, 皆是也. 絶地天通, 罔有降格者. 絶在地之民, 使人不得以妖術格在天之神, 絶在天之神, 使人不得假其名字以降于在地之民.)"

전욱(顓頊)이 이를 받아서

詳說

○ 吁玉反.
'욱(頊)'은 음이 '우(吁)'와 '옥(玉)'의 반절이다.

○ 承之.
이어받는 것이다.

集傳

乃命南正重, 司天以屬神,
마침내 남정(南正) 중(重)에게 명하여 하늘을 맡아 신(神)을 소속시키고,

詳說

○ 音燭, 下同, 會也
'촉(屬)'은 음이 '촉(燭)'으로 아래에서도 같고 '모은다.'는 것이다.

集傳

北正黎, 司地以屬民
북정(北正) 여(黎)에게 땅을 맡아 백성을 소속시켜

詳說

○ 新安陳氏曰:"北或作火, 北與火字相似, 又以北正兼火正也."
신안 진씨(新安陳氏)가 말하였다 : "북(北)은 혹 화(火)를 나타내고 북(北)은 화(火)자와 비슷하며, 또 북정(北正)이 화정(火正)을 겸하기 때문이다."[266]

集傳

使無相侵瀆.
서로 침란(侵亂)하고 번독(煩瀆)함이 없게 하였다.

詳說

---

[266]『서경대전(書經大全)』, 「주서(周書)」·「여형(呂刑)」 : "신안 진씨가 말하였다 : '북정려(北正黎)는 혹 화(火)정려(火正黎)를 나타내고 북(北)은 화(火)자와 비슷하며, 또 려(黎) 북정(北正)이 화정(火正)을 겸하니, 축융(祝融)이기 때문이다. ….'(新安陳氏曰… 又按, 北正黎, 或作火正黎, 北字與火字相似, 又黎以北正兼火正黎, 即祝融也. ….)"

○ 唐孔氏曰 : "令神與天在上, 民與地在下, 定上下之分, 使民神不雜, 則祭享有度."

당의 공씨(孔氏)가 말하였다 : "신과 하늘은 위에 있게 하고 백성과 땅은 아래에 있게 해서 상하의 분수를 정하면, 백성과 신이 섞이지 않으니, 제사에 법도가 있는 것이다."267)

集傳

其後三苗復九黎之德, 堯復

그 후 삼묘(三苗)가 구려(九黎)의 덕(德)을 회복하므로 요(堯)가 다시

詳說

○ 去聲, 下同.

'부(復)'는 거성으로 아래에서도 같다.

集傳

育重黎之後, 不忘舊者,

중(重)·여(黎)의 뒤를 길렀으니, 옛날을 잊지 아니하여

詳說

○ 其傳守舊業者.

옛날의 기업을 전하여 지키는 것이다.

集傳

使復典之.

다시 주관하게 한 것이다."라고 하였다.

詳說

○ 卽羲和也.

곧 희와 화이다.

---

267) 『서경대전(書經大全)』, 「주서(周書)」·「여형(呂刑)」 : "당의 공씨가 말하였다 : '희는 중의 자손이고 화는 려의 자손이다. 하늘을 맡은 것은 신에 속하고 땅을 맡은 것은 백성에 속하니, 신과 하늘은 위에 있게 하고 백성과 땅은 아래에 있게 해서 상하의 분수를 정하면, 백성과 신이 섞이지 않으니, 제사에 법도가 있는 것이다.'(唐孔氏曰 : 羲是重之子孫, 和是黎之子孫. 司天屬神, 司地屬民者, 令神與天在上, 民與地在下, 定上下之分, 使民神不雜, 則祭享有度.)"

[14-4-27-7]

皇帝淸問下民, 鰥寡有辭于苗. 德威惟畏, 德明惟明.

황제(皇帝)께서 하민(下民)들에게 겸허히 물으시니, 환과(鰥寡)가 묘(苗)에 원망하는 말이 있었다. 황제께서 덕(德)으로 위엄을 보이시자 두려워하고, 덕(德)으로 밝히시자 밝아졌다.

集傳

淸問, 虛心而問也. 有辭, 聲苗之過也.
청문(淸問)은 마음을 비우고 묻는 것이다. 유사(有辭)는 묘(苗)의 허물을 성토하는 것이다.

詳說

○ 呂氏曰 : "苗民旣遏絶元惡, 而餘孼猶存."
여씨(呂氏)가 말하였다 : "묘민이 그 큰 악이 끊어졌는데 나머지 여전히 남아 있었다."

集傳

苗以虐爲威, 以察爲明,
묘(苗)는 사나움을 위엄으로 삼고 살핌을 밝음으로 삼았는데,

詳說

○ 先添二句.
먼저 두 구를 더하였다.

集傳

帝反其道, 以德威,
순제(舜帝)가 그 도를 반대로 하여 덕으로 위엄을 보이자

詳說

○ 爲威.
위엄으로 하였다는 것이다.

集傳

而天下無不畏, 以德明而天下無不明也.

천하가 두려워하지 않음이 없고, 덕으로 밝히자 천하가 밝지 않음이 없었다.

[14-4-27-8]

乃命三后, 恤功于民, 伯夷降典, 折民惟刑, 禹平水土, 主名山川, 稷降播種, 農殖嘉穀, 三后成功, 惟殷于民.

마침내 세 후(后)를 명하여 백성을 구휼하는 공을 세우게 하시니, 백이(伯夷)는 예(禮)를 내려 백성들이 형벌에 들어감을 끊고, 우(禹)는 수토(水土)를 다스려 유명한 산천(山川)을 주관하게 하며, 직(稷)은 파종하는 법을 내려 농사에 아름다운 곡식이 번식하니, 세 후(后)가 공을 이루어 백성들을 성하게 하였다.

詳說

○ 種如字.

'종(種)'자는 본래의 음 대로 읽는다.

集傳

恤功, 致憂民之功也.

휼공(恤功)은 백성을 근심하는 공을 이루는 것이다.

詳說

○ 補致字.

'치(致)'자를 보완하였다.

○ 臨川吳氏曰 : "以民事爲憂也."

임천 오씨(臨川吳氏)가 말하였다 : "백성의 일을 근심하는 것이다."[268]

---

268) 『서경대전(書經大全)』, 「주서(周書)」·「여형(呂刑)」: "임천 오씨가 말하였다 : 「백(伯)은 관작이고 「이(夷)」는 이름으로, …. …. 「휼공(恤功)」은 백성의 일을 근심하는 것이다. 위에서 아래를 교화하는 것을 「강(降)」이라고 한다. 안에서는 「많은 조민에게 덕을 내린다고 한다.」 백이가 백성들을 예로 교화시켜 백성들이 예로 들어가고 형으로 들어가지 않으니, 백성들이 형으로 들어가는 길을 끊어버린 것이다. 우가 사공이 되어 물을 다스리니, 물이 땅 가운데로 흘러 흙에 사람이 살 수 있었다. 구주에는 각기 유명한 산천을 주관해서 강역을 표시한다. 「직(稷)」은 파종하는 법을 내린다는 것이니, 삼농이 좋은 곡식을 풍성하게 할 수 있다. 삼후가 각기 그 일을 이룬 것은 그 백성들의 수를 힘써 번성하게 한 것이다. 「예를 내린다.」는 것은 교화시킨다는 것이고, 「수토를 다스린다.」는 것은 편안하게 한다는 것이다. 「파종하는 법을 내린다.」는 것은 기른다는 것이다.'(臨川吳氏曰: 伯, 爵, 夷, 名, …, …. 恤功, 以民事爲憂也. 自上教下曰, 降, 內則曰降德于衆兆民. 伯夷教民以禮, 民入於禮, 而不入於刑, 折絶斯民入刑之路也. 禹爲司空治水, 水由地中行而土可居. 九州各主有名之山川以表疆域 稷降, 下播種之法, 三農得以豊殖其嘉穀, 三后各成其事. 惟務繁盛其民

集傳

典, 禮也. 伯夷, 降天地人之三禮,

전(典)은 예(禮)이다. 백이(伯夷)는 천(天)·지(地)·인(人)의 세 가지 예(禮)를 내려

詳說

○ 見舜典.

「순전」에 보인다.

集傳

以折民之

백성들의

詳說

○ 惟.

'지(之)'는 경문에서 '유(惟)'이다.

集傳

邪妄.

사악하고 함부로 하는 짓을 끊었다.

詳說

○ 邪妄, 所以得刑者.

사악하고 함부로 하기 때문에 형벌을 얻는 것이다.

○ 臨川吳氏曰 : "折絶斯民入刑之路也. 自上敎下曰, 降. 內則曰 降德于衆兆民.

임천 오씨(臨川吳氏)가 말하였다 : "백성들이 형으로 들어가는 길을 끊어버린 것이다. 위에서 아래를 교화하는 것을 「강(降)」이라고 한다. 안에서는 '많은 조민에게 덕을 내린다.'고 한다."[269]

之生聚. 降典, 敎之也. 平水土, 安之也. 降播種, 養之也.)"

[269] 『서경대전(書經大全)』, 「주서(周書)」·「여형(呂刑)」: "임천 오씨가 말하였다 : '「백(伯)」은 관작이고 「이(夷)」는 이름으로, …. …. 「휼공(恤功)」은 백성의 일을 근심하는 것이다. 위에서 아래를 교화하는 것을 「강(降)」이라고 한다. 안에서는 「많은 조민에게 덕을 내린다고 한다.」 백이가 백성들을 예로 교화시켜 백성들이 예로 들어가고 형으로 들어가지 않으니, 백성들이 형으로 들어가는 길을 끊어버린 것이다. 우가 사공이 되

○ 呂氏曰 : "降典, 先其本也. 後之知道者, 亦謂去神祠然後, 人爲善, 其旨微矣."

여씨가 말하였다 : "'예를 내린다.'는 것은 그 근본을 먼저 한 것이다. 후에 도를 아는 자들도 신사를 없앤 다음에 사람들이 선을 행한다고 한 것은 그 뜻이 은미하다."270)

集傳

蘇氏曰, 失禮, 則入刑, 禮刑一物也. 伯夷降典, 以正民心,

소씨(蘇氏)가 말하였다. "예(禮)를 잃으면 형벌로 들어가니, 예와 형벌이 한 물건이다. 백이(伯夷)가 예(禮)를 내려 민심을 바로잡고,

詳說

○ 卽折邪妄.

곧 사악하고 함부로 하는 것을 끊은 것이다.

集傳

禹平水土, 以定民居,

우(禹)가 수토(水土)를 다스려 백성들의 거처를 안정시키고,

詳說

○ 臨川吳氏曰 : "九州各主有名之山川以表疆域."

임천 오씨(臨川吳氏)가 말하였다 : "주에는 각기 명산과 대천을 주로 두어 강역을 표시한다."271)

어 물을 다스리니, 물이 땅 가운데로 흘러 흙에 사람이 살 수 있었다. 구주에는 각기 유명한 산천을 주관해서 강역을 표시한다. 「직(稷)」는 파종하는 법을 내린다는 것이니, 삼농이 좋은 곡식을 풍성하게 할 수 있다. 삼후가 각기 그 일을 이룬 것은 그 백성들의 수를 힘써 번성하게 한 것이다. 「예를 내린다.」는 것은 교화시킨다는 것이고, 「수토를 다스린다.」는 것은 편안하게 한다는 것이다. 「파종하는 법을 내린다.」는 것은 기른다는 것이다.'(臨川吳氏曰 : 伯, 爵, 夷, 名, …, …. 恤功, 以民事爲憂也. 自上敎下曰, 降, 內則曰降德于衆兆民. 伯夷敎民以禮, 民入於禮, 而不入於刑, 折絶斯民入刑之路也. 禹爲司空治水, 水由地中行而土可居. 九州各主有名之山川以表疆域. 稷降, 下播種之法, 三農得以豐殖其嘉穀, 三后各成其事. 惟務繁盛其民之至聚. 降典, 敎也. 平水土, 安之也. 降播種, 養之也.)"

270) 『서경대전(書經大全)』, 「주서(周書)」·「여형(呂刑)」: "여씨가 말하였다 : '…. 「예를 내린다.」는 것은 그 근본을 먼저 한 것이다. 후에 도를 아는 자들도 신사를 없앤 다음에 사람들이 선을 행한다고 한 것은 그 뜻이 은미하다. 백이의 예에서 고요의 형법까지는 제도와 문물이 갖추어진 것이다. ….'(呂氏曰 : …. 降典, 先其本也. 後之知道者, 亦謂去神祠, 然後人爲善, 其旨微矣. 自伯夷之典, 迄皐陶之刑, 制度文爲之具也. ….)"

271) 『서경대전(書經大全)』, 「주서(周書)」·「여형(呂刑)」: "임천 오씨가 말하였다 : '「백(伯)」은 관작이고 「이(夷)」는 이름으로, …. …. 「휼공(恤功)」은 백성의 일을 근심하는 것이다. 위에서 아래를 교화하는 것을 「강(降)

集傳

稷降播種以厚民生,
직(稷)이 파종하는 법을 내려 백성들의 삶을 후(厚)하게 하니,

詳說

○ 農.
　농민이다.

○ 臨川吳氏曰 : "降典, 教之也. 平水土, 安之也. 降播種, 養之也. 降下播種之法, 三農得以豐殖其嘉穀."
　임천 오씨(臨川吳氏)가 말하였다 : "'예를 내린다.'는 것은 교화시킨다는 것이고, '수토를 다스린다.'는 것은 편안하게 한다는 것이다. '파종하는 법을 내린다.'는 것은 기른다는 것이다. 파종하는 법을 내려 삼농이 좋은 곡식을 풍성하게 하는 것이다."272)

○ 二句, 諺釋合, 更商.
　두 구는 『언해』의 해석이 합하는지 다시 살펴봐야 한다.

集傳

」이라고 한다. 안에서는 「많은 조민에게 덕을 내린다고 한다.」 백이가 백성들을 예로 교화시켜 백성들이 예로 들어가고 형으로 들어가지 않으니, 백성들이 형으로 들어가는 길을 끊어버린 것이다. 우가 사공이 되어 물을 다스리니, 물이 땅 가운데로 흘러 흙에 사람이 살 수 있었다. 구주에는 각기 유명한 산천을 주관해서 강역을 표시한다. 「직(稷)」은 파종하는 법을 내린다는 것이니, 삼농이 좋은 곡식을 풍성하게 할 수 있다. 삼후가 각기 그 일을 이룬 것은 그 백성들의 수를 힘써 번성하게 한 것이다. 「예를 내린다.」는 것은 교화시킨다는 것이고, 「수토를 다스린다.」는 것은 편안하게 한다는 것이다. 「파종하는 법을 내린다.」는 것은 기른다는 것이다.'(臨川吳氏曰 : 伯, 爵, 夷, 名, …, …. 恤功, 以民事爲憂也. 自上教下曰, 降, 內則曰 降德于衆兆民. 伯夷教民以禮, 民入於禮, 而不入於刑, 折絶斯民入刑之路也. 禹爲司空治水, 水由地中行而土 可居. 九州各主有名之山川以表疆域. 稷降, 下播種之法, 三農得以豐殖其嘉穀, 三后各成其事. 惟務繁盛其民 之生聚. 降典, 教之也. 平水土, 安之也. 降播種, 養之也.)」
272) 『서경대전(書經大全)』, 「주서(周書)」·「여형(呂刑)」 : "임천 오씨가 말하였다 : '「백(伯)」은 관작이고 「이(夷)」는 이름으로, …. …. 「휼공(恤功)」은 백성의 일을 근심하는 것이다. 위에서 아래를 교화하는 것을 「강(降)」이라고 한다. 안에서는 「많은 조민에게 덕을 내린다고 한다.」 백이가 백성들을 예로 교화시켜 백성들이 예로 들어가고 형으로 들어가지 않으니, 백성들이 형으로 들어가는 길을 끊어버린 것이다. 우가 사공이 되어 물을 다스리니, 물이 땅 가운데로 흘러 흙에 사람이 살 수 있었다. 구주에는 각기 유명한 산천을 주관해서 강역을 표시한다. 「직(稷)」는 파종하는 법을 내린다는 것이니, 삼농이 좋은 곡식을 풍성하게 할 수 있다. 삼후가 각기 그 일을 이룬 것은 그 백성들의 수를 힘써 번성하게 한 것이다. 「예를 내린다.」는 것은 교화시킨다는 것이고, 「수토를 다스린다.」는 것은 편안하게 한다는 것이다. 「파종하는 법을 내린다.」는 것은 기른다는 것이다.'(臨川吳氏曰 : 伯, 爵, 夷, 名, …, …. 恤功, 以民事爲憂也. 自上教下曰, 降, 內則曰 降德于衆兆民. 伯夷教民以禮, 民入於禮, 而不入於刑, 折絶斯民入刑之路也. 禹爲司空治水, 水由地中行而土 可居. 九州各主有名之山川以表疆域. 稷降, 下播種之法, 三農得以豐殖其嘉穀, 三后各成其事. 惟務繁盛其民 之生聚. 降典, 教之也. 平水土, 安之也. 降播種, 養之也.)」

三后成功, 而致民之殷盛富庶也.
세 후(后)가 공을 이루어 백성들의 은성(殷盛)하고 부서(富庶)함을 이루었다."

> 詳說
> ○ 蘇說至此. 或曰, 止於物也, 則降典正民爲語複矣.
> 소씨의 설명은 여기까지이다. 어떤 이는 "물(物)까지이다."고 했으니, 예를 내리는 것과 백성을 바로잡는 것은 말의 중복이 된다.

集傳
吳氏曰, 二典, 不載有兩刑官,
오씨(吳氏)가 말하기를 "이전(二典)에 두 형관(刑官)이 실려 있지 않으니,

> 詳說
> ○ 沙溪曰 : "伯夷皐陶."
> 사계(沙溪)가 말하였다 : "백이와 고요이다."

集傳
蓋傳聞之謬也. 愚意皐陶未爲刑官之時, 豈
아마도 전문(傳聞)의 오류이다."라고 하였다. 내 생각에는 고요(皐陶)가 형관(刑官)이 되기 전에 아마도

> 詳說
> ○ 猶或也.
> '기(豈)'는 '혹(或)'과 같다.

集傳
伯夷實兼之歟. 下文, 又言伯夷播刑之迪, 不應
백이(伯夷)가 실제로 겸직한 듯하다. 아래의 글에서 또 백이(伯夷)가 형벌을 베풀어 인도했다고 말하였으니,

> 詳說
> ○ 平聲.
> '응(應)'은 평성이다.

集傳

如此謬誤.

이와 같이 잘못되지 않았어야 할 것이다.

詳說

○ 吳說, 論也.

오씨의 설명은 경문의 의미 설명이다.

[14-4-27-9]

士制百姓于刑之中, 以教祗德.

사(士)가 백성들을 형벌의 알맞음으로 통제하여 공경하는 덕(德)을 가르쳤다.

集傳

命皐陶爲士, 制百姓于刑辟之中,

고요(皐陶)를 명하여 사(士)를 삼아 백성들을 형벽(刑)의 알맞음으로 통제하니,

詳說

○ 卽下節刑之中.

곧 아래의 절에서 형벌의 알맞음이다.[273]

集傳

所以檢其心, 而教以祗德也.

그 마음을 검속하여 덕을 공경함을 가르친 것이다.

詳說

○ 祗德, 諺釋更詳.

'기덕(祗德)'은 『언해』의 해석을 다시 생각해 봐야 한다.

集傳

---

273) 『서경대전(書經大全)』, 「주서(周書)」・「여형-10(呂刑-10)」: "군주는 목목(穆穆)히 위에 있고 신하는 명명(明明)히 아래에 있어 사방에 빛나며 덕을 부지런히 힘쓰지 않음이 없다. 그러므로 마침내 형벌의 알맞음을 밝혀서 백성을 모두 다스려 떳떳한 성품을 도왔다.(穆穆在上, 明明在下, 灼于四方, 罔不惟德之勤. 故乃明于刑之中, 率乂于民, 棐彛.)"

○ **吳氏曰, 皐陶不與三后之列,**
○ 오씨(吳氏)가 말하였다. "고요(皐陶)가 세 후(后)의 열에 참여되지 아니해서

[詳說]
○ 去聲, 下同.
'여(與)'는 거성으로 아래에서도 같다.

[集傳]
遂使後世以刑官爲輕. 後漢楊賜拜廷尉, 自以代非法家,
마침내 후세에 형관(刑官)을 경시하게 하였다. 후한(後漢)의 양사(楊賜)가 정위(廷尉)에 배수(拜授)되자, 스스로 가문이 대대로 법가(法家)가 아니라 해서

[詳說]
○ 非刑法之家.
형법의 가문이 아니라는 것이다.

[集傳]
言曰三后成功, 惟殷于民, 皐陶不與. 蓋吝之也.
말하기를 '세 후(后)가 공(功)을 이루어 백성을 성하게 하였는데, 고요(皐陶)가 참여되지 않았다.'라고 하였으니, 정위(廷尉)를 하찮게 여긴 것이다.

[詳說]
○ 靳其並數.
함께 헤아리는 것에 인색한 것이다.

[集傳]
是後世, 非獨人臣以刑官爲輕, 人君亦以爲輕矣.
이는 후세에 홀로 신하만이 형관(刑官)을 경시했을 뿐만 아니라 인군 또한 경시한 것이다.

[詳說]
○ 見後漢書本傳, 是四世五公之家, 故其言如此.
『후한서(後漢書)』본전(本傳)에 있으니, 바로 사대에 다섯 공의 가문이기 때문에

그 말이 이와 같은 것이다.

集傳

觀舜之稱皐陶, 曰刑期于無刑, 民協于中, 時乃功, 又曰, 俾予從欲以治四方風動, 惟乃之休.

순(舜)이 고요(皐陶)를 칭한 것을 보면 말씀하기를 '형벌은 형벌이 없음에 기약하여 백성이 중(中)에 화합함이 네 공이다.'274)라고 하였고, 또 말씀하기를 '나로 하여금 하고자 하는 대로 따라 다스려져서 사방이 바람에 움직이듯이 교화가 퍼지니 너의 아름다움이다.'275)라고 하였다.

詳說

○ 並見大禹謨.

모두 「대우모」에 보인다.

集傳

其所繫, 乃如此, 是可輕哉. 呂氏曰, 呂刑一篇以刑爲主, 故歷敘本末, 而歸之於皐陶之刑, 勢不得與伯夷禹稷雜稱, 言固有賓主也.

그 관계되는 바가 이와 같은데 가볍게 여길 수 있겠는가." 여씨(呂氏)가 말하였다. "「여형(呂刑)」 한 편은 형벌을 위주로 하였기 때문에 본말(本末)을 낱낱이 서술하고 고요(皐陶)의 형벌에 귀결하였으니, 문세(文勢)가 백이(伯夷)와 우(禹)와 직(稷)과 섞어서 칭할 수 없으니, 말에 진실로 빈(賓)·주(主)가 있기 때문이다."

[14-4-27-10]

穆穆在上, 明明在下, 灼于四方, 罔不惟德之勤. 故乃明于刑之中, 率乂于民, 棐彛.

군주는 목목(穆穆)히 위에 있고 신하는 명명(明明)히 아래에 있어 사방에 빛나며 덕을 부지

---

274) 『서경(書經)』「대우모-11(大禹謨-11)」: "고요야. 이 신하들이 내 정사(政事)를 위반하는 이가 없는 것은 너를 사(士)에 임명하여 오형을 밝혀 오교를 도와 나를 다스리도록 하였기 때문이다. 형벌을 시행하되 형벌을 시행하는 일이 없기를 기약하여 백성들이 중도에 맞게 사는 것은 너의 공이니 힘쓸지어다.(皐陶, 惟玆臣庶, 罔或干予正, 汝作士, 明于五刑, 以弼五敎, 期于予治. 刑期于無刑, 民協于中, 時乃功, 懋哉.)"

275) 『서경(書經)』「대우모-13(大禹謨-13)」: "나로 하여금 하고자 하는 대로 따라 다스려져서 사방이 바람에 움직이듯 교화가 퍼지니, 이는 바로 너의 아름다운 공이다.(俾予從欲以治, 四方風動, 惟乃之休.)"

런히 힘쓰지 않음이 없다. 그러므로 마침내 형벌의 알맞음을 밝혀서 백성을 모두 다스려 떳떳한 성품을 도왔다.

集傳

穆穆者, 和敬之容也, 明明者, 精白之容也.
목목(穆穆)은 화경(和敬)하는 모양이고, 명명(明明)은 정백(精白)한 모양이다.

詳說

○ 照前註.
앞의 주를 참조하라.

集傳

灼于四方者, 穆穆明明, 輝光發越而四達也. 君臣之德, 昭明如是, 故民皆觀感動盪爲善,
사방에 빛났다는 것은 목목(穆穆)하고 명명(明明)하여 빛남이 발양(發揚)해서 사방으로 도달한 것이다. 군(君)·신(臣)의 덕(德)이 이처럼 밝기 때문에 백성들이 모두 보고 감동하고 동탕(動)하여 선(善)을 해서

詳說

○ 德.
'선(善)'은 경문에서 '덕(德)'이다.

集傳

而不能自已也.
스스로 그치지 않았다.

詳說

○ 勤.
경문에서 '근(勤)'이다.

集傳

如是而猶有未化者
이와 같은데도 오히려 교화되지 않는 자가 있었기

詳說

○ 補此句.
여기의 구를 보완하였다.

集傳

故士師
때문에 사사(士師)가

詳說

○ 蒙上節.
위의 절을 이어받았다.

集傳

明于刑之中, 使無過不及之差, 率乂于民,
형벌의 알맞음을 밝혀서 과(過)·불급(不及)의 잘못이 없어 백성을 모두 다스려서

詳說

○ 猶其也.
'우(于)'는 '기(其)'와 같다.

集傳

輔其常性, 所謂刑罰之精華也.
떳떳한 성품을 도왔으니, 이른바 형벌의 정화(精華)라는 것이다.

詳說

○ 此句, 論也.
여기의 구는 경문의 의미 설명이다.

○ 荀悅申鑑曰 : "榮辱者, 賞罰之精華."
『구열신감(荀悅申鑑)』에서 말하였다 : "영욕은 상벌의 정화이다."

○ 新安陳氏曰 : "德與中, 爲呂刑一篇之綱領, 繼此三言, 德無非以德爲本也, 六言, 中無非以中爲用也, 刑必合於中而後刑, 卽

所以爲德. 以此意讀呂刑, 其庶幾乎."

신안 진씨(新安陳氏)가 말하였다 : "덕과 알맞음은 「여형」한 편의 강령이어서 이것을 이어 덕은 덕을 근본으로 하지 않음이 없는 것을 세 번 말하였고, 알맞음은 알맞을 작용으로 하지 않음이 없는 것을 여섯 번 말하였으니, 형이 반드시 알맞음에 합한 다음에 형인 것은 곧 덕이 되는 까닭이다. 이런 의미로 「여형」을 보면 거의 가깝게 될 것이다."276)

[14-4-27-11]

典獄, 非訖于威, 惟訖于富, 敬忌, 罔有擇言在身, 惟克天德, 自作元命, 配享在下.

옥(獄)을 맡은 자는 위엄을 부리는 권력가에게만 법을 다할 것이 아니라, 뇌물을 주는 부자(富者)에게도 다해야 하니, 공경하고 조심해서 가릴 말이 몸에 있지 않게 하고, 능히 하늘의 덕을 간직하여야 스스로 큰 명(命)을 만들어 짝하여 누리며 아래에 있을 것이다."

集傳

訖, 盡也. 威, 權勢也. 富, 賄賂也. 當時典獄之官,

흘(訖)은 다함이다. 위(威)는 권세이고 부(富)는 뇌물이다. 당시에 옥(獄)을 맡은 관원은

詳說

○ 添二字.

두 글자를 더하였다.

集傳

非惟得盡法於權勢之家, 亦惟得盡法於賄賂之人,

---

276) 『서경대전(書經大全)』, 「주서(周書)」・「여형(呂刑)」: "신안 진씨가 말하였다 : '…. 덕과 알맞음은 「여형」한 편의 강령이어서 이것을 이어 「능히 하늘의 덕을 간직한다.」라고 하고, 「삼덕을 이룬다.」라고 하며, 「덕이 있어야 형벌할 수 있다.」라고 하니, 덕을 근본으로 하지 않음이 없는 것이고, 「오형의 알맞음을 보여준다.」라고 하고, 「옥사의 두 마디 말을 알맞게 하라.」고 하며, 「알맞음에 있지 않음이 없다.」고 하고, 「모두 거의 중정할 것이다.」라고 하며, 「덕으로 백성의 알맞음을 온전히 함이 아닌가?」라고 하고, 모두 알맞아서 경사가 있는 것이다.」라고 하니, 알맞음을 작용으로 하지 않음이 없는 것이다. 형이 반드시 알맞음에 합한 다음에 형인 것은 곧 덕이 되는 까닭이다. 이런 의미로 「여형」을 보면 거의 가깝게 될 것이다.'(新安陳氏曰 : …. 德與中, 爲呂刑一篇之綱領, 繼此曰, 惟克天德, 曰以成三德, 曰有德惟刑, 無非以德爲本也. 曰觀于五刑之中, 曰中聽獄之兩辭, 曰罔非在中, 曰咸庶中正, 曰非德于民之中, 曰咸中有慶, 無非以中爲用也. 刑必合於中而後刑, 即所以爲德. 以此意讀呂刑, 其庶幾乎.)"

오직 권세있는 집안에만 법을 다할 것이 아니라, 또한 뇌물을 주는 사람에게도 법을 다해야 하니,

詳說

○ 添法家人三字.

'법(法)'·'가(家)'·'인(人)' 세 글자를 더하였다.

集傳

言不爲威屈, 不爲利誘也. 敬忌之至,

위엄에 굽히지 않고 이익에 유혹되지 않음을 말한 것이다. 공경하고 조심함이 지극해서

詳說

○ 新安陳氏曰:"如康誥文王之敬忌, 畏忌, 敬之一事也."

신안 진씨가 말하였다 : "「강고」에서 '문왕의 백성을 공경하고 조심함'[277]과 같으니 두려워 조심하는 것이 공경함의 한 일이다."[278]

集傳

無有擇言在身,

가릴 말이 몸에 없으면

詳說

○ 夏氏曰:"行之於身, 皆可言之, 於口不必擇而後言, 則汝之所爲, 無瑕可指矣."

하씨(夏氏)가 말하였다 : "몸에 행하는 것은 모두 말할 수 있는데, 입에서 굳이 가릴 필요가 없게 된 다음 말을 한다면, 네가 행하는 것에 지적할 흠이 없을 것이다."[279]

---

[277] 『서경대전(書經大全)』, 「주서(周書)」·「강고-19(康誥-19)」 : "너는 또한 법을 공경하지 않음이 없어 이로 말미암아 백성들을 편안히 하되, 오직 문왕의 백성을 공경하고 조심함으로 하여 이 백성들을 편안히 하고, '내 문왕에게 미침이 있다'라고 하면 나 한 사람이 기뻐할 것이다.(汝亦罔不克敬典, 乃由裕民, 惟文王之敬忌, 乃裕民, 曰我惟有及, 則予一人以懌.)"

[278] 『서경대전(書經大全)』, 「주서(周書)」·「여형(呂刑)」 : "신안 진씨가 말하였다 : '공경하고 조심함'은 「강고」에서와 같으니 두려워 조심하는 것이 공경함의 한 일이다.'(新安陳氏曰 : 敬忌, 如康誥文王之敬忌畏忌, 敬之一事也. ….)"

[279] 『서경대전(書經大全)』, 「주서(周書)」·「여형(呂刑)」 : "하씨가 말하였다 : '몸에 행하는 것은 모두 말할 수 있는데, 입에서 굳이 가릴 필요가 없게 된 다음 말을 한다면, 네가 행하는 것에 지적할 흠이 없을 것이니,

○ 新安陳氏曰 : "罔有擇言, 口無擇言也. 言行相表裏, 罔有擇言在身, 並身無擇行言矣."

신안 진씨(新安陳氏)가 말하였다 : "가릴 말이 없다는 것은 입에서 가릴 말이 없다는 것이다. 말과 행동은 서로 표리가 되니 몸에 가릴 말이 없다면 아울러 몸에 가려서 행할 말이 없다는 것이다."280)

○ 陳氏雅言曰 : "以敬畏之心聽獄, 無一言之可愧, 不待擇而出諸口者. 無片言之少愆, 備衆善而有諸身也."

진씨 아언(陳氏雅言)281)이 말하였다 : "공경하고 두려워하는 마음으로 옥사를 들어 부끄러워해야 할 한 마디도 없게 되면. 입에서 가려서 말할 필요가 없다. 한 마디 작은 허물도 없으면 모든 선함이 갖추어져 자신에게 있게 되는 것이다."282)

集傳

大公至正, 純乎天德, 無毫髮不可擧以示人者,

대공(大公)하고 지정(至正)하고 천덕(天德)에 순수해서 털끝만큼이라도 들어서 남에게 보일 수 없는 것이 없을 것이니,

---

이것이 하늘과 덕을 합한 것이다. 이와 같이 되면 옥을 맡은 관이 몸은 아래에 있어도 우러러 하늘의 덕과 합하니, 이를테면 이른바 하늘과 짝한다는 것이고, 그 혜택이 우러러 하늘의 마음에 합당하니, 이를테면 이른바 하늘의 마음을 누릴 수 있다는 것이다. 이것을 아래에서 짝하여 누린다고 하니, 어찌 믿지 않을 수 있겠는가!'(夏氏曰 : 行之於身, 皆可言之. 于口不必擇而後言, 則汝之所爲, 無瑕可指矣, 是能與天合德. 如此, 則典獄之官, 身雖在下, 而仰合天德, 如所謂配天, 其澤仰當天意, 如所謂克享天心, 謂之配享在下, 豈不信哉.')(夏氏曰 : 行之於身, 皆可言之于口, 不必擇而後言, 則汝之所爲, 無瑕可指矣. 是能與天合德. 如此, 則典獄之官, 身雖在下, 而仰合天德, 如所謂配天, 其澤仰當天意, 如所謂克享天心. 謂之配享在下, 豈不信哉.)
280)『서경대전(書經大全)』, 「주서(周書)」・「여형(呂刑)」: "신안 진씨가 말하였다 : '공경하고 조심함'은 「강고」에서 '문왕의 백성을 공경하고 조심함'과 같으니 두려워 조심하는 것이 공경함의 한 일이다. 가릴 말이 없다는 것은 입에서 가릴 말이 없다는 것이다. 말과 행동은 서로 표리가 되니 몸에 가릴 말이 없다면 아울러 몸에 가려서 행할 말이 없다는 것이다. ….'(新安陳氏曰 : 敬忌, 如康誥文王之敬忌, 畏忌, 敬之一事也. 罔有擇言, 口無擇言也. 言行相表裏, 罔有擇言在身, 倂身無擇行言矣. ….)"
281) 진아언(陳雅言, 1318~1385)은 원말명초 때 강서(江西) 영풍(永豊) 사람이다. 원나라 말에 무재(茂材)로 천거되었지만 나가지 않았다. 명나라 초 홍무(洪武) 연간에 영풍현 향교(鄕校)에서 학생을 가르쳤다. 당시 호구(戶口)와 토전(土田)이 실상과 달라 현관(縣官)도 대처할 방법을 찾지 못했는데, 그가 계획을 내놓자 공사가 모두 편리해졌다. 저서에 『사서일람(四書一覽)』과 『대학관견(大學管窺)』, 『중용류편(中庸類編)』 등이 있었지만 전하지 않고, 지금은 『서의탁약(書義卓躍)』만 전한다.
282)『서경대전(書經大全)』, 「주서(周書)」・「여형(呂刑)」: "진씨 아언이 말하였다 : '…. 공경하고 두려워하는 마음을 미루어 그것으로 옥사를 듣고, 부끄러워해야 할 한 마디도 없게 되면, 입에서 가려서 말할 필요가 없다. 한 마디 작은 허물도 없으면 모든 선함이 갖추어져 자신에게 있게 되는 것이다. …. 목왕의 말은 당시 옥을 맡은 관리들이 이것을 취해 법으로 삼게 하고자 하는 것이다.'(陳氏雅言曰 : …. 推敬畏之心, 以之聽獄折辭, 宜無一言之可愧 不待擇而出諸口者, 無片言之少愆, 備衆善而有諸身也. …. 穆王之言, 蓋欲當時典獄之官, 取此以爲法也.)"

詳說

○ 此句, 又申上罔擇意.

여기의 구에서 또 위에서의 '가릴 것이 있게 하지 않는다.'283)는 의미를 거듭했다.

集傳

天德在我,

천덕(天德)이 자신에게 있으면,

詳說

○ 惟克天德, 諺釋更詳.

'능히 하늘의 덕을 간직한다[惟克天德]'는 것은 『언해』의 해석을 다시 생각해 봐야 한다.

集傳

則大命自我作, 而配享在下矣.

큰 명(命)이 자신으로부터 만들어져서 짝하여 누림이 아래에 있을 것이다.

詳說

○ 陳氏經曰 : "天能制人之大命, 典獄者, 亦能制人之大命, 豈非在下而與天配合乎. 自作元命, 猶言自貽哲命."

진씨 경(陳氏經)284)이 말하였다 : "하늘이 사람의 큰 명을 제재할 수 있고, 옥을 맡은 자는 또한 사람의 큰 명을 제재할 수 있으니, 어찌 아래에서 하늘과 짝해 합하는 것이 아니겠는가? '스스로 큰 명을 만든다.'는 것은 '밝은 명을 받았다.'285)고 말하는 것과 같다."286)

---

283) 『서경대전(書經大全)』, 「주서(周書)」・「여형-11(呂刑-11)」: "옥(獄)을 맡은 자는 위엄을 부리는 권력가에게만 법을 다할 것이 아니라, 뇌물을 주는 부자(富者)에게도 다해야 하니, 공경하고 조심해서 가릴 말이 몸이 있지 않게 하고, 능히 하늘의 덕을 간직하여야 스스로 큰 명(命)을 만들어 짝하여 누리며 아래에 있을 것이다.(典獄, 非訖于威, 惟訖于富, 敬忌, 罔有擇言在身, 惟克天德, 自作元命, 配享在下.)"
284) 진경(陳經, ?~?) : 송나라 길주(吉州) 안복(安福) 사람으로 자는 현지(顯之) 또는 정보(正甫)이다. 영종(寧宗) 경원(慶元) 5년(1199)에 진사(進士)가 되어 봉의랑(奉議郎)과 천주박간(泉州泊幹)을 지냈다. 평생 독서를 좋아했고, 후학을 많이 계도했다. 저서에 『상서상해(尙書詳解)』와 『시강의(詩講義)』, 『존재어록(存齋語錄)』 등이 있다.
285) 『서경대전(書經大全)』, 「주서(周書)」・「소고-19(召誥-19)」: "아! 자식을 낳음에 처음 낳을 때에 달려 있어 스스로 밝은 명(命)을 받지 않음이 없음과 같으니, 이제 하늘이 우리에게 밝음을 명(命)할 것인가? 길흉(吉凶)을 명(命)할 것인가? 역년(歷年)을 명(命)할 것인가? 이것을 아는 것은 지금 우리가 처음 정사(政事)함

○ 夏氏曰 : "如所謂配天, 其澤克享天心."

하씨(夏氏)가 말하였다 : "이를테면 이른바 하늘과 짝한다는 것은 그 혜택이 하늘의 마음을 누릴 수 있다는 것이다."287)

○ 新安陳氏曰 : "配享在下, 與苗之無世在下對, 念念如有天在上. 且知天實在吾心中, 斯爲得之."

신안 진씨(新安陳氏)가 말하였다 : "'짝하여 누림이 아래에 있다[配享在下]'는 것은 '묘가 대를 이어 아래 있지 못했다[無世在下]'288)는 것과 짝이 된다. 생각마다 하늘이 위에 있는 것처럼 여기고 또 하늘이 진실로 내 마음 속에 있는 것을 안다면, 이것이 얻은 것이다."289)

○ 陳氏雅言曰 : "欲當時典獄之官, 取此以爲法也."

진씨 아언(陳氏雅言)이 말하였다 : "당시 옥을 맡은 관리들이 이것을 취해 법으로 삼게 하고자 하는 것이다."290)

에 달려 있습니다.(嗚呼, 若生子, 罔不在厥初生, 自貽哲命, 今天其命哲, 命吉凶, 命歷年, 知今我初服.)"
287) 『서경대전(書經大全)』, 「주서(周書)」·「여형(呂刑)」 : "진씨 경이 말하였다 : '…. 이제 옥을 맡은 자가 덕이 하늘과 하나라면 사람의 큰 명을 제재하는 것이 하늘에 있지 않고 우리들에게 있는 것이다. 하늘이 사람의 큰 명을 제재할 수 있고, 옥을 맡은 자는 또한 사람의 큰 명을 제재할 수 있으니, 어찌 아래에서 하늘과 짝하여 합하는 것이 아니겠는가? '스스로 큰 명을 만든다.'는 것은 '밝은 명을 받았다.'고 말하는 것과 같다.(陳氏經曰 : …. 今典獄者, 德與天一, 則制生人之大命, 不在天而在我矣. 天能制人之大命, 典獄者, 亦能制人之大命, 豈非在下而與天配合乎. 自作元命, 猶言自貽哲命.)"
287) 『서경대전(書經大全)』, 「주서(周書)」·「여형(呂刑)」 : "하씨가 말하였다 : '몸에 행하는 것은 모두 말할 수 있는데, 입에서 굳이 가릴 필요가 없게 된 다음 말을 한다면, 네가 행하는 것에 지적할 흠이 없을 것이니, 이것이 하늘과 덕을 합한 것이다. 이와 같이 되면 옥을 맡은 관이 몸은 아래에 있어도 우러러 하늘의 덕과 합하니, 이를테면 이른바 하늘과 짝한다는 것이고, 그 혜택이 우러러 하늘의 마음에 합당하니, 이를테면 이른바 하늘의 마음을 누릴 수 있다는 것이다. 이것을 아래에서 짝하여 누린다고 하니, 어찌 믿지 않을 수 있겠는가!'(夏氏曰 : 行之於身, 皆可言之于口, 不必擇而後言, 則汝之所爲, 無瑕可指矣. 是能與天合德. 如此, 則典獄之官, 身雖在下, 而仰合天德, 如所謂配天, 其澤仰當天意, 如所謂克享天心, 謂之配享在下, 豈不信哉.)"(夏氏曰 : 行之於身, 皆可言之于口, 不必擇而後言, 則汝之所爲, 無瑕可指矣. 是能與天合德. 如此, 則典獄之官, 身雖在下, 而仰合天德, 如所謂配天, 其澤仰當天意, 如所謂克享天心. 謂之配享在下, 豈不信哉.)"
288) 『서경대전(書經大全)』, 「주서(周書)」·「여형5(呂刑5)」 : "황제(皇帝)께서 여러 형벌을 받은 자의 무죄(無罪)함을 가엾게 여기시고, 사나움을 갚되 위엄으로써 하여 묘민(苗民)을 끊어서 대를 이어 하국(下國)에 있지 못하게 하였다.(皇帝哀矜庶戮之不辜, 報虐以威, 遏絶苗民, 無世在下.)"
289) 『서경대전(書經大全)』, 「주서(周書)」·「여형(呂刑)」 : "신안 진씨가 말하였다 : '…. 「짝하여 누림이 아래에 있다[配享在下]」는 것은 「묘가 대를 이어 아래 있지 못했다[無世在下]」는 것과 짝이 된다. 옥을 맡은 자가 짝하여 누리며 아래에 있으면, 묘가 대를 이어 아래에 있지 못하는 것에 이르지 않은 것이니, 어찌 부함과 위엄으로 하는 것을 두려워하고 공경하고 삼감을 가하지 않겠는가? 생각마다 하늘이 위에 있는 것을 알고 또 하늘이 진실로 내 마음 속에 있는 것을 아니, 이것이 얻은 것이다."(新安陳氏曰 : …. 配享在下, 與苗之無世在下對, 典獄者, 欲配享在下, 不至如苗之無世在下, 何怵於富威, 而不加之敬忌乎. 念念知有天在上, 且知天實在吾一心中, 斯爲得之.)"
290) 『서경대전(書經大全)』, 「주서(周書)」·「여형(呂刑)」 : "진씨 아언이 말하였다 : '…. 공경하고 두려워하는 마음을 미루어 그것으로 옥사를 듣고, 부끄러워해야 할 한 마디도 없게 되면, 입에서 가려서 말할 필요가 없다. 한 마디 작은 허물도 없으면 모든 선함이 갖추어져 자신에게 있게 되는 것이다. …. 목왕의 말은 당시 옥을 맡은 관리들이 이것을 취해 법으로 삼게 하고자 하는 것이다.'(陳氏雅言曰 : …. 推敬畏之心, 以之聽

集傳

在下者, 對天之辭, 蓋推典獄用刑之極功, 而至於與天爲一者, 如此.
아래에 있다는 것은 하늘과 상대한 말이니, 옥사를 주관하는 자가 형벌을 쓰는 지극한 공을 미루어서 하늘과 더불어 하나가 됨에 이름이 이와 같은 것이다.

詳說

○ 此論也.
여기는 경문의 의미 설명이다.

[14-4-27-12]

王曰. 嗟四方司政典獄. 非爾惟作天牧. 今爾何監. 非時伯夷播刑之迪. 其今爾何懲. 惟時苗民, 匪察于獄之麗, 罔擇吉人, 觀于五刑之中, 惟時庶威奪貨, 斷制五刑, 以亂無辜, 上帝不蠲, 降咎于苗, 苗民無辭于罰, 乃絶厥世.

왕(王)이 말씀하였다. "아! 사방의 정사를 맡아 옥사를 주관하는 자들아. 네가 천목(天牧)이 되지 않았는가? 이제 너는 무엇을 볼 것인가? 이 백이(伯夷)가 형벌을 베풀어 인도함이 아니겠는가! 지금 너는 무엇을 징계할 것인가? 이 묘민(苗民)들이 옥사에 걸림을 살피지 않고, 길인(吉人)을 가려 오형(五刑)의 알맞음을 보여주게 하지 않으며, 이 여러 위엄과 재물로 법을 빼앗은 자들로 하여금 오형(五刑)을 단제(斷制)하여 무고(無辜)한 자들을 어지럽히자, 상제(上帝)가 용서하지 아니하여 허물을 묘(苗)에 내리시니, 묘민(苗民)이 하늘의 벌에 할 말이 없어 마침내 그 대를 끊게 되었다."

詳說

○ 斷, 都玩反. 蠲音涓.
'단(斷)'은 '도(都)'와 '완(玩)'의 반절이다. '견(蠲)'은 음이 '연(涓)'이다.

集傳

司政典獄, 漢孔氏曰, 諸侯也, 爲諸侯主刑獄而言.

獄折辭, 宜無一言之可愧 不待擇而出諸口者, 無片言之少怨, 備衆善而有諸身也. …. 穆王之言, 蓋欲當時典獄之官, 取此以爲法也.)"

'정사를 맡아 옥사를 주관하는 자들[司政典獄]'은 한(漢)나라 공씨(孔氏)가 말하기를 "제후(諸侯)들이니, 제후 중에 형옥(刑獄)을 주장하는 자를 위하여 말한 것이다."라고 하였다.

詳說

○ 去聲, 下並同.

'위(爲)'는 거성으로 아래에서도 같다.

集傳

非爾諸侯爲天牧養斯民乎. 爲天牧養, 則今爾何所監懲, 所當監者, 非伯夷乎. 所當懲者, 非有苗乎. 伯夷布刑以

너 제후는 하늘을 위하여 이 백성을 목양(牧養)하는 것이 아니겠는가? 하늘을 위하여 백성을 기른다면 지금 너는 무엇을 보고 징계할 것인가? 마땅히 보아야 것은 백이(伯夷)가 아니겠는가? 마땅히 징계해야 할 것은 묘(苗)가 아니겠는가? 백이(伯夷)가 형벌을 베풀어

詳說

○ 播.

'포(布)'는 경문에서 '파(播)'이다.

○ 之.

'이(以)'는 경문에서 '지(之)'이다.

集傳

啓迪斯民,

이 백성을 계도하고 인도하였으니,

詳說

○ 添二字.

두 글자를 더하였다.

集傳

舍皐陶而言伯夷者, 探本之論也.

고요(皐陶)를 버리고 백이(伯夷)를 말한 것은 근본을 탐구하는 말이다.

詳說

○ 上聲, 一作捨.
'사(舍)'는 상성으로 어떤 판본에는 '사(捨)'로 되어 있다.

○ 此句, 論也.
여기의 구는 경문의 의미 설명이다.

集傳

麗, 附也.
이(麗)는 붙음이다.

詳說

○ 與前節麗字, 其義似微異.
앞의 절에서 '이(麗)'와는 그 의미가 살짝 다른 것 같다.

集傳

苗民不察於獄辭之所麗, 又不擇吉人, 俾觀于五刑之中,
묘민(苗民)이 옥사에 걸림을 살피지 않고 또 길인(吉人)을 가려 오형(五刑)의 알맞음을 보여주게 하지 않고,

詳說

○ 添俾字.
'비(俾)'자를 더하였다.

集傳

惟是貴者以威亂政, 富者以貨奪法,
오직 귀한 자는 위엄으로 정사를 어지럽히고, 부한 자는 재물로 법을 빼앗아서

詳說

○ 法奪於貨.
법이 재물에 빼앗긴 것이다.

○ 新安陳氏曰 : "與上文訖威訖富相照應."

신안 진씨(新安陳氏)가 말하였다 : "위의 글에서 '위엄을 부리는 권력가에게만 다하고 뇌물을 주는 부자에게도 다한다.'291)는 것과 서로 호응한다."292)

集傳

斷制五刑, 亂虐無罪,

오형(五刑)을 단제(斷制)하여 무죄한 자들을 어지럽히고 포악하게 하자,

詳說

○ 添虐字.

'학(虐)'자를 더하였다.

○ 孔氏曰 : "亂加無罪."

공씨(孔氏)가 말하였다 : "무고한 자들에게 어지럽혀 가하였다."293)

集傳

上帝不蠲貸

상제(上帝)가 용서하지 아니하여

詳說

○ 孔氏曰 : "蠲, 潔也."

---

291) 『서경대전(書經大全)』,「주서(周書)」·「여형-11(呂刑-11)」 : "옥(獄)을 맡은 자는 위엄을 부리는 권력가에게만 법을 다할 것이 아니라, 뇌물을 주는 부자(富者)에게도 다해야 하니, 공경하고 조심해서 가릴 말이 몸이 있지 않게 하고, 능히 하늘의 덕을 간직하여야 스스로 큰 명(命)을 만들어 짝하여 누리며 아래에 있을 것이다.(典獄, 非訖于威, 惟訖于富, 敬忌, 罔有擇言在身. 惟克天德, 自作元命, 配享在下.)"

292) 『서경대전(書經大全)』,「주서(周書)」·「여형(呂刑)」 : "신안 진씨가 말하였다 : '여기의 장에서는 위의 글에서 묘민과 우의 조정에서의 형벌을 말한 것에 따라 옥사를 주관하는 자들이 보고 징계함이 있도록 한 것이다. 백이는 예를 담당하는데 「형벌을 베풀어 인도한다.」고 말한 것은 실로 억지로 통하기 어렵다. 어떤 이는 법을 내려 백성들을 형벌에서 끊은 것이야말로 백이가 형벌을 베푼 도라고 하는데, 맞는지 모르겠다. 여러 위엄과 재물로 법을 빼앗은 자들은 채씨가 나눠 설명했는데, 「위엄을 부리는 권력가에게만 다하고 뇌물을 주는 부자에게도 다한다.」는 것과 서로 호응하는 것은 여러 학자들의 설명보다 뛰어나다. 「용서하지 않는다.」는 것은 그들이 저지른 짓을 용서해서 깨끗하게 하지 않는 것이다.'(新安陳氏曰 : 此因上章言苗民及虞廷之刑, 而欲典獄者, 有所監懲也. 伯夷典禮, 而言播刑之迪, 實難強通, 或謂降典以折絶民于刑, 是乃伯夷播刑之道, 未知是否. 庶威奪貨, 蔡氏分說, 與上文訖威訖富相照應, 優於諸家. 不蠲, 不蠲潔其所爲也.)"

293) 『상서찬전(尚書纂傳)』,「주서(周書)」·「여형(呂刑)」 : "한나라의 공씨가 말하였다 : '묘민이 맡아 재물을 빼앗고, 간사한 사람들이 오형을 단제(斷制)해서 무고한 자들에게 어지럽혀 가하니, 하늘이 그들이 행한 것을 깨끗하게 여기지 않았다. 그러므로 허물과 죄를 내렸다는 것은 주벌하였다는 말이다.'(漢孔氏曰 : 苗民任奪貨, 姦人斷制五刑, 以亂加無罪, 天不潔其所爲, 故下咎罪, 謂誅之.)"

공씨(孔氏)가 말하였다 : "'용서한다'는 것은 '깨끗하게 한다.'는 것이다."294)

○ 按, 多方不鬯, 蔡註亦訓潔
살펴보건대, 「다방」의 '깨끗하게 한다'는 것의 채씨 주에서도 '깨끗함'이라고 풀이하였다.295)

集傳

而降罰于苗, 苗民無所辭其罰
묘(苗)에 벌을 내리시니, 묘민(苗民)이 그 벌에 할 말이 없어

詳說

○ 于.
'기(其)'는 경문에서 '우(于)'이다.

○ 猶刑也, 非罰金之罰.
'벌(罰)'은 '형(刑)'과 같으니, '벌금(罰金)'의 '벌(罰)'이 아니다.

集傳

而遂殄滅之也.
마침내 끊어져 멸하게 된 것이다.

詳說

○ 申前無世在下.
앞에서의 '대를 이어 아래에 있지 못하게 하였다.'296)는 것을 거듭하였다.

○ 新安陳氏曰 : "此因上章言苗民及虞廷之刑, 而欲典獄者, 有所監懲也. 伯夷典禮, 而言播刑之迪, 實難强通. 或謂降典以絶民

---

294) 『상서찬전(尚書纂傳)』, 「주서(周書)」·「여형(呂刑)」: "한나라의 공씨가 말하였다 : '…. 채씨가 말하였다 : 「용서한다」는 것은 「깨끗하게 한다」는 것이다. ….'(漢孔氏曰 : …. 蔡氏曰, 鬯潔也. ….)"
295) 『상서찬전(尚書纂傳)』, 「주서(周書)」·「다방-16(多方-16)」: "너희 상(商)나라의 후왕(後王)이 그 편안함을 편안하게 여겨 정사를 도모하되 깨끗하게 하지 못하고 나아가지 못하자, 하늘이 이 망함을 내리셨다.(乃惟爾商後王, 逸厥逸, 圖厥政, 不鬯烝, 天惟降是喪.)" 주자의 주, "견(鬯)은 깨끗함이고, 증(烝)은 나아감이다.(鬯, 潔, 烝, 進也.)"
296) 『서경대전(書經大全)』, 「주서(周書)」·「여형5(呂刑5)」: "황제(皇帝)께서 여러 형벌을 받은 자의 무죄(無罪)함을 가엾게 여기시고, 사나움을 갚되 위엄으로써 하여 묘민(苗民)을 끊어서 대를 이어 하국(下國)에 있지 못하게 하였다.(皇帝哀矜庶戮之不辜, 報虐以威, 遏絶苗民, 無世在下.)"

於刑, 是乃伯夷播刑之道, 未知是否."

신안 진씨(新安陳氏)가 말하였다 : "여기의 장에서는 위의 글에서 묘민과 우의 조정에서의 형벌을 말한 것에 따라 옥사를 주관하는 자들이 보고 징계함이 있도록 한 것이다. 백이는 예를 담당하는데 '형벌을 베풀어 인도한다.'고 말한 것은 실로 억지로 통하기 어렵다. 어떤 이는 법을 내려 백성들을 형벌에서 끊은 것이야말로 백이가 형벌을 베푼 도라고 하는데, 맞는지 모르겠다."297)

○ 陳氏大猷曰 : "自古酷吏, 如郅都來俊臣之類, 未有不反其身, 及其子孫者, 上帝不蠲而絶厥世, 古今一律也."

진씨 대유(陳氏大猷)298)가 말하였다 : "옛날에 잔혹한 관리는 도도(郅都)299)·내준신300)과 같은 부류로 자신에게 반성한 적이 없어 그 자손에게 미친 것은 상제가 용서하지 않고 그 세대를 끊었으니, 예나 지금이나 같다."301)

[14-4-27-13]

王曰, 嗚呼, 念之哉. 伯父伯兄, 仲叔季弟, 幼子童孫, 皆聽朕言. 庶有格命. 今爾罔不由慰日勤, 爾罔或戒不勤. 天齊于民, 俾我一日, 非終惟終 在人, 爾尙敬逆天命, 以奉我一人. 雖畏

---

297) 『서경대전(書經大全)』, 「주서(周書)」·「여형(呂刑)」 : "신안 진씨가 말하였다 : '여기의 장에서는 위의 글에서 묘민과 우의 조정에서의 형벌을 말한 것에 따라 옥사를 주관하는 자들이 보고 징계함이 있도록 한 것이다. 백이는 예를 담당하는데 「형벌을 베풀어 인도한다.」고 말한 것은 실로 억지로 통하기 어렵다. 어떤 이는 법을 내려 백성들을 형벌에서 끊은 것이야말로 백이가 형벌을 베푼 도라고 하는데, 맞는지 모르겠다. 여러 위엄과 재물로 법을 빼앗은 자들은 채씨가 나눠 설명했는데, 「위엄을 부리는 권력가에게만 다하고 뇌물을 주는 부자에게도 다한다.」는 것과 서로 호응하는 것은 여러 학자들의 설명보다 뛰어나다. 「용서하지 않는다.」는 것은 그들이 저지른 짓을 용서해서 깨끗하게 하지 않는 것이다.'(新安陳氏曰 : 此因上章言苗民及虞廷之刑, 而欲典獄者, 有所監懲也. 伯夷典禮, 而言播刑之迪, 實難強通, 或謂降典以折絶民于刑, 是乃伯夷播刑之道, 未知是否. 庶威奪貨, 蔡氏分說, 與上文訖威訖富相照應, 優於諸家. 不蠲, 不蠲潔其所爲也.)"
298) 진씨 대유(陳氏大猷, ?~?) : 송나라 남강군(南康軍) 도창(都倉) 사람으로 자는 문헌(文獻)이고, 호는 동재(東齋)다. 이종(理宗) 개경(開慶) 원년(1259) 진사(進士)가 되고, 종정랑(從政郎)과 황주군(黃州軍) 판관(判官) 등을 지냈다. 『서경』에 조예가 깊었다. 저서에 『상서집전혹문(尙書集傳或問)』과 『상서집전회통(尙書集傳會通)』 등이 있다.
299) 도도(郅都) : 전한(前漢) 때의 사람으로 법을 혹독하게 집행하였다.
300) 내준신(來俊臣) : 당(唐) 측천무후(則天武後) 때 악명이 높던 형관(刑官)이다.
301) 『서경대전(書經大全)』, 「주서(周書)」·「여형(呂刑)」 : "진씨 대유가 말하였다 : '옛날에 잔혹한 관리는 도도(郅都)·영성(寗成)엄연년(嚴延年)·왕온서(王溫舒)·주흥(周興)·내준신과 같은 부류로 자신에게 반성한 적이 없어 그 자손에게 미친 것은 상제가 용서하지 않고 그 세대를 끊은 것이니, 예나 지금이나 같다.'(陳氏大猷曰 : 自古酷吏, 如郅都寗成嚴延年王溫舒周興來俊臣之流, 未有不反中其身, 及其子孫者, 上帝不蠲而絶厥世, 古今一律也.)"

勿畏, 雖休勿休, 惟敬五刑, 以成三德, 一人有慶, 兆民賴之, 其寧惟永.

왕(王)이 말씀하였다. "아! 생각할지어다. 백부(伯父)와 백형(伯兄)과 중숙(仲叔)과 계제(季弟)와 유자(幼子)와 동손(童孫)들아. 모두 짐(朕)의 말을 들어라. 거의 지극한 명령이 있을 것이다. 지금 너희가 말미암아 위로함이 날로 부지런하지 않음이 없으니, 너희는 혹시라도 부지런하지 않음을 경계하지 말라. 하늘이 백성들을 가지런히 하기 위하여 내가 하루만 형벌을 쓰게 하신 것이니, 끝까지 함이 아님과 끝까지 할 뿐인 것이 사람에게 있으니, 너희는 부디 천명(天命)을 공경히 맞이해서 나 한 사람을 받들어라. 그리하여 내가 비록 형벌하라 하더라도 형벌하지 말고 내가 비록 아름답게 용서하라 하더라도 용서하지 말아서 오형(五刑)을 공경하여 삼덕(三德)을 이루면 나 한 사람이 경사가 있을 것이며, 조민(兆民)들이 힘입어 그 편안함이 영원할 것이다."

集傳

此告同姓諸侯也.

이것은 동성(同姓)의 제후(諸侯)에게 고한 것이다.

詳說

○ 總提.

총괄해서 제시했다.

集傳

格, 至也. 參錯訊鞫, 極天下之勞者, 莫若獄, 苟有毫髮怠心, 則民有不得其死者矣.

격(格)은 지극함이다. 교착(交錯)하여 심문하고 국문해서 천하의 수고로움을 지극히 함이 옥사(獄事)보다 더한 것이 없으니, 만일 털끝만치라도 게으른 마음이 있으면 백성들이 그 올바른 죽음을 얻지 못하는 자가 있을 것이다.

詳說

○ 先立論.

먼저 입론했다.

集傳

罔不由慰日勤者, 爾所用以自慰者,

'말미암아 위로함이 날로 부지런하지 않음이 없다'는 것은 너희가 스스로 위로함이

> 詳說

○ 由.

'이(以)'는 경문에서 '유(由)'이다.

○ 呂氏曰：“以不弛其職, 自慰也.”

여씨(呂氏)가 말하였다 : "그 직책을 늦추지 않음으로 스스로 위로하는 것이다.”302)

> 集傳

無不以日勤, 故職舉而刑當也.

날로 부지런하지 않음이 없으므로 직책이 거행되어 형벌이 마땅한 것이다.

> 詳說

○ 去聲.

'당(當)'은 거성이다.

○ 添此句.

여기의 구를 더하였다.

> 集傳

爾罔或戒不勤者, 刑罰之用一成, 而不可變者也, 苟頃刻之不勤, 則刑罰失中, 雖甚戒之,

'너희는 혹시라도 부지런하지 않음을 경계하지 말라'는 것은 형벌의 씀은 한 번 이루어지면 변경할 수 없으니, 만일 경각(頃刻)이라도 부지런하지 않으면 형벌이 알맞음을 잃어서 비록 깊이 경계하더라도

> 詳說

---

302) 『서경대전(書經大全)』, 「주서(周書)」·「여형(呂刑)」 : "여씨가 말하였다 : '「위로한다.」는 것은 그 실정을 얻어 즐거워하는 것이 아니니, 대개 그 직책을 늦추지 않음으로 스스로 위로하는 것이다. ….'(呂氏曰 : 慰者, 非得其情而喜. 蓋以不弛其職自慰也. ….)"

○ 一作深.
'심(甚)'은 어떤 판본에는 '심(深)'으로 되어 있다.

集傳
而已施者, 亦無及矣. 戒固善心也, 而用刑, 豈可以或戒也哉.
이미 형벌을 시행한 것에는 또한 미칠 수가 없다는 것이다. 경계함은 진실로 좋은 마음이나 형벌을 씀을 어찌 혹시라도 경계해야 하겠는가?

詳說
○ 以論釋之.
경문의 의미 설명으로 해석하였다.

集傳
且刑獄非所恃以爲治也,
또 형옥(刑獄)은 믿고서 다스릴 수 있는 것이 아니니,

詳說
○ 先添此句.
먼저 여기의 구를 더하였다.

集傳
天以是整齊亂民, 使我爲一日之用而已.
하늘이 이로써 어지러운 백성들을 정제(整齊)하여 내가 하루의 씀을 하게 할 뿐이다.

詳說
○ 添用字.
'용(用)'자를 더하였다.

集傳
非終, 卽康誥大罪非終之謂, 言過之當宥者, 惟終, 卽康誥小罪惟終之謂, 言故之當辟者,
끝까지 함이 아님은 곧 「강고(康誥)」에 큰 죄라도 끝까지 저지름이 아니라는

것303)이니 과실을 용서해야할 자를 말한 것이고, 끝까지 할 뿐인 것은 곧 「강고(康誥)」에 작은 죄라도 끝까지 저지른 것304)이니, 고의범으로 마땅히 형벌해야 할 자를 말한 것이다.

詳說

○ 過故, 見大禹謨.
잘못이 고의인 것은 「대우모」에 보인다.305)

集傳

非終惟終, 皆非我得輕重,
비종(非終)과 유종(惟終)이 모두 내가 가볍거나 무겁게 할 수 있는 것이 아니고,

詳說

○ 添此句.
여기의 구를 더하였다.

集傳

惟在夫人所犯耳,
오직 그 사람의 범한 바에 달려 있을 뿐이니,

---

303) 『서경대전(書經大全)』, 「주서(周書)」·「강고8(康誥8)」 : "왕(王)이 말씀하였다. "아! 봉(封)아. 너의 형벌을 공경히 밝혀라. 사람들이 작은 죄(罪)가 있더라도 모르고 지은 죄(罪)가 아니면 바로 끝까지 저지른 것으로, 스스로 떳떳하지 않은 일을 하여 이와 같이 된 것이니, 그 죄가 작더라도 죽이지 않을 수 없다. 큰 죄가 있더라도 끝까지 저지름이 아니면 바로 모르고 지은 죄이거나 재앙으로 마침 이와 같이 된 것이니, 이미 그 죄를 말하여 다하였거든 이에 죽이지 말아야 한다.(王曰, 嗚呼. 封. 敬明乃罰. 人有小罪, 非眚乃惟終, 自作不典式爾, 有厥罪小, 乃不可殺. 乃有大罪, 非終乃惟眚災, 適爾, 旣道極厥辜, 時乃不可殺.)"
304) 『서경대전(書經大全)』, 「주서(周書)」·「강고8(康誥8)」 : "왕(王)이 말씀하였다. "아! 봉(封)아. 너의 형벌을 공경히 밝혀라. 사람들이 작은 죄(罪)가 있더라도 모르고 지은 죄(罪)가 아니면 바로 끝까지 저지른 것으로, 스스로 떳떳하지 않은 일을 하여 이와 같이 된 것이니, 그 죄가 작더라도 죽이지 않을 수 없다. 큰 죄가 있더라도 끝까지 저지름이 아니면 바로 모르고 지은 죄이거나 재앙으로 마침 이와 같이 된 것이니, 이미 그 죄를 말하여 다하였거든 이에 죽이지 말아야 한다.(王曰, 嗚呼. 封. 敬明乃罰. 人有小罪, 非眚乃惟終, 自作不典式爾, 有厥罪小, 乃不可殺. 乃有大罪, 非終乃惟眚災, 適爾, 旣道極厥辜, 時乃不可殺.)"
305) 『서경대전(書經大全)』, 「우서(虞書)」·「대우모-12(大禹謨-12)」 : "고요(皐陶)가 말하였다. '황제의 덕이 잘못됨이 없으시어 아랫사람에게 임하되 간략함으로써 하고 무리들을 어거하되 너그러움으로써 하시며, 벌(罰)은 자식에게 미치지 않고 상(賞)은 자손 대대로 미치게 하시며, 과오로 지은 죄는 용서하되 큼이 없고 고의로 지은 죄는 형벌하되 작음이 없으시며, 죄가 의심스러운 것은 가볍게 형벌하시고 공이 의심스러운 것은 중하게 상주시며, 무죄한 사람을 죽이기보다는 차라리 떳떳한 법대로 하지 않은 실수를 범하겠다 하시어 살려주기를 좋아하는 덕(德)이 민심에 흡족하십니다. 이 때문에 백성들이 유사(有司)를 범하지 않는 것입니다.'(皐陶曰, 帝德罔愆, 臨下以簡, 御衆以寬, 罰弗及嗣, 賞延于世, 宥過無大, 刑故無小, 罪疑惟輕, 功疑惟重, 與其殺不辜, 寧失不經, 好生之德, 洽于民心. 玆用不犯于有司.)"

詳說

○ 音扶.
'부(夫)'는 음이 '부(扶)'이다.

○ 添犯字.
'범(犯)'자를 더하였다.

集傳

爾當敬逆天命以承我一人.
너는 마땅히 천명(天命)을 공경히 맞이해서 나 한 사람을 받들라는 것이다.

詳說

○ 迎也.
경문의 '역(逆)'은 '맞이한다.'는 것이다.

○ 奉.
'승(承)'은 경문에서 '봉(奉)'이다.

集傳

畏威, 古通用, 威, 辟之也, 休, 宥之也. 我雖以爲辟, 爾惟勿辟, 我雖以爲宥, 爾惟勿宥,
외(畏)와 위(威)는 옛날에 통용되었으니, 위(威)는 형벌하는 것이고 휴(休)는 용서하는 것이다. 내가 비록 형벌하라 하더라도 너희는 형벌하지 말고, 내가 비록 용서하라 하더라도 너희는 용서하지 말고,

詳說

○ 見君陳.
「군진」에 보인다.306)

集傳

---

306) 『서경대전(書經大全)』, 「주서(周書)」·「군진8(君陳8)」: "은(殷)나라 백성이 죄에 있거든 내가 죄를 주라 하여도 너는 죄를 주지 말며, 내가 용서하라 하여도 너는 용서하지 말고 오직 알맞게 하라.(殷民在辟, 予曰辟, 爾惟勿辟, 予曰宥, 爾惟勿宥, 惟厥中.)"

惟敬乎五刑之用, 以成剛柔正直之德,
오직 오형(五刑)의 씀을 공경하여 강(剛)·유(柔)와 정직(正直)의 덕(德)을 이루면

詳說

○ 見洪範.
「홍범」에 보인다.307)

集傳

則君慶於上,
군주는 위에서 경사스럽고

詳說

○ 一人.
'군(君)'은 경문에서 '일인(一人)'이다.

集傳

民賴於下, 而安寧之福, 其永久而不替矣.
백성들은 아래에서 힘입어 편안한 복이 영구하여 폐해지지 않을 것이다.

詳說

○ 新安陳氏曰 : "能勤能敬, 則刑非刑也德也福也."
신안 진씨(新安陳氏)가 말하였다 : "부지런할 수 있고 공경할 수 있으면, 형벌하더라도 형벌이 아니라 덕이고 복이다."308)

○ 陳氏雅言曰 : "勉諸侯同姓者, 以勤敬爲用刑之道也."

---

307) 『서경대전(書經大全)』, 「주서(周書)·홍범-17(洪範-17)」 : "여섯 번째 삼덕(三德)은 첫 번째가 정직함이고, 두 번째가 강(剛)으로 다스림이며, 세 번째가 유(柔)로 다스림이다. 평강(平康)은 정직(正直)이다. 강(彊)하면서 순하지 않은 자는 강(剛)으로 다스리고, 화(和)하면서 순한 자는 유(柔)로 다스리며, 침잠(沈潛)한 자는 강(剛)으로 다스리고, 고명(高明)한 자는 유(柔)로 다스린다.(六三德, 一曰正直, 二曰剛克, 三曰柔克. 平康, 正直. 彊弗友, 剛克. 燮友, 柔克. 沉潛, 剛克. 高明, 柔克.)"

308) 『서경대전(書經大全)』, 「주서(周書)·「여형(呂刑)」 : "신안 진씨가 말하였다 : '여기의 장에서는 형벌이 하늘에서 나와 하늘이 나에게 시키는 것이기 때문에 천명을 맞이해서 나를 받들라는 것이라는 말이다. 하늘을 받드는 것은 부지런히 하는 것이고 공경하는 것이다. 부지런할 수 있고 공경할 수 있으면, 형벌하더라도 형벌이 아니라 덕이고, 형벌하더라도 형벌이 아니라 복이니, 염두에 두지 않아서는 알 수 있겠는가!'(新安陳氏曰 : 此章言刑出於天, 天俾之我, 故望爾逆天命以奉我. 所以承天者, 勤也敬也. 能勤能敬, 則刑, 非刑也, 德也, 刑, 非刑也, 福也, 可不念哉.)"

진씨 아언(陳氏雅言)이 말하였다 : "동성의 제후들에게 권한 것은 부지런함과 공경함을 형벌을 사용하는 도로 하라는 것이다."309)

[14-4-27-14]

王曰, 吁, 來. 有邦有土. 告爾祥刑. 在今爾安百姓, 何擇. 非人. 何敬, 非刑. 何度, 非及.

왕(王)이 말씀하였다. "아! 이리 오라. 나라를 소유하고 토지를 소유한 자들아. 너희에게 상서로운 형벌을 고하노라. 이제 너희에 있어 백성들을 편안히 하려고 하면, 무엇을 가려야 하는가? 사람이 아니겠는가! 무엇을 공경해야 하는가? 형벌이 아니겠는가! 무엇을 헤아려야 하는가? 옥사에 미치는 것이 아니겠는가!

詳說

○ 度, 入聲.

'탁(度)'은 입성이다.

集傳

有民社者, 皆在所告也.

백성과 사직(社稷)을 소유한 자가 모두 고할 대상(對象)에 있는 것이다.

詳說

○ 總提.

총괄해서 제시했다.

○ 張氏曰 : "並戒同姓異姓諸侯."

장씨(張氏)가 말하였다 : "동성과 이성의 제후를 아울러 경계했다."310)

○ 陳氏雅言曰 : "有邦之諸侯, 有土之卿大夫."

---

309) 『서경대전(書經大全)』, 「주서(周書)」·「여형(呂刑)」: "진씨 아언이 말하였다 : '…. 부지런함과 공경함의 효과는 그 큼이 이와 같다. 목왕이 이것을 말한 것은 대개 동성의 제후들에게 권한 것으로 부지런함과 공경함을 형벌을 사용하는 도로 하라는 것이다.'(陳氏雅言曰: …. 勤敬之效其大如此, 穆王言此, 蓋勉諸侯之同姓者, 以勤敬爲用刑之道也.)"

310) 『서경대전(書經大全)』, 「주서(周書)」·「여형(呂刑)」: "장씨가 말하였다 : '여기에서는 동성과 이성의 제후를 아울러 경계했다.'(張氏曰 : 此并同姓異姓諸侯而戒之.)"

진씨 아언(陳氏雅言)이 말하였다 : "나라가 있는 제후와 땅이 있는 경대부이다."311)

> 集傳

夫刑凶器也, 而謂之祥者,
형벌은 흉기(凶器)인데 상서라고 말한 것은

> 詳說

○ 音扶.
'부(夫)'는 음이 '부(扶)'이다.

○ 善也.
경문에서 '상(祥)'은 좋음이다.

> 集傳

刑期無刑, 民協于中,
형벌은 형벌이 없음을 기약하여 백성들이 중(中)에 맞으면

> 詳說

○ 已見前註.
이미 앞의 주에 보인다.

> 集傳

其祥莫大焉.
그 상서로움이 이보다 클 수 없다.

---

311)『서경대전(書經大全)』,「주서(周書)」·「여형(呂刑)」: "진씨 아언이 말하였다 : '형벌을 주면서 상서로운 형벌이라고 한 것은 대개 형벌이 백성들을 해치는 것이 아니라 편안하게 하는 것이기 때문에 상서로운 형벌이라고 해도 되는 것이다. 백성들을 편안하게 하는 도는 무엇을 가리고 사람이 아니겠냐는 것은 사람을 가리지 않아서는 안되기 때문이라는 말이고, 무엇을 공경하고 형벌이 아니겠냐는 것은 형벌을 공경하지 않아서는 안되기 때문이라는 말이며, 무엇을 헤아리고 미치는 것이 아니겠냐는 것은 미칠 것은 헤아리지 않아서는 안된다는 말이다. 사람을 가린 다음에 형벌을 공경할 수 있고, 형벌을 공경할 수 있은 다음에 헤아릴 수 있다. 세 번의「무엇」이라는 말은 묻는 말을 해서 의심하게 한 것이고, 세 번의「아니겠는가」라는 말은 답하는 말을 해서 결정하게 한 것이다. 당시에 나라가 있는 제후와 땅이 있는 경대부들이 이 세 가지에 과연 능할 수 있어 가림을 이루고 공경을 이루며 헤아림을 이룬다면, 백성들은 편안하지 않음이 없어 형벌이 이에 상서로움이 되는 것이다.'(陳氏雅言曰 : 刑而謂之祥刑者, 蓋刑非所以殘民而以安民, 謂之祥刑, 可也. 安民之道, 何所擇, 而非人, 言人不可以不擇, 何所敬, 而非刑, 言刑不可以不敬, 何所度而非及, 言及不可以不度. 惟擇人而後能敬刑, 能敬刑而後能度及. 三言何者, 設爲問辭, 以致其疑, 三言非者, 設爲答辭, 以致其決. 當時有邦之諸侯 有土之卿大夫, 果能於此三者, 而致其擇, 致其敬, 致其度, 則民無不安, 而刑斯爲祥矣.)"

詳說

○ 臨川吳氏曰 : "人, 謂用刑之人."
임천 오씨(臨川吳氏)가 말하였다 : "'사람'은 형벌을 쓰는 사람을 말한다."312)

集傳

及, 逮也.
급(及)은 미침이다.

詳說

○ 辭之所及.
말이 미치는 것이다.

○ 臨川吳氏曰 : "及, 謂刑之所加, 猶罰及爾身之及."
임천 오씨(臨川吳氏)가 말하였다 : "'미친다.'는 것은 형벌이 가해지는 것을 말하니, '벌이 너희들의 몸에 미친다.'313)고 할 때의 '미친다.'는 것과 같다"314)

集傳

漢世詔獄所逮, 有至數萬人者,
한(漢)나라 세대에 조명(詔命)으로 다스리는 옥사(獄事)에 미치는 바가 수만 명에 이른 경우가 있으니,

詳說

---

312) 『서경대전(書經大全)』, 「주서(周書)」・「여형(呂刑)」 : "임천 오씨가 말하였다 : '…. 지금 너희 제후들이 백성들을 편안하게 하려면 무엇을 택해야 하겠는가? 사람이 아니겠는가! 무엇을 공경해야 하겠는가? 형벌이 아니겠는가! 무엇을 헤아려야 하겠는가? 미치는 것이 아니겠는가! 「사람」은 형벌을 쓰는 사람을 말한다. 「미친다」는 것은 형벌이 가해지는 것을 말하니, 「벌이 너희들의 몸에 미친다.」고 할 때의 「미친다.」는 것과 같다.'(臨川吳氏曰 : …. 在今日, 爾諸侯欲安百姓, 何者當擇, 非人乎, 何者當敬, 非刑乎, 何者當揆度, 非及乎, 人謂用刑之人. 及謂刑之所加, 猶罰及爾身之及.)"

313) 『서경대전(書經大全)』, 「상서(商書)」・「반경상-17(盤庚上-17)」 : "너희들은 서로 고하여 경계해서 지금부터 후일까지 각기 너희들이 할 일을 공손히 수행해서 너희들의 자리를 정돈하며 너희들의 말을 법도에 맞게 하라. 벌이 너희들의 몸에 미치면 뉘우칠 수 없을 것이다.(凡爾衆 其惟致告 自今至于後日, 各恭爾事, 齊乃位, 度乃口. 罰及爾身, 弗可悔.)"

314) 『서경대전(書經大全)』, 「주서(周書)」・「여형(呂刑)」 : "임천 오씨가 말하였다 : '…. 지금 너희 제후들이 백성들을 편안하게 하려면 무엇을 택해야 하겠는가? 사람이 아니겠는가! 무엇을 공경해야 하겠는가? 형벌이 아니겠는가! 무엇을 헤아려야 하겠는가? 미치는 것이 아니겠는가! 「사람」은 형벌을 쓰는 사람을 말한다. 「미친다」는 것은 형벌이 가해지는 것을 말하니, 「벌이 너희들의 몸에 미친다.」고 할 때의 「미친다.」는 것과 같다.'(臨川吳氏曰 : …. 在今日, 爾諸侯欲安百姓, 何者當擇, 非人乎, 何者當敬, 非刑乎, 何者當揆度, 非及乎, 人謂用刑之人. 及謂刑之所加, 猶罰及爾身之及.)"

○ 如楚王英之獄之類.

초왕(楚王) 영(英)의 옥사315)와 같은 것들이다.

集傳

審度其所當逮者, 而後可逮之也. 曰何曰非, 問答以發其意

미치게 해야 할 것을 살펴 헤아린 뒤에 미치게 하는 것이다. '하(何)'라고 말하고 '비(非)'라고 말한 것은 문답으로 그 뜻을 나타내서

詳說

○ 陳氏雅言曰 : "何, 爲問辭, 非, 爲答辭."

진씨 아언(陳氏雅言)이 말하였다 : "「무엇」이라는 말은 묻는 말이고, 세 번의 「아니겠는가!」라는 말은 답하는 말이다."316)

集傳

以明三者之決不可不盡心也.

세 가지에 결코 마음을 다하지 않을 수 없음을 밝힌 것이다.

詳說

○ 陳氏雅言曰 : "能此三者, 則民無不安, 而刑斯爲祥矣."

진씨 아언(陳氏雅言)이 말하였다 : "이 세 가지에 능하면 백성들이 편안하지 않음이 없어 형벌은 이에 상서로움이 될 것이다."317)

---

315) 초왕(楚王) 영(英)의 옥사 : 한(漢)나라 때 초왕(楚王) 유영(劉英)이 모함을 당하여 그는 자결하고 수천 명이 억울하게 죽은 옥사이다.
316) 『서경대전(書經大全)』, 「주서(周書)」·「여형(呂刑)」 : "진씨 아언이 말하였다 : '형벌을 주면서 상서로운 형벌이라고 한 것은 대개 형벌이 백성들을 해치는 것이 아니라 편안하게 하는 것이기 때문에 상서로운 형벌이라고 해도 되는 것이다. 백성들을 편안하게 하는 도는 무엇을 가리고 사람이 아니겠냐는 것은 사람은 가리지 않아서는 안되기 때문이라는 말이고, 무엇을 공경하고 형벌이 아니겠냐는 것은 형벌은 공경하지 않아서는 안되기 때문이라는 말이며, 무엇을 헤아리고 미치는 것이 아니겠냐는 것은 미칠 것은 헤아리지 않아서는 안된다는 말이다. 사람을 가린 다음에 형벌을 공경할 수 있고, 형벌을 공경할 수 있은 다음에 헤아릴 수 있다. 세 번의 「무엇」이라는 말은 묻는 말을 해서 의심하게 한 것이고, 세 번의 「아니겠는가!」라는 말은 답하는 말을 해서 결정하게 한 것이다. 당시에 나라가 있는 제후와 땅이 있는 경대부들이 이 세 가지에 과연 능할 수 있어 가림을 이루고 공경을 이루며 헤아림을 이룬다면, 백성들은 편안하지 않음이 없어 형벌은 이에 상서로움이 되는 것이다.'(陳氏雅言曰 : 刑而謂之祥刑者, 蓋刑非所以殘民而以安民, 謂之祥刑, 可也. 安民之道, 何所擇, 而非人, 言人不可以不擇, 何所敬, 而非刑, 言刑不可以不敬, 何所度而非及, 言及不可以不度. 惟擇人而後能敬刑, 能敬刑而後能度及. 三言何者, 設爲問辭, 以致其疑, 三言非者, 設爲答辭, 以致其決. 當時有邦之諸侯 有土之卿大夫, 果能於此三者, 而致其擇, 致其敬, 致其度, 則民無不安, 而刑斯爲祥矣.)"
317) 『서경대전(書經大全)』, 「주서(周書)」·「여형(呂刑)」 : "진씨 아언이 말하였다 : '형벌을 주면서 상서로운 형벌이라고 한 것은 대개 형벌이 백성들을 해치는 것이 아니라 편안하게 하는 것이기 때문에 상서로운 형벌이라고 해도 되는 것이다. 백성들을 편안하게 하는 도는 무엇을 가리고 사람이 아니겠냐는 것은 사람은

[14-4-27-15]

> 兩造具備, 師聽五辭, 五辭簡孚, 正于五刑, 五刑不簡, 正于五罰, 五罰不服, 正于五過.

두 사람 모두 법정(法庭)에 이르고 구비되었으면, 여러 사(士)가 오사(五辭)를 들을 것이니, 오사(五辭)에 진실하고 믿을 만하거든 오형(五刑)에 질정하며, 오형(五刑)에 진실하지 않거든 오벌(五罰)에 질정하며, 오벌(五罰)에 복종하지 않거든 오과(五過)에 질정하라.

詳說

○ 造, 音糙.

'조(造)'는 음이 '조(糙)'이다.

集傳

兩造者, 兩爭者, 皆至也,

양조(兩造)는 두 다투는 자가 모두 이르는 것이니,

詳說

○ 造.

'지(至)'는 경문에서 '조(造)'이다.

集傳

周官

『주관(周官)』에

詳說

○ 大司寇.

가리지 않아서는 안되기 때문이라는 말이고, 무엇을 공경하고 형벌이 아니겠냐는 것은 형벌은 공경하지 않아서는 안되기 때문이라는 말이며, 무엇을 헤아리고 미치는 것이 아니겠냐는 것은 미칠 것은 헤아리지 않아서는 안된다는 말이다. 사람을 가린 다음에 형벌을 공경할 수 있고, 형벌을 공경할 수 있는 다음에 헤아릴 수 있다. 세 번의 「무엇」이라는 말은 묻는 말을 해서 의심하게 한 것이고, 세 번의 「아니겠는가!」라는 말은 답하는 말을 해서 결정하게 한 것이다. 당시에 나라가 있는 제후와 땅이 있는 경대부들이 이 세 가지에 과연 능할 수 있어 가림을 이루고 공경을 이루며 헤아림을 이룬다면, 백성들은 편안하지 않음이 없어 형벌은 이에 상서로움이 되는 것이다.'(陳氏雅言曰 : 刑而謂之祥刑者, 蓋刑非所以殘民而以安民, 謂之祥刑, 可也. 安民之道, 何所擇, 而非人, 言人不可以不擇, 何所敬, 而非刑, 言刑不可以不敬, 而所度而非是, 言是不可以不度. 惟擇人而後能敕刑, 能敬刑而後能度及. 三言何者, 設爲問辭, 以致其疑, 三言非者, 設爲答辭, 以致其決. 當時有邦之諸侯 有土之卿大夫, 果能於此三者, 而致其擇, 致其敬, 致其度, 則民無不安, 而刑斯爲祥矣.」)

「대사구」이다.

集傳
以兩造聽民訟. 具備者, 詞證皆在也.
"두 사람이 이르면 백성의 송사를 다스린다."라고 하였다. 구비(具備)는 말과 증거가 모두 있는 것이다.

詳說
○ 主詞者, 及旁證者.
말을 주로 한 것은 방증에까지 언급하는 것이다.

○ 呂氏曰 : "不當逮者, 不可擾一人, 當逮者, 不可缺一人."
여씨(呂氏)가 말하였다 : "부당하게 미치는 것은 한 사람도 흐리게 해서는 안되고, 당연히 미치는 것은 한 사람도 잘못되게 해서는 안되는 것이다."318)

集傳
師, 衆也.
사(師)는 무리이다.

詳說
○ 張氏曰 : "兩造, 非偏辭, 師聽, 非偏見."
장씨가 말하였다 : "두 사람이 법정에 이르면 치우친 말이 아니고, 여러 사가 들으면 치우친 견해가 아닌 것이다."319)

集傳
五辭, 麗於五刑之辭也.
오사(五辭)는 오형(五刑)에 걸린 말이다.

---

318) 『서경대전(書經大全)』, 「주서(周書)」·「여형(呂刑)」: "여씨가 말하였다 : '옥사(獄辭)가 미치는 것은 진실로 자세히 헤아리고, 두 사람이 법정에 와서 말로 증거하는 것은 다시 구비되도록 하니, 대개 부당하게 미치는 것은 한 사람도 흐리게 해서는 안되고, 당연히 미치는 것은 한 사람도 잘못되게 해서는 안되는 것이다. ….'(呂氏曰 : 獄辭所及, 固欲審度, 而兩造詞證, 復欲具備, 蓋不當逮者, 不可擾一人, 當逮者, 不可缺一人. ….)"

319) 『서경대전(書經大全)』, 「주서(周書)」·「여형(呂刑)」 : "장씨가 말하였다 : '두 사람이 법정에 이르면 치우친 말이 아니고, 여러 사가 들으면 치우친 견해가 아닌 것이다. 한 사람만 들으면 총명이 미치지 못하고 사려가 이르지 못할 것이 염려되어 반드시 여럿이 듣는 것이다.'(張氏曰 : 兩造, 非偏辭, 師聽, 非偏見. 一人獨聽, 恐聽明有不及, 思慮有不至, 必衆聽之也.)"

|詳說|
○ 音離.
'리(麗)'는 음이 '리(離)'이다.

|集傳|
簡, 核其實也,
간(簡)은 그 진실을 조사함이고,

|詳說|
○ 覈通, 下並同.
'핵(核)'은 '핵(覈)'과 통하고, 아래에서도 모두 같다.

|集傳|
孚, 無可疑也. 正, 質也,
부(孚)는 의심이 없는 것이다. 정(正)은 질정함이니,

|詳說|
○ 猶定也.
'질(質)'은 '정(定)'과 같다.

|集傳|
五辭簡核而可信, 乃質于五刑也. 不簡者, 辭與刑參差
오사(五辭)가 진실하여 믿을 만하여야 오형(五刑)에 질정하는 것이다. 불간(不簡)은 말과 형(刑)이 어긋나서

|詳說|
○ 初金反.
'참(參)'은 음이 '초(初)'와 '금(金)'의 반절이다.

○ 楚冝反.
'차(差)'는 음이 '초(楚)'와 '의(冝)'의 반절이다.

|集傳|
不應,

맞지 않는 것이니,

> 詳說

○ 難核.

조사하기 어려운 것이다.

> 集傳

刑之疑者也. 罰, 贖也, 疑於刑, 則質于罰也.

형벌함에 의심스러운 것이다. 벌(罰)은 벌금형이니, 형벌함에 의심스러우면 벌(罰)에 질정하는 것이다.

> 詳說

○ 金贖.

금으로 대속하는 것이다.

> 集傳

不服者辭與罰又不應也罰之疑者也過誤也疑於罰則質于過而宥免之也

불복(不服)은 말과 벌(罰)이 또 응하지 않는 것이니, 벌에 의심스러운 것이다. 과(過)는 과오이니, 벌(罰)에 의심스러우면 과(過)에 질정하여 용서해서 면하는 것이다.

> 詳說

○ 罰之名, 發於此, 後節遂詳之.

벌이라는 명칭이 여기에서 나왔으니 뒤의 절에서 자세히 설명하겠다.

[14-4-27-16]

五過之疵, 惟官, 惟反, 惟內, 惟貨, 惟來, 其罪, 惟均, 其審克之.

오과(五過)의 병폐는 관권(官權)과 반(反)과 내(內)와 뇌물과 내(來)로 그 죄가 똑같으니, 살펴서 능하게 하라.

集傳

疵, 病也. 官, 威勢也, 反, 報德怨也, 內, 女謁也,
자(疵)는 병통이다. 관(官)은 위세(威勢)이고, 반(反)은 은덕과 원한에 보답함이며, 내(內)는 여자들의 청탁이고,

詳說

○ 妾婦干謁.
측실이 청탁하는 것이다.

集傳

貨, 賄賂也, 來干請也.
화(貨)는 뇌물이며, 내(來)는 간청이다.

詳說

○ 此於威貨之外, 又益以三疵
여기에서는 권위와 뇌물 외에 또 세 가지 병폐로 더한 것이다.

集傳

惟此五者之病, 以出入人罪,
이 다섯 가지의 병폐로써 사람의 죄를 내고 들이면

詳說

○ 去聲.
'출(出)'은 거성이다.

集傳

則以人之所犯坐之也.
사람이 범한 죄로 좌죄(坐罪)하는 것이다.

詳說

○ 其人
'사람[人]'은 그 사람이다.

○ 均.
똑 같이 하는 것이다.

集傳
審克者, 察之詳而盡其能也,
심극(審克)은 살피기를 자세히 하여 그 능함을 다하는 것이니,

詳說
○ 審.
'찰(察)'은 경문에서 '심(審)'이다.

○ 克.
'능(能)'은 경문에서 '극(克)'이다.

○ 呂氏曰 : "察之盡其心, 治之盡其力."
여씨(呂氏)가 말하였다 : "살핌에 그 마음을 다하고, 다스림에 그 힘을 다하는 것이다."[320]

集傳
下文屢言, 以見其丁寧忠厚之志.
아래의 글에서 여러 번 말하여 정녕(丁寧)하고 충후(忠厚)한 뜻을 나타내었다.

詳說
○ 音現, 下同.
'현(見)'은 음이 '현(現)'으로 아래에서도 같다.

集傳
疵於刑罰, 亦然,
병폐는 형(刑)과 벌(罰)에 있어서도 또한 그러하나

詳說

---

320) 『서경대전(書經大全)』, 「주서(周書)」·「여형(呂刑)」 : "여씨가 말하였다 : '…. 「살핀다.」는 것은 살핌에 그 마음을 다하는 것이고, 「능하게 한다.」는 것은 다스림에 그 힘을 다하는 것이다.'(呂氏曰 : … 審者, 察之盡其心, 克者, 治之盡其力.)"

○ 爲疵.

'병폐[疵]'는 병폐가 됨이다.

○ 五刑.

'형(刑)'은 '오형(五刑)'이다.

○ 五罰.

'벌(罰)'은 '오벌(五罰)'이다.

集傳

但言於五過者, 擧輕以見重也.

다만 다섯 가지 과오에만 말한 것은 가벼운 것을 들어 무거운 것을 나타낸 것이다.

詳說

○ 下文, 以下, 論也.

'하문(下文)' 이하는 경문의 의미 설명이다.

[14-4-27-17]

五刑之疑, 有赦, 五罰之疑, 有赦, 其審克之. 簡孚有衆, 惟貌有稽, 無簡不聽, 具嚴天威.

오형(五刑)에 의심스러운 것은 사면함이 있고, 오벌(五罰)에 의심스러운 것도 사면함이 있으니, 살펴서 능하게 하라. 진실을 조사하여 믿을 만한 것이 많거든 얼굴을 상고함이 있으니, 진실하지 않거든 듣지 말아서 모두 하늘의 위엄을 두려워하라.

詳說

○ 稽, 平聲.

'계(稽)'는 평성이다.

集傳

刑疑有赦, 正于五罰也, 罰疑有赦, 正于五過也.

오형(五刑)에 의심스러운 것은 사면함이 있다는 것은 오벌(五罰)에 질정함이고, 오벌(五罰)에 의심스러운 것은 사면함이 있다는 것은 오과(五過)에 질정하는 것이다.

詳說

○ 並照前節.
모두 앞의 절을 참조하라.

集傳

簡核情實, 可信者衆,
실정을 조사하여 믿을 만한 것이 많으면

詳說

○ 夏氏曰 : "卽前師聽簡孚之意."
하씨(夏氏)가 말하였다 : "곧 앞에서 '여러 사가 듣고 진실하고 믿을 만 하다.'321)는 의미이다."322)

集傳

亦惟考察其容貌,
또한 그 용모를 고찰하여야 하니,

詳說

○ 稽.
'고찰(考察)'은 경문에서 '계(稽)'이다.

集傳

---

321) 『서경대전(書經大全)』, 「주서(周書)」·「여형-15(呂刑-15)」 : "두 사람 모두 법정(法庭)에 이르고 구비되었으면, 여러 사(士)가 오사(五辭)를 들을 것이니, 오사(五辭)에 진실하고 믿을 만하거든 오형(五刑)에 질정하며, 오형(五刑)에 진실하지 않거든 오벌(五罰)에 질정하며, 오벌(五罰)에 복종하지 않거든 오과(五過)에 질정하라.(兩造具備, 師聽五辭, 五辭簡孚, 正于五刑, 五刑不簡, 正于五罰, 五罰不服, 正于五過.)"
322) 『서경대전(書經大全)』, 「주서(周書)」·「여형(呂刑)」 : "하씨가 말하였다 : '「진실을 조사하여 믿을 만한 것이 많다.」는 것은 곧 앞에서 「여러 사가 오사를 들을 것이니, 오사에 진실하고 믿을 만 하다.」는 의미인데, 여기서 진실을 조사하는 법은 또 얼굴을 상고함이 있는 것이다. 말은 혹 거짓으로 할 수 있어도 얼굴은 가릴 수 없다. 바르지 않으면 눈빛이 흐리고, 부끄러움이 있으면, 땀을 흘리니, 여기에서 상고하면 회피할 수 없는 것이다. 진실을 조사할 수 없으면, 옥사를 의심함이 분명하고, 이런 것에서는 반드시 다스릴 필요 없이 마침내 버려두어도 되는 것이다.(夏氏曰 : 簡孚有衆, 卽前師聽五辭, 五辭簡孚之意, 而此簡孚之法, 又當惟貌有稽. 辭或可僞, 而貌不可掩. 不正則眊, 有愧則泚, 於此稽之, 不得遁矣. 苟無可簡核, 則疑獄明矣. 此在所不必聽, 竟捨之可也.)"

周禮

『주례(周禮)』에

詳說

○ 小司寇.

「소사구」이다.

集傳

所謂色聽, 是也.

이른바 "얼굴빛을 보고 다스린다."는 것이 여기에 해당한다.

詳說

○ 夏氏曰 : "辭或可僞, 而貌不可掩. 不正則眊, 有愧則泚. 於此稽之, 不得遁矣."

하씨(夏氏)가 말하였다 : "말은 혹 거짓으로 할 수 있어도 얼굴은 가릴 수 없다. 바르지 않으면 눈빛이 흐리고, 부끄러움이 있으면, 땀을 흘리니, 여기에서 상고하면 회피할 수 없는 것이다."323)

集傳

然聽獄, 以簡核爲本苟, 無情實, 在所不聽.

그러나 옥사를 다스림은 진실을 조사함을 근본으로 삼으니, 만약 실정이 없으면 다스리지 않아야 하는 것이다.

詳說

○ 夏氏曰 : "苟無可簡核, 則疑獄明矣, 捨之可也."

하씨(夏氏)가 말하였다 : "진실을 조사할 수 없으면, 옥사를 의심함이 분명하니, 버려두어도 되는 것이다."324)

---

323) 『서경대전(書經大全)』, 「주서(周書)」·「여형(呂刑)」 : "하씨가 말하였다 : 『진실을 조사하여 믿을 만한 것이 많다.』는 것은 곧 앞에서 「여러 사가 오사를 들을 것이니, 오사에 진실하고 믿을 만 하다.」는 의미인데, 여기서 진실을 조사하는 법은 또 얼굴을 상고함이 있는 것이다. 말은 혹 거짓으로 할 수 있어도 얼굴은 가릴 수 없다. 바르지 않으면 눈빛이 흐리고, 부끄러움이 있으면, 땀을 흘리니, 여기에서 상고하면 회피할 수 없는 것이다. 진실을 조사할 수 없으면, 옥사를 의심함이 분명하니, 이런 것에서는 반드시 다스릴 필요 없이 마침내 버려두어도 되는 것이다.'(夏氏曰 : 簡孚有衆, 即前師聽五辭, 五辭簡孚之意, 而此簡孚之法, 又當477貌有稽. 辭或可僞, 而貌不可掩. 不正則眊, 有愧則泚, 於此稽之, 不得遁矣. 苟無可簡核, 則疑獄明矣. 此在所不必聽, 竟捨之可也.)"

324) 『서경대전(書經大全)』, 「주서(周書)」·「여형(呂刑)」 : "하씨가 말하였다 : 『진실을 조사하여 믿을 만한 것

集傳

上帝臨汝

상제(上帝)가 너를 굽어보고 계시니,

詳說

○ 出詩大明.

『시경』「대명」이 출처이다.325)

集傳

不敢有毫髮之不盡也.

털끝만큼이라도 미진함이 있어서는 안된다.

詳說

○ 張氏曰 : "具, 俱也, 謂上所言, 皆敬天威也."

장씨(張氏)가 말하였다 : "'구(具)'는 '구(俱)'로 위에서 말한 것이 모두 하늘의 위엄을 두려워하라는 말이라는 것이다."326)

○ 臨川吳氏曰 : "或至誤入, 必受天譴天威, 俱所當畏也."

임천 오씨가 말하였다 : "혹 잘못되면 반드시 하늘의 꾸지람과 하늘의 위엄을 받으니, 모두 두려워해야 한다는 것이다."327)

이 많다.」는 것은 곧 앞에서 「여러 사가 오사를 들을 것이니, 오사에 진실하고 믿을 만 하다.」는 의미인데, 여기서 진실을 조사하는 법은 또 얼굴을 상고함이 있는 것이다. 말은 혹 거짓으로 할 수 있어도 얼굴은 가릴 수 없다. 바르지 않으면 눈빛이 흐리고, 부끄러움이 있으면 땀을 흘리니, 여기에서 상고하면 회피할 수 없는 것이다. 진실을 조사할 수 없으면, 옥사를 의심함이 분명하고, 이런 것에서는 반드시 다스릴 필요 없이 마침내 버려두어도 되는 것이다.'(夏氏曰 : 簡孚有衆, 即前師聽五辭, 五辭簡孚之意, 而此簡孚之法, 又當惟貌有稽. 辭或可偽, 而貌不可掩. 不正則眊, 有愧則泚, 於此稽之, 不得遁矣. 苟無可簡核, 則疑獄明矣. 此在所不必聽, 竟捨之可也.)」

325)『시경(詩經)』「대아(大雅)」·「문왕지십(文王之什)」·「대명(大明)」: "그대의 마음을 두 가지로 하지 말지어다. 상제께서 그대를 내려다보고 계시니라.(毋貳爾心, 上帝臨汝.)"

326)『서경대전(書經大全)』,「주서(周書)」·「여형(呂刑)」: "장씨가 말하였다 : '「구(具)」는 「구(俱)」로 위에서 말한 것이 모두 하늘의 위엄을 두려워하라는 말이라는 것이다.'(張氏曰 : 具, 俱也, 謂上所言, 皆敬天威也.)"

327)『서경대전(書經大全)』,「주서(周書)」·「여형(呂刑)」: "임천 오씨(臨川吳氏)가 말하였다 : '…. 혹 잘못되면 반드시 하늘의 꾸지람과 하늘의 위엄을 받으니, 모두 두려워해야 한다는 것이다. 그러므로 의심스러운 것은 묻지 않고 사면하는 것이다.'(臨川吳氏曰 : …. 或至誤入, 必受天譴天威, 俱所當畏. 故疑者, 不問而赦之也.)"

[14-4-27-18]

墨辟疑赦, 其罰百鍰, 閱實其罪. 劓辟疑赦, 其罰惟倍, 閱實其罪. 剕辟疑赦, 其罰倍差, 閱實其罪. 宮辟疑赦, 其罰六百鍰, 閱實其罪. 大辟疑赦, 其罰千鍰, 閱實其罪. 墨罰之屬千, 劓罰之屬千, 剕罰之屬五百, 宮罰之屬三百, 大辟之罰, 其屬二百, 五刑之屬三千. 上下比罪, 無僭亂辭, 勿用不行, 惟察惟法, 其審克之.

묵벽(墨辟)의 의심스러워 사면함은 그 벌금이 1백 환(鍰)이니, 그 죄를 자세히 조사하여 진실하게 하라. 의벽(劓辟)의 의심스러워 사면함은 그 벌금이 배이니, 그 죄를 자세히 조사하여 진실하게 하라. 비벽(剕辟)의 의심스러워 사면함은 벌금이 배하고 차이가 있으니, 그 죄를 자세히 조사하여 자세히 조사하여 진실하게 하라. 궁벽(宮辟)의 의심스러워 사면함은 그 벌금이 6백 환이니, 그 죄를 그 죄를 자세히 조사하여 자세히 조사하여 진실하게 하라. 대벽(大辟)의 의심스러워 사면함은 그 벌금이 1천 환이니, 그 죄를 자세히 조사하여 자세히 조사하여 진실하게 하라. 묵벌(墨罰)의 종류가 천이고 의벌(罰)의 종류가 천이고 비벌(剕罰)의 종류가 5백이고 궁벌(宮罰)의 종류가 3백이고 대벽(大辟)이란 벌의 종류가 2백이니, 오형(五刑)의 종류가 3천 가지이다. 올리고 내려 죄를 붙여서 어지러운 말에 잘못되지 말며, 지금에 시행하지 않는 법을 쓰지 말고 법을 잘 살펴서, 살핌을 능하게 하라.

詳說

○ 辟, 婢亦反, 鍰, 胡關反, 剕, 父沸反, 差, 初互反. 下同.
'벽(辟)'은 음이 '비(婢)'와 '역(亦)'의 반절이고, '환(鍰)'은 음이 '호(胡)'와 '관(關)'의 반절이며, '비(剕)'는 음이 '부(父)'와 '비(沸)'의 반절이다. 아래에서도 같다.

○ 陳氏曰 : "此下言贖法."
진씨(陳氏)가 말하였다 : "여기의 아래에서는 속법(贖法)에 대해 말하였다."[328]

---

328) 『서경대전(書經大全)』, 「주서(周書)」·「여형(呂刑)」 : "진씨가 말하였다 : '여기의 아래에서는 속법(贖法)에 대해 말하였다. 법에 실린 것을 형(刑)이라고 하고, 사람에게 가하는 것을 벽(辟)이라고 한다. …. 그러나 반드시 그 죄를 검열하고 핵실해서 벌과 서로 합당하게 해야지 구차하게 해서는 안된다. 아래에서 이와 같다.'(陳氏曰 : 此下言贖法. 載於法謂之刑, 加於人謂之辟. 犯墨辟而情罪之可疑者則赦. 使贖其罰則罰之

集傳

墨, 刻顙而涅之也,
묵(墨)은 이마에 새겨 먹물을 들이는 것이고,

詳說

○ 乃結反.
'열(涅)'은 음이 '내(乃)'와 '결(結)'의 반절이다.

集傳

劓, 割鼻也, 剕, 刖足也.
의(劓)는 코를 베는 것이며, 비(剕)는 발꿈치를 벰이다.

詳說

○ 音月.
'월(刖)'은 음이 '월(月)'이다.

集傳

宮, 淫刑也, 男子割勢, 婦人幽閉.
궁(宮)은 음형(淫刑)이니, 남자(男子)는 거세(去勢)를 하고 부인(婦人)은 유폐시킨다.

詳說

○ 椓竅之類.
'탁규(椓竅)'의 종류이다.

○ 鄒氏季友曰 : "孔疏云, 宮刑主爲淫者, 然後人被此罪, 非必皆云淫. 漢除肉刑宮刑, 猶在至隋開皇初, 方除男子宮刑."
추씨 계우(鄒氏季友)329)가 말하였다 : "공씨의 소에서 '궁형은 주로 음(淫)으로

納贖也. 然必檢閱核實其罪, 使與罰相當, 不可苟也. 下倣此.)"
329) 『서경대전(書經大全)』, 「상서(商書)」·「중훼지고(仲虺之誥)」에는 황보밀(皇甫謐)의 말로 되어 있다. 황보밀(皇甫謐, 215년 ~ 282년)은 서진(西晉) 안정(安定) 조나(朝那) 사람으로 자는 사안(士安)이고, 어릴 때 이름은 정(靜)이며, 자호는 현안선생(玄晏先生)이다. 황보숭(皇甫嵩)의 증손이다. 젊었을 때 거침없이 방탕하여 사람들이 미치광이라고 여겼다. 20살 무렵부터 부지런히 공부해 게으르지 않았다. 집이 가난해 직접 농사를 지었는데, 책을 읽으면서 밭갈이를 함으로써 수많은 서적들을 통독했다. 나중에 질병에 걸렸으면서도 손에서 책을 놓지 않고 저술에 전심하느라 밥 먹는 것도 잊어버려 사람들이 서음(書淫)이라 했다. 무제(武

하는 것이다.'라고 하였다. 그러나 후인은 이 죄를 당하면 반드시 모두 음(淫)이라고 한 것은 아니다. 한나라에서는 육형(肉刑)과 궁형을 없앴으니, 여전히 수(隋)의 개황(開皇)초에서야 남자의 궁형을 없앴다."

集傳

大辟, 死刑也.
대벽(大)은 사형(死刑)이다.

詳說

○ 孔氏曰 : "序五刑, 先輕至重, 事之宜也."
공씨(孔氏)가 말하였다 : "오형을 순서로 한 것은 먼저 지극히 무거운 것을 가볍게 한 것으로 일의 마땅함이기 때문이다."330)

集傳

六兩曰鍰. 閱, 視也.
여섯 냥을 환(鍰)이라 한다. 열(閱)은 살펴봄이다.

詳說

○ 陳氏曰 : "檢閱核實其罪, 使與罰相當."
진씨(陳氏)가 말하였다 : "그 죄를 검열하고 핵실하는 것이다."331)

○ 夏氏曰 : "每條必言閱實, 恐聽者, 忽其他故, 不嫌其費辭也."
하씨(夏氏)가 말하였다 : "각 조에서 반드시 자세히 조사하라고 말했으니, 듣는 자가 다른 연고를 소홀히 하고 쓸데없는 말에 혐의를 두지 않게 염려한 것이

帝) 때 부름을 받았지만 나가지 않았다. 무제가 책 한 수레를 하사했다. 자신의 병을 고치려고 의학서를 읽어 가장 오랜 침구 관련서인 『침구갑을경(鍼灸甲乙經)』을 편찬했다. 역사에도 조예가 깊어 『제왕세기(帝王世紀)』와 『연력(年歷)』, 『고사전(高士傳)』, 『일사전(逸士傳)』, 『열녀전(列女傳)』, 『현안춘추(玄晏春秋)』 등을 지었다.

330) 『서경대전(書經大全)』, 「주서(周書)」·「여형(呂刑)」: "공씨가 말하였다 : '오형을 순서로 한 것은 먼저 지극히 무거운 것을 가볍게 한 것으로 일의 마땅함이기 때문이다. …. 별도로 벌의 종류를 말하고 합해서 형의 종류를 말한 것은 형과 벌이 같은 종류임을 밝혀서 그 의미를 서로 드러낸 것이다.'(孔氏曰 : 序五刑, 先輕轉至重者, 事之宜. …. 別言罰屬, 合言刑屬, 明刑罰同屬, 互見其義.)"

331) 『서경대전(書經大全)』, 「주서(周書)」·「여형(呂刑)」: "진씨가 말하였다 : '여기의 아래에서는 속법(贖法)에 대해 말하였다. 법에 실린 것을 형(刑)이라 하고, 사람에게 가하는 것을 벽(辟)이라고 한다. …. 그러나 반드시 그 죄를 검열하고 핵실해서 벌과 서로 합당하게 해야지 구차하게 해서는 안된다. 아래에서 이와 같다.'(陳氏曰 : 此下言贖法. 載於法謂之刑, 加於人謂之辟. 犯墨辟而情罪之可疑者則赦之. 使贖其罰則罰之納贖也. 然必檢閱核實其罪, 使與罰相當, 不可苟也. 下倣此.)"

다."332)

集傳

倍, 二百鍰也. 倍差, 倍而又差,

배(倍)는 2백 환이다. 배차(倍差)는 배하고 또 차이가 있는 것이니,

詳說

○ 倍之半.

배하고 반이다.

集傳

五百鍰也.

5백 환이다.

詳說

○ 唐孔氏曰 : "贖, 皆用銅."

당의 공씨(孔氏)가 말하였다 : "속죄는 모두 동(銅)으로 한다."333)

集傳

屬, 類也. 三千, 總計之也.

속(屬)은 종류이다. 3천은 총계한 것이다.

詳說

○ 孔氏曰 : "別言罰屬, 合言刑屬, 明刑罰同屬, 互見其義."

공씨(孔氏)가 말하였다 : "별도로 벌의 종류를 말하고 합해서 형의 종류를 말한 것은 형과 벌이 같은 종류임을 밝혀서 그 의미를 서로 드러낸 것이다."334)

---

332) 『서경대전(書經大全)』, 「주서(周書)」·「여형(呂刑)」 : "하씨가 말하였다 : '각 조에서 반드시 그 죄를 자세히 조사하라고 말했으니, 듣는 자가 그 의미를 자세히 살피지 않아 단지 그 하나만 자세히 조사하고 다른 연고를 소홀히 하며 쓸데없는 말에 협의를 두지 않게 염려한 것이다.'(夏氏曰 : 每條必言閱實其罪, 恐聽者, 或不詳其意, 止閱實其一, 而忽其他故, 不嫌其費辭也.)"

333) 『서경대전(書經大全)』, 「주서(周書)」·「여형(呂刑)」 : "당의 공씨가 말하였다 : '옛날에 금·은·동·철은 총괄해서 금이라고 하였다. … 대개 옛 사람들은 속죄에 모두 동(銅)으로 했는데, 혹 황금이라고도 하고 혹 황철이라고도 한다.'(唐孔氏曰 : 古者, 金銀銅鐵, 總號爲金. …. 蓋古人贖罪, 悉皆用銅, 或稱黃金, 或稱黃鐵.)"

334) 『서경대전(書經大全)』, 「주서(周書)」·「여형(呂刑)」 : "공씨가 말하였다 : '오형을 순서로 한 것은 먼저 지극히 무거운 것을 가볍게 한 것으로 일의 마땅함이기 때문이다. …. 별도로 벌의 종류를 말하고 합해서 형의 종류를 말한 것은 형과 벌이 같은 종류임을 밝혀서 그 의미를 서로 드러낸 것이다.'(孔氏曰 : 序五刑,

○ 大辟變例以便於文, 或曰謹重之意也.
대벽(大辟)에서 사례를 바꿔 글에 편하게 했는데, 어떤 이는 "삼가 중하게 여기는 의미이다."라고 하였다.

○ 陳氏曰 : "載於法謂之刑, 加於人謂之辟."
진씨(陳氏)가 말하였다 : "법에 실린 것을 형(刑)이라고 하고, 사람에게 가하는 것을 벽(辟)이라고 한다."335)

集傳
周禮, 司刑,
『주례(周禮)』에 사형(司刑)이

詳說
○ 秋官.
추관이다.

集傳
所掌, 五刑之屬, 二千五百,
관장하는 것은 오형(五刑)의 종류가 2천5백 가지이니,

詳說
○ 五刑, 各五百.
오형은 제각기 오백이다.

集傳
刑雖增舊, 然輕罪比舊
형벌은 비록 옛날보다 증가하였으나 가벼운 죄는 옛날에 비하여

詳說

先輕轉至重者, 事之宜. …. 別言罰屬, 合言刑屬, 明刑罰同屬, 互見其義.)"
335) 『서경대전(書經大全)』, 「주서(周書)」・「여형(呂刑)」: "진씨가 말하였다 : '여기의 아래에서는 속법(贖法)에 대해 말하였다. 법에 실린 것을 형(刑)이라고 하고, 사람에게 가하는 것을 벽(辟)이라고 한다. …. 그러나 반드시 그 죄를 검열하고 핵실해서 벌과 서로 합당하게 해야지 구차하게 해서는 안된다. 아래에서 이와 같다.'(陳氏曰 : 此下言贖法. 載於法謂之刑, 加於人謂之辟. 犯墨辟而情罪之可疑者則赦之. 使贖其罰則罰之納贖也. 然必檢閱核實其罪, 使與罰相當, 不可苟也. 下倣此.)"

○ 周公時.
주공의 때이다.

集傳

爲多, 而重罪比舊爲減也.
많고, 무거운 죄는 옛날에 비하여 줄어들었다.

詳說

○ 呂氏曰 : "剕無增損, 居輕重之間者也.
여씨(呂氏)가 말하였다 : "비벌(剕罰)은 증감이 없이 경중의 사이에 두었다."336)

集傳

比, 附也, 罪無定律, 則以上下刑,
비(比)는 붙임이니, 죄가 바른 율(律)이 없으면 형(刑)을 올리고 내려서

詳說

○ 添刑字.
'형(刑)'자를 더하였다.

集傳

而比附其罪也
그 죄를 붙이는 것이다.

詳說

○ 夏氏曰 : "上比重罪, 下比輕罪, 觀其所犯, 當與誰同, 如今律無明文, 則許用例也."
하씨(夏氏)가 말하였다 : "위에서는 중죄를 나란히 하였고, 아래에서는 경범죄를 나란히 하였는데, 그 범한 것이 어느 것과 같아야 하는지를 보니, 지금에 법률에 명문이 없으면 용례를 인정하는 것과 같다."337)

---

336) 『서경대전(書經大全)』, 「주서(周書)」·「여형(呂刑)」 : "여씨가 말하였다 : '묵벽(墨辟)과 의벽(劓辟)은 더하는 것이 모두 가볍고, 궁형은 빼는 것이 이백이며, 대벽은 빼는 것이 삼백이니, 모두 중형이기 때문이다. 비벌(剕罰)은 증감이 없이 경중의 사이에 두었다.'(呂氏曰 : 墨劓所增, 皆輕, 刑宮. 所損二百, 大辟所損, 三百, 皆重刑也. 剕, 無增損, 居輕重之間者也. ….)"

337) 『서경대전(書經大全)』, 「주서(周書)」·「여형(呂刑)」 : "하씨가 말하였다 : '위에서는 법을 말하고 아래에는 형을 말한 것인데, 죄가 사실이라 법으로 가하는 것을 형이라고 하고, 죄가 의심되어 금으로 대속한 것

> 集傳

無僭亂辭勿用不行, 未詳. 或曰, 亂辭, 辭之不可聽者, 不行, 舊有是法, 而今不行者,

'무참란사물용불행(無僭亂辭勿用不行)'은 자세하지 않다. 혹자는 말하기를 "난사(亂辭)는 말 중에 들을 수 없는 것이요 불행(不行)은 옛날에는 이러한 법이 있었으나 지금은 시행하지 않는 것이니,

> 詳說

○ 如字, 舛也.

'차(差)'는 본래의 음 대로 읽으니 '천(差)'이다.

> 集傳

戒其無差誤於僭亂之辭,

참란한 말에 차오(差誤)하지 말고

> 詳說

○ 僭

'오(誤)'는 경문에서 '참(僭)'이다.

○ 字或訛

'참(僭)'자는 글자가 잘못되었을 수도 있다.

○ 毋僭於亂辭也, 諺釋更商.

어지러운 말에 잘못되지 말라는 것은 『언해』의 해석을 다시 생각해 봐야 한다.

○ 夏氏曰 : "不可用私意, 而僭差妄亂其辭. 僭, 謂辭在此乃差而之彼, 亂, 謂辭本直乃亂而爲曲也."

을 벌이라고 하니, 서로 그 의미를 드러내서 형벌의 조목을 밝힌 것으로 그 수가 한결같이 같다. …. 위에서는 중죄를 나란히 하였고, 아래에서는 경범죄를 나란히 하였는데, 그 범한 것이 어느 것과 같아야 하는지를 본 다음에 경중을 정하는 법으로 지금 법률에 명문이 없으면 용례를 인정하는 것과 같다. …. 사사로운 의도로 그 말을 참람하게 함부로 어지럽혀서는 안된다. '잘못된다[僭]'는 것은 말이 여기에서 잘못되어 저기로 가는 것이고, '어지럽다[亂]'는 것은 말이 본래 곧은데 바로 어지럽혀 굽게 하는 것이다. 오직 안에서는 마음으로 살피고, 밖으로 법으로 합하면 내외가 안팎이 모두 극진하게 되니, 자세히 살필 수 있는 자만이 할 수 있는 것이다.'(夏氏曰 : 上言罰, 下言刑者, 罪實而加以法謂之刑, 罪疑而贖以金謂之罰, 互見其義, 以明刑罰之條, 其數一同也. …. 則上比重罪, 下比輕罪, 上下相比, 觀其所犯, 當與誰同, 然後定其輕重之法. 如今律無明文, 則許用例也. …. 又戒以不可用私意, 而僭錯妄亂其辭. 僭, 謂辭在此乃差而之彼, 亂, 謂辭本直乃亂而爲曲也. 惟內察以心, 外合以法, 內外兩盡, 情法相推, 惟詳審者, 能之.)

하씨(夏氏)가 말하였다 : "사사로운 의도로 그 말을 참람하게 함부로 어지럽혀서는 안된다. '잘못된다[僭]'는 것은 말이 여기에서 잘못되어 저기로 가는 것이고, '어지럽다[亂]'는 것은 말이 본래 곧은데 바로 어지럽혀 굽게 하는 것이다."338)

集傳

勿用今所不行之法, 惟詳明法意,
지금 시행하지 않는 법을 쓰지 말며, 오직 법의 뜻을 자세히 밝혀서

詳說

○ 察
'명(明)'은 경문에서 '찰(察)'이다.

○ 經文, 下惟字, 猶其也.
경문에서 아래의 '유(惟)'자는 '기(其)'와 같다.

○ 夏氏曰 : "內察以心, 外合以法."
하씨(夏氏)가 말하였다 : "안에서는 마음으로 살피고 밖으로 법으로 합한다."339)

---

338) 『서경대전(書經大全)』, 「주서(周書)」·「여형(呂刑)」: "하씨가 말하였다 : '위에서는 벌을 말하고 아래에서는 형을 말한 것인데, 죄가 사실이라 법으로 가하는 것을 형이라고 하고, 죄가 의심되어 금으로 대속한 것을 벌이라고 하니, 서로 그 의미를 드러내서 형벌의 조목을 밝힌 것으로 그 수가 한결같이 같다. …. 위에서는 중죄를 나란히 하였고, 아래에서는 경범죄를 나란히 하였는데, 그 범한 것이 어느 것과 같아야 하는지를 본 다음에 경중을 정하는 법으로 지금 법률에 명문이 없으면 용례를 인정하는 것과 같다. …. 사사로운 의도로 그 말을 참람하게 함부로 어지럽혀서는 안된다. '잘못된다[僭]'는 것은 말이 여기에서 잘못되어 저기로 가는 것이고, '어지럽다[亂]'는 것은 말이 본래 곧은데 바로 어지럽혀 굽게 하는 것이다. 오직 안에서는 마음으로 살피고, 밖으로 법으로 합하면 내외가 안팎이 모두 극진하게 되니, 자세히 살필 수 있는 자만이 할 수 있는 것이다.'(夏氏曰 : 上言罰, 下言刑者, 罪實而加以法謂之刑, 罪疑而贖以金謂之罰, 互見其義, 以明刑罰之條, 其數一同也. …, 則上比重罪, 下比輕罪, 上下相比, 觀其所犯, 當與誰同, 然後定其輕重之法. 如今律無明文, 則許用例也. …. 又戒以不可用私意, 而借錯妄亂其辭. 僭, 謂辭在此乃差而之彼, 亂, 謂辭本直乃亂而爲曲也. 惟內察以心, 外合以法, 內外兩盡, 情法相推, 惟詳審者, 能之.)"

339) 『서경대전(書經大全)』, 「주서(周書)」·「여형(呂刑)」: "하씨가 말하였다 : '위에서는 벌을 말하고 아래에서는 형을 말한 것인데, 죄가 사실이라 법으로 가하는 것을 형이라고 하고, 죄가 의심되어 금으로 대속한 것을 벌이라고 하니, 서로 그 의미를 드러내서 형벌의 조목을 밝힌 것으로 그 수가 한결같이 같다. …. 위에서는 중죄를 나란히 하였고, 아래에서는 경범죄를 나란히 하였는데, 그 범한 것이 어느 것과 같아야 하는지를 본 다음에 경중을 정하는 법으로 지금 법률에 명문이 없으면 용례를 인정하는 것과 같다. …. 사사로운 의도로 그 말을 참람하게 함부로 어지럽혀서는 안된다. '잘못된다[僭]'는 것은 말이 여기에서 잘못되어 저기로 가는 것이고, '어지럽다[亂]'는 것은 말이 본래 곧은데 바로 어지럽혀 굽게 하는 것이다. 오직 안에서는 마음으로 살피고, 밖으로 법으로 합하면 내외가 안팎이 모두 극진하게 되니, 자세히 살필 수 있는 자만이 할 수 있는 것이다.'(夏氏曰 : 上言罰, 下言刑者, 罪實而加以法謂之刑, 罪疑而贖以金謂之罰, 互見其義, 以明刑罰之條, 其數一同也. …, 則上比重罪, 下比輕罪, 上下相比, 觀其所犯, 當與誰同, 然後定其輕重之法. 如今律無明文, 則許用例也. …. 又戒以不可用私意, 而借錯妄亂其辭. 僭, 謂辭在此乃差而之彼, 亂, 謂辭本直乃亂而爲曲也. 惟內察以心, 外合以法, 內外兩盡, 情法相推, 惟詳審者, 能之.)"

> 集傳

而審克之也. ○ 今按, 皐陶所謂罪疑惟輕者,

살펴 능하게 하라고 경계한 것이다."라고 한다. ○ 지금 살펴보건대 고요(皐陶)의 이른바 '죄가 의심스러운 것을 가볍게 한다.'는 것은

> 詳說

○ 見大禹謨.

「대우모」에 보인다.340)

> 集傳

降一等而罪之耳, 今五刑疑赦, 而直罰之以金, 是大辟宮剕劓墨, 皆不復

한 등급을 낮추어 죄주는 것이었는데 이제 오형(五刑)의 의심스러워 사면함에 곧바로 벌금형으로 벌하였으니, 이는 대벽(大辟)과 궁(宮)·비(剕)·의(劓)·묵형(墨刑)에 모두 다시는

> 詳說

○ 去聲.

'부(復)'는 거성이다.

> 集傳

降等用矣. 蘇氏謂, 五刑疑

강등하여 쓰지 않은 것이다. 소씨(蘇氏)는 이르기를 "오형(五刑)에 의심스러운 것을

> 詳說

○ 句.

구두해야 한다.

> 集傳

各入罰不降, 當因古制

---

340) 『서경(書經)』 「우서(虞書)」·「대우모-12(大禹謨-12)」 : "죄가 의심스럽거든 가벼운 쪽으로 다스리고 공이 의심스럽거든 후한 쪽으로 치하할 것이니, 무고한 사람을 죽이는 것보다는 차라리 정상적으로 법을 쓰지 않는 실수를 범하는 것이 낫다.(罪疑惟輕, 功疑惟重, 與其殺不辜, 寧失不經.)"

각기 벌금형에 넣고 강등하지 않은 것은 마땅히 옛 제도를 따랐을 것이다."라고 하였는데,

詳說

○ 舜制.

순임금의 제도이다.

集傳

非. 也舜之贖刑, 官府學校

잘못된 것이다. 순(舜)의 속형(贖刑)은 관부(官府)와 학교(學校)의

詳說

○ 音效.

'교(校)'는 음이 '효(效)'이다.

集傳

鞭扑

채찍과 회초리의

詳說

○ 普卜反.

'복(扑)'은 음이 '보(普)'와 '복(卜)'의 반절이다.

集傳

之刑耳. 夫刑莫輕於鞭扑, 入於鞭扑之刑, 而又情法猶有可疑者, 則是無法以治之, 故使之贖, 特不欲遽釋之也.
형벌일 뿐이었다. 형벌은 채찍과 회초리보다 가벼운 것이 없으니, 채찍과 회초리의 형벌에 들어가고 또 정(情)과 법(法)이 오히려 의논할 만한 것이 있으면 이는 법으로 다스릴 수가 없으므로 속전(贖錢)을 내게 하였으니, 다만 대번에 석방시키고자 하지 않은 것이었다.

詳說

○ 音扶.
'부(夫)'는 음이 '부(扶)'이다.

○ 非爲斂貨也.
재화를 거둬들이는 것은 아니다.

|集傳|

而穆王之所謂贖雖大辟, 亦贖也, 舜豈有是制哉. 詳見篇題.
그런데 목왕(穆王)의 이른바 '속(贖)'은 비록 대벽(大辟)이라도 또한 속면(贖免)하였으니, 순(舜)에게 어찌 이러한 제도가 있었겠는가. 편 머리에 자세히 있다.

|詳說|

○ 音現.
'현(見)'은 음이 '현(現)'이다.

[14-4-27-19]

|上刑, 適輕, 下服, 下刑, 適重, 上服. 輕重諸罰, 有權, 刑罰, 世輕世重, 惟齊非齊, 有倫有要.|

죄목(罪目)이 상형(上刑)이라도 가벼움에 적당하거든 아래로 적용하며, 죄목이 하형(下刑)이라도 무거움에 적당하거든 위로 적용하라. 여러 벌을 가볍게 하고 무겁게 함에 권도(權道)가 있으며, 형과 벌을 세상에 따라 가볍게 하고 무겁게 하여야 하니, 똑같지 않은 형벌로 가지런히 하나 질서가 있고, 요점이 있는 것이다.

|詳說|

○ 下服之下, 去聲, 上服之上, 上聲.
'하복(下服)'에서의 '하(下)'는 거성이고, '상복(上服)'에서의 '상(上)'은 상성이다.

|集傳|

事在上刑, 而情適輕,
일이 상형(上刑)에 있더라도 정(情)이 가벼움에 적당하면

詳說

○ 從也.
'적(適)'은 따른다는 것이다.

○ 添事情字, 下同.
'사정(事情)'이라는 말을 더하였는데 아래에서도 같다.

○ 張氏曰:"誤殺人者."
장씨(張氏)가 말하였다:"사람을 죽인 자로 오인한 것이다."341)

集傳

則服下刑, 舜之宥過, 無大
하형(下刑)을 시행하여야 하니, 순(舜)의 과오를 용서하여 크게 하지 않음과

詳說

○ 見大禹謨, 下同.
「대우모」에 있고 아래에서도 같다.

集傳

康誥所謂大罪非終者, 是也. 事在下刑, 而情適重
「강고(康誥)」의 이른바 큰 죄라도 종(終)이 아니라는 것이 여기에 해당한다. 일이 하형(下刑)에 있더라도 정(情)이 무거움에 적당하면

詳說

○ 張氏曰:"謀殺而適不死者."
장씨(張氏)가 말하였다:"살인을 도모했는데 죽이지 않은 것에 적당한 경우이

---

341) 『서경대전(書經大全)』, 「주서(周書)」·「여형(呂刑)」:"장씨가 말하였다:'사람을 죽인 자는 사형이니, 이것은 상형이다. 그러나 죽이는 것으로 오인했으면, 이것은 가벼움에 적당하니, 하형을 시행하는 것이다. 구태여 죽지 않았으면 이것은 하형이다. 그러나 살인을 도모했는데 죽이지 않은 것에 적당한 경우에 이것은 중형이니, 상형을 시행하는 것이다. 형을 씀에 어찌 실정의 가볍고 무거움을 묻지 않아서야 되겠는가? 벌을 씀에도 그 경중을 저울질한다. 실정이 가벼우면 벌도 가볍고 실정이 무거우면 벌도 무겁다. 정으로 저울질하고도 논의해서 죄를 주면 경중에 벌이 또한 적당한 것이다. 형에는 경중을 저울질해서 상하로 삼고 벌에는 경중을 저울질해서 다소로 삼는다.'(張氏曰:殺人者死, 此上刑也. 然有誤殺者, 此適輕也, 則服下刑矣. 鬪毆不死, 此下刑也. 然有謀殺, 而適不死者, 此適重也, 則服上刑矣. 用刑, 豈可不問情之輕重哉. 至於用罰, 亦當權其輕重. 情輕, 則罰亦輕, 情重, 則罰亦重. 以情爲權, 而論疑罪之. 輕重, 則罰亦當矣. 刑權輕重, 以爲上下, 罰權輕重以爲多少.)"

다."342)

集傳
則服上刑
상형(上刑)을 시행하여야 하니,

詳說
○ 下服上服, 諺釋更詳.
하형을 시행하고 상형을 시행하는 것은 『언해』의 해석을 다시 살펴봐야 한다.

集傳
舜之刑故, 無小, 康誥所謂小罪非眚者, 是也. 若諸罰之輕重
순(舜)의 고의범을 형벌하여 작게 하지 않음과 「강고(康誥)」의 이른바 작은 죄라도 과오가 아니라는 것이 여기에 해당한다. 여러 벌의 가볍고 무겁게 함에

詳說
○ 諺釋用下文輕重之宜之義, 恐違此註意.
『언해』의 해석은 아래 글에서 경중의 마땅한 의미를 적용했으니, 여기 주의 의미와 어긋나는 것 같다.

集傳
亦皆有權焉, 權者進退推移, 以求其輕重之宜也.
또한 모두 권도(權道)가 있으니, 권(權)은 진퇴(進退)하고 추이(推移)하여 경중(輕重)의 마땅함을 구하는 것이다.

詳說

---

342) 『서경대전(書經大全)』, 「주서(周書)」·「여형(呂刑)」: "장씨가 말하였다 : '사람을 죽인 자는 사형이니, 이것은 상형이다. 그러나 죽이는 것으로 오인했으면, 이것은 가벼움에 적당하니, 하형을 시행하는 것이다. 구태여서 죽지 않았으면 이것은 하형이다. 그러나 살인을 도모했는데 죽이지 않은 것에 적당한 경우에 이것은 중형이니, 상형을 시행하는 것이다. 형을 씀에 어찌 실정의 가볍고 무거움을 묻지 않아서야 되겠는가? 벌을 씀에도 그 경중을 저울질한다. 실정이 가벼우면 벌도 가볍고 실정이 무거우면 벌도 무겁다. 정으로 저울질하고도 논의해서 죄를 주면 경중에 벌이 또한 적당한 것이다. 형에는 경중을 저울질해서 상하로 삼고 벌에는 경중을 저울질해서 다소로 삼는다.'(張氏曰 : 殺人者死, 此上刑也. 然有誤殺者, 此適輕也, 則服下刑矣. 鬪歐不死, 此下刑也. 然有謀殺, 而適不死者, 此適重也, 則服上刑矣. 用刑, 豈可不問情之輕重哉. 至於用罰, 亦當權其輕重. 情輕, 則罰亦輕, 情重, 則罰亦重. 以情爲權, 而論疑罪之. 輕重, 則罰亦當矣. 刑權輕重, 以爲上下, 罰權輕重以爲多少.)"

○ 張氏曰 : "刑權輕重以爲上下, 罰權輕重以爲多少."
　　장씨(張氏)가 말하였다 : "형에는 경중을 저울질해서 상하로 삼고 벌에는 경중을 저울질해서 다소로 삼는다."343)

集傳

刑罰世輕世重者, 周官

형벌을 세상에 따라 가볍게 하고 무겁게 한다는 것은 『주관(周官)』에

　　詳說

　　○ 大司寇.
　　　「대사구」이다.

集傳

刑新國, 用輕典, 刑亂國, 用重典, 刑平國

"새로 창건한 나라를 형벌할 때에는 가벼운 법을 쓰고, 어지러운 나라를 형벌할 때에는 무거운 법을 쓰며, 평범한 나라를 형벌할 때에는

　　詳說

　　○ 治亂之間.
　　　치란의 사이이다.

集傳

用中典, 隨世而爲輕重者也. 輕重諸罰有權者, 權一人之輕重也, 刑罰世輕世重者, 權一世之輕重也.

중간의 벌을 쓴다."라고 하였으니, 세상에 따라 경중(輕重)하는 것이다. 여러 벌의

---

343) 『서경대전(書經大全)』, 「주서(周書)」·「여형(呂刑)」 : "장씨가 말하였다 : '사람을 죽인 자는 사형이니, 이것은 상형이다. 그러나 죽이는 것으로 오인했으면, 이것은 가벼움에 적당하니, 하형을 시행하는 것이다. 구타해서 죽지 않았으면 이것은 하형이다. 그러나 살인을 도모했는데 죽이지 않은 것에 적당한 경우에 이것은 중형이니, 상형을 시행하는 것이다. 형을 씀에 어찌 실정의 가볍고 무거움을 묻지 않아서야 되겠는가? 벌을 씀에도 그 경중을 저울질한다. 실정이 가벼우면 벌도 가볍고 실정이 무거우면 벌도 무겁다. 정으로 저울질하고도 논의해서 죄를 주면 경중에 벌이 또한 적당한 것이다. 형에는 경중을 저울질해서 상하로 삼고 벌에는 경중을 저울질해서 다소로 삼는다.'(張氏曰 : 殺人者死, 此上刑也. 然有誤殺者, 此適輕也, 則服下刑矣. 鬪毆不死者, 此下刑也. 然有謀殺, 而適不死者, 此適重也, 則服上刑矣. 用刑, 豈可不問情之輕重哉. 至於用罰, 亦當權其輕重. 情輕, 則罰亦輕, 情重, 則罰亦重. 以情爲權 而論疑罪之 輕重, 則罰亦當矣. 刑權輕重, 以爲上下, 罰權輕重以爲多少.)"

가볍게 하고 무겁게 함이 권도(權道)가 있다는 것은 한 사람의 경중(輕重)을 저울질함이고, 형벌을 세상에 따라 가볍게 하고 무겁게 한다는 것은 한 세상의 경중(輕重)을 저울질함이다.

詳說

○ 二句論也.
두 구는 경문의 의미 설명이다.

○ 陳氏大猷曰 : "權人情, 權世變."
진씨 대유(陳氏大猷)가 말하였다 : "사람의 마음을 저울질하고 세상의 변화를 저울질하는 것이다."344)

集傳

惟齊非齊者, 法之權也, 有倫有要者, 法之經也.
가지런하지 않음을 가지런히 한다는 것은 법의 권도(權道)이며, 질서가 있고 요점이 있다는 것은 법의 원칙이다.

詳說

○ 先立論.
먼저 입론하였다.

集傳

言刑罰, 雖惟權變是適,
형과 벌이 비록 권변(權變)을 맞추어

詳說

○ 承上文.
위의 글을 이어받았다.

集傳

---

344) 『서경대전(書經大全)』, 「주서(周書)」·「여형(呂刑)」 : "진씨 대유가 말하였다 : '형벌에는 권도가 있으니, 사람의 마음을 저울질해서 경중을 삼고, 세상에 따라 가볍게 하고 세상에 따라 무겁게 하는 것은 세상의 변화를 저울질해서 경중을 삼는 것이다.'(陳氏大猷曰 : 刑罰有權, 權人情而爲輕重也, 世輕世重, 權世變而爲輕重也.)"

而齊之以不齊焉,
가지런하지 않음을 가지런히 하나

> 詳說

○ 王氏曰 : "欲爲一法以齊之, 則其齊也, 不齊, 以不齊齊之, 則齊矣."
왕씨(王氏)가 말하였다 : "하나의 법으로 가지런히 하려고 하면, 그 가지런함이 가지런히 되지 않고, 가지런하지 않음으로 가지런히 하면 가지런히 된다."[345]

○ 孔氏曰 : "所以齊非齊."
공씨(孔氏)가 말하였다 : "똑같지 않은 형벌로 가지런히 하는 까닭이다."[346]

> 集傳

至其倫要所在, 蓋有截然, 而不可紊者矣,
그 윤(倫)·요(要)가 있는 곳에 이르러서는 절연(截然)[엄격]하여 문란할 수 없음을 말한 것이니,

> 詳說

○ 王氏曰 : "先後有序, 謂之倫, 衆體所會, 謂之要."
왕씨(王氏)가 말하였다 : "선후에 순서가 있는 것을 질서라고 하고, 모든 체에 모이는 것을 요점이라고 한다."[347]

> 集傳

---

345) 『서경대전(書經大全)』, 「주서(周書)」·「여형(呂刑)」: "왕씨가 말하였다 : '정의 경중과 세상의 치란은 같지 않으니, 형벌의 적용을 다르게 해야 한다. 그런데 하나의 법으로 가지런히 하려고 하면 그 가지런함이 가지런히 되지 않고, 가지런하지 않음으로 가지런히 하면 가지런히 된다. 똑같지 않은 형벌로 가지런히 하는 것은 가지런하지 않음으로 가지런히 함을 말한다. 선후에 순서가 있는 것을 질서라고 하고, 모든 체에 모이는 것을 요점이라고 한다.'(王氏曰 : 情之輕重, 世之治亂, 不同, 則刑罰之用當異. 而欲爲一法以齊之, 則其齊也, 不齊, 以不齊齊之, 則齊矣. 惟齊非齊, 以不齊齊之之謂也. 先後有序, 謂之倫, 衆體所會謂之要.)"
346) 『상서찬전(尙書纂傳)』, 「주서(周書)」·「여형(呂刑)」: "한 나라의 공씨가 말하였다 : '모든 형벌은 똑같지 않은 형벌로 가지런히 하는 까닭이니 각기 질서와 이치가 있고 요점과 의리가 있는 것이다.'(漢孔氏曰 : 凡刑, 所以齊非齊, 各有倫理有要義.)"
347) 『서경대전(書經大全)』, 「주서(周書)」·「여형(呂刑)」: "왕씨가 말하였다 : '정의 경중과 세상의 치란은 같지 않으니, 형벌의 적용을 다르게 해야 한다. 그런데 하나의 법으로 가지런히 하려고 하면 그 가지런함이 가지런히 되지 않고, 가지런하지 않음으로 가지런히 하면 가지런히 된다. 똑같지 않은 형벌로 가지런히 하는 것은 가지런하지 않음으로 가지런히 함을 말한다. 선후에 순서가 있는 것을 질서라고 하고, 모든 체에 모이는 것을 요점이라고 한다.'(王氏曰 : 情之輕重, 世之治亂, 不同, 則刑罰之用當異. 而欲爲一法以齊之, 則其齊也, 不齊, 以不齊齊之, 則齊矣. 惟齊非齊, 以不齊齊之之謂也. 先後有序, 謂之倫, 衆體所會謂之要.)"

此兩句總結上意.
이 두 구(句)는 위의 글을 총괄해서 매듭지은 것이다.

> 詳說

○ 結上四句.
위의 네 구를 매듭지은 것이다.

○ 論也.
경문의 의미 설명이다.

[14-4-27-20]

罰懲非死, 人極于病. 非佞折獄, 惟良折獄, 罔非在中. 察辭于差, 非從, 惟從, 哀敬折獄, 明啓刑書, 胥占, 咸庶中正. 其刑其罰, 其審克之, 獄成而孚, 輸而孚, 其刑, 上備, 有幷兩刑.

벌금으로 징계함이 죽는 것은 아니나 사람들이 지극히 괴로워한다. 말 잘하는 자가 옥사를 결단할 것이 아니라 선량한 자가 옥사를 결단하여야 중(中)에 있지 않음이 없을 것이다. 말에 어긋남을 살펴 따르려고 하지 않으면서 따르며 가엽게 여기고 공경하여 옥사를 결단하며 형서(刑書)를 밝게 열어 서로 점쳐야 모두 거의 중정(中正)할 것이다. 형과 벌을 살펴서 능하게 하여야 옥사가 이루어짐에 백성들이 믿으며, 위로 올림에 군주가 믿을 것이니, 형벌을 결단한 내용을 갖추어 올리되 두 형벌을 겸하여 올려라.

> 詳說

○ 折, 之舌反. 差, 如字. 上, 上聲, 幷, 去聲.
'절(折)'은 음이 '지(之)'와 '설(舌)'의 반절이다. '차(差)'는 본래의 음 대로 읽는다. '상(上)'은 상성이고, '병(幷)'은 거성이다.

> 集傳

罰以懲過, 雖非致人於死, 然民重
벌금으로 과오를 징계함은 비록 사람을 죽임에 이르게 하는 것은 아니나 백성들이 무겁게

詳說

○ 猶多也.

'중(重)'은 '다(多)'와 같다.

集傳

出贖,

속전(贖錢)을 내는 것이니,

詳說

○ 添此句.

여기의 구를 더하였다.

集傳

亦甚

또한 심히

詳說

○ 極.

'심(甚)'은 경문에서 '극(極)'이다.

集傳

病矣.

괴로워한다.

詳說

○ 于, 猶爲也.

경문에서 '우(于)'는 '위(爲)'와 같다.

集傳

佞, 口才也. 非口才辯給之人, 可以折獄, 惟溫良長者,

영(佞)은 말재주이다. 말재주가 변급(辯給)한 사람이 옥사를 결단할 것이 아니고,

오직 온량(溫良)한 장자(長者)로서

> [詳說]
> ○ 上聲.
> '장(長)'은 상성이다.

[集傳]
視民如傷者,
백성을 보기를 상할 듯이 여기는 자가

> [詳說]
> ○ 見孟子離婁.
> 『맹자』「이루」에 보인다.348)

[集傳]
能折獄
옥사를 결단하여야

> [詳說]
> ○ 添可能字.
> '가(可)'자와 '능(能)'자를 더하였다.

[集傳]
而無不在中也,
중(中)에 있지 않음이 없을 것이니,

> [詳說]
> ○ 張氏曰 : "惟良所以能折獄, 以其無不在中也."
> 장씨(張氏)가 말하였다 : "선량하기 때문에 옥사를 결단해서 중에 있지 않음이 없을 것이다."349)

---

348) 『맹자(孟子)』「이루하(離婁下)」: "문왕은 백성들을 볼 때에 다친 데가 있지 않은가 걱정하였으며 도를 보고도 보지 못하는 것처럼 하였다.(文王視民如傷, 望道而未之見.)"
349) 『서경대전(書經大全)』, 「주서(周書)」·「여형(呂刑)」: "장씨가 말하였다 : '선량하기 때문에 옥사를 결단해

> 集傳

此言聽獄者, 當擇其人也.
이는 옥사를 결단하는 자는 훌륭한 사람을 가려야 함을 말한 것이다.

> 詳說

○ 論也.
경문의 의미 설명이다.

> 集傳

察辭于差者,
말에 어긋남을 살핀다는 것은

> 詳說

○ 舛也.
'차(差)'는 어그러진 것이다.

> 集傳

辭非情實, 終必有差, 聽獄之要, 必於其差而察之. 非從惟從者, 察辭不可偏主, 猶曰不然而然,
말이 실정이 아니면 끝내는 반드시 어긋남이 있으니, 옥사를 다스리는 요점은 반드시 그 어긋남에서 살펴야 하는 것이다. 따르려 하지 않으면서 따른다는 것은 말을 살필 적에 편벽되이 주장해서는 안되는 것으로, '그렇게 하려고 하지 않았는데 그렇게 되었다'는 말과 같으니,

> 詳說

○ 似若不從, 而亦從之.
따를 것 같지 않았는데도 따르게 되었다는 것과 같다.

> 集傳

所以審輕重, 而取中也. 哀敬折獄者, 惻怛敬畏, 以求其情也,
경중을 살펴 알맞음을 취하는 것이다. 가엾게 여기고 공경하여 옥사를 결단한다는

서 중에 있지 않음이 없을 것이다.'(張氏曰 : 惟良所以能折獄, 以其無不在中也.)"

것은 측달(惻怛)하고 경외(敬畏)하여 그 실정을 찾는 것이며,

> [詳說]
> ○ 林氏曰:"卽哀矜勿喜."
>> 임씨(林氏)가 말하였다:"곧 슬퍼하고 가엽게 여겨 기뻐하지 않는 것이다."350)

[集傳]
明啓刑書,
형서(刑書)를 밝게 열어

> [詳說]
> ○ 亦明也.
>> '계(啓)'도 밝음이다.

[集傳]
胥占者, 言詳明法律, 而與衆占度也,
서로 점친다는 것은 법률을 자세히 밝혀 여러 사람과 함께 점치고 헤아리는 것이며,

> [詳說]
> ○ 入聲.
>> '탁(度)'은 입성이다.

[集傳]
咸庶中正者, 皆庶幾其無過忒也, 於是刑之罰之, 又當審克之也.
모두 거의 중정(中正)하다는 것은 모두 거의 잘못됨이 없는 것이니, 이에 형벌을 하되 또 마땅히 살펴 능하게 하여야 하는 것이다.

> [詳說]
> ○ 至此凡四, 言審克.
>> 여기까지 모두 네 가지는 살펴서 능하게 하라는 말이다.

---

350) 『서경대전(書經大全)』, 「주서(周書)」·「여형(呂刑)」: "임씨가 말하였다:'슬퍼하고 가엽게 여겨 기뻐하지 않는 것은 곧 여기에서의 가엽게 여기고 공경하는 것이다. 슬퍼하면 차마하지 못하고 공경하면 소홀히 하지 않는다.'(林氏曰:哀矜勿喜, 卽此哀敬也. 哀則不忍, 敬則不忽.)"

集傳

此言聽獄者, 當盡其心也,
이것은 옥사를 다스리는 자가 그 마음을 다해야 함을 말한 것이니,

> **詳說**
>
> ○ 論也.
> 　경문의 의미 설명이다.

集傳

若是, 則獄成於下, 而民信之, 獄輸於上,
이와 같으면 옥사가 아래에서 이루어짐에 백성들이 믿고, 옥사를 위로 올림에

> **詳說**
>
> ○ 呈也.
> 　'수(輸)'는 바치는 것이다.
>
> ○ 如字.
> 　'상(上)'자는 본래의 음 대로 읽는다.

集傳

而君信之.
군주가 믿는다.

> **詳說**
>
> ○ 添民君字.
> 　'민(民)'자와 '군(君)'자를 더하였다.

集傳

其刑上備有幷兩刑者, 言上其斷獄之書,
형벌을 결단한 것을 올려 내용을 갖추되 두 형벌을 겸하여 올린다는 것은 옥사를 결단한 글을 올릴 적에

詳說

○ 都玩反.

'단(斷)'은 '도(都)'와 '완(玩)'의 반절이다.

集傳

當備情節, 一人而犯兩事,

심정과 행위를 구비하여야 하니, 한 사람이 두 가지 일을 범했으면

詳說

○ 陳氏曰 : "一罪有二法."

진씨(陳氏)가 말하였다 : "하나의 죄에 두 법이 있는 것이다."351)

集傳

罪雖從重, 亦并兩刑而上之也.

죄는 비록 무거운 것을 따르나 또한 두 형벌을 겸하여 올리는 것이다.

詳說

○ 陳氏曰 : "以聽命於上, 不敢專也."

진씨(陳氏)가 말하였다 : "위에서 명을 듣고 감히 마음대로 하지 않은 것이다."352)

集傳

此言讞獄者,

이것은 옥사를 결단하는 자가

詳說

○ 語蹇魚戰魚列三反, 議罪也.

---

351) 『서경대전(書經大全)』, 「주서(周書)」·「여형(呂刑)」: "진씨가 말하였다 : '「거의」라는 것은 중정이 어려움을 드러낸 것이다. 전옥은 스스로 만족해서 이미 중정을 얻은 것으로 여겨서는 안된다. …. 하나의 죄에 두 법이 있는 것이다. 아울러 갖춰 올리는 것은 위에서 명을 듣고 감히 마음대로 하지 않은 것이다.'(陳氏曰 : 庶者, 見中正之爲難. 典獄者, 不當自足以爲已得中正也. …. 一罪有二法. 幷具上之, 以聽命於上, 不敢專也.)"

352) 『서경대전(書經大全)』, 「주서(周書)」·「여형(呂刑)」: "진씨가 말하였다 : '「거의」라는 것은 중정이 어려움을 드러낸 것이다. 전옥은 스스로 만족해서 이미 중정을 얻은 것으로 여겨서는 안된다. …. 하나의 죄에 두 법이 있는 것이다. 아울러 갖춰 올리는 것은 위에서 명을 듣고 감히 마음대로 하지 않은 것이다.'(陳氏曰 : 庶者, 見中正之爲難. 典獄者, 不當自足以爲已得中正也. …. 一罪有二法. 幷具上之, 以聽命於上, 不敢專也.)"

'얼(讞)'은 음이 '어(語)'와 '건(蹇)', '어(魚)'와 '전(戰)', '어(魚)'와 '열(列)', 세 가지 반절로, 의론하여 죄주는 것이다.

集傳

當備其辭也.
그 말을 갖춰야 함을 말한 것이다.

詳說

○ 論也.
경문의 의미 설명이다.

○ 陳氏大猷曰 : "告爾祥刑, 至安百姓, 言制刑之本意. 何擇至非及, 言用刑之綱領. 兩造至天威, 言聽獄之節奏. 墨辟至三千, 言贖法及刑書之定目. 上刑至有要, 言用刑之權變. 罰懲至克之, 言折獄而用法. 獄成至兩刑, 言結獄而奏案也. 反覆丁寧備矣
진씨 대유(陳氏大猷)353)가 말하였다 : "'너희에게 상서로운 형벌을 고한다.'는 것에서 '백성을 편안하게 하려고 한다.'354)까지는 형벌을 만든 본래의 의미를 말하였다. '무엇을 가려야 하는가?'에서 '미치는 것이 아니겠는가!'355)까지는 형벌을 쓰는 강령을 말하였다. '두 사람이 모두 법정에 이른다.'356)에서 '하늘의 위엄'357)까지는 옥사를 듣는 박자를 말하였다. '묵벽'부터 '3천 가지'358)까지는

---

353) 진씨 대유(陳氏大猷, ?~?) : 송나라 남강군(南康軍) 도창(都倉) 사람으로 자는 문헌(文獻)이고, 호는 동재(東齋)다. 이종(理宗) 개경(開慶) 원년(1259) 진사(進士)가 되고, 종정랑(從政郞)과 황주군(黃州軍) 판관(判官) 등을 지냈다.『서경』에 조예가 깊었다. 저서에『상서집전혹문(尚書集傳或問)』과『상서집전회통(尚書集傳會通)』등이 있다.
354)『서경대전(書經大全)』,「주서(周書)」·「여형-14(呂刑-14)」: "왕(王)이 말씀하였다. '아! 이리 오라. 나라를 소유하고 토지를 소유한 자들아. 너희에게 상서로운 형벌을 고하노라. 이제 너희에게 있어 백성들을 편안히 하려고 하면, 무엇을 가려야 하는가? 사람이 아니겠는가! 무엇을 공경해야 하는가? 형벌이 아니겠는가! 무엇을 헤아려야 하는가? 옥사에 미치는 것이 아니겠는가!'(王曰, 吁, 來. 有邦有土. 告爾祥刑. 在今爾安百姓, 何擇. 非人. 何敬, 非刑. 何度, 非及.)"
355)『서경대전(書經大全)』,「주서(周書)」·「여형-14(呂刑-14)」: "왕(王)이 말씀하였다. '아! 이리 오라. 나라를 소유하고 토지를 소유한 자들아. 너희에게 상서로운 형벌을 고하노라. 이제 너희에게 있어 백성들을 편안히 하려고 하면, 무엇을 가려야 하는가? 사람이 아니겠는가! 무엇을 공경해야 하는가? 형벌이 아니겠는가! 무엇을 헤아려야 하는가? 옥사에 미치는 것이 아니겠는가!'(王曰, 吁, 來. 有邦有土. 告爾祥刑. 在今爾安百姓, 何擇. 非人. 何敬, 非刑. 何度, 非及.)"
356)『서경대전(書經大全)』,「주서(周書)」·「여형-15(呂刑-15)」: "두 사람 모두 법정(法庭)에 이르고 구비되었으면, 여러 사(士)가 오사(五辭)를 들을 것이니, 오사(五辭)에 진실하고 믿을 만하거든 오형(五刑)에 질정하며, 오형(五刑)에 진실하지 않거든 오벌(五罰)에 질정하며, 오벌(五罰)에 복종하지 않거든 오과(五過)에 질정하라.(兩造具備, 師聽五辭, 五辭簡孚, 正于五刑, 正于五刑不簡, 正于五罰, 五罰不服, 正于五過.)"
357)『서경대전(書經大全)』,「주서(周書)」·「여형-17(呂刑-17)」: "오형(五刑)에 의심스러운 것은 사면함이 있고, 오벌(五罰)에 의심스러운 것도 사면함이 있으니, 살펴서 능하게 하라. 진실을 조사하여 믿을 만한 것이 많

대속법과 형서의 일정한 조목을 말하였다. '죄목이 상형이라도'부터 '요점이 있는 것이다.'359)까지는 형벌을 쓰는 권도와 변화를 말하였다. '벌금으로 징계함'부터 '능하게 한다.'360)까지는 옥사를 결단하면서 법을 쓰는 것에 대해 말하였다. '옥사가 이루어짐에'부터 '두 형벌을 겸하여 올려라.'361)까지는 옥사를 매듭지어 사건을 보고함에 대해 말하였다. 그러니 반복하고 간곡하게 함이 갖추어졌다.”362)

거든 얼굴을 상고함이 있으니, 진실하지 않거든 듣지 말아서 모두 하늘의 위엄을 두려워하라.(五刑之疑, 有赦, 五罰之疑, 有赦, 其審克之. 簡孚有衆, 惟貌有稽, 無簡不聽, 具嚴天威.)”

358) 『서경대전(書經大全)』, 「주서(周書)」·「여형-18(呂刑-18)」: "묵벽(墨辟)의 의심스러워 사면함은 그 벌금이 1백 환(鍰)이니, 그 죄를 자세히 조사하여 진실하게 하라. 의벽(劓辟)의 의심스러워 사면함은 그 벌금이 배이니, 그 죄를 자세히 조사하여 진실하게 하라. 비벽(剕辟)의 의심스러워 사면함은 벌금이 배하고 차이가 있으니, 그 죄를 자세히 조사하여 자세히 조사하여 진실하게 하라. 궁벽(宮辟)의 의심스러워 사면함은 그 벌금이 6백 환이니, 그 죄를 그 죄를 자세히 조사하여 자세히 조사하여 진실하게 하라. 대벽(大辟)의 의심스러워 사면함은 그 벌금이 1천 환이니, 그 죄를 자세히 조사하여 자세히 조사하여 진실하게 하라. 묵벌(墨罰)의 종류가 천이고 의벌(劓罰)의 종류가 천이고 비벌(剕罰)의 종류가 5백이고 궁벌(宮罰)의 종류가 3백이고 대벽(大辟)이란 벌의 종류가 2백이니, 오형(五刑)의 종류가 3천 가지이다. 올리고 내려 죄를 붙여서 어지러운 말에 잘못되지 말며, 지금에 시행하지 않는 법을 쓰지 말고 법을 잘 살펴서, 살핌을 능하게 하라.(墨辟疑赦, 其罰百鍰, 閱實其罪. 劓辟疑赦, 其罰惟倍, 閱實其罪. 剕辟疑赦, 其罰倍差, 閱實其罪. 宮辟疑赦, 其罰六百鍰, 閱實其罪. 大辟疑赦, 其罰千鍰, 閱實其罪. 墨罰之屬千, 劓罰之屬千, 剕罰之屬五百, 宮罰之屬三百, 大辟之罰, 其屬二百, 五刑之屬三千. 上下比罪, 無僭亂辭, 勿用不行, 惟察惟法, 其審克之.)”

359) 『서경대전(書經大全)』, 「주서(周書)」·「여형-19(呂刑-19)」: "죄목(罪目)이 상형(上刑)이라도 가벼움에 적당하거든 아래로 적용하며, 죄목이 하형(下刑)이라도 무거움에 적당하거든 위로 적용하라. 여러 벌을 가볍게 하고 무겁게 함에 권도(權道)가 있으며, 형과 벌을 세상에 따라 가볍게 하고 무겁게 하여야 하니, 똑같지 않은 형벌로 가지런히 하나 질서가 있고, 요점이 있는 것이다.(上刑, 適輕, 下服, 下刑, 適重, 上服. 輕重諸罰, 有權, 刑罰, 世輕世重, 惟齊非齊, 有倫有要.)”

360) 『서경대전(書經大全)』, 「주서(周書)」·「여형-20(呂刑-20)」: "벌금으로 징계함이 죽는 것은 아니나 사람들이 지극히 괴로워한다. 말 잘하는 자가 옥사를 결단할 것이 아니라 선량한 자가 옥사를 결단하여야 중(中)에 있지 않음이 없을 것이다. 말에 어긋남을 살펴 따르려고 하지 않으면서 따르며 가엽게 여기고 공경하여 옥사를 결단하며 형서(刑書)를 밝게 열어 서로 점쳐야 모두 거의 중정(中正)할 것이다. 형과 벌을 살펴서 능하게 하여야 옥사가 이루어짐에 백성들이 믿으며, 위로 올림에 군주가 믿을 것이니, 형벌을 결단한 내용을 갖추어 올리되 두 형벌을 겸하여 올려라.(罰懲非死, 人極于病. 非佞折獄, 惟良折獄, 罔非在中. 察辭于差, 非從, 惟從, 哀敬折獄, 明啓刑書, 胥占, 咸庶中正. 其刑其罰, 其審克之, 獄成而孚, 輸而孚, 其刑, 上備, 有幷兩刑.)”

361) 『서경대전(書經大全)』, 「주서(周書)」·「여형-20(呂刑-20)」: "벌금으로 징계함이 죽는 것은 아니나 사람들이 지극히 괴로워한다. 말 잘하는 자가 옥사를 결단할 것이 아니라 선량한 자가 옥사를 결단하여야 중(中)에 있지 않음이 없을 것이다. 말에 어긋남을 살펴 따르려고 하지 않으면서 따르며 가엽게 여기고 공경하여 옥사를 결단하며 형서(刑書)를 밝게 열어 서로 점쳐야 모두 거의 중정(中正)할 것이다. 형과 벌을 살펴서 능하게 하여야 옥사가 이루어짐에 백성들이 믿으며, 위로 올림에 군주가 믿을 것이니, 형벌을 결단한 내용을 갖추어 올리되 두 형벌을 겸하여 올려라.(罰懲非死, 人極于病. 非佞折獄, 惟良折獄, 罔非在中. 察辭于差, 非從, 惟從, 哀敬折獄, 明啓刑書, 胥占, 咸庶中正. 其刑其罰, 其審克之, 獄成而孚, 輸而孚, 其刑, 上備, 有幷兩刑.)”

362) 『서경대전(書經大全)』, 「주서(周書)」·「여형(呂刑)」: "진씨 대유가 말하였다 : '여기의 장 처음에 「너희에게 상서로운 형벌을 고한다.」는 것에서 「백성을 편안하게 하려고 한다.」까지는 형벌을 만든 본래의 의미를 말하였다. 「무엇을 가려야 하는가?」에서 「미치는 것이 아니겠는가!」까지는 형벌을 쓰는 강령을 말하였다. 「두 사람이 모두 법정에 이른다.」에서 「하늘의 위엄」까지는 옥사를 듣는 박자를 말하였다. 「묵벽」부터 「3천 가지」까지는 대속법과 형서의 일정한 조목을 말하였다. 「죄목이 상형이라도」부터 「요점이 있는 것이다.」까지는 형벌을 쓰는 권도와 변화를 말하였다. 「벌금으로 징계함」부터 「능하게 한다.」까지는 옥사를 결단하면서 법을 쓰는 것에 대해 말하였다. 「옥사가 이루어짐에」부터 「두 형벌을 겸하여 올려라.」까지는 옥사를 매듭지어 사건을 보고함에 대해 말하였다. 그러니 반복하고 간곡하게 함이 갖추어졌다.'(陳氏大猷曰 : 此章首云, 告爾祥刑, 至安百姓, 言制刑之本意也. 何擇至非及, 言用刑之綱領也. 自兩造至天威, 言聽獄之節

[14-4-27-21]

王曰, 嗚呼, 敬之哉. 官伯族姓, 朕言多懼. 朕敬于刑. 有德惟刑. 今天相民, 作配在下. 明淸于單辭. 民之亂, 罔不中聽獄之兩辭, 無或私家于獄之兩辭, 獄貨非寶, 惟府辜功, 報以庶尤, 永畏惟罰. 非天不中, 惟人在命, 天罰不極, 庶民罔有令政, 在于天下.

왕이 말씀하였다. "아! 공경할지어다. 옥사를 맡은 관원과 백(伯)과 동족(同族)과 이성(異姓)들아, 짐은 말하려 함에 많이 두렵노라. 짐은 형벌을 두려워하니, 덕이 있어야 형벌할 수 있는 것이다. 지금 하늘이 백성을 도우시니, 짝이 되어 아래에 있을지어다. 한 마디 말을 밝고 깨끗하라. 백성들의 다스림은 옥사의 두 마디 말을 알맞게 듣지 않음이 없으니, 혹시라도 옥사의 두 마디 말로 집안을 사사롭게 하지 말라. 옥사를 재물로 여김은 보배가 아니고, 죄상을 모아서 온갖 허물로 보답하나니, 길이 두려워할 것은 형벌이다. 하늘이 중도(中道)로 대하지 않는 것이 아니라 사람들이 명에 달려있는 것이니, 천벌이 지극하지 않으면 서민들은 훌륭한 정사가 천하에 있지 못할 것이다."

詳說

○ 相, 去聲.

'상(相)'은 거성이다.

集傳

此, 總告之也.

이것은 총괄하여 고(告)한 것이다.

詳說

○ 先提.

먼저 제시한 것이다.

○ 照前註, 同姓諸侯及有民社者.

奏也. 自墨辟至三千, 言贖法及刑書之定目也. 自上刑至有要, 言用刑之權變也. 自罰懲至克之, 言折獄而用法也. 自獄成至兩刑, 言結獄而奏案也. 反覆丁寧備矣.)"

앞의 주를 참조하면, 동성 제후와 사직이 있는 자들이다.

集傳
官, 典獄之官也,
관(官)은 옥사를 주관하는 관원이고,

詳說
○ 先擧獄官者, 主也.
먼저 옥관을 든 것은 주로 한 것이기 때문이다.

集傳
伯, 諸侯也, 族, 同族, 姓, 異姓也. 朕之於刑言, 且
백(伯)은 제후이며, 족(族)은 동족(同族)이고, 성(姓)은 이성(異姓)이다. 짐은 형벌에 대하여 말하는 것이 또

詳說
○ 猶猶也.
'차(且)'는 '유(猶)'와 같다.

集傳
多懼, 況用之乎.
많이 두려우니, 하물며 형벌을 씀에 있어서야 말해 무엇 하겠는가!

詳說
○ 添此句.
여기의 구를 더하였다.

集傳
朕敬于刑者, 畏之至也, 有德惟刑, 厚之至也.
짐은 형벌을 공경한다는 것은 두려움이 지극함이고, 덕이 있어야 형벌할 수 있다는 것은 후(厚)함이 지극한 것이다.

詳說

○ 新安陳氏曰 : "有德於民者, 惟此刑耳."
　　신안 진씨(新安陳氏)가 말하였다 : "백성들에게 덕이 있는 자가 오직 여기의 형벌을 할 수 있을 뿐이다."363)

○ 諺釋, 更詳.
　　『언해』의 해석은 다시 살펴야 한다.

集傳

今天以刑相治斯民,
지금 하늘이 형벌로써 이 백성들을 도와 다스리시니,

詳說

○ 添刑字.
　　'형(刑)'자를 더하였다.

集傳

汝實任責
너는 진실로 책임을 맡아

詳說

○ 添此句.
　　여기의 구를 더하였다.

集傳

作配在下可也.
짝이 되어 아래에 있어야 할 것이다.

詳說

---

363) 『서경대전(書經大全)』, 「주서(周書)」·「여형(呂刑)」: "신안 진씨가 말하였다 : 「덕이 있어야 형벌할 수 있다.」는 것은 백성들에게 덕이 있는 자가 오직 여기의 형벌을 할 수 있을 뿐이라는 말이다. 두 마디 말은 매번 옥사에 집안의 재물을 사사롭게 하는 것으로 이를테면 「군자는 상사로 들어온 재물로 집안의 재물[家]를 마련하지 않는다.」고 할 때의 집안의 재물[家]과 같으니, 혹시라도 사사로운 의도를 가지고 두 마디 말로 집안의 재물을 이루기를 구하지 말라는 것이다. 하늘은 여러 죄를 가지고 재물을 받아 부자가 된 것에 보답하니 재물이 죄가 됨을 기쁘게 헤아려야 되고 영원히 두려워해야 한다. ….'(新安陳氏曰 : 有德惟刑, 謂有德于民者, 惟此刑耳. 兩辭之獄, 每可容私家于獄, 如君子不家于喪之家, 無或以私意而求成家于獄之兩辭. 天報之以庶罪受貨而富, 若可喜計貨爲罪, 永可畏也. ….)"

○ 張氏曰:"前曰配享在下, 今曰作配在下."
> 장씨가 말하였다 : "앞에서는 '짝하여 누리며 아래에 있을 것이다.'364)라고 하고, 지금에는 '짝이 되어 아래에 있을지어다.'라고 하였다."365)

集傳

明淸, 以下, 敬刑之事也.
'밝고 깨끗이 하라[明淸]'는 것 이하는 형벌을 공경하는 일이다.

詳說

○ 又提.
> 또 제시하였다.

集傳

獄辭有單, 有兩. 單辭者, 無證之辭也, 聽之爲九難. 明者, 無一毫之蔽, 淸者, 無一點之汙.
옥(獄)에 대한 말은 한 가지가 있고 두 가지가 있다. 단사(單辭)라는 것은 증거가 없는 말이니, 다스리기가 더욱 어려운 것이다. '밝다.'는 것은 조금도 가림이 없는 것이고, '깨끗이 한다.'는 것은 한 점의 더러움이 없는 것이다.

詳說

○ 音烏.
> '오(汙)'는 음이 '오(烏)'이다.

集傳

曰明曰淸, 誠敬篤至, 表裏洞徹, 無少私曲, 然後能察其情也. 亂, 治也.
'밝다.'고 하고 '깨끗이 한다.'는 것은 정성과 공경이 돈독하고 지극하며, 표리(表裏)가 명백히 이해되어 조금도 사곡(私曲)이 없는 것이니, 이렇게 한 뒤에야 그 정

---

364) 『서경대전(書經大全)』, 「주서(周書)」·「여형-11(呂刑-11)」: "옥(獄)을 맡은 자는 위엄을 부리는 권력가에게만 법을 다할 것이 아니라, 뇌물을 주는 부자(富者)에게도 다해야 하니, 공경하고 조심해서 가릴 말이 몸이 있지 않게 하고, 능히 하늘의 덕을 간직하여야 스스로 큰 명(命)을 만들어 짝하여 누리며 아래에 있을 것이다.(典獄, 非訖于威, 惟訖于富, 敬忌, 罔有擇言在身, 惟克天德, 自作元命, 配享在下.)"
365) 『서경대전(書經大全)』, 「주서(周書)」·「여형(呂刑)」: "장씨가 말하였다 : '관백(官伯)은 관의 장이다. 앞에서는 「스스로 큰 명을 만들어 짝하여 누리며 아래에 있을 것이다.」라고 하고, 지금에는 「지금 하늘이 백성을 도우시니, 짝이 되어 아래에 있을지어다.」라고 하였으니, 관옥은 바로 하늘과 짝하는 자이다.'(張氏曰 : 官伯, 官之長. 前曰, 自作元命, 配享在下, 今曰, 今天相民, 作配在下, 則獄官乃配天者也.)"

(情)을 살필 수 있는 것이다. 난(亂)은 다스림이다.

詳說

○ 陳氏大猷曰 : "明淸以聽單辭, 以中而聽兩辭."

진씨 대유(陳氏大猷)가 말하였다 : "한 마디 말을 밝고 깨끗이 하고, 알맞게 해서 두 마디 말을 듣는다."366)

集傳

獄貨, 鬻獄而得貨也.

옥사로 재물로 여김은 옥사(獄事)를 팔아 재물을 얻는 것이다.

詳說

○ 唐孔氏曰 : "欲無致富成私家於獄之兩辭."

당의 공씨(孔氏)가 말하였다 : "옥사의 두 마디 말로 치부하고 집안을 사사롭게 함을 이루지 말라는 것이다."

○ 葉氏曰 : "私其家也."

섭씨(葉氏)가 말하였다 : "그 집안을 사사롭게 하는 것이다."367)

○ 新安陳氏曰 : "如君子不家於喪之家, 無或以私意而求成家."

신안 진씨(新安陳氏)가 말하였다 : "이를테면 '군자는 상사로 들어온 재물로 집안의 재물[家]를 마련하지 않는다.'고 할 때의 집안의 재물[家]과 같다. 혹시라도 사사로운 의도로 집안의 재물을 이루기를 구하지 말라는 것이다."368)

---

366) 『서경대전(書經大全)』, 「주서(周書)」·「여형(呂刑)」 : "진씨 대유가 말하였다 : '한 마디 말을 밝고 깨끗이 하고, 알맞게 해서 두 마디 말을 듣는다. 옥사를 팔아 벌을 내리는 것은 천도가 옥사를 알맞게 하지 않는 것이 아니라 바로 인명과 생사가 달린 것이다. 그러므로 형벌을 씀이 알맞지 않는데도 천벌이 지극하지 않으면, 전옥이 징계함이 없어 여기에서부터 다시 서민들이 훌륭한 정사의 혜택을 입지 않으면서 천하에 있는 것이다. 형을 책임지는 큰 근본은 공경함과 알맞게 함에 있고, 마음 씀은 공경함을 위주로 하고, 법을 씀은 알맞음을 위주로 하니, 앞에서 이미 설명했는데, 여기에서 다시 공경함과 알맞게 함으로 제시하여 가르치며, 뒤의 장에서 다시 알맞게 함을 거듭 한 것이다.'(陳氏大猷曰 : 明淸以聽單辭, 以中而聽兩辭. 鬻獄而降罰, 非天道不中以獄, 乃人命生死之所在, 故曰苟用刑不中. 而天罰不極至, 則典獄無所懲戒, 自此庶民, 無復蒙善政, 而在於天下矣. 任刑之大本, 在敬與中, 用心以敬爲主, 用法以中爲主. 前已論之, 此復提敬與中訓之, 後章復申以中焉.)"

367) 『서경대전(書經大全)』, 「주서(周書)」·「여형(呂刑)」 : "섭씨가 말하였다 : '집안을 사사롭게 하는 것은 그 집안을 사사롭게 하는 것이다.'(葉氏曰 : 私家, 私其家也.)"

368) 『서경대전(書經大全)』, 「주서(周書)」·「여형(呂刑)」 : "신안 진씨가 말하였다 : '덕이 있어야 형벌할 수 있다.'는 것은 백성들에게 덕이 있는 자가 오직 여기의 형벌을 할 수 있을 뿐이라는 말이다. 두 마디 말은 매번 옥사에 집안의 재물을 사사롭게 하는 것으로 이를테면 '군자는 상사로 들어온 재물로 집안의 재물[家]를 마련하지 않는다.'고 할 때의 집안의 재물[家]과 같으니, 혹시라도 사사로운 의도를 가지고 두 마디 말로 집안의 재물을 이루기를 구하지 말라는 것이다 하늘은 여러 죄를 가지고 재물을 받아 부자가 된 것

集傳

府, 聚也. 辜功,
부(府)는 모음이다. 허물의 공은

詳說

○ 事也.
'공(功)'은 일이다.

集傳

猶云罪狀也. 報以庶尤者, 降之百殃也.
죄의 모양이라는 말과 같다. 온갖 허물로 보답한다는 것은 온갖 재앙을 내리는 것이다.

詳說

○ 見伊訓.
「이훈」에 보인다.369)

○ 新安陳氏曰 : "受貨爲罪, 永可畏也."
신안 진씨(新安陳氏)가 말하였다 : "재물을 받는 것은 죄이니 영원히 두려워해야 한다."370)

集傳

非天不中惟人在命者, 非天不以中道待人,
'하늘이 중도로 대하지 않은 것이 아니라 사람들이 명에 달려 있다[非天不中, 惟**

에 보답하니 재물이 죄가 됨을 기쁘게 헤아려야 되고 영원히 두려워해야 한다. ….'(新安陳氏曰 : 有德惟刑, 謂有德于民者, 惟此刑耳. 兩辭之獄, 每可容私家于獄, 如君子不家于喪之家, 無或以私意而求成家于獄之兩辭. 天報之以庶罪受貨而富, 若可喜計貨爲罪, 永可畏也. ….)"
369) 『서경(書經)』, 「상서(商書)」·「이훈(伊訓)」 : "상제의 거취는 일정하지가 않아 선을 행하면 온갖 상서를 내려 주고 불선을 행하면 온갖 재앙을 내린다.'(上帝不常, 作善, 降之百祥, 作不善, 降之百殃.)"
370) 『서경대전(書經大全)』, 「주서(周書)」·「여형(呂刑)」 : "신안 진씨가 말하였다 : '덕이 있어야 형벌할 수 있다.'는 것은 백성들에게 덕이 있는 자가 오직 여기의 형벌을 할 수 있을 뿐이라는 말이다. 두 마디 말은 매번 옥사에 집안의 재물을 사사롭게 하는 것으로 이를테면 「군자는 상사로 들어온 재물로 집안의 재물[家]를 마련하지 않는다.」고 할 때의 집안의 재물[家]과 같으니, 혹시라도 사사로운 의도를 가지고 두 마디 말로 집안의 재물을 이루기를 구하지 말라는 것이다. 하늘은 여러 죄를 가지고 재물을 받아 부자가 됨에 보답하니 재물이 죄가 됨을 기쁘게 헤아려야 되고 영원히 두려워해야 한다. ….'(新安陳氏曰 : 有德惟刑, 謂有德于民者, 惟此刑耳. 兩辭之獄, 每可容私家于獄, 如君子不家于喪之家, 無或以私意而求成家于獄之兩辭. 天報之以庶罪受貨而富, 若可喜計貨爲罪, 永可畏也. ….)"

人在命].'는 것은 하늘이 중도(中道)로 사람을 대하지 않는 것이 아니라

詳說

○ 臨川吳氏曰 : "非天不中, 而偏罰之."
임천 오씨(臨川吳氏)가 말하였다 : "하늘이 알맞게 하지 않고 편파적으로 벌한다는 것이 아니다."371)

集傳

惟人自取其殃禍之命爾.
사람이 스스로 앙화(殃禍)의 명(命)을 취하는 것이다.

詳說

○ 陳氏大猷曰 : "若用刑不中, 而天罰不極至, 則典獄無所懲戒, 自此庶民無復蒙善政而在於天下矣."
진씨 대유(陳氏大猷)가 말하였다 : "형벌을 씀이 알맞지 않는데도 천벌이 지극하지 않으면, 전옥이 징계함이 없어 여기에서부터 다시 서민들이 훌륭한 정사의 혜택을 입지 않으면서 천하에 있는 것이다."372)

○ 臨川吳氏曰 : "施之庶民者, 皆酷虐之政, 無復有令善之政, 在于天下矣."
임천 오씨(臨川吳氏)가 말하였다 : "서민들에게 베푸는 것은 모두 잔혹하고 사나운 정사여서 다시 선한 정사가 천하에 있는 것이 아니다."373)

---

371) 『서경대전(書經大全)』, 「주서(周書)」·「여형(呂刑)」 : "임천 오씨(臨川吳氏)가 말하였다 : '하늘이 알맞게 하지 않고 편파적으로 벌한다는 것이 아니다. …. 서민들에게 베푸는 것은 모두 잔혹하고 사나운 정사여서 다시 선한 정사가 천하에 있는 것이 아니다.'(臨川吳氏曰 : 非天不中, 而偏罰之. …, 而施之庶民者, 皆酷虐之政, 無復有令善之政, 在于天下矣.)"

372) 『서경대전(書經大全)』, 「주서(周書)」·「여형(呂刑)」 : "진씨 대유가 말하였다 : '한 마디 말을 밝고 깨끗이 하고, 알맞게 해서 두 마디 말을 듣는다. 옥사를 팔아 벌을 내리는 것은 천도가 옥사를 알맞게 하지 않은 것이 아니라 바로 인명과 생사가 달린 것이다. 그러므로 형벌을 씀이 알맞지 않는데도 천벌이 지극하지 않으면, 전옥이 징계함이 없어 여기에서부터 다시 서민들이 훌륭한 정사의 혜택을 입지 않으면서 천하에 있는 것이다. 형을 책임지는 큰 근본은 공경함과 알맞게 함에 있고, 마음 씀은 공경함을 위주로 하고, 법을 씀은 알맞음을 위주로 하니, 앞에서 이미 설명했는데, 여기에서 다시 공경함과 알맞게 함으로 제시하여 가르치며, 뒤의 장에서 다시 알맞게 함을 거듭 한 것이다.'(陳氏大猷曰 : 明淸以聽單辭, 以中而聽兩辭. 鬻獄而降罰, 非天道不中以獄, 乃人命生死之所在, 故曰苟用刑不中. 而天罰不極至, 則典獄無所懲戒, 自此庶民, 無復蒙善政, 而在於天下. 任刑之大本, 在敬與中, 用心以敬爲主, 用法以中爲主. 前已論之, 此復提敎與中訓之, 後章復申以中焉.)"

373) 『서경대전(書經大全)』, 「주서(周書)」·「여형(呂刑)」 : "임천 오씨(臨川吳氏)가 말하였다 : '하늘이 알맞게 하지 않고 편파적으로 벌한다는 것이 아니다. …. 서민들에게 베푸는 것은 모두 잔혹하고 사나운 정사여서

○ 此節二罰字, 又汎以刑言.
여기의 절에서 두 번의 '벌(罰)'자는 또 범범하게 형으로 말한 것이다.

집전(集傳)

此章文有未詳者, 姑缺之.
이 장(章)은 글이 자세하지 않은 것이 많으니, 일단 빼놓는다.

상설(詳說)

○ 論也.
경문의 의미 설명이다.

○ 陳氏大猷曰 : "任刑之大本, 在敬與中, 此復提敬與中訓之, 後章復申以中焉."
진씨 대유(陳氏大猷)가 말하였다 : "형을 책임지는 큰 근본은 공경함과 알맞게 함에 있으니, 여기에서 다시 공경함과 알맞게 함으로 제시하여 가르치고, 뒤의 장에서 다시 알맞게 함을 거듭 한 것이다."374)

[14-4-27-22]

王曰. 嗚呼, 嗣孫, 今往何監. 非德于民之中. 尚明聽之哉. 哲人惟刑, 無疆之辭, 屬于五極, 咸中有慶, 受王嘉師, 監于茲祥刑.

왕(王)이 말씀하였다. "아! 사손(嗣孫)아. 지금으로부터 무엇을 보아야 할 것인가? 덕으로 백성의 알맞음을 온전히 함이 아니겠는가! 부디 분명히 들을지어다. 철인(哲人)이 형벌하여

다시 선한 정사가 천하에 있는 것이 아니다.'(臨川吳氏曰 : 非天不中, 而偏罰之. …, 而施之庶民者, 皆酷虐之政, 無復有令善之政, 在于天下矣.)"
374) 『서경대전(書經大全)』, 「주서(周書)」・「여형(呂刑)」 : "진씨 대유가 말하였다 : '한 마디 말을 밝고 깨끗이 하고, 알맞게 해서 두 마디 말을 듣는다. 옥사를 팔아 벌을 내리는 것은 천도가 옥사를 알맞게 하지 않은 것이 아니라 바로 인명과 생사가 달린 것이다. 그러므로 형벌을 씀이 알맞지 않는데도 천벌이 지극하지 않으면, 전옥이 징계함이 없어 여기에서부터 다시 서민들이 훌륭한 정사의 혜택을 입지 않으면서 천하에 있는 것이다. 형을 책임지는 큰 근본은 공경함과 알맞게 함에 있고, 마음 씀은 공경함을 위주로 하고, 법을 씀은 알맞음을 위주로 하니, 앞에서 이미 설명했는데, 여기에서 다시 공경함과 알맞게 함으로 제시하여 가르치며, 뒤의 장에서 다시 알맞게 함을 거듭 한 것이다.'(陳氏大猷曰 : 明淸以聽單辭, 以中而聽兩辭. 鬻獄而降罰, 非天道不中以獄, 乃人命生死之所在, 故曰苟用刑不中. 而天罰不極至, 則典獄無所懲戒, 自此庶民, 無復蒙善政, 而在於天下矣. 任刑之大本, 在敬與中, 用心以敬為主, 用法以中為主. 前已論之, 此復提敬與中訓之, 後章復申以中焉.)"

무궁한 칭찬의 말을 듣는 것은 오극(五極)에 붙여 모두 맞아서 경사가 있는 것이니, 왕의 아름다운 무리를 받은 자들은 이 상서로운 형벌을 거울삼을지어다."

詳說

○ 屬, 音燭, 諺音誤.
'촉(屬)'은 음이 '촉(燭)'이니, 『언해』의 음이 잘못되었다.

集傳

此, 詔來世也.
이것은 내세(來世)에 고(告)한 것이다.

詳說

○ 先提.
먼저 제시한 것이다.

集傳

嗣孫, 嗣世子孫也.
사손(嗣孫)은 대를 잇는 자손들이다.

詳說

○ 孔氏曰 : 諸侯, 嗣世子孫.
공씨(孔氏)가 말하였다 : "제후들은 대를 잇는 자손들이다."

○ 承前節童孫而言也. 蓋此篇專爲訓諸侯作也.
앞의 절에서 동손(童孫)375)을 이어서 말하였다. 여기의 편은 오로지 제후들에게 훈계하기 위해 지어졌다.

---

375) 『서경대전(書經大全)』, 「주서(周書)」·「여형-13(呂刑-13)」 : "왕(王)이 말씀하였다. '아! 생각할지어다. 백부(伯父)와 백형(伯兄)과 중숙(仲叔)과 계제(季弟)와 유자(幼子)와 동손(童孫)들아. 모두 짐(朕)의 말을 들어라. 거의 지극한 명령이 있을 것이다. 지금 너희가 말미암아 위로함이 날로 부지런하지 않음이 없으니, 너희는 혹시라도 부지런하지 않음을 경계하지 말라. 하늘이 백성들을 가지런히 하기 위하여 내가 하루만 형벌을 쓰게 하신 것이니, 끝까지 함이 아님과 끝까지 할 뿐인 것이 사람에게 있으니, 너희는 부디 천명(天命)을 공경히 맞이해서 나 한 사람을 받들어라. 그리하여 내가 비록 형벌하라 하더라도 형벌하지 말고 내가 비록 아름답게 용서하라 하더라도 용서하지 말아서 오형(五刑)을 공경하여 삼덕(三德)을 이루면 나 한 사람이 경사가 있을 것이며, 조민(兆民)들이 힘입어 그 편안함이 영원할 것이다.'(王曰, 嗚呼, 念之哉. 伯父伯兄, 仲叔季弟, 幼子童孫, 皆聽朕言. 庶有格命. 今爾罔不由慰日勤, 爾罔或戒不勤. 天齊于民, 俾我一日, 非終惟終 在人, 爾尙敬逆天命, 以奉我一人. 雖畏勿畏, 雖休勿休, 惟敬五刑, 以成三德, 一人有慶, 兆民賴之, 其寧惟永.)"

集傳

言今往何所監視. 非用刑成德, 而能全民所受之中者乎.
지금으로부터는 무엇을 거울로 삼아 살펴보아야 할 것인가? 형벌을 써서 덕을 이루어 백성들이 받은 알맞음을 온전히 함이 아니겠는가!

詳說

○ 添刑成全受字.
'형성(刑成)'과 '전(全)'과 '수(受)'자를 더하였다.

○ 又爲問答之辭.
또 문답의 말로 한 것이다.

○ 呂氏曰 : "所以爲德者, 必於民之中. 或曰, 我以德導之, 使復其性, 是我有德于民之中也."
여씨(呂氏)가 말하였다 : "덕이 되는 까닭은 반드시 백성들의 알맞음에 있다. 어떤 이는 '내가 덕으로 인도해서 그 본성을 회복하게 하니, 바로 내가 백성들의 알맞음에 덕이 있는 것이다.'라고 하였다."376)

集傳

下文哲人, 卽所當監者.
아래의 글에서 철인(哲人)은 곧 마땅히 거울로 삼아야 할 자이다.

詳說

○ 論也.
경문의 의미 설명이다.

集傳

五極, 五刑也.

---

376) 『서경대전(書經大全)』, 「주서(周書)」·「여형(呂刑)」 : "여씨가 말하였다 : '알맞음은 여형의 강령이다. …. 덕이 되는 까닭은 반드시 백성들의 알맞음에 있은 이후에 가능한 것이다. 어떤 이는 「백성들이 받은 알맞음에 덕이 있는 것이 아니겠는가! 백성들이 받은 알맞은 본성을 잃음에 내가 덕으로 인도해서 그 본성을 회복하게 하니, 바로 내가 백성들의 알맞음에 덕이 있는 것이다.」라고 하였다.'(呂氏曰 : 中者, 呂刑之綱領也. …. 所以爲德者, 必於民之中而後可也. 或曰, 非有德于民所受之中乎. 民失其受中之性, 我以德導之, 使復其性, 是我有德于民所受之中也.)"

오극(五極)은 오형(五刑)이다.

> 詳說
> ○ 五刑之極至者.
> 오형의 지극한 것들이다.

集傳

明哲之人用刑,
명철한 사람이 형벌을 씀에

> 詳說
> ○ 惟.
> '용(用)'은 경문에서 '유(惟)'이다.

集傳

而有無窮之譽,
무궁한 명예가 있는 것은

> 詳說
> ○ 辭.
> '예(譽)'는 경문에서 '사(辭)'이다.
>
> ○ 添有字.
> '유(有)'자를 더하였다.

集傳

蓋由五刑,
오형(五刑)이

> 詳說
> ○ 屬.
> '유(由)'는 경문에서 '촉(屬)'이다.
>
> ○ 新安陳氏曰:"折獄, 能繫屬于五刑準則."

신안 진씨(新安陳氏)가 말하였다 : "옥사를 결단하는 것은 오형의 준칙에 소속된 것이다."377)

集傳

咸得其中,

모두 알맞음을 얻어서이니,

詳說

○ 呂氏曰 : "中者, 呂刑之綱領."

여씨(呂氏)가 말하였다 : "알맞음은 여형의 강령이다."378)

集傳

所以有慶也. 嘉, 善, 師, 衆也. 諸侯受天子良民善衆, 當監視于此祥刑, 申言以結之也.

이 때문에 경사가 있는 것이다. 가(嘉)는 선(善)함이고, 사(師)는 무리이다. 제후가 천자의 어진 백성과 선(善)한 무리를 받았으면 이 상서로운 형벌을 거울로 삼아 보아야 할 것이니, 거듭 말하여 맺은 것이다.

詳說

○ 此句, 論也.

여기의 구는 경문의 의미 설명이다.

○ 新安陳氏曰 : "申明前告爾祥刑之意, 而欲其監觀乎所告之祥刑也. 師曰, 嘉師, 良民也, 刑曰, 祥刑, 良法也."

신안 진씨(新安陳氏)가 말하였다 : "앞에서 너희들에게 고한 상서로운 형벌이라

---

377) 『서경대전(書經大全)』, 「주서(周書)·여형(呂刑)」: "신안 진씨가 말하였다 : '옥사를 결단하는 것은 오형의 준칙에 소속된 것이기 때문에 모두 알맞은 이치에 합해 복된 경사가 있는 것이다. 무리들에게서는 아름다운 무리라고 했으니, 어진 백성들이고, 형에서는 상서로운 형벌이라고 했으니 어진 형벌이다. 여기에서는 앞에서 너희들에게 고한 상서로운 형벌이라는 의미를 거듭 밝혀서 고한 상서로운 형벌을 거울삼아 보도록 한 것이다.'(新安陳氏曰 : 折獄, 能繫屬于五刑之準則, 所以皆合乎中理, 而有福慶也. 師曰, 嘉師, 良民也, 刑曰, 祥刑, 良法也. 此申明前告爾祥刑之意, 而欲其監觀乎所告之祥刑也.)"
378) 『서경대전(書經大全)』, 「주서(周書)·여형(呂刑)」: "여씨가 말하였다 : '알맞음은 여형의 강령이다. …. 덕이 되는 까닭은 반드시 백성들의 알맞음에 있은 이후에 가능한 것이다. 어떤 이는 「백성들이 받은 알맞음에 덕이 있는 것이 아니겠는가! 백성들이 받은 알맞은 본성을 잃음에 내가 덕으로 인도해서 그 본성을 회복하게 하니, 바로 내가 백성의 알맞음에 덕이 있는 것이다.」라고 하였다.'(呂氏曰 : 中者, 呂刑之綱領也. …. 所以爲德者, 必於民之中而後可也. 或曰, 非有德于民所受之中乎. 民失其受中之性, 我以德導之, 使復其性, 是我有德于民所受之中也.)"

는 의미를 거듭 밝혀서 고한 상서로운 형벌을 거울삼아 보도록 한 것이다. 무리들에게서는 아름다운 무리라고 했으니, 어진 백성들이고, 형에서는 상서로운 형벌이라고 했으니 어진 형벌이다."379)

○ 毅齋沈氏曰 : "周道雖自是而衰, 然囧命之書, 專主乎欽, 呂刑之書, 專主乎敬, 心法之傳, 千載猶可想也."

의재 심씨(毅齋沈氏)가 말하였다 : "주나라의 도가 비록 여기서부터 쇠하였을지라도 「경명」이라는 책은 오로지 공경[欽]을 위주로 하였고, 「여형」이라는 책은 오로지 공경[敬]을 위주로 하였으니, 심법의 전함을 천년이 지나도 여전히 상상할 수 있다."380)

○ 董氏鼎曰 : "周書, 未有不言文武成康者, 獨於訓刑, 無一語及之贖刑, 非其家法, 故遠取金作贖刑以爲據. 孔子未定書以前舜典, 猶曰夏書序者, 謂訓夏贖刑. 蓋本諸此, 知書序決非孔子作, 贖刑, 亦非禹刑矣."

동씨 정(董氏鼎)381)이 말하였다 : "「주서」에서 문왕·무왕·성왕·강왕을 말하지 않은 경우가 없는 것은 형법을 설명하는 것에서일 뿐이고, 한 마디도 속형을 언급하지 않은 것은 그 가법이 아니기 때문에 멀리서 '금전으로 형을 대속하는 것'382)을 취해 근거로 했던 것이다. 공자는 이전의 「순전」으로 서를 산정하지 않

---

379) 『서경대전(書經大全)』, 「주서(周書)」·「여형(呂刑)」 : "신안 진씨가 말하였다 : '옥사를 결단하는 것은 오형의 준칙에 소속된 것이기 때문에 모두 알맞은 이치에 합해 복된 경사가 있는 것이다. 무리들에게서는 아름다운 무리라고 했으니, 어진 백성들이고, 형에서는 상서로운 형벌이라고 했으니 어진 형벌이다. 여기에서는 앞에서 너희들에게 고한 상서로운 형벌이라는 의미를 거듭 밝혀서 고한 상서로운 형벌을 거울삼아 보도록 한 것이다.'(新安陳氏曰 : 折獄, 能繫屬于五刑之準則, 所以皆合乎中理, 而有福慶也. 師曰, 嘉師, 良民也, 刑曰, 祥刑, 良法也. 此申明前告爾祥刑之意, 而欲其監觀于所告之祥刑也.)"
380) 『서경대전(書經大全)』, 「주서(周書)」·「여형(呂刑)」 : "의재 심씨가 말하였다 : '일찍이 「경명」과 「여형」 두 책을 읽어보니, 은근히 인심의 무상함과 품행의 변치 않음을 느낄 수 있었다. 비록 주나라의 도가 여기서부터 쇠하였을지라도 「경명」이라는 책은 오로지 공경[欽]을 위주로 하였고, 「여형」이라는 책은 오로지 공경[敬]을 위주로 하였으니, 심법의 전함을 천년이 지나도 여전히 상상할 수 있다. 아! 인심의 잡고 버림·존망의 변화를 또한 두려워해야 할 것이다.'(毅齋沈氏曰 : 嘗讀囧呂刑二書, 竊有感於人心之無常操存之不易, …. 雖周道自是而衰, 然囧命之書, 專主乎欽, 呂刑之書, 專主乎敬, 心法之傳, 千載猶可想也. 吁人心操捨仄之變, 抑可畏哉.)"
381) 동정(董鼎, ?~?) 원나라 요주(饒州) 파양(鄱陽) 사람으로 자는 계형(季亨)이고, 별호는 심산(深山)이다. 동몽정(董夢程)의 먼 친척이고, 주희(朱熹)의 재전제자(再傳弟子)다. 황간(黃幹), 동수(董銖)를 사숙했다. 저서에 『서전집록찬소(書傳輯錄纂疏)』와 『효경대의(孝經大義)』가 있다. 『서전집록찬소』는 여러 학자의 설을 두루 모아 어느 한 사람의 설에만 얽매이지 않았다고 평가된다.
382) 『서경(書經)』, 「우서(虞書)」·「순전(舜典)」 : "국가의 정식 형벌인 오형을 백성들에게 포고하였으나, 가급적 오형을 경감하여 유형(流刑)으로 대체하곤 하였다. 관부(官府)에서는 채찍의 형벌을 행하고, 학교에서는 회초리의 형벌을 행하며, 형벌은 돈을 내고 용서받을 수 있게 하였다. 무의식적인 실수나 불운해서 지은 죄는 용서하여 풀어 주었지만, 믿는 데가 있어서 끝끝내 범하는 죄인은 사형에 처하였다. 임금은 항상 스스로 '공경하고 또 공경하는 마음으로 불쌍히 여기며 신중하게 형벌을 행해야지'라고 다짐하였다.(象以典刑,

고, 여전히 「「하서」의 서(序)는 하의 속형을 설명하는 것을 말한다.'고 했다. 이것을 근본으로 하면, 서(書)의 서(序)는 결코 공자가 지은 것이 아니고, 속형도 우의 형법이 아님을 알 것이다."383)

流宥五刑. 鞭作官刑, 扑作敎刑, 金作贖刑. 眚災肆赦, 怙終賊刑. 欽哉欽哉, 惟刑之恤哉,)"
383) 『서경대전(書經大全)』,「주서(周書)」·「여형(呂刑)」: "동씨 정이 말하였다 : '「주서」에서 문왕·무왕·성왕·강왕을 버리고 말하지 않은 경우가 없으니, 목왕이 군아와 백경에게 명령한 것에서 이미 그렇게 되어 있다. 유독 형법을 설명하는 것을 지음에 한 마디도 언급하지 않은 것이 어찌 늙어서 그 조상을 잊은 것이겠는가? 곰곰이 생각해 보면, 속형을 중시한 것은 그 가법이 아니기 때문에 멀리서 「금전으로 형을 대속하는 것」을 취해 근거로 했던 것이다. 공자는 이전의 「순전」으로 서를 산정하지 않고, 여전히 「「하서」의 서(序)는 하의 속형을 설명하는 것을 말한다.」고 했다. 이것을 근본으로 하면, 서(書)의 서(序)는 결코 공자가 지은 것이 아니고, 속형도 우의 형법이 아님이 분명하다. ….'(董氏鼎曰 : 周書未有捨文武成康而不言者, 穆王命君牙伯冏既然矣. 獨於訓刑之作, 無一語及之, 豈耄荒而遂忝其祖歟. 竊意其重於贖刑, 則非其家法所有, 故遂取金作贖刑以爲據. 孔子未定書以前舜典, 猶曰夏書序者, 謂訓夏贖刑. 蓋本諸此, 則諸書序決非孔子作, 贖刑亦非禹刑明矣. ….)"

[14-4-28]
「문후지명(文侯之命)」

集傳

幽王, 爲犬戎所殺, 晉文侯與鄭武公, 迎太子宜臼立之, 是爲平王, 遷於東都. 平王, 以文侯爲方伯, 賜以弓矢,

유왕(幽王)이 견융(犬戎)에게 살해당하자 진(晉)나라 문후(文侯)가 정(鄭)나라 무공(武公)과 함께 태자(太子) 의구(宜臼)를 맞이하여 세우니, 이가 평왕(平王)인데 동도(東都)로 천도하였다. 평왕(平王)은 문후(文侯)를 방백(方伯)으로 삼고 검은 기장술과 활과 화살을 내려줄 적에

詳說

○ 張氏曰 : "或曰, 平王賚文侯以秬鬯, 用成王寧周公故事, 至襄王賜晉文公弓矢, 又援此爲故事矣."

장씨(張氏)가 말하였다 : "어떤 이가 '평왕은 문후에게 검은 기장술을 주면서 성왕이 주공을 편안하게 한 고사를 썼고, 심지어 양왕이 진 문공에게 활과 화살을 하사하였으니, 또 이것을 끌어다가 고사로 했던 것이다.'라고 했다."384)

集傳

作策書命之, 史錄爲篇. 今文古文皆有.

책서(策書)를 만들어 명하였는데, 사관(史官)이 이것을 기록하여 편을 만들었다. 금문(今文)과 고문(古文)에 모두 있다.

詳說

○ 呂氏曰 : "夫子編此書於二帝三王之後者, 深惜平王苟且因循, 不能推文武之餘澤而流爲春秋戰國也."

여씨(呂氏)가 말하였다 : "공자가 이제(二帝)와 삼왕(三王)의 뒤에 여기의 서를

---

384) 『서경대전(書經大全)』, 「주서(周書)」·「문후지명(文侯之命)」 : "장씨가 말하였다 : '문후는 평왕이 가까이 하고 믿는 신하이다. …. 어떤 이가 「평왕은 문후에게 검은 기장술을 준 것은 성왕이 주공을 편안하게 한 고사를 쓴 것이 아닌가?. 심지어 양왕이 진 문공에게 활과 화살을 하사한 것에 대해 전에서 평례(平禮)라고 하였으니, 또 이것을 끌어다가 고사로 했던 것이다.」라고 했다.'(張氏曰 : 文侯, 平王腹心之臣也, …. 或曰, 平王賚文侯以秬鬯, 得非用成王寧周公故事歟. 至襄王賜晉文公弓矢, 傳曰, 平禮也, 則又援此爲故事矣.)"

엮은 것은 평왕이 구차하게 따르고, 문왕과 무왕의 여택을 미루지 못해 춘추전국으로 흘러간 것을 깊이 애석하게 여겼기 때문이다."385)

○ 夏氏曰 : "書終文侯之命, 孔子猶有望於平王. 春秋始于隱公, 孔子蓋絶望於平王云."
하씨(夏氏)가 말하였다 : "서가 「문후지명」에서 끝나는 것은 공자가 여전히 평왕에게 희망을 품은 것이고, 춘추시대가 은공에서 시작되는 것은 공자가 평왕에게 절망한 것이다."386)

○ 董氏鼎曰 : "平王不知報, 不共戴天之讎. 惟自安於苟偸, 而不思興復. 此所以詩自黍離列爲國風, 而春秋始矣."
동씨 정(董氏鼎)이 말하였다 : "평왕은 불공대천의 원수를 갚을 줄 몰라 오직 스스로 구차함에 편안히 있고 부흥을 생각하지 않았다. 이것이 『시경』이 「서리(黍離)」부터 「국풍」에 들어가고 춘추시대가 시작되는 까닭이다."387)

○ 按, 書之有此篇, 猶詩之有王風云.
살펴보건대, 『서경』에 이 편이 있는 것은 『시경』에 「왕풍(王風)」이 있는 것과 같다.

---

385) 『서경대전(書經大全)』, 「주서(周書)」·「문후지명(文侯之命)」: "여씨가 말하였다 : '여기의 편은 동천의 초기에서 지어졌으니, 위로도 할 수 있고 아래로도 할 수 있는 것이다. 여기에서 위로는 성왕와 강왕이 되고 문왕과 무왕이 되며, 여기에서 아래로는 춘추시대가 되고 전국시대가 되니, 세상의 도가 오르락내리락하며 만나는 때이다. …. 공자가 이제(二帝)와 삼왕(三王)의 뒤에 여기의 서를 엮은 것은 평왕이 구차하게 따르고, 문왕과 무왕의 여택을 미루지 못해 춘추전국으로 흘러간 것을 깊이 애석하게 여겼기 때문이다. ….'(呂氏曰 : 此篇作於東遷之初, 可以上可以下. 由此而上爲成康爲文武, 由此而下爲春秋爲戰國, 乃世道消長升降之交會也. …. 夫子編此書於二帝三王之後者, 深惜平王不能推文武之餘澤, 而流爲春秋戰國也. ….)"
386) 『서경대전(書經大全)』, 「주서(周書)」·「문후지명(文侯之命)」: "하씨가 말하였다 : '…. 그러므로 공자가 은공에 시작을 의탁해서 『춘추』를 지었다. 서(書)가 「문후지명」에서 끝나는 것은 공자가 여전히 평왕에게 희망을 품은 것이고, 춘추시대가 은공에서 시작되는 것은 공자가 평왕에게 절망한 것이다.'(夏氏曰 : …. 故孔子託始隱公, 而春秋作焉. 書終文侯之命, 孔子猶有望於平王, 春秋始于隱公, 孔子蓋絶望於平王也.)"
387) 『서경대전(書經大全)』, 「주서(周書)」·「문후지명(文侯之命)」: "동씨 정이 말하였다 : '여기편의 서체는 「미자지명」과 「채중지명」과 같고, 그 일은 …. 평왕이 혁연히 발분해서 천하의 제후를 이끌고 불공대천의 원수를 갚았다면, 제후들이 반드시 왕의 기개에 보답해서 중흥의 공열이 너희 조상들께 빛을 더했을 것이다. 이것에 힘쓸 줄 몰라 …, 군부(君父)에 미칠 것을 다시 생각하지 못하고 왕실을 중흥할 것을 생각하지 않았다. 이것이 『시경』이 「서리(黍離)」부터 「국풍」에 들어가고 춘추시대가 평왕에게서 시작되는 까닭이니, 왕의 정사가 이때부터 강령이 되지 못하였다. ….' (董氏鼎曰 : 此篇書體, 與微子之命蔡仲之命同, 其事…. 平王苟能赫然發憤, 率天下諸侯以報, 不共戴天之讎, 則諸侯必有能敵王所愾, 而中興之功烈, 可以增光於乃祖矣. 不知務此, …, 而不復念及君父, 自安於卑陋, 而不思興復王室. 此所以詩自黍離列爲國風, 而春秋始于平王, 則以王政自是不綱矣. ….)"

[14-4-28-1]

> 王若曰. 父義和. 丕顯文武, 克愼明德, 昭升于上, 敷聞在下, 惟時上帝, 集厥命于文王, 亦惟先正, 克左右, 昭事厥辟, 越小大謀猷, 罔不率從. 肆先祖懷在位.

왕(王)이 대략 다음과 같이 말씀하였다. "부(父)인 의화(義和)야! 크게 드러나신 문왕(文王)·무왕(武王)께서 능히 명덕(明德)을 삼가 밝게 위에 오르시고 펴져 아래에 있으면서 알려지시자, 이 상제(上帝)가 그 명을 문왕(文王)에게 모으셨는데, 또한 선정(先正)들이 능히 도와서 그 임금을 밝게 섬겨 크고 작은 꾀와 계책에 따르지 않음이 없었다. 그러므로 선조(先祖)께서 지위에 편안히 계셨다.

詳說

○ 左右, 並去聲, 小大, 坊本作大小.

'좌(左)'와 '우(右)'는 모두 거성이고, '소대(小大)'는 『방본(坊本)』에 '대소(大小)'로 되어 있다.

集傳

同姓, 故稱父.

동성(同姓)이므로 부(父)라 칭하였다.

詳說

○ 張氏曰 : "天子同姓, 稱伯父叔父, 今曰父, 親之之甚."

장씨(張氏)가 말하였다 : "천자는 동성이어서 백부와 숙부로 칭한다. 이제 '부(父)'라고 한 것은 아주 친하다는 것이다."388)

集傳

文侯, 名仇, 義和, 其字. 不名者, 尊之也. 丕顯者, 言其德之所成.

문후(文侯)는 이름이 구(仇)이고 의화(義和)는 그의 자(字)이니, 이름을 부르지 않음은 높인 것이다. '크게 드러났다.'는 것은 그 덕(德)의 이룬 바를 말한 것이고,

---

388) 『서경대전(書經大全)』, 「주서(周書)」·「문후지명(文侯之命)」 : "장씨가 말하였다 : '천자는 동성이어서 백부와 숙부로 칭한다. 이제 '부(父)'라고 한 것은 아주 친하다는 것이다. 평왕이 이미 노숙한 준걸의 도움이 없음을 말하려고 하기 때문에 먼저 선왕을 말했으니, 선정의 도움을 얻겠다는 것이다."(張氏曰 : 天子同姓, 稱伯父叔父, 今曰父, 親之之甚. 半土將言已無耆壽俊之助, 故先言先土, 得先正之助也.)"

詳說

○ 君牙以此專稱於文王, 此則兼稱於文武.

「군아」에서는 이것으로 문왕을 오로지 칭했고, 여기에서는 문왕과 무왕을 겸칭하였다.

集傳

克謹者,

'능히 삼간다.'는 것은

詳說

○ 一作愼

'근(謹)'은 어떤 판본에는 '신(愼)'으로 되어 있다.

集傳

言其德之所修, 昭升敷聞, 言其德之所至也.

그 덕의 닦은 바를 말한 것이며, '밝게 오르다.'는 것과 '퍼져 알려졌다.'는 것은 그 덕이 이른 것에 대해 말한 것이다.

詳說

○ 臨川吳氏曰 : "德昭明而上升于天, 廣布而下聞于民."

임천 오씨(臨川吳氏)가 말하였다 : "덕이 밝아 위로 하늘에 오르고, 넓게 퍼져 아래로 백성들에게 알려진 것이다."389)

○ 猶云, 格于上下.

'상하에 이르셨다.'고 하는 것과 같다.390)

---

389) 『서경대전(書經大全)』, 「주서(周書)」·「문후지명(文侯之命)」 : "임천 오씨가 말하였다 : '문왕과 무왕의 덕이 밝아 위로 하늘에 오르고, 넓게 퍼져 아래로 백성들에게 알려진 것이다. 이것 때문에 하늘이 그 명을 문왕의 몸에 모으고, 주나라 왕가의 명을 문왕에게 모아 무왕에게 안정시켰다. 그러므로 명을 모은 것으로는 문왕으로 말했고, 명덕으로는 문왕과 무왕을 겸하여 말했던 것이다. 「선정(先正)」은 문왕과 무왕의 신하로 도와서 그 임금을 밝게 섬기는 데 능하고, 크고 작은 꾀와 계책의 일에 미쳐 모두 따랐던 것이다. 이것으로써 후세에 미쳤기 때문에 문왕과 무왕 이하의 여러 임금들이 평왕의 조상이 되는 자들로 그 지위에 편안할 수 있었던 것이다.'(臨川吳氏曰 : 文武之德, 昭明而上升于天, 廣布而下聞于民. 惟以是之故, 天集其命于文王之身, 周家之命集于文王, 定于武王. 故集命則以文王言, 明德則兼文武言. 先正, 文武之臣也, 能於左右昭事其君, 及大小謀猷之事, 皆率循從順. 以此貽後, 故文武而下諸君, 爲平王之祖者, 得以安於其位也.)"

390) 『서경(書經)』, 「우서(虞書)」·「요전1(堯典1)」 : "옛날 요 임금을 상고하건대 방훈이시니, 공경하고 밝고 문채 나고 생각함이 편안하고 편안하시며 진실로 공손하고 능히 겸양하시어 광채가 사표에 입혀지며 상하에 이르셨다.(曰, 若稽古帝堯, 曰放勳, 欽明文思安安, 允恭克讓, 光被四表, 格于上下.)"

> 集傳

文武之德如此,
문왕(文王)·무왕(武王)의 덕이 이와 같았기

> 詳說

○ 時.
'차(此)'는 경문에서 '시(時)'이다.

> 集傳

故上帝集厥命于文王, 亦惟爾祖父
때문에 상제(上帝)가 그 명을 문왕(文王)에게 모았고, 또한 너의 조(祖)·부(父)가

> 詳說

○ 先正, 唐叔虞.
선정(先正)은 당숙우(唐叔虞)이다.

○ 臨川吳氏曰 : "先正, 文武之臣也."
임천 오씨(臨川吳氏)가 말하였다 : "'선정(先正)'은 문왕과 무왕의 신하이다."391)

○ 鄒氏季友曰 : "蓋指亂臣十人之徒, 唐叔受封, 尚幼, 未嘗逮事文武."
추씨 계우(鄒氏季友)가 말하였다 : "난신 10인의 무리를 가리킨다. 당숙(唐叔)이 봉함을 받았을 때는 아직 어려 문왕과 무왕에게 미쳐 일삼을 수 없었다."

> 集傳

能左右昭事其君, 於小大謀猷, 無敢背違.
능히 도와서 그 군주를 밝게 섬겨 작고 큰 꾀와 계책에 감히 위배함이 없었다.

---

391) 『서경대전(書經大全)』, 「주서(周書)」·「문후지명(文侯之命)」: "임천 오씨가 말하였다 : '문왕과 무왕의 덕이 밝아 위로 하늘에 오르고, 넓게 퍼져 아래로 백성들에게 알려진 것이다. 이것 때문에 하늘이 그 명을 문왕의 몸에 모으고, 주나라 왕가의 명을 문왕에게 모아 무왕에게 안정시켰다. 그러므로 명을 모은 것으로는 문왕으로 말했고, 명덕으로는 문왕과 무왕을 겸하여 말했던 것이다. 「선정(先正)」은 문왕과 무왕의 신하로 도와서 그 임금을 밝게 섬기는 데 능하고, 크고 작은 꾀와 계책의 일에 미쳐 모두 따랐던 것이다. 이것으로써 후세에 미쳤기 때문에 문왕과 무왕 이하의 여러 임금들이 평왕의 조상이 되는 자들로 그 지위에 편안할 수 있었던 것이다.'(臨川吳氏曰 : 文武之德, 昭明而上升于天, 廣布而下聞于民. 惟以是之故, 天集其命于文王之身, 周家之命集于文王, 定于武王. 故集命則以文王言, 明德則兼文武言. 先正, 文武之臣也, 能於左右昭事其君, 及大小謀猷之事, 皆率循從順. 以此貽後, 故文武而下諸君, 爲平王之祖者, 得以安於其位也.)"

詳說

○ 越.

'어(於)'는 경문에서 '월(越)'이다.

○ 音佩.

'배(背)'는 음이 '패(佩)'이다.

○ 臨川吳氏曰 : "小大謀猷之事, 皆率循從順."

임천 오씨(臨川吳氏)가 말하였다 : "크고 작은 꾀와 계책의 일은 모두 따랐던 것이다."392)

○ 張氏曰 : "將言己無耆壽俊之助, 故先言先王, 得先正之助也."

장씨(張氏)가 말하였다 : "이미 노숙한 준걸의 도움이 없음을 말하려고 하기 때문에 먼저 선왕을 말했으니, 선정의 도움을 얻겠다는 것이다."393)

集傳

故先王得安在位.

그러므로 선왕(先王)이 지위에 편안히 계셨던 것이다.

詳說

○ 祖.

'선왕'은 경문에서 '조(祖)'이다.

○ 懷.

---

392) 『서경대전(書經大全)』, 「주서(周書)」·「문후지명(文侯之命)」 : "임천 오씨가 말하였다 : '문왕과 무왕의 덕이 밝아 위로 하늘에 오르고, 넓게 펴져 아래로 백성들에게 알려진 것이다. 이것 때문에 하늘이 그 명을 문왕의 몸에 모으고, 주나라 왕가의 명을 문왕에게 모아 무왕에게 안정시켰다. 그러므로 명을 모은 것으로는 문왕으로 말했고, 명덕으로는 문왕과 무왕을 겸하여 말했던 것이다. 「선정(先正)」은 문왕과 무왕의 신하로 도와서 그 임금을 밝게 섬기는 데 능하고, 크고 작은 꾀와 계책의 일에 미처 모두 따랐던 것이다. 이것으로써 후세에 미쳤기 때문에 문왕과 무왕 이하의 여러 임금들이 평왕의 조상이 되는 자들로 그 지위에 편안할 수 있었던 것이다.'(臨川吳氏曰 : 文武之德, 昭明而上升于天, 廣布而下聞于民. 惟以是之故, 天集其命于文王之身, 周家之命集于文王, 定于武王. 故集命則以文王言, 明德則兼文武言. 先正, 文武之臣也, 能於左右昭事其君, 及大小謀猷之事, 皆率循從順. 以此貽後, 故文武而下諸君, 爲平王之祖者, 得以安於其位也.)"

393) 『서경대전(書經大全)』, 「주서(周書)」·「문후지명(文侯之命)」 : "장씨가 말하였다 : '천자는 동성이어서 백부와 숙부로 칭한다. 이제 '부(父)'라고 한 것은 아주 친하다는 것이다. 평왕이 이미 노숙한 준걸의 도움이 없음을 말하려고 하기 때문에 먼저 선왕을 말했으니, 선정의 도움을 얻겠다는 것이다.'(張氏曰 : 天子同姓, 稱伯父叔父. 今曰父, 親之甚. 平王將言己無耆壽俊之助, 故先言先王, 得先正之助也.)"

'안(安)'은 경문에서 '회(懷)'이다.

○ 臨川吳氏曰 : "文武以下爲平王之祖者, 得以安於其位也."
임천 오씨(臨川吳氏)가 말하였다 : "문왕과 무왕 이하는 평왕의 조상이 되는 자들로 그 지위에 편안할 수 있었던 것이다."394)

[14-4-28-2]
嗚呼, 閔予小子, 嗣造天丕愆, 殄資澤于下民. 侵戎我國家純, 卽我御事 罔或耆壽俊, 在厥服, 予則罔克. 曰惟祖惟父 其伊恤 朕躬. 嗚呼, 有績予一人, 永綏在位.

아! 불쌍한 나 소자(小子)는 지위를 계승한 초기에 하늘의 큰 재앙을 만나 자택(資澤)이 하민(下民)들에게 끊겼다. 오랑캐가 우리 국가를 침해함이 컸는데, 나의 어사(御事)들은 혹시라도 노성(老成)한 자와 준걸스러운 자가 신하의 자리에 있는 이가 없었으며, 나도 능하지 못하노라. 조(祖)·부(父)의 항렬에 있는 자들은 그 누가 짐(朕)의 몸을 구휼할 것인가? 아! 나 한 사람에게 공(功)이 있으면 길이 편안히 지위에 있을 것이다.

集傳
歎而自痛傷也. 閔, 憐也.
탄식하고 스스로 애통하고 서글퍼 한 것이다. 민(閔)은 불쌍함이다.

詳說
○ 與詩成王免喪後語, 相似.
『시경』에서 성왕이 상복을 벗은 다음의 말과 서로 비슷하다.

---

394) 『서경대전(書經大全)』, 「주서(周書)」·「문후지명(文侯之命)」 : "임천 오씨가 말하였다 : '문왕과 무왕의 덕이 밝아 위로 하늘에 오르고, 넓게 퍼져 아래로 백성들에게 알려진 것이다. 이것 때문에 하늘이 그 명을 문왕의 몸에 모으고, 주나라 왕가의 명을 문왕에게 모아 무왕에게 안정시켰다. 그러므로 명을 모은 것으로는 문왕으로 말했고, 명덕으로는 문왕과 무왕을 겸하여 말했던 것이다. 「선정(先正)」은 문왕과 무왕의 신하로 도와서 그 임금을 밝게 섬기는 데 능하고, 크고 작은 꾀와 계책의 일에 미쳐 모두 따랐던 것이다. 이것으로써 후세에 미쳤기 때문에 문왕과 무왕 이하의 여러 임금들이 평왕의 조상이 되는 자들로 그 지위에 편안할 수 있었던 것이다.'(臨川吳氏曰 : 文武之德, 昭明而上升于天, 廣布而下聞于民. 惟以是之故, 天集其命于文王之身, 周家之命集于文王, 定于武王. 故集命則以文王言, 明德則兼文武言. 先正, 文武之臣也, 能於左右昭事其君, 及大小謀猷之事, 皆率循從順. 以此貽後, 故文武而下諸君, 爲平王之祖者, 得以安於其位也.)"

【集傳】

嗣造天丕愆者, 嗣位之初, 爲天所大譴,

사조천비건(嗣造天丕愆)은 지위를 계승한 초기에 하늘에게 큰 견책을 당하여

【詳說】

○ 造.
'위(爲)'는 '조(造)'이다.

○ 丕愆.
'대견(大譴)'은 경문에서 '비건(丕愆)'이다.

【集傳】

父死國敗也.

아버지가 죽고 나라가 패망한 것이다.

【詳說】

○ 添此句.
여기의 구를 더하였다.

【集傳】

殄, 絶, 純, 大也. 絶其資用惠澤於下民,

진(殄)은 끊어짐이고, 순(純)은 큼이다. 자용(資用)과 혜택이 하민에게 끊겨

【詳說】

○ 呂氏曰 : "如所謂喪亂滅資, 曾莫惠我師, 蓋推本禍亂所由."
여씨(呂氏)가 말하였다 : "이른바 '상란(喪亂)을 당하여 서글픈지라 일찍이 우리들을 사랑하는 이가 없다.'는 것과 같으니, 대개 화란이 일어나는 것을 근본적으로 미룬 것이다."395)

【集傳】

---

395) 『서경대전(書經大全)』, 「주서(周書)」·「문후지명(文侯之命)」: "여씨가 말하였다 : 「자택(資澤)이 하민(下民)들에게 끊겼다.」는 것은 이른바 「상란(喪亂)을 당하여 서글픈지라 일찍이 우리들을 사랑하는 이가 없다.」는 것과 같으니, 대개 화란이 일어나는 것을 근본적으로 미룬 것이다. …. 평왕의 잘못은 대체로 남에게 요구하는 것이 무겁고 스스로 책임지는 것은 가벼운 것이다. ….'(呂氏曰 : 殄資澤於下, 民如所謂喪亂蔑資, 曾莫惠我師, 蓋推本禍亂所由. …. 平王之失, 大抵求於人者重, 而自任者輕. ….)"

本旣先撥
이미 근본이 먼저 뽑혔기

> 詳說

○ 見詩蕩.
『시경』「탕(蕩)」에 보인다.

> 集傳

故戎狄侵陵
때문에 융적(戎狄)이 침릉(侵陵)하여

> 詳說

○ 侵戎, 古語倒.
경문의 '침융(侵戎)'은 옛말이 도치된 것이다.

> 集傳

爲我國家之害甚大,
우리 국가의 폐해가 됨이 심히 컸는데,

> 詳說

○ 添爲害字.
'위(爲)'자와 '해(害)'자를 더했다.

> 集傳

今我御事之臣, 無有老成俊傑在厥官者,
지금 나의 일을 다스리는 신하들은 노성(老成)한 자와 준걸스러운 자가 그 관직에 있는 자가 없었으며,

> 詳說

○ 卽.
'금(今)'은 경문에서 '즉(卽)'이다.

○ 服.
'관(官)'은 경문에서 '복(服)'이다.

集傳

而我小子, 又才劣無能,
나 소자(小子)도 재주가 용렬하여 능하지 못하니,

詳說

○ 罔克.
'무능(無能)'은 경문에서 '망극(罔克)'이다.

集傳

其何以濟難.
어떻게 어려움을 구제하겠는가!

詳說

○ 去聲.
'난(難)'은 거성이다.

○ 添此句.
여기의 구를 더하였다.

集傳

又言諸侯在我祖父之列者, 其誰
또 말하기를 "제후로서 나의 조(祖)·부(父)의 항렬에 있는 자들은 그 누가

詳說

○ 伊.
'수(誰)'는 경문에서 '이(伊)'이다.

集傳

能恤我乎, 又歎息言有能致功予一人,
나를 구휼하겠는가?"라고 하고, 또 탄식하여 말하기를 "능히 나 한 사람에게 공을 이루는 자가 있으면,

詳說

○ 績.
'공(功)'은 경문에서 '적(績)'이다.

集傳

則可永安厥位矣.
길이 그 지위를 편안하게 할 것이다."라고 하였다.

詳說

○ 張氏曰 : "對上文先祖懷在位, 而言平王惟自幸求安其位, 奄然無氣如此, 其無有爲之志可見矣."
장씨(張氏)가 말하였다 : "'위의 글에서 선조께서 지위에 편안히 계셨다.'는 것에 짝하여 평왕은 오직 스스로 그 지위에 편안하기를 바라고 구했음을 말하였으니, 어리석게 이처럼 기개가 없고 큰일을 하려는 뜻이 없음을 알 수 있다."396)

○ 呂氏曰 : "平王之失, 大抵求於人者重, 而自任者輕."
여씨(呂氏)가 말하였다 : "평왕의 잘못은 대체로 남에게 요구하는 것이 무겁고 스스로 책임지는 것은 가벼운 것이다."397)

集傳

蓋悲國之無人, 無有如上文先正之昭事, 而先王得安在位也.
이는 나라에 사람이 없어서 위의 글에서의 선정(先正)들이 밝게 섬겨 선왕이 편안히 지위에 계셨던 것처럼 하는 이가 없음을 슬퍼한 것이다.

詳說

○ 論也.

---

396) 『서경대전(書經大全)』, 「주서(周書)」·「문후지명(文侯之命)」 : "장씨가 말하였다 : '「길이 편안히 지위에 있을 것이다.」는 것은 「위의 글에서 선조께서 지위에 편안히 계셨다.」는 것에 짝하여 평왕은 오직 스스로 그 지위에 편안하기를 바라고 구했음을 말하였다. 천하게 지위를 즐거움으로 여기고 어리석게 이처럼 기개가 없으며 큰일을 하려는 뜻이 없음을 알 수 있으니, 슬프구나!'(張氏曰 : 永綏在位, 對上文先祖懷在位而言, 平王惟自幸求安其位. 卑卑以位爲樂, 奄然無氣如此, 其無有爲之志, 可見矣, 哀哉.)"

397) 『서경대전(書經大全)』, 「주서(周書)」·「문후지명(文侯之命)」 : "여씨가 말하였다 : '「자택(資澤)이 하민(下民)들에게 끊겼다.」는 것은 이른바 「상란(喪亂)을 당하여 서글픈지라 일찍이 우리들을 사랑하는 이가 없다.」는 것과 같으니, 대개 화란이 일어나는 것을 근본적으로 미룬 것이다. …. 평왕의 잘못은 대체로 남에게 요구하는 것이 무겁고 스스로 책임지는 것은 가벼운 것이다. ….'(呂氏曰 : 殄資澤於下, 民如所謂喪亂蔑資, 曾莫惠我師, 蓋推本禍亂所由. … 平王之失, 大抵求於人者重, 而自任者輕. ….)"

경문의 의미 설명이다.

[14-4-28-3]

父義和. 汝克昭乃顯祖, 汝肇刑文武, 用會紹乃辟, 追孝于前文人. 汝多修扞我于艱, 若汝, 予嘉.

부(父)인 의화(義和)야! 너는 능히 너의 훌륭하신 선조를 밝히고, 네가 비로소 문왕(文王)·무왕(武王)을 본받아 네 임금을 모으고 이어서 전문인(前文人)을 따라 효도하라. 네가 닦아서 나를 어려움에 호위함이 많으니, 너와 같은 이는 내가 아름답게 여기노라.″

詳說

○ 扞, 侯旰反.

'한(扞)'은 '후(侯)'와 '간(旰)'의 반절이다.

集傳

顯祖文人, 皆謂唐叔, 卽上文先正昭事厥辟者也.

훌륭하신 선조와 문인(文人)은 모두 당숙(唐叔)을 이르니, 곧 위의 글에서 '선정(先正)이 그 임금을 밝게 섬겼다.'398)는 것이다.

詳說

○ 克昭, 謂能明其德也

'능히 밝혔다.'는 것은 그 덕을 능히 밝힌다는 것을 말한다.

集傳

後

뒤에

詳說

---

398) 『서경대전(書經大全)』, 「주서(周書)」·「문후지명1(文侯之命1)」: "왕(王)이 대략 다음과 같이 말씀하였다. '부(父)인 의화(義和)야! 크게 드러나신 문왕(文王)·무왕(武王)께서 능히 명덕(明德)을 삼가 밝게 위에 오르시고 펴져 아래에 있으면서 알려지시자, 이 상제(上帝)가 그 명을 문왕(文王)에게 모으셨는데, 또한 선정(先正)들이 능히 도와서 그 임금을 밝게 섬겨 크고 작은 꾀와 계책에 따르지 않음이 없었다. 그러므로 선조(先祖)께서 지위에 편안히 계셨다.'(王若曰. 父義和. 丕顯文武, 克愼明德, 昭升于上, 敷聞在下, 惟時上帝, 集厥命于文王, 亦惟先正, 克左右, 昭事厥辟, 越小大謀猷, 罔不率從. 肆先祖懷在位.)"

○ 後世也, 謂今也.

후세이니 지금을 말한다.

集傳

罔或耆壽俊在厥服,

혹시라도 노성(老成)한 자와 준걸스러운 자가 신하의 자리에 있는 이가 없다면,

詳說

○ 承上節.

위의 절을 이어받았다.

集傳

則刑文武之道絶矣,

문왕(文王)·무왕(武王)의 도(道)를 본받음이 끊긴 것이니,

詳說

○ 薛氏曰 : "刑, 與詩言儀刑文王, 同."

설씨(薛氏)가 말하였다 : "'본받는다[刑]'는 것은 『시경』에서 '문왕을 본받다.'399)는 것과 같다."400)

集傳

今刑文武, 自文侯始. 故曰肇刑文武. 會者, 合之而使不離,

이제 문왕(文王)·무왕(武王)을 본받음이 문후(文侯)로부터 비롯되었다. 이 때문에 '비로소 문왕(文王)·무왕(武王)을 본받으라.'고 한 것이다. 회(會)는 합하여 떠나지 않게 하는 것이고,

詳說

○ 安固其命.

그 명을 편안하고 견고하게 하는 것이다.

---

399) 『시경(詩經)』, 「대아(大雅)」·「문왕(文王)」 "저 하늘이 하는 일은 소리도 냄새도 없거니와, 오직 문왕을 본받으면 만방이 다 태평하리라.(上天之載, 無聲無臭, 儀刑文王, 萬邦作孚.)"
400) 『서경대전(書經大全)』, 「주서(周書)·문후지명(文侯之命) : "설씨(薛氏)가 말하였다 : '본받는다[刑]」는 것은 『시경』에서 「문왕을 본받다.」는 것과 같다.'(薛氏曰 : 刑與詩言儀刑文王, 同.)"

集傳

紹者, 繼之而使不絶.

소(紹)는 이어서 끊어지지 않게 하는 것이다.

詳說

○ 延長其世.

그 세대를 연장하는 것이다.

集傳

前文人, 猶云前寧人.

전문인(前文人)은 전녕인(前寧人)이란 말과 같다.

詳說

○ 見大誥.

「대고」에 보인다.401)

集傳

汝多所修完扞衛我于艱難,

네가 닦고 완전히 해서 나를 어려움에 호위함이 많으니,

詳說

○ 修完甲兵.

'修完(수완)'은 '갑병(甲兵)'이다.

集傳

若汝之功, 我所嘉美也.

너의 공(功)과 같은 것을 내 아름답게 여기는 바이다.

---

401) 『서경대전(書經大全)』, 「주서(周書)」·「대고-10(大誥-10)」: "왕이 말씀하였다. '너희들은 옛사람들이다. 너희들은 크게 멀리 살필 수 있으니, 너희들은 영왕(寧王)이 이와 같이 근로함을 알 것이다. 하늘이 막고 어렵게 함은 우리가 공을 이룰 수 있는 기회이니, 내 감히 영왕이 도모하신 일을 지극히 마치지 않을 수 없다. 그러므로 내 크게 우리 우방의 군주들을 교화하고 달래노니, 하늘이 돕되 정성스런 말씀으로 함은 우리 백성을 살펴보면 알 수 있으니, 내 어찌 전녕인(前寧人)의 공을 마칠 것을 도모하지 않겠는가! 하늘이 또한 우리 백성들을 수고롭게 하고 어렵게 하며 마치 병이 있을 때에 치료하듯이 하시니, 내 어찌 전녕인이 받으신 아름다운 명을 끝마치지 않겠는가!(王曰, 爾惟舊人, 爾丕克遠省, 爾知寧王若勤哉. 天閟毖, 我成功所, 予不敢不極卒寧王圖事. 肆予大化誘我友邦君, 天棐忱辭, 其考我民, 予曷其不于前寧人圖功攸終. 天亦惟用勤毖我民, 若有疾, 予曷敢不于前寧人攸受休畢.)"

|詳說|

○ 添功字.
'공(功)'자를 더하였다.

[14-4-28-4]

|王曰. 父義和. 其歸視爾師, 寧爾邦. 用賚爾秬鬯一卣, 彤弓一, 彤矢百, 盧弓一, 盧矢百, 馬四匹, 父往哉, 柔遠能邇, 惠康小民, 無荒寧, 簡恤爾都, 用成爾顯德.|

왕(王)이 말씀하였다. "부(父)인 의화(義和)야. 돌아가 네 무리를 돌아보아 네 나라를 편안히 하라. 써 너에게 검은 울창주(鬱酒) 한 동이와 붉은 활 하나와 붉은 화살 백 개와 검은 활 하나와 검은 화살 백 개와 말 네 필을 하사하노니, 부(父)는 가서 멀리 있는 자를 회유하고 가까이 있는 자를 길들이며, 소민(小民)들을 은혜롭고 편안히 하고 황녕(荒寧)하지 말아서 네 도비(都鄙)를 간열하고 구휼하여 너의 드러난 덕(德)을 이루도록 하라."

|詳說|

○ 三呼父義和, 以致丁寧之意. 命將畢而又單稱父, 以益致親之之意.
세 번 부(父)인 의화(義和)를 불러 정녕의 뜻을 이루었다. 명이 다하려고 할 때에 또 한 번 부(父)를 부른 것은 친하게 하려는 의미를 더욱 다한 것이다.

|集傳|

師, 衆也. 黑黍曰秬, 釀以鬯草. 卣, 中尊也.
사(師)는 무리이다. 검은 기장을 거(秬)라 하니, 울창초로 빚는다. 유(卣)는 중간 크기의 술동이이다.

|詳說|

○ 已見洛誥註.
이미 「낙고」의 주에 보인다.[402]

---

402) 『서경대전(書經大全)』, 「주서(周書)」·「낙고-15(洛誥-25)」: "왕께서는 사람을 보내와 은나라 사람들을 경계하시고, 나를 명(命)하여 편안히 하시되, 검은 기장과 울금으로 빚은 술 두 그릇으로 하시고, '밝게 공경하노니, 배수계수하며 아름답게 향례(享禮)를 올린다.'라고 하였습니다.(伻來毖殷, 乃命寧予, 以秬鬯二卣."

> 集傳

諸侯受錫命, 當告其始祖, 故賜鬯也. 彤, 赤, 盧, 黑也. 諸侯有大功, 賜弓矢, 然後得專征伐.

제후가 명을 내려줌을 받으면 마땅히 시조(始祖)에게 고유하여야 하므로 울창주(鬱酒)를 하사한 것이다. 동(彤)은 붉음이고, 노(盧)는 검음이다. 제후가 큰 공이 있으면 궁시(弓矢)를 하사하니, 그런 뒤에야 정벌을 자유로이 할 수 있는 것이다.

> 詳說

○ 見禮記王制.

『예기』「왕제」에 보인다.

> 集傳

馬, 供武用. 四匹曰乘.

마(馬)는 군용(軍用)에 이바지한다. 네 필을 승(乘)이라 한다.

> 詳說

○ 去聲.

'승(乘)'은 거성이다.

○ 此如訓乘字, 蓋照康王之誥註訓也.

이것은 '승(乘)'를 풀이한 것과 같으니, 대개 「강왕지고」 주에서의 풀이를 참고하라.403)

> 集傳

侯伯之賜無常, 以功大小爲度也.

후백(侯伯)의 하사는 일정함이 없어서 공의 크고 작음으로 한도를 삼는다.

曰明禋, 拜手稽首, 休享.)" 주자의 주 : "유(卣)는 중간 크기의 술잔이다.(卣, 中尊也.)"
403) 『서경대전(書經大全)』,「주서(周書)」·「강왕지고1(康王之誥1)」:"왕(王)이 나가서 응문(應門)의 안에 있자, 태보(太保)는 서방(西方)의 제후를 거느리고 응문(應門)으로 들어와 왼쪽에 서고, 필공(畢公)은 동방(東方)의 제후를 거느리고 응문(應門)으로 들어와 오른쪽에 서니, 모두 네 마리의 황마(黃馬)에 갈기가 붉은 것을 진열하였다. 제후왕이 받든 규(圭)와 겸하여 폐백을 들어 올리며 말하기를 "한두 명의 신위(臣衛)는 감히 토지에서 나오는 것을 잡아 올립니다."라고 하고, 모두 재배하고 머리를 조아리자, 왕이 덕을 이음이 마땅해서 답배하였다.(王出在應門之內, 太保率西方諸侯, 入應門左, 畢公率東方諸侯, 入應門右, 皆布乘黃朱. 賓稱奉圭兼幣, 曰一二臣衛, 敢執壤奠, 皆再拜稽首, 王 義嗣德, 答拜.)" 주자의 주 : "포(布)는 진열함이고, 승(乘)은 네 필의 말이니, 제후가 모두 네 마리의 황마에 갈기가 붉은 것을 진열하여 정실(庭實)로 삼은 것이다.(布, 陳也. 乘, 四馬也. 諸侯, 皆陳四黃馬, 而朱其鬣以爲廷實.)"

詳說

○ 二句, 論也.
두 구는 경문의 의미 설명이다.

○ 柔遠能邇, 自舜典顧命, 至此凡三見, 蓋古之恆言也.
'멀리 있는 자를 회유하고 가까이 있는 자를 길들인다.'는 것은 「순전」404)과 「고명」405)에서 여기까지 모두 세 번 나타났는데, 옛날에 항상 하는 말이다.

集傳

簡者, 簡閱其士, 恤者, 惠恤其民.
간(簡)은 군사들을 간열(簡閱)함이고, 휼(恤)은 백성들을 은혜롭게 구휼하는 것이다.

詳說

○ 添士民字.
'사(士)'자와 '민(民)'자를 더했다.

集傳

都者, 國之都鄙也.
도(都)는 나라의 도시와 촌이다.

詳說

○ 呂氏曰 : "歸視爾師, 寧爾邦. 簡恤爾都, 勉以本邦之治, 王室無復事矣. 周其終於東乎."
여씨(呂氏)가 말하였다 : "'네 무리를 돌아보아 네 나라를 편안히 하라.' '네 도비((都鄙)를 간열하고 구휼하라'406)는 것은 고국의 다스림에 힘써 왕실이 다시

---

404) 『서경대전(書經大全)』,「주서(周書)」·「순전-16(순전-16)」: "12목(牧)에게 물으시어 말씀하였다. '곡식은 농사철에 잘 맞추어야 하니, 멀리 있는 자를 회유하고 가까이 있는 자를 길들이며 덕이 있는 자를 후대하고 어진 자를 믿으며 간사한 자를 막으면, 만이(蠻夷)도 거느리고 와서 복종할 것이다.(咨十有二牧, 曰, 食哉惟時. 柔遠能邇, 惇德允元, 而難任人, 蠻夷率服)"
405) 『서경대전(書經大全)』,「주서(周書)」·「고명8(顧命8)」: "멀리 있는 자를 회유하고 가까이 있는 자를 잘 길들이며, 작고 큰 여러 나라들을 편안히 하고 권면하라.(柔遠能邇, 安勸小大庶邦.)"
406) 『서경대전(書經大全)』,「주서(周書)」·「문후지명4(文侯之命4)」: "왕(王)이 말씀하였다. '부(父)인 의화(義和)야. 돌아가 네 무리를 돌아보아 네 나라를 편안히 하라. 써 너에게 검은 울창주(鬱酒) 한 동이와 붉은 활 하나와 붉은 화살 백 개와 검은 활 하나와 검은 화살 백 개와 말 네 필을 하사하노니, 부(父)는 가서 멀리 있는 자를 회유하고 가까이 있는 자를 길들이며, 소민(小民)들을 은혜롭고 편안히 하고 황녕(荒寧)하지 말

일이 없으니, 주나라가 아마 동쪽에서 끝났을 것이다."407)

集傳

○ 蘇氏曰, 予讀文侯篇, 知東周之不復興也.

○ 소씨(蘇氏)가 말하였다. "나는 「문후편(文侯篇)」을 읽고 동주(東周)가 다시 흥하지 못할 줄을 알았노라.

詳說

○ 去聲.

'부(復)'는 거성이다.

集傳

宗周傾覆,

종주(宗周)가 경복(傾覆)함에

詳說

○ 音福.

'복(覆)'은 '복(福)'이다.

集傳

禍敗極矣, 平王宜若衛文公

화패(禍敗)가 지극하니, 평왕(平王)은 마땅히 위(衛)나라 문공(文公)과

詳說

아서 네 도비(都鄙)를 간열하고 구휼하여 너의 드러난 덕(德)을 이루도록 하라.'(王曰. 父義和. 其歸視爾師, 寧爾邦. 用賚爾秬鬯一卣, 彤弓一, 彤矢百, 盧弓一, 盧矢百, 馬四匹, 父往哉, 柔遠能邇, 惠康小民, 無荒寧, 簡恤爾都, 用成爾顯德.)"

407)『서경대전(書經大全)』,「주서(周書)」·「문후지명(文侯之命)」: "여씨가 말하였다 : '주나라는 동주에서 끝났으니, 대개 여기의 서에 있다. 동천한 초기에 …. 「네 무리를 돌아보아 네 나라를 편안히 하라.」 「네 도비((都鄙)를 간열하고 구휼하라.」라고 하였다. 군대를 이미 파한 다음에 「써 너에게 검은 울창주(鬱酒) 한 동이와 붉은 활 하나와 붉은 화살 백 개와 검은 활 하나와 검은 화살 백 개와 말 네 필을 하사한다.」라고 하였다. 공이 이미 보답된 다음에 「가서 멀리 있는 자를 회유하고 가까이 있는 자를 길들이며, 소민(小民)들을 은혜롭고 편안히 하고 황녕(荒寧)하지 말아라.」라고 하였다. 세상이 평온할 때의 정사로 고하고, 군대가 다시 익히지 않고, 「네 도비(都鄙)를 간열하라.」라고 하였다. 고국의 다스림에 힘써 왕실에는 다시 일이 없으니, 아! 주나라가 아마 동쪽에서 끝났을 것이다.'(呂氏曰 : 周終於東周, 蓋於此書見之. 東遷之初, …, 曰, 歸視爾師, 寧爾邦. 兵已罷矣. 曰, 用賚爾秬鬯一卣, 彤弓一, 彤矢百, 盧弓一, 盧矢百, 馬四匹. 功已報矣. 曰, 往哉, 柔遠能邇, 惠康小民, 無荒寧, 告以平世之政, 軍旅不復講矣. 曰, 簡恤爾都, 勉以本邦之治, 王室無復事矣. 嗚呼, 周其終於東乎.)"

○ 大布大帛.

'거친 삼베옷을 입고 거친 삼베로 만든 관을 썼다.(大布大帛.)'는 것이다.

集傳

越句踐然,

월왕(越王) 구천(句踐)과 같이 하여야 할 터인데,

詳說

○ 臥薪嘗膽.

와신상담했다는 것이다.

集傳

今其書乃旋旋焉,

이제 그 글이 마침내 선선(旋旋)하여

詳說

○ 鄒氏季友曰 : "和緩也."

추씨 계우(鄒氏季友)408)가 말하였다 : "부드러운 것이다."

集傳

與平康之世無異. 春秋傳

평강(平康)한 세상과 다름이 없다. 『춘추전(春秋傳)』에

詳說

○ 左昭二十六年.

『좌전』 소공 26년이다.

---

408) 『서경대전(書經大全)』, 「상서(商書)」·「중훼지고(仲虺之誥)」에는 황보밀(皇甫謐)의 말로 되어 있다. 황보밀(皇甫謐, 215년 ~ 282년)은 서진(西晉) 안정(安定) 조나(朝那) 사람으로 자는 사안(士安)이고, 어릴 때 이름은 정(靜)이며, 자호는 현안선생(玄晏先生)이다. 황보숭(皇甫嵩)의 증손이다. 젊었을 때 거침없이 방탕하여 사람들이 미치광이라고 여겼다. 20살 무렵부터 부지런히 공부해 게으르지 않았다. 집이 가난해 직접 농사를 지었는데, 책을 읽으면서 밭갈이를 함으로써 수많은 서적들을 통독했다. 나중에 질병에 걸렸으면서도 손에서 책을 놓지 않고 저술에 전심하느라 밥 먹는 것도 잊어버려 사람들이 서음(書淫)이라 했다. 무제(武帝) 때 부름을 받았지만 나가지 않았다. 무제가 책 한 수레를 하사했다. 자신의 병을 고치려고 의학서를 읽어 가장 오랜 침구 관련서인 『침구갑을경(鍼灸甲乙經)』을 편찬했다. 역사에도 조예가 깊어 『제왕세기(帝王世紀)』와 『연력(年歷)』, 『고사전(高士傳)』, 『일사전(逸士傳)』, 『열녀전(列女傳)』, 『현안춘추(玄晏春秋)』 등을 지었다.

集傳

曰厲王之禍, 諸侯釋位,
이르기를 '여왕(厲王)의 화(禍)에 제후들이 자신의 지위를 버리고

詳說
○ 去其所居之位.
자신이 차지한 지위를 버린 것이다.

集傳

以間王政,
왕정(王政)을 간섭하였는데,

詳說
○ 去聲, 猶與也.
'간(間)'은 거성으로 '여(與)'와 같다.

集傳

宣王有志, 而後效官,
선왕(宣王)이 의지(意志)가 있은 뒤에 제후들이 직책을 바쳤다.'라고 하였으니,

詳說
○ 傳止此.
「전」은 여기까지이다.

集傳

讀文侯之命, 知平王之無志也. 愚按, 史記
「문후지명(文侯之命)」을 읽고서 평왕(平王)이 의지(意志)가 없었음을 알았노라." 내가 살펴보건대, 『사기(史記)』에

詳說
○ 周紀.
「주기(周紀)」이다.

集傳

幽王娶於申, 而生太子宜臼, 後幽王嬖褒姒, 廢申后, 去太子,
유왕(幽王)이 신(申)나라에서 장가들어 태자(太子) 의구(宜臼)를 낳았는데, 뒤에 유왕(幽王)이 포사(褒)를 총애하여 신후(申后)를 폐하고 태자(太子)를 버리자,

詳說

○ 上聲.
'거(去)'는 상성이다.

集傳

申侯怒, 與繒西夷犬戎,
신후(申侯)가 노하여 증(繒)나라와 서이(西夷)와 견융(犬戎)과 함께

詳說

○ 國名.
'증(繒)'은 나라 이름이다.

○ 西夷及犬戎.
서이(西夷)와 견융(犬戎)이다.

集傳

攻王而殺之. 諸侯卽申侯,
왕(王)을 공격하여 살해하였다. 제후들이 신후(申侯)에게 나아가

詳說

○ 就也.
'즉(卽)'은 '취(就)'이다.

集傳

而立故太子宜臼, 是爲平王.
옛 태자(太子)인 의구(宜臼)를 세우니, 이가 평왕(平王)이다.

詳說

○ 史記止此.
『사기』는 여기까지이다.

集傳
平王以申侯立己爲有德, 而忘其弑父爲當誅, 方將以復讎討賊之衆, 而爲戍申戍許之舉,
평왕(平王)은 신후(申侯)가 자기를 세워준 것을 은덕이 있다고 여겨 아버지를 시해한 자는 마땅히 주벌해야 함을 잊고, 복수하여 역적을 토벌해야 할 군대로써 신(申)나라를 지키고 허(許)나라를 지키는 조처를 하였으니,

詳說
○ 見詩王揚之水.
『시경』「왕양지수(王揚之水)」에 보인다.

集傳
其忘親背義,
어버이를 잊고 의(義)를 저버려

詳說
○ 音佩.
'배(背)'는 음이 '패(佩)'이다.

集傳
得罪於天已甚矣. 何怪其委靡頹墮, 而不自振也哉. 然則是命也, 孔子以其猶能言文武之舊而存之歟. 抑亦以示戒於天下後世而存之歟.
하늘에 죄를 얻음이 너무 심하다. 위미(委靡)하고 퇴타(頹墮)하여 스스로 떨치지 못함이 어찌 괴이하겠는가! 그렇다면 이 명(命)은 공자(孔子)가 오히려 문왕(文王)·무왕(武王)의 옛것을 말하였다 하여 둔 것이겠는가? 아니면 또한 천하(天下) 후세(後世)에 경계를 보이기 위하여 둔 것이겠는가?

[14-4-29]
「비서(費誓)」

> 集傳

費, 地名.

비(費)는 지명이다.

> 詳說

○ 音秘, 古文作粊, 史記作肸.

'비(費)'는 음이 '비(秘)'로 고문에서는 '비(粊)'로 되어 있고, 『사기』에서는 '힐(肸)'로 되어 있다.

○ 孔氏曰 : "魯東郊地名."

공씨(孔氏)가 말하였다 : "노나라 동교의 지명이다."409)

○ 蘇氏曰 : "費在東海郡, 後爲季氏邑. 國外十里爲郊. 費非魯東郊."

소씨(蘇氏)가 말하였다 : "비는 동해군에 있는데 뒤에 계씨의 읍이 되었다. 국외 십리가 교이니, 비는 노나라 동교가 아니다."410)

○ 鄒氏季友曰 : "本魯附庸國, 後並於魯."

추씨 계우(鄒氏季友)가 말하였다 : "본래 노나라의 부용국이었는데 뒤에 노나라에 병합되었다."

> 集傳

淮夷徐戎, 並起爲寇, 魯侯征之,

---

409) 『서경대전(書經大全)』, 「주서(周書)」·「비서(費誓)」: "공씨가 말하였다 : '비는 노나라 동교의 지명이다. 백금이 방백이 되어 …. 공자의 서서(書序)에 노나라가 융을 다스려 정벌하고 토벌할 방비와 진나라가 과오를 후회하고 스스로 맹세한 경계가 충분히 세상의 법이 된다고 여겼다. 그러므로 왕의 일을 갖춘 것으로 기록했던 것이니, 『시경』에서 상과 노의 송을 기록한 것과 같다.'(孔氏曰 : 費, 魯東郊地名. 伯禽爲方伯, …. 孔子書序, 以魯有治戎征討之備. 秦有悔過, 自誓之戒, 足爲世法. 故錄以備王事, 猶詩錄商魯之頌.)"

410) 『서경대전(書經大全)』, 「주서(周書)」·「비서(費誓)」: "소씨가 말하였다 : '비는 동해군에 있는데 뒤에 계씨의 읍이 되었다. 국외 십리가 교이니, 비는 노나라 동교가 아니다. 당시에 군대를 비에서 다스렸던 것이다.'(蘇氏曰 : 費在東海郡, 後爲季氏邑. 國外十里爲郊, 費非魯東郊. 當時治兵於費也.)"

회이(淮夷)와 서융(徐戎)이 함께 일어나 침략하자, 노후(魯侯)가 정벌할 적에

> 詳說

○ 蔡氏元度曰 : "承王命率諸侯以征, 故曰我惟征, 征者, 上伐下也."

채씨 원도(蔡氏元度)가 말하였다 : "왕의 명을 받들어 제후를 이끌고 정벌하였기 때문에 '나는 정벌할 것이다.'411)라고 했다. 정벌은 위에서 아래로 정벌하는 것이다."412)

○ 張氏沂曰 : "成王政序, 言成王東伐淮夷. 唐孔引費誓序, 言王伐淮夷, 魯伐徐戎. 然則魯侯乃佐王征討也."

장씨 기(張氏沂)가 말하였다 : "「성왕정서(成王政序)」에서는 성왕이 동쪽으로 회이를 정벌하였다고 말하였다. 당의 공씨는 「비서」의 「서(序)」를 인용해서 왕이 회이를 정벌하고 노나라가 서융을 정벌했다고 하였다. 그렇다면 노후는 바로 왕을 도와 정벌해서 토벌한 것이다."413)

> 集傳

於費誓衆.

비(費)땅에서 군사들에게 맹세하였다.

> 詳說

○ 蘇氏曰 : "治兵於費."

---

411) 『서경대전(書經大全)』, 「주서(周書)」·「비서5(費誓5)」 : "갑술일(甲戌日)에 나는 서융(徐戎)을 정벌할 것이니, 네 구량(糧)을 준비하되 감히 미치지 못함이 없도록 하라. 너는 큰 형벌이 있을 것이다. 노(魯)나라 백성들의 3교(郊)와 3수(遂)야! 네 정간(楨)을 준비하라. 갑술일(甲戌日)에 내가 성을 쌓을 것이니, 감히 공급하지 못하는 일이 없도록 하라. 너는 남은 형벌이 없어 죽이지는 않을 것이다. 노(魯)나라 백성들의 3교(郊)와 3수(遂)야! 네 꼴과 마초를 준비하되 감히 많지 않게 하지 말라. 너는 큰 형벌이 있을 것이다.(甲戌, 我惟征徐戎, 峙乃糗糧, 無敢不逮. 汝則有大刑. 魯人三郊三遂. 峙乃楨幹. 甲戌, 我惟築, 無敢不供. 汝則無餘刑, 非殺. 魯人三郊三遂, 峙乃芻茭, 無敢不多, 汝則有大刑.)"

412) 『서경대전(書經大全)』, 「주서(周書)」·「비서(費誓)」 : "채씨 원도(蔡氏元度)가 말하였다 : '노후가 대개 왕의 명을 받들어 제후를 이끌고 서융을 정벌하였기 때문에 「나는 서융을 정벌할 것이다.」라고 했다. 정벌은 위에서 아래로 정벌하는 것이니, 정벌을 말했다면 왕명을 받들기 때문이 아니겠는가!'(蔡氏元度曰 : 魯侯蓋承王命率諸侯, 以征徐戎, 故曰我惟征徐戎. 征者, 上伐下也, 言征, 非承王命故耶.)"

413) 『서경대전(書經大全)』, 「주서(周書)」·「비서(費誓)」 : "장씨 기(張氏沂)가 말하였다 : '일서(逸書)인 「성왕지서(成王政之序)」에서는 성왕이 동쪽으로 회이를 정벌하였다고 말하였다. 당의 공씨는 「비서」의 「서(序)」를 인용해서 왕이 회이를 정벌하고 노나라가 서융을 정벌했다고 하였다. 그렇다면 노후는 바로 왕을 도와 정벌해서 토벌한 것이다.(張氏沂曰 : 逸書成王政之序, 言成王東伐淮夷. 唐孔引費誓序, 言王伐淮夷, 魯伐徐戎. 然則魯侯乃佐王征討也.)"

소씨(蘇氏)가 말하였다 : "대를 비에서 다스렸던 것이다."414)

集傳
故以費誓名篇. 今文古文皆有 ○ 呂氏曰, 伯禽, 撫封於魯,
그러므로 '비서(費誓)'라고 편명하였다. 금문(今文)과 고문(古文)에 모두 있다. ○ 여씨(呂氏)가 말하였다. "백금(伯禽)이 노(魯)나라에서 봉의 인민을 안무하니,

詳說
○ 唐孔氏曰 : "伯禽, 於成王卽政元年, 始就封於魯."
당의 공씨(孔氏)가 말하였다 : "백금은 성왕에게 곧 정권을 장악한 원년에 비로소 노나라로 나아가 봉함을 받았다."415)

集傳
夷戎, 妄意其未更事,
회이(淮夷)와 서융(徐戎)은 겪어보지 못한 일이라고 함부로 생각하였고,

詳說
○ 平聲.
'경(更)'은 평성이다.

集傳
且乘其新造
또 새로 나라를 만든

詳說
○ 新封.
'새로 나라를 만들었다.'는 것은 새로 나라를 봉했다는 것이다.

集傳

---

414) 『서경대전(書經大全)』, 「주서(周書)」·「비서(費誓)」: "소씨가 말하였다 : '비는 동해군에 있는데 뒤에 계씨의 읍이 되었다. 국외 십리가 교이니, 비는 노나라 동교가 아니다. 당시에 군대를 비에서 다스렸던 것이다.'(蘇氏曰 : 費在東海郡, 後爲季氏邑. 國外十里爲郊, 費非魯東郊. 當時治兵於費也..)"
415) 『서경대전(書經大全)』, 「주서(周書)」·「비서(費誓)」: "당의 공씨가 말하였다 : '백금은 성왕에게 곧 정권을 장악한 원년에 비로소 노나라로 나아가 봉함을 받았다. 예에 제후는 마음대로 정벌할 수 없다. …'.(唐孔氏曰 : 伯禽, 於成王卽政元年, 始就封於魯. 禮諸侯不得專征伐. ….)"

之隙,

틈을 타려 하였는데,

▣ 詳說

○ 鄒氏季友曰 : "洛誥傳謂東郊不開, 在周公東征時, 伯禽就國已久, 多方傳謂在成王滅奄時 與此所引呂氏說不同, 合歸于一."

추씨 계우(鄒氏季友)가 말하였다 : "「낙고」의 전에서는 동교가 열리지 않아 주공이 동정할 때에 백금이 나라에 나아감이 이미 오래되었다고 말하였고, 「다방」의 전에서는 성왕이 엄을 멸했을 때에 여기에서 인용한 여씨의 설과 같지 않으니, 하나로 합하여 돌아간다."

○ 呂氏曰 : "徐戎淮夷, 世爲周患. 武王崩, 三監及淮夷叛, 載於大誥. 命召公平淮夷, 載于江漢. 徐方繹騷, 載於常武. 自成王至宣王, 每有叛亂, 朝廷爲之搖動, 非小寇也."

여씨(呂氏)가 말하였다 : "서융과 회이는 대대로 주나라의 근심이었다. 무왕이 돌아가시자 삼감과 회이가 반란을 일으킨 것은 「대고」에 실려 있다. 소공에게 명하여 회이를 평정한 것은 「강한(江漢)」에 실려 있다. 서방(徐方)이 소(騷)를 다스린 것은 「상무(常武)」에 실려 있다. 성왕부터 선왕까지는 매번 반락이 있어 조정이 그 때문에 요동쳤으니, 작은 도적들이 아니었다."416)

○ 按, 穆王時徐偃王亦叛於此地, 風氣蓋然耳.

내가 살펴보건대, 목왕 때에 서언왕도 여기의 땅에서 반란을 일으켰으니, 풍기가 대개 그랬던 것이다.

▣ 集傳

而伯禽應之者, 甚整暇有序, 先治戎備, 次之以除道路 又次之以嚴部伍, 又

---

416) 『서경대전(書經大全)』, 「주서(周書)」·「비서(費誓)」: "여씨가 말하였다 : '서융과 회이는 대대로 주나라의 근심이었다. 무왕이 돌아가시자 삼감과 회이가 반란을 일으킨 것은 「대고」에 실려 있다. 소공에게 명하여 회이를 평정한 것은 「강한(江漢)」에 실려 있다. 서방(徐方)이 소(騷)를 다스린 것은 「상무(常武)」에 실려 있다. 성왕부터 선왕까지는 매번 반락이 있어 조정이 그 때문에 요동쳤으니, 작은 도적들이 아니었다. 우의 가학은 「감서」에 있고, 주공의 가학은 「비서」에 있다. 인도해서 지위를 잇게 함에 갑자기 유호의 변란을 당하였고, 백금이 나아가 봉해짐에 갑자기 서이의 변란을 당했다. 군사들에게 맹세한 것을 보면 행진에 지친 것 같다. 이 때문에 우와 주공의 가학은 대개 본말을 모두 들어 누락한 것이 없음을 알 수 있는 것이다.'(呂氏曰 : 徐戎淮夷, 世爲周患. 武王崩, 三監及淮夷叛, 載於大誥命, 召公平淮夷, 載于江漢. 徐方繹騷, 載於常武. 自成王至宣王, 每有叛亂, 朝廷爲之搖動, 非小寇也. 禹之家學, 見子甘誓, 周公之家學, 見於費誓. 啟之嗣位, 驟當有扈之變, 伯禽就封, 驟當徐夷之變, 觀其誓師曲折繊悉, 若老於行陣者, 是以知禹公之家學, 蓋本末具擧, 而無所遺也.)"

次之以立期會, 先後之序, 皆不可紊.

백금(伯禽)이 이에 대응함이 아주 정돈되고 한가로워서 차례가 있었으니, 먼저 융비군비를 다스리고 다음에는 도로(道路)를 소제하며, 또 다음에는 부오(部伍)를 엄격히 하고, 또 다음에는 날짜를 약속하여 모임을 세워서 선후(先後)의 순서가 모두 문란할 수 없었다.

詳說

○ 張氏震曰 : "是書詳於自治, 而略于治人, 有志于征守, 而無志於戰王者之兵也. 故孔子取之."

장씨 진(張氏震)이 말하였다 : "이 책은 스스로 다스리는 것에는 밝고 남을 다스리는 것에는 소략하니, 정벌해서 지키는 것에 뜻이 있고, 임금의 군대와 전쟁하는 것에는 뜻이 없다. 그러므로 공자가 취한 것이다."[417]

○ 呂氏曰 : "禹之家學, 見子甘誓. 周公之家學見於費誓. 啟之嗣位, 驟當有扈之變, 伯禽就封, 驟當徐夷之變. 觀其誓師. 若老於行陣者. 是以知禹周公之家學, 蓋本末具舉, 而無所遺也."

여씨(呂氏)가 말하였다 : "의 가학은 「감서」에 있고, 주공의 가학은 「비서」에 있다. 인도해서 지위를 잇게 함에 갑자기 유호의 변란을 당하였고, 백금이 나아가 봉해짐에 갑자기 서이의 변란을 당했다. 군사들에게 맹세한 것을 보면 행진에 지친 것 같다. 이 때문에 우와 주공의 가학은 대개 본말을 모두 들어 누락한 것이 없음을 알 수 있는 것이다."[418]

集傳

---

417) 『서경대전(書經大全)』, 「주서(周書)」·「비서(費誓)」 : "장씨 진이 말하였다 : '이 책은 스스로 다스리는 것에는 밝고 남을 다스리는 것에는 소략하니, 정벌해서 지키는 것에 뜻이 있고, 임금의 군대와 전쟁하는 것에는 뜻이 없다. 그러므로 공자가 취한 것이다.'(張氏震曰 : 是書詳於自治, 而略于治人, 有志于征守, 而無志於戰王者之兵也. 故孔子取之.)"

418) 『서경대전(書經大全)』, 「주서(周書)」·「비서(費誓)」 : "여씨가 말하였다 : '서융과 회이는 대대로 주나라의 근심이었다. 무왕이 돌아가시자 삼감과 회이가 반란을 일으킨 것은 「대고」에 실려 있다. 소공에게 명하여 회이를 평정한 것은 「강한(江漢)」에 실려 있다. 서방(徐方)이 소(騷)를 다스린 것은 「상무(常武)」에 실려 있다. 성왕부터 선왕까지는 매번 반락이 있어 조정이 그 때문에 요동쳤으니, 작은 도적들이 아니었다. 우의 가학은 「감서」에 있고, 주공의 가학은 「비서」에 있다. 인도해서 지위를 잇게 함에 갑자기 유호의 변란을 당하였고, 백금이 나아가 봉해짐에 갑자기 서이의 변란을 당했다. 군사들에게 맹세한 것을 보면 행진에 지친 것 같다. 이 때문에 우와 주공의 가학은 대개 본말을 모두 들어 누락한 것이 없음을 알 수 있는 것이다.'(呂氏曰 : 徐戎淮夷, 世爲周患. 武王崩, 三監及淮夷叛, 載於大誥命. 召公平淮夷, 載于江漢. 徐方繹騷, 載於常武. 自成王至宣王, 每有叛亂, 朝廷爲之搖動, 非小寇也. 禹之家學, 見子甘誓, 周公之家學, 見於費誓. 啟之嗣位, 驟當有扈之變, 伯禽就封, 驟當徐夷之變, 觀其誓師曲折纖悉, 若老於行陣者, 是以知禹周公之家學, 蓋本末具舉, 而無所遺也.)"

又按, 費誓, 秦誓는 皆侯國之事, 而繫於帝王書末者, 猶詩之錄商頌魯頌也.
또 살펴보건대 「비서(費誓)」와 「진서(秦誓)」는 모두 제후국의 일인데 제왕의 글 끝에 단 것은 『시경(詩經)』에 「상송(商頌)」과 「노송(魯頌)」을 기록한 것과 같다.

詳說

○ 孔氏曰 : "孔子序書, 以魯有治戎征討之備, 秦有悔過自誓之戒, 足爲世法. 故錄以備王事."

공씨가 말하였다 : "공자가 서(書)를 서(序)함에 노나라가 융을 다스려 정벌하고 토벌한 방비와 진나라가 과오를 후회하고 스스로 맹세한 경계가 충분히 세상의 법이 된다고 여겼다. 그러므로 왕의 일을 갖춘 것으로 기록했던 것이다."[419]

○ 林氏曰 : "左傳鄭子産曰, 鄭書有之曰, 安定國家, 必大焉. 先大學擧楚書曰, 楚國無以爲寶, 惟善以爲寶. 是知春秋之世, 列國皆有書."

임씨(林氏)가 말하였다 : "『좌전』에서 정나라 자산이 정서(鄭書)에서 말한 것으로 '국가를 안정시키는 것은 반드시 크다.'고 하였고, 대학의 앞에 초서(楚書)를 들어 '초나라에서는 보배로 여기는 것이 없어 오직 선을 보배로 삼는다.'고 하였으니, 춘추의 시대에 열국에 모두 서가 있었음을 알 수 있는 것이다."[420]

○ 朱子曰 : "費誓秦誓, 亦皆有不可曉處."

주자(朱子)[421]가 말하였다 : "「비서」와 「진서」에도 모두 알 수 없는 부분이 있

---

[419] 『서경대전(書經大全)』, 「주서(周書)」·「비서(費誓)」 : "공씨가 말하였다 : '비는 노나라 동교의 지명이다. 백금이 방백이 되어 …. 공자의 서서(書序)에 노나라가 융을 다스려 정벌하고 토벌한 방비와 진나라가 과오를 후회하고 스스로 맹세한 경계가 충분히 세상의 법이 된다고 여겼다. 그러므로 왕의 일을 갖춘 것으로 기록했던 것이니, 『시경』에서 상과 노의 송을 기록한 것과 같다.'(孔氏曰 : 費, 魯東郊地名. 伯禽爲方伯, …. 孔子書序, 以魯有治戎征討之備. 秦有悔過, 自誓之戒, 足爲世法. 故錄以備王事, 猶詩錄商魯之頌.)"

[420] 『서경대전(書經大全)』, 「주서(周書)」·「비서(費誓)」 : "임씨가 말하였다 : '…. 살펴보건대, 『좌전』에서 정나라 자산이 정서(鄭書)에서 말한 것으로 '국가를 안정시키는 것은 반드시 크다.'고 하였고, 대학의 앞에 초서(楚書)를 들어 「초나라에서는 보배로 여기는 것이 없어 오직 선을 보배로 삼는다.」고 하였으니, 춘추의 시대에 열국에 모두 서가 있었음을 알 수 있는 것이다. …."(林氏曰 : …. 按, 左傳鄭子産曰, 鄭書有之曰, 安定國家必大焉. 先大學擧楚書曰, 楚國無以爲寶, 惟善以爲寶, 是知春秋之世, 列國皆有書. ….)"

[421] 주희(朱熹, 1130~1200) : 자는 원회(元晦)·중회(仲晦)이고, 호는 회암(晦庵)·회옹(晦翁)·고정(考亭)·자양(紫陽)·둔옹(遯翁) 등이다. 송대 무원(婺源 : 현 강서성 무원현) 사람으로 건양(建陽 : 현 복건성 건양현)에서 살았다. 1148년에 진사에 급제하여 동안주부(同安主簿)·비서랑(秘書郞)·지남강군(知南康軍)·강서제형(江西提刑)·보문각대제(寶文閣待制)·시강(侍講) 등을 역임하였다. 스승 이동(李侗)을 통해 이정(二程)의 신유학을 전수받고, 북송 유학자들의 철학사상을 집대성하여 신유학의 체계를 정립하였다. 1179~1181년 강서성(江西省) 남강(南康)의 지사(知事)로 근무하면서 9세기에 건립되어 10세기에 번성했다가 폐허가 된 백록동서원(白鹿洞書院)을 재건하였다. 만년에 이르러 정적(政敵)인 한탁주(韓侂胄)의 모함을 받아 죽을 때까지 정치활동이 금지되고 그의 학문이 거짓 학문으로 폄훼를 받다가 그가 죽은 뒤에 곧 회복되었다. 저서로는 『정씨유

다."[422]

[14-4-29-1]

公曰, 嗟人. 無譁聽命. 徂兹淮夷徐戎, 並興.

공(公)이 말씀하였다. "아! 사람들아. 떠들지 말고서 나의 명령을 들으라. 지난번에 회이(淮夷)와 서융(徐戎)들이 함께 일어났었다.

詳說

○ 無, 毋通, 下除無餘之無, 並同.

'무(無)'는 '무(毋)'와 통한다. 아래에서 '남은 ~이 없다.[無餘]'고 할 때의 '무(無)' 이외에는 모두 같다.

集傳

漢孔氏曰徐戎淮夷

한(漢)나라 공씨(孔氏)가 말하였다. "회이(淮夷)와 서융(徐戎)이

詳說

○ 篇末單擧徐戎, 故此註先言徐戎

편의 끝에서 한 번 서융을 들었기 때문에[423] 여기의 주에서 먼저 서융을 말한 것이다.

集傳

서(程氏遺書)』, 『정씨외서(程氏外書)』, 『이락연원록(伊洛淵源錄)』, 『고금가제례(古今家祭禮)』, 『근사록(近思錄)』 등의 편찬과 『사서집주(四書集注)』, 『서명해(西銘解)』, 『태극도설해(太極圖說解)』, 『통서해(通書解)』, 『사서혹문(四書或問)』, 『시집전(詩集傳)』, 『주역본의(周易本義)』, 『역학계몽(易學啓蒙)』, 『효경간오(孝經刊誤)』, 『소학서(小學書)』, 『초사집주(楚辭集注)』, 『자치통감강목(資治通鑑綱目)』, 『팔조명신언행록(八朝名臣言行錄)』 등이 있다. 막내아들 주재(朱在)가 편찬한 『주문공문집(朱文公文集)』(100권, 속집 11권, 별집 10권)과 여정덕(黎靖德)이 편찬한 『주자어류(朱子語類)』(140권)가 있다.

422) 『서경대전(書經大全)』, 「주서(周書)」·「비서(費誓)」: "주자가 말하였다: '「비서」와 「진서」에도 모두 설명이 행해지지 않아 알 수 없는 부분이 있다.(朱子曰: 費誓秦誓, 亦皆有說不行不可曉處)"
423) 『서경대전(書經大全)』, 「주서(周書)」·「비서5(費誓5)」: "갑술일(甲戌日)에 나는 서융(徐戎)을 정벌할 것이니, 네 구량(糧)을 준비하되 감히 미치지 못함이 없도록 하라. 너는 큰 형벌이 있을 것이다. 노(魯)나라 백성들의 3교(郊)와 3수(遂)야! 네 정간(楨)을 준비하라. 갑술일(甲戌日)에 내가 성을 쌓을 것이니, 감히 공급하지 못하는 일이 없도록 하라. 너는 남은 형벌이 없어 죽이지는 않을 것이다. 노(魯)나라 백성들의 3교(郊)와 3수(遂)야! 네 꼴과 마초를 준비하되 감히 많지 않게 하지 말라. 너는 큰 형벌이 있을 것이다.(甲戌, 我惟征徐戎, 峙乃糗糧, 無敢不逮. 汝則有大刑. 魯三郊三遂, 峙乃楨幹. 甲戌, 我惟築, 無敢不供. 汝則有無餘刑, 非殺. 魯三郊三遂, 峙乃芻茭, 無敢不多, 汝則有大刑.)"

並起寇魯,
함께 일어나 노(魯)나라를 침략하자,

> 詳說
> ○ 句
> 구두해야 한다.

集傳
伯禽爲方伯
백금(伯禽)이 방백(方伯)이 되어

> 詳說
> ○ 孔氏曰 : "監七百里諸侯."
> 공씨(孔氏)가 말하였다 : "700리 제후를 살피는 것이다."[424]

集傳
帥諸侯之師以征, 歎而勅之, 使無喧譁,
제후의 군사들을 거느리고 정벌할 적에 탄식하고 신칙하여 떠들지 말고서

> 詳說
> ○ 入聲.
> '솔(帥)'은 입성이다.
>
> ○ 一作諠.
> '훤(喧)'은 어떤 판본에는 '훤(諠)'으로 되어 있다.

集傳
欲其靜聽誓命. 蘇氏曰, 淮夷叛已久矣, 及伯禽就國, 又脅徐戎並起. 故曰徂 茲淮夷徐戎並興,

---

[424] 『서경대전(書經大全)』, 「주서(周書)」·「비서(費誓)」 : "공씨가 말하였다 : '비는 노나라 동교의 지명이다. 백금이 방백이 되어 700리의 제후를 살피는 것이었다. …. 공자의 서서(書序)에 노나라가 융을 다스려 정벌하고 토벌한 방비와 진나라가 과오를 후회하고 스스로 맹세한 경계가 충분히 세상의 법이 된다고 여겼다. 그러므로 왕의 일을 갖춘 것으로 기록했던 것이니, 『시경』에서 상과 노의 송을 기록한 것과 같다.'(孔氏曰 : 費, 魯東郊地名. 伯禽爲方伯, 監七百里諸侯. …. 孔子書序, 以魯有治戎征討之備. 秦有悔過, 自誓之戒, 足爲世法. 故錄以備王事, 猶詩錄商魯之頌.)"

그의 맹세하는 명령을 고요히 듣게 하고자 한 것이다." 소씨(蘇氏)가 말하였다. "회이(淮夷)는 배반한 지가 이미 오래였는데, 백금(伯禽)이 나라에 나아가자 또 서융(徐戎)을 위협하여 함께 일어났다. 그러므로 '지난번에 회이(淮夷)와 서융(徐戎)이 함께 일어났었다.'고 말한 것이니,

詳說

○ 爲寇.

도적이 되었다는 것이다.

集傳

徂玆者, 猶曰往者云.

조자(徂玆)는 지난 번이라는 말과 같다."

詳說

○ 猶云前此

'이보다 앞서'라고 말하는 것과 같다.

[14-4-29-2]

善敹乃甲冑, 敿乃干, 無敢不弔, 備乃弓矢, 鍛乃戈矛, 礪乃鋒刃, 無敢不善.

네 갑주(甲冑)를 잘 수선하고 네 방패를 동여매되 감히 정밀하지 않음이 없으며, 네 궁시(弓矢)를 갖추고 네 과모(戈矛)를 단련하고 네 칼날을 갈되 감히 좋지 않음이 없도록 하라.

詳說

○ 敹, 連條反. 敿, 擧夭反. 弔, 音的. 鍛, 都玩反.

'요(敹)'는 '연(連)'과 '조(條)' 반절이다. '교(敿)'는 '거(擧)'와 '요(夭)'의 반절이다. '적(弔)'은 음이 '적(的)'이다. '단(鍛)'은 '도(都)'와 '완(玩)'의 반절이다.

集傳

敹, 縫完也, 縫完其甲冑, 勿使斷毀,

요(敿)는 꿰매어 완전히 함이니, 갑주(甲胄)를 꿰매어 완전하게 해서 끊어지거나 훼손되지 않게 한 것이다.

> [詳說]
> ○ 唐孔氏曰 : "古作甲用皮, 秦漢以來, 用鐵. 甲繩, 有斷絶, 當使敿理穿治之."
> 당의 공씨(孔氏)가 말하였다 : "옛날에는 가죽으로 갑주를 만들었고, 진한 이후로는 쇠로 했다. 갑과 끈에 끊어짐이 있었으니, 꿰매어 수리하고 구멍 뚫어 수리하게 한 것이다."425)

[集傳]
敿, 鄭氏云, 猶繫也,
교(敿)는 정씨(鄭氏)는 "계(繫)와 같다."라고 하였고,

> [詳說]
> ○ 孔氏曰 : "施也."
> 공씨(孔氏)가 말하였다 : "연장되게 하는 것이다."

[集傳]
王肅云, 敿, 楯當有紛, 繫持之,
왕숙(王肅)은 "매닮은 방패에 끈이 있어 동여매어 잡아야 한다는 것이다."라고 하였다.

> [詳說]
> ○ 句. 或云句於楯
> '교(敿)'에서 구두해야 한다. 어떤 이는 "'순(楯)'에서 구두해야 한다."고 했다.
>
> ○ 豎尹反.

---

425) 『서경대전(書經大全)』, 「주서(周書)」·「비서(費誓)」: "당의 공씨가 말하였다 : "…. 옛날에는 가죽으로 갑주를 만들었고, 진한 이후로는 쇠로 했다. '개무(鎧鍪)' 두 글자는 모두 금(金)을 부수로 한 것이니, 대개 쇠로 만든 것이다. 정씨는 '수리는 구멍을 뚫어 이어지게 하는 것을 말하니, 갑주와 끈에 끊어짐이 있으면 꿰매어 수리하고 구멍 뚫어 수리하는 것이라는 말이다. 방패의 끈은 줄처럼 하는데, 방패에 조금 매달아 장식으로 하는 것이다. ….'(唐孔氏曰 : …. 古作甲用皮, 秦漢以來, 用鐵. 鎧鍪二字, 皆從金. 蓋用鐵爲之. 鄭云, 敿謂穿徹之, 謂甲繩有斷絶, 當使敿理穿治之. 楯紛如綬, 而小繫紛於楯, 以爲飾. ….)"

'순(楯)'은 '수(豎)'와 '윤(尹)'의 반절이다.

○ 干.
방폐이다.

○ 唐孔氏曰 : "紛, 如綬而小繫於楯, 以爲飾."
당의 공씨(孔氏)가 말하였다 : "끈은 줄처럼 하는데, 방패에 조금 매달아 장식으로 하는 것이다."426)

集傳

弔, 精至也.
적(弔)은 정함이 지극한 것이다.

詳說

○ 唐孔氏曰 : "每弓百矢, 使其數備足."
당의 공씨(孔氏)가 말하였다 : "활마다 화살이 백 개인 것은 그 수를 충분히 갖추게 한 것이다."427)

集傳

鍛, 淬,
단(鍛)은 담금질이고,

詳說

○ 取內反, 燒而納水中, 以堅之也.

---

426) 『서경대전(書經大全)』, 「주서(周書)」·「비서(費誓)」 : "당의 공씨가 말하였다 : "…. 옛날에는 가죽으로 갑주를 만들었고, 진한 이후로는 쇠로 했다. '개무(鎧䥐)' 두 글자는 모두 금(金)을 부수로 한 것이니, 대개 쇠로 만든 것이다. 정씨는 '수리는 구멍을 뚫어 이어지게 하는 것을 말하니, 갑주와 끈에 끊어짐이 있으면 꿰매어 수리하고 구멍 뚫어 수리하는 것이라는 말이다. 방패의 끈은 줄처럼 하는데, 방패에 조금 매달아 장식으로 하는 것이다. …'(唐孔氏曰 : …. 古作甲用皮, 秦漢以來, 用鐵. 鎧䥐二字, 皆從金. 蓋用鐵爲之. 鄭云, 敿謂穿徹之, 謂甲繩有斷絕, 當使敿理穿治之. 楯紛如綬, 而小繫紛於楯, 以爲飾. ….)"

427) 『서경대전(書經大全)』, 「주서(周書)」·「비서(費誓)」 : "당의 공씨가 말하였다 : "…. 옛날에는 가죽으로 갑주를 만들었고, 진한 이후로는 쇠로 했다. '개무(鎧䥐)' 두 글자는 모두 금(金)을 부수로 한 것이니, 대개 쇠로 만든 것이다. 정씨는 '수리는 구멍을 뚫어 이어지게 하는 것을 말하니, 갑주와 끈에 끊어짐이 있으면 꿰매어 수리하고 구멍 뚫어 수리하는 것이라는 말이다. 방패의 끈은 줄처럼 하는데, 방패에 조금 매달아 장식으로 하는 것이다. 비(備)는 갖춤을 훈시한 것으로 활마다 화살이 백 개인 것은 그 수를 충분히 갖추게 한 것이다. ….'(唐孔氏曰 : …. 古作甲用皮, 秦漢以來, 用鐵. 鎧䥐二字, 皆從金. 蓋用鐵爲之. 鄭云, 敿謂穿徹之, 謂甲繩有斷絕, 當使敿理穿治之. 楯紛如綬, 而小繫紛於楯, 以爲飾. 備訓具, 每弓百矢, 弓十矢千, 使其數備足. …)"

'쉬(淬)'는 음이 '취(取)'와 '내(內)'의 반절로, 불에 달구었다가 물속에 넣어 단단하게 만드는 것이다.

集傳
礪, 磨也. 甲冑
여(礪)는 가는 것이다. 갑주(甲冑)는

詳說
○ 鄒氏季友曰:"當有干字."
추씨 계우(鄒氏季友)가 말하였다 : "간(干)자가 있어야 한다."

集傳
所以衛身, 弓矢戈矛, 所以克敵,
몸을 호위하는 것이고 궁시(弓矢)와 과모(戈矛)는 적을 이기는 것이니,

詳說
○ 上善字, 並該干, 下善字, 並該弓矢戈矛.
위의 '선(善)'자는 '간(干)'자까지 아울러 이어지고, 아래의 '선(善)'자는 아울러 '궁시(弓矢)'와 '과모(戈矛)'까지 아울러 이어진다.

集傳
先自衛而後攻人, 亦其序也.
자기를 호위함을 먼저하고 남을 공격함을 뒤에 함은 또한 그 순서이다.

詳說
○ 四句論也.
네 구는 경문의 의미 설명이다.

[14-4-29-3]
今惟淫舍牿牛馬, 杜乃擭, 敜乃穽, 無敢傷牿. 牿之傷, 汝則有常刑.

이제 우마(牛馬)가 머물 우리를 크게 만들 것이니, 네 덫을 막고 네 함정을 막아서 감히 마소를 상하지 말라. 마소를 상하면 너는 떳떳한 형벌이 있을 것이다.

詳說

○ 牿, 姑沃反. 攫, 胡化反. 敜, 諾協乃結二反. 穽, 才性反.
'곡(牿)'은 음이 '고(姑)'와 '옥(沃)'의 반절이다. '획(攫)'은 '호(胡)'와 '화(化)'의 반절이다. '녑(敜)'은 음이 '낙(諾)'과 '협(協)', '내(乃)'와 '결(結)'의 두 가지 반절이다. '정(穽)'은 음이 '재(才)'와 '성(性)'의 반절이다.

集傳

淫, 大也, 牿, 閑牧也.
음(淫)은 큼이고, 곡(牿)은 막아서 기름이다.

詳說

○ 畫爲閑界於野, 而放牧之.
들에 막은 경계를 그려서 방목하는 것이다.

集傳

攫, 機檻也,
확(攫)은 기함(機檻)이고,

詳說

○ 唐孔氏曰 : "攫以捕虎豹, 穽以捕小獸. 攫, 亦設於穽中, 但設機其上爲異耳."
당의 공씨(孔氏)가 말하였다 : "'확(攫)'으로는 호랑이와 표범을 포획하고, '정(穽)'으로는 작은 짐승을 포획한다. 확(攫)'도 함정 가운데 설치하는데 단지 그 위에 기계를 설치하는 것이 다를 뿐이다."[428]

---

428) 『서경대전(書經大全)』, 「주서(周書)」·「비서(費誓)」: "당의 공씨(孔氏)가 말하였다 : '이미 소와 말이 우리에 있다면 말했다면, 마침내 우리로 소와 말의 이름을 삼은 것이다. 예명씨(禮寔氏)가 우리와 함정을 만드는 것을 주관했다. 「확(攫)」으로는 호랑이와 표범을 포획하는데, 땅을 파서 깊은 구덩이를 만들고 또 그 위에 기계를 설치해서 뛰어올라 나오는 것을 막는다. 「정(穽)」으로는 작은 짐승을 포획하는데, 들어가면 반드시 나올 수 없으니 그 위에 기계를 설치하지 않는다. 「정(穽)」은 땅을 파는 것으로 이름을 붙였고, 「확(攫)」은 또한 함정 가운데 설치하는데, 단지 그 위에 기계를 설치하는 것이 다를 뿐이다. 「두(杜)」와 「녑(敜)」은 모두 막는다는 의미이다.'(孔氏曰 : 既言牛馬在牿, 遂以牿爲牛馬之名. 禮寔氏掌爲穽攫. 攫, 以捕虎豹, 穿地爲深坑, 又設機其上, 防其躍而出也. 穽, 以捕小獸, 穿地爲深坑, 入必不能出, 其上不設機也. 穽, 以穿地爲名, 攫以得獸爲名, 攫, 亦設於穽中, 但穽不設機爲異耳. 杜敜, 皆閉塞之義.)"

[集傳]

敜, 塞也. 師旣出, 牛馬所舍之閑牧, 大布於野,
엽(敜)은 막음이다. 군대가 이미 출동하면 우마(牛馬)가 머무는 한목(閑牧)이 들판에 크게 펼쳐질 것이니,

[詳說]

○ 添布野字.
'포(布)'자 '야(野)'자를 더하였다.

○ 孔氏曰 : "舍放也."
공씨가 말하였다 : "'사(舍)'는 방목한다는 것이다."[429]

○ 按, 舍訓放, 則當音捨, 謂大放其閑牧之牛馬也. 如此, 則文勢爲順. 此註及諺釋合更詳
살펴보건대, '사(舍)'를 방목한다는 것으로 풀이하였다면, '사(捨)'로 음을 내야 하니, 막아서 기르는 소와 말을 크게 방목한다는 것이다. 이와 같이 하면 어투가 순하다. 여기의 주와 『언해』의 해석이 합하는지 다시 살펴봐야 한다.

[集傳]

當窒塞其擭穽. 一或不謹, 而傷閑牧之牛馬,
덫과 함정을 막아야 할 것이다. 한 가지라도 혹시 삼가지 아니해서 막아서 기르는 소와 말을 상하면,

[詳說]

○ 唐孔氏曰 : "旣言牛馬在牿, 遂以牿爲牛馬之名."
당의 공씨가 말하였다 : "이미 소와 말이 우리에 있다면 말했다면, 마침내 우리로 소와 말의 이름을 삼은 것이다."[430]

---

429) 『서전회선(書傳會選)』, 「주서(周書)」·「비서(費誓)」: "공씨가 말하였다 : '「음(淫)」은 「크다」는 것이고, 「사(舍)」는 「방목한다」는 것이다.'(孔氏曰 : 淫, 大. 舍, 放也.)"
430) 『서경대전(書經大全)』, 「주서(周書)」·「비서(費誓)」: "당의 공씨(孔氏)가 말하였다 : '이미 소와 말이 우리에 있다면 말했다면, 마침내 우리로 소와 말의 이름을 삼은 것이다. 예명씨(禮冥氏)가 우리와 함정을 만드는 것을 주관했다. 「확(擭)」으로는 호랑이와 표범을 포획하는데, 땅을 파서 깊은 구덩이를 만들고 또 그 위에 기계를 설치해서 뛰어올라 나오는 것을 막는다. 「정(穽)」으로는 작은 짐승을 포획하는데, 들어가면 반드시 나올 수 없으니 그 위에 기계를 설치하지 않는다. 「정(穽)」은 땅을 파는 것으로 이름을 붙였고, 「확(擭)」은 또한 함정 가운데 설치하는데, 단지 그 위에 기계를 설치하는 것이 다를 뿐이다. 「두(杜)」와 「녑(敜)」은 모두 막는다는 의미이다.'(唐孔氏曰 : 旣言牛馬在牿, 遂以牿爲牛馬之名. 禮冥氏掌爲穽擭. 擭, 以捕

○ 張氏曰 : "牛馬爲車戰及負載之用."
장씨(張氏)가 말하였다 : "소와 말은 차전(車戰)과 싣는 용도이다."431)

集傳

則有常刑, 此令軍在所
떳떳한 형벌이 있을 것이니, 이는 군(軍)이 머물고 있는 곳의

詳說

○ 住處.
거주하는 곳이다.

集傳

之居民也. 舉此例之, 凡川梁藪澤險阻屛翳
거주민에게 명령한 것이다. 이 예(例)를 들어보면 대체로 천량(川梁)과 수택(藪澤)의 험하고 막혀 가려진 곳으로

詳說

○ 必正反.
'병(屛)'은 '필(必)'과 '정(正)'의 반절이다.

集傳

有害於師屯者, 皆在矣此除道路之事
군대의 주둔에 장해가 되는 것은 모두 이 안에 들어 있으니, 이는 도로를 소제하는 일이다.

詳說

○ 此令, 以下, 論也, 照篇題.
'차령(此令)' 이하는 경문의 의미 설명이다. 편제(篇題)를 참조하라.

虎豹, 穿地爲深坑, 又設機其上, 防其躍而出也. 穽, 以捕小獸, 穿地爲深坑, 入必不能出, 其上不設機也. 穽, 以穿地爲名, 攫以得獸爲名. 攫, 亦設於穽中, 但穽不設機爲異耳. 杜敓, 皆閉塞之義.)"
431) 『서경대전(書經大全)』, 「주서(周書)」·「비서(費誓)」: "장씨가 말하였다 : '소와 말은 차전(車戰)과 싣는 용도이다.'(張氏曰 : 牛馬爲車戰及負載之用.)"

[14-4-29-4]

|馬牛其風, 臣妾逋逃, 勿敢越逐, 祗復之. 我商賚汝. 乃越逐, 不復, 汝則有常刑. 無敢寇攘, 踰垣牆, 竊馬牛, 誘臣妾. 汝則有常刑.|

말과 소가 바람나 도망하고 신첩(臣妾)이 도망하거든 감히 군루(軍壘)를 넘어 쫓아가지 말며, 이것을 얻거든 공경히 반환하라. 내가 헤아려 너에게 상을 줄 것이다. 마침내 군루(軍壘)를 넘어 쫓아가며 주인에게 반환하지 않으면 너는 떳떳한 형벌이 있을 것이다. 감히 구양(寇攘)하며 담을 넘어 마소를 훔치고 신첩(臣妾)을 유인하지 말라. 너는 떳떳한 형벌이 있을 것이다.

詳說

○ 勿, 一作無.

'물(勿)'은 어떤 판본에는 '무(無)'로 되어 있다.

集傳

役人賤者, 男曰臣, 女曰妾.

사역하는 자 중에 천한 자들에 대해 남자(男子)는 신(臣)이라 하고, 여자(女子)는 첩(妾)이라 한다.

詳說

○ 軍中容有女人給役者.

군중에는 여인과 사역을 제공하는 자들을 받아들여둔다.

集傳

馬牛風逸

마소가 바람나 도망하고

詳說

○ 唐孔氏曰 : "左傳風馬牛不相及, 賈逵云, 風, 放也 牝牡相誘謂之風. 因牝牡相逐, 而至放逸遠去也

당의 공씨(孔氏)가 말하였다 : "『좌전』에서 바람난 말과 소는 서로 미치지 않는 것이다. 가규(賈逵)는 '「풍(風)」은 방목에서 암수가 서로 유혹하는 것을 바랐났다고 한다.'라고 하였다. 이 때문에 암수가 서로 따라다니느라 마음대로 멀리 가는 것이다."432)

○ 上言牛馬, 常也. 風逸, 馬尤爲甚, 故此變言, 馬牛, 猶詩言羊牛耳

앞에서 소와 말을 말한 것433)은 일상적인 것이다. 바람나서 도망가는 것은 말이 더욱 심하기 때문에 여기에서는 말을 변화시켰으니, 말과 소는 『시경』에서 양과 소를 말한 것과 같다.

集傳

臣妾逋逃, 不得越軍壘而逐之.

신첩(臣妾)이 도망하거든 군루(軍壘)를 넘어 쫓아가지 말라.

詳說

○ 諸侯各壘, 不許相越.

제후는 군루를 각기 해서 서로 넘어가는 것을 허락하지 않는다.

集傳

失主, 雖不得逐, 而人得風馬牛, 盜臣妾者, 又當敬還之,

이것을 잃은 주인은 비록 쫓아가지 못하나 사람 중에 바람난 마소와 도망한 신첩(臣妾)을 얻은 자는 또 마땅히 공경히 반환해야 하니,

詳說

○ 祇復.

'경환(敬還)'은 경문에서 '기부(祇復)'이다.

○ 所失之主, 與所得之人, 蓋皆謂軍人也

---

432) 『서경대전(書經大全)』, 「주서(周書)」·「비서(費誓)」: "당의 공씨(孔氏)가 말하였다 : 『좌전』에서 바람난 말과 소는 서로 미치지 않는 것이다. 가규(賈逵)는 「풍(風)」은 방목에서 암컷과 수컷이 서로 유혹하는 것을 바람났다고 한다.라고 하였다.'(唐孔民曰 : 左傳風馬牛不相及. 賈逵云, 風, 放也, 牝牡相誘, 謂之風.)"

433) 『서경대전(書經大全)』, 「주서(周書)」·「비서3(費誓)」: "이제 우마(牛馬)가 머물 우리를 크게 만들 것이니, 네 덫을 막고 네 함정을 막아서 감히 마소를 상하지 말라. 마소를 상하면 너는 떳떳한 형벌이 있을 것이다.(今惟淫舍牿牛馬, 杜乃擭, 敜乃穽, 無敢傷牿. 牿之傷, 汝則有常刑.)"

잃은 주인과 얻은 사람은 대체로 모두 군인을 말한다.

○ 呂氏曰 : "本部不敢離局, 他部不敢匿姦."
여씨(呂氏)가 말하였다 : "본부에서는 감히 부서를 벗어나지 않고, 다른 부서에서는 감히 나쁜 것을 않는다."434)

集傳
我商度多寡以賞汝.
내가 많고 적음을 헤아려 너에게 상을 줄 것이다.

詳說
○ 入聲.
'탁(度)'은 입성이다.

○ 賚.
'상(賞)'은 경문에서 '뢰(賚)'이다.

集傳
如或越逐, 而失伍, 不復而攘取, 皆有常刑, 有故竊奪,
만일 혹 군루(軍壘)를 넘어 쫓아가다가 대오를 잃거나 반환하지 않고 탈취하면 모두 떳떳한 형벌이 있을 것이요, 고의로 훔치고 빼앗으며

詳說
○ 乃.
'혹(或)'은 경문에서 '내(乃)'이다.

○ 故謂無因也. 或曰故是敢之訛.
'고(故)'는 원인이 없다는 말이다. 어떤 이는 "'고(故)'는 '감(敢)'이 잘못된 것이다."라고 한다.

---

434) 『서경대전(書經大全)』, 「주서(周書)」・「비서(費誓)」: "여씨가 말하였다 : '옛날부터 군대를 잃는 것은 매번 사납게 노략질하는 것 때문에 부오를 잃어 적에게 업신여겨지는 것이다. 본부에서는 감히 부서를 벗어나서 않고, 다른 부서에서는 감히 나쁜 것을 숨기지 않으니, 어찌 어지럽게 되는 근심이 있겠는가?'(呂氏曰 : 自古喪師, 每因剽掠失部伍, 爲敵所乘. 本部不敢離局, 他部不敢匿姦, 何潰亂之憂.)"

集傳

踰垣牆, 竊人牛馬,
담을 넘어가 남의 마소를 훔치고

詳說

○ 經承上馬牛之文, 而亦云馬牛, 然此實非風馬牛, 故註倒擧以便文.
경에서는 앞의 말과 소의 글[435]을 이어 또한 말과 소라고 하였는데, 이것은 실로 바람난 말과 소가 아니기 때문에 주에서 거꾸로 들어서 글을 편하게 했던 것이다.

集傳

誘人臣妾者,
남의 신첩(臣妾)을 유인하는 자가 있으면,

詳說

○ 有字釋於此.
'유(有)'자는 여기까지 해석한다.

○ 此蓋並指居民之牛馬臣妾.
여기에서는 대체로 아울러서 거주하는 백성의 소와 말과 신첩을 가리킨 것이다.

集傳

亦有常刑, 此嚴部伍之事.
또한 떳떳한 형벌이 있을 것이니, 이것은 부오(部伍)를 엄격히 하는 일이다.

詳說

○ 此句論也, 照篇題.
여기의 구는 경문의 의미 설명으로 편제(篇題)를 참조하라.

---

435) 『서경대전(書經大全)』, 「주서(周書)」·「비서3(費誓3)」: "이제 우마(牛馬)가 머물 우리를 크게 만들 것이니, 네 덫을 막고 네 함정을 막아서 감히 마소를 상하지 말라. 마소를 상하면 너는 떳떳한 형벌이 있을 것이다.(今惟淫舍牿牛馬, 杜乃擭, 敜乃穽, 無敢傷牿. 牿之傷, 汝則有常刑.)"

○ 蘇氏曰:"軍亂生於動, 故軍以各居其所, 不動爲法."
소씨(蘇氏)가 말하였다 : "군대의 어지러움은 움직임에서 생기기 때문에 군대에서는 각기 자신의 장소에 있으면서 움직이지 않는 것이 법이다."436)

○ 呂氏曰:"自古喪師, 每因剽掠失部伍, 爲敵所乘."
여씨(呂氏)가 말하였다 : "옛날부터 군대를 잃는 것은 매번 사납게 노략질하는 것 때문에 부오를 잃어 적에게 업신여겨지는 것이다."437)

[14-4-29-5]

甲戌, 我惟征徐戎, 峙乃糗糧, 無敢不逮. 汝則有大刑. 魯人三郊三遂. 峙乃楨幹. 甲戌, 我惟築, 無敢不供. 汝則有無餘刑, 非殺. 魯人三郊三遂, 峙乃芻茭, 無敢不多, 汝則有大刑.

갑술일(甲戌日)에 나는 서융(徐戎)을 정벌할 것이니, 네 구량(糧)을 준비하되 감히 미치지 못함이 없도록 하라. 너는 큰 형벌이 있을 것이다. 노(魯)나라 백성들의 3교(郊)와 3수(遂)야! 네 정간(楨幹)을 준비하라. 갑술일(甲戌日)에 내가 성을 쌓을 것이니, 감히 공급하지 못하는 일이 없도록 하라. 너는 남은 형벌이 없어 죽이지는 않을 것이다. 노(魯)나라 백성들의 3교(郊)와 3수(遂)야! 네 꼴과 마초를 준비하되 감히 많지 않게 하지 말라. 너는 큰 형벌이 있을 것이다.

詳說

○ 峙, 丈理反. 糗, 諺音誤, 茭, 音交.
'치(峙)'는 '장(丈)'과 '리(理)'의 반절이다. '구(糗)'는 『언해』의 음이 잘못되었고, '교(茭)'는 음이 '교(交)'이다.

集傳

甲戌, 用兵之期也. 峙, 儲備也. 糗,

---

436) 『서경대전(書經大全)』, 「주서(周書)」·「비서(費誓)」 : "소씨가 말하였다 : '군대의 어지러움은 움직임에서 생기기 때문에 군대에서는 각기 자신의 장소에 있으면서 움직이지 않는 것을 법이이라고 한다.'(蘇氏曰 : 軍亂生於動, 故軍以各居其所, 不動謂法.)"
437) 『서경대전(書經大全)』, 「주서(周書)」·「비서(費誓)」 : "여씨가 말하였다 : '옛날부터 군대를 잃는 것은 매번 사납게 노략질하는 것 때문에 부오를 잃어 적에게 업신여겨지는 것이다. 본부에서는 감히 부서를 벗어나서 않고, 다른 부서에서는 감히 나쁜 것을 숨기지 않으니, 어찌 어지럽게 되는 근심이 있겠는가?'(呂氏曰 : 自古喪師, 每因剽掠失部伍, 爲敵所乘. 本部不敢離局, 他部不敢匿姦, 何潰亂之憂.)"

갑술(甲戌)은 용병하는 기일이다. 치(峙)는 저축하여 대비하는 것이다. 구(糗)는

詳說
○ 句.
'구(糗)'에서 구두해야 한다.

集傳
糧食也. 不逮, 若今之乏軍興.
양식이다. 불체(不逮)는 지금에 군수품을 결핍함과 같은 것이다.

詳說
○ 乏軍興, 蓋宋時法名, 謂軍興而主餉者, 不能繼糧也.
군수품을 결핍했다는 것은 대개 송나라 때의 법명으로 군수품을 말하는데, 건량을 주로 하는 경우에는 이어서 양식으로 할 수 없다는 것이다.

集傳
淮夷徐戎並起,
회이(淮夷)와 서융(徐戎)이 함께 일어났는데,

詳說
○ 承首節.
앞의 절을 이어받았다.

集傳
今所攻獨徐戎者, 蓋量敵之堅瑕
이제 유독 서융(徐戎)을 정벌한 것은 적(敵)의 견고함과 하자와

詳說
○ 病也.
'하(瑕)'는 '병(病)'이다.

集傳
緩急而攻之也.

완급(緩急)을 헤아려 공격한 것이다.

詳說

○ 夏氏曰 : "不言淮夷, 前已言之."
하씨(夏氏)가 말하였다 : "회이(淮夷)를 말하지 않은 것은 앞에서 이미 말했기 때문이다."438)

○ 鄒氏季友曰 : "成王已伐淮夷, 故魯惟征徐戎."
추계 계우(鄒氏季友)가 말하였다 : "성왕이 이미 회이를 정벌했기 때문에 노나라에서는 서융을 정벌할 뿐인 것이다."

○ 或別以異日轉攻淮夷, 是亦未可知耳.
혹 별도로 다른 날 되돌려 회이를 공격했다는 것은 또한 알 수 없는 것일 뿐이다.

集傳

國外曰郊, 郊外曰遂. 天子六軍, 則六鄕六遂,
국(國)의 밖을 교(郊)라 하고, 교(郊)의 밖을 수(遂)라 한다. 천자(天子)는 6군(軍)이니, 6향(鄕)·6수(遂)이고,

詳說

○ 見春秋成元年疏.
『춘추』 성공 원년의 소(疏)에 보인다.

集傳

大國三軍, 故魯三郊三遂也.
대국(大國)은 3군(軍)이므로 노(魯)나라는 3교(郊)·3수(遂)인 것이다.

詳說

○ 唐孔氏曰 : "三郊, 謂三鄕也."
당의 공씨(孔氏)가 말하였다 : "삼교(三郊)는 삼향(三鄕)을 말한다."439)

---

438) 『서경대전(書經大全)』, 「주서(周書)」·「비서(費誓)」: "하씨가 말하였다 : '회이(淮夷)를 말하지 않은 것은 앞에서 이미 말했기 때문이다.'(夏氏曰 : 不言淮夷, 蓋前已言之.)"

439) 『서경대전(書經大全)』, 「주서(周書)」·「비서(費誓)」: "당의 공씨가 말하였다 : '…. 여기에서 삼교(三郊)와 삼수(三遂)를 말하였는데, 삼교는 삼향(三鄕)을 말한다.'(唐孔氏曰 : …. 此云三郊三遂, 三郊, 謂三鄕也.)"

> [集傳]

楨榦, 版築之木題.

정간(楨)은 판축(板築)하는 나무이다.

> [詳說]

○ 額也.

나무판이다.

> [集傳]

曰楨, 牆端之木也,

머리에 있는 것을 정(楨)이라 하니 담장 끝에 있는 나무이며,

> [詳說]

○ 牆盡處之面板.

담이 끝나는 곳의 면판이다.

> [集傳]

旁曰榦, 牆兩邊障土者也.

곁에 있는 것을 간(榦)이라 하니 담장의 양쪽 가에 있는 흙을 막는 나무이다.

> [詳說]

○ 之亮反.

'장(障)'은 '지(之)'와 '량(亮)'의 반절이다.

○ 受土.

'장토(障土)'는 흙을 받아들이는 것이다.

○ 一作木.

'자(者)'는 어떤 판본에는 '목(木)'으로 되어 있다.

> [集傳]

以是曰征, 是曰築者, 彼方禦我之攻, 勢不得擾我之築也. 無餘刑, 非殺者, 刑之非一, 但不至於殺爾.

이 날로 정벌하고 이 날로 축성하는 것은 저들이 우리의 공격을 방어하느라 형편

상 우리의 축성을 소요시킬 수 없기 때문이다. 남은 형벌이 있으나 죽이지는 않는다는 것은 형벌하기를 한 가지로 하지 않으나 다만 죽임에는 이르지 않는 것이다.

詳說

○ 除殺刑外, 當皆用之.
　죽이는 형벌 외에는 모두 써야 한다는 것이다.

集傳

芻茭,
추교(芻)는

詳說

○ 乾芻.
　말린 꼴이다.

集傳

供軍牛馬之用. 軍以期會
군중(軍中)의 마소의 씀에 공급하는 것이다. 군대는 기회(期會)와

詳說

○ 照篇題.
　'편제(篇題)'를 참조하라.

集傳

芻糧爲急, 故皆服大刑.
마초와 군량을 시급한 것으로 삼기 때문에 모두 큰 형을 받는 것이다.

詳說

○ 此篇言常刑者, 三, 言無餘刑者, 一, 言大刑者, 二, 蓋軍律主於以刑齊之.
　여기의 편에서 떳떳한 형벌440)을 말한 것이 세 번이고, 남은 형벌을 말한 것이

---

440) 『서경대전(書經大全)』, 「주서(周書)」·「비서3(費誓3)」: "이제 우마(牛馬)가 머물 우리를 크게 만들 것이니, 네 덫을 막고 네 함정을 막아서 감히 마소를 상하지 말라. 마소를 상하면 너는 떳떳한 형벌이 있을 것이다.(今惟淫舍牿牛馬, 杜乃擭, 敜乃穽, 無敢傷牿. 牿之傷, 汝則有常刑.)"; 「비서4(費誓4)」: "말과 소가 바

書集傳詳說 卷之十四　389

한 번이며, 큰 형벌을 말한 것은 두 번이니, 대개 군률은 형으로 가지런히 하는 것을 주로 한다.

○ 李氏相曰 : "常刑, 刑有定名者也. 大刑, 死刑也, 無餘刑, 刑之不至於死也."
　　이씨 상(李氏相)이 말하였다 : "'떳떳한 형벌'은 형벌에 일정한 이름이 있는 것이다. '큰 형벌'은 사형이고, '남은 형벌이 없다.'는 것은 형벌이 죽임에 이르지 않는 것이다."441)

集傳

楨榦芻茭, 獨言魯人者, 地近而致運至便也.
정간(楨)과 추교(芻)에 유독 노(魯)나라 사람을 말한 것은 땅이 가까워 가져오기가 편리하기 때문이다.

詳說

○ 臨川吳氏曰 : "非遠國所能自賫."
　　임천 오씨(臨川吳氏)가 말하였다 : "먼 나라에서 스스로 가져올 수 있는 것이 아니다."442)

○ 軍以以下論也.
　　'군이(軍以)' 이하는 경문의 의미 설명이다.

람나 도망하고 신첩(臣妾)이 도망하거든 감히 군루(軍壘)를 넘어 쫓아가지 말며, 이것을 얻거든 공경히 반환하라. 내가 헤아려 너에게 상을 줄 것이다. 마침내 군루(軍壘)를 넘어 쫓아가며 주인에게 반환하지 않으면 너는 떳떳한 형벌이 있을 것이다. 감히 구양(寇攘)하며 담을 넘어 마소를 훔치고 신첩(臣妾)을 유인하지 말라. 너는 떳떳한 형벌이 있을 것이다.(馬牛其風, 臣妾逋逃, 勿敢越逐, 祇復之. 我商賚汝. 乃越逐, 不復, 汝則有常刑. 無敢寇攘, 踰垣牆, 竊馬牛, 誘臣妾. 汝則有常刑.)"

441) 『서경대전(書經大全)』, 「주서(周書)」·「비서(費誓)」 : "이씨 상(李氏相)이 말하였다 : '「떳떳한 형벌」은 형벌에 일정한 이름이 있는 것이다. 「큰 형벌」은 사형이고, 「남은 형벌이 없다.」는 것은 형벌이 죽임에 이르지 않는 것이다.'(李氏杞曰 : 常刑, 刑有定名也. 大刑, 死刑也. 無餘刑, 刑之不至於死也.)."

442) 『서경대전(書經大全)』, 「주서(周書)」·「비서(費誓)」 : "임천 오씨가 말하였다 : '…. 정간(楨榦)과 꼴과 마초는 먼 나라에서 스스로 가져올 수 있는 것이 아니기 때문에 노나라 사람들에게 질책하는 것이다. 꼴과 마초가 소와 말에게 제공하는 것이니, 이어지지 않으면 소와 말이 굶주려 병들기 때문에 또한 사형에 처하는 것이다.'(臨川吳氏曰 : …. 楨榦芻茭. 非遠國所能自賫, 故責之魯人也. 芻茭所以供牛馬, 若不繼, 則牛馬饑疲, 故亦服死刑也.)."

[14-4-30]
「진서(秦誓)」

集傳
左傳
『좌전(左傳)』에

> **詳說**
> ○ 僖三十三.
> 희공 33년이다.

集傳
杞子
기자(杞子)가

> **詳說**
> ○ 戍鄭者也.
> 정나라를 정벌하는 자이다.

集傳
自鄭使
정(鄭)나라에서 사람을 시켜

> **詳說**
> ○ 去聲.
> 거성이다.

集傳
告于秦曰, 鄭人使我掌其北門之管,
진(秦)나라에 알리기를 "정(鄭)나라 사람이 나를 북문(北門)의 열쇠를 관장하게 하니,

> [詳說]
> ○ 鑰也.
>> '관(管)'은 자물쇠이다.

> [集傳]
> 若潛師以來, 國
>> 만약 군대를 은밀히 출동하여 오면 정(鄭)나라를

> [詳說]
> ○ 鄭國.
>> 정나라이다.

> [集傳]
> 可得也.
>> 얻을 수 있다."라고 하였다.

> [詳說]
> ○ 蓋間諜也.
>> 대개 간첩이다.

> [集傳]
> 穆公訪
>> 목공(穆公)이

> [詳說]
> ○ 問也.
>> '방(訪)'은 묻는다는 것이다.

> [集傳]
> 諸蹇叔, 蹇叔曰, 不可, 公辭焉
>> 이것을 건숙(蹇叔)에게 물으니, 건숙(蹇叔)은 "불가하다."라고 하였으나, 목공(穆公)은 사절하고

> [詳說]
> ○ 不聽其諫.
> > 간함을 듣지 않았다.

[集傳]
使孟明,
맹명(孟明)·

> [詳說]
> ○ 孟明視也, 百里奚子.
> > 맹명 시로 백리해의 자식이다.

[集傳]
西乞,
서걸(西乞)·

> [詳說]
> ○ 西乞術也.
> > 서걸 술이다.

[集傳]
白乙
백을(白乙)을 시켜

> [詳說]
> ○ 白乙丙也.
> > 백을 병이다.

[集傳]
伐鄭,
정(鄭)나라를 치게 하였는데,

> [詳說]

○ 至滑而還.
활에 이르러 돌아갔다.

集傳

晉襄公帥師,
진(晉)나라 양공(襄公)이 군대를 거느려

詳說

○ 入聲.
'솔(帥)'은 입성이다.

集傳

敗秦師于殽,
진군(秦軍)을 효(殽)땅에서 패퇴시키고

詳說

○ 何交反.
'효(殽)'는 음이 '하(何)'와 '교(交)'의 반절이다.

○ 鄒氏季友曰 : "地名, 在弘農郡澠池縣西."
추씨 계우(鄒氏季友)443)가 말하였다 : "지명으로 홍농군 민지현 서쪽에 있다.

集傳

囚其三帥.
세 장수를 가두었다.

詳說

---

443) 『서경대전(書經大全)』, 「상서(商書)」·「중훼지고(仲虺之誥)」에는 황보밀(皇甫謐)의 말로 되어 있다. 황보밀(皇甫謐, 215년 ~ 282년)은 서진(西晉) 안정(安定) 조나(朝那) 사람으로 자는 사안(士安)이고, 어릴 때 이름은 정(靜)이며, 자호는 현안선생(玄晏先生)이다. 황보숭(皇甫嵩)의 증손이다. 젊었을 때 거칠없이 방탕하여 사람들이 미치광이라고 여겼다. 20살 무렵부터 부지런히 공부해 게으르지 않았다. 집이 가난해 직접 농사를 지었는데, 책을 읽으면서 밭갈이를 함으로써 수많은 서적들을 통독했다. 나중에 질병에 걸렸으면서도 손에서 책을 놓지 않고 저술에 전심하느라 밥 먹는 것도 잊어버려 사람들이 서음(書淫)이라 했다. 무제(武帝) 때 부름을 받았지만 나가지 않았다. 무제가 책 한 수레를 하사했다. 자신의 병을 고치려고 의학서를 읽어 가장 오랜 침구 관련서인 『침구갑을경(鍼灸甲乙經)』을 편찬했다. 역사에도 조예가 깊어 『제왕세기(帝王世紀)』와 『연력(年歷)』, 『고사전(高士傳)』, 『일사전(逸士傳)』, 『열녀전(列女傳)』, 『현안춘추(玄晏春秋)』 등을 지었다.

○ 如字.

'수(帥)'는 본래의 음 대로 읽는다.

○ 獲而囚之.

잡아서 가두었다.

集傳

穆公悔過, 誓告群臣, 史錄爲篇. 今文古文皆有.

이에 목공(穆公)은 자신의 과오를 뉘우쳐 여러 신하들에게 맹세하여 고하였는데, 사관(史官)이 이것을 기록하여 편을 만들었다. 금문(今文)과 고문(古文)에 모두 있다.

詳說

○ 新安陳氏曰 : "此篇乃初喪師憝悔之辭, 未幾再三用三孟明, 與晉連兵易世不止殊, 與誓中悔過初意相反, 安在其能悔過也."

신안 진씨(新安陳氏)가 말하였다 : "여기의 편은 바로 처음에 패전하고 후회하는 말로 거의 재삼 세 맹명을 등용하지 않았으나 진(晉)이 군대를 연합해서 왕조 바꾸기를 그치지 않은 것과 다르고, 맹세하는 가운데 잘못을 후회하는 처음의 의도와 서로 상반되니, 어찌 그가 잘못을 후회할 수 있었겠는가!"444)

○ 按, 書中凡誓, 皆將戰誓衆, 而此篇, 則旣戰敗, 而後乃誓群臣, 誓之別體也. 穆公雖曰悔過, 其將復戰之意, 已見於書. 篇之名, 及篇中之一利字, 覇書顧, 何足道哉.

살펴보건대, 『서경』 속에서 대체로 매세는 전쟁을 하려고 무리들에게 맹세하는데, 이미 전쟁에 패하고 난 다음에 여러 신하들에게 맹세하는 것이니, 서(誓)의 별체이다. 목공이 잘못을 후회하고 다시 전쟁하려는 의도는 이미 서(書)에 있다. 편의 이름과 편 가운데서의 하나의 '이(利)'자는 패서에서 또 어찌 그다지 말할 필요가 있겠는가?

---

444) 『서경대전(書經大全)』, 「주서(周書)」·「진서(秦誓)」 : "신안 진씨가 말하였다 : '여기의 편은 바로 처음에 패전하고 후회하는 말로 거의 거듭 등용해서 맹명을 세 번 장수로 삼은 것은 아니나 진(晉)이 군대를 연합해서 왕조 바꾸기를 그치지 않은 것과 다르고, 맹세하는 가운데 잘못을 후회하는 처음의 의도와 서로 상반되니, 어찌 그가 잘못을 후회할 수 있었겠는가!'(新安陳氏曰 : 此篇乃初喪師憝悔之辭, 未幾再用三帥孟明, 與晉連兵易世不止殊, 與誓中悔過初意相反. 安在其能悔過也.)"

○ 胡氏安國曰 : "秦晉七十二年之爭, 始於殽, 而終於十三國之伐.
書序, 專取穆公悔過, 主於勸善. 其辭恕. 春秋備書, 用兵之失,
兼於懲惡, 其法嚴. 故人晉君以狄視秦也.

호씨 안국(胡氏安國)이 말하였다 : "진(秦)과 진(晉)의 72년의 전쟁이 효(殽)땅에서 시작해서 13국의 정벌에서 끝났다. 『서경』의 서(序)에서 오로지 목공의 잘못을 후회함을 취하고 권선을 위주로 한 것이니, 그 말이 용서하는 것이다. 『춘추』에서 글로 갖춘 것은 용병의 잘못이어서 징악을 겸했으니 그 법이 엄한 것이다. 그러므로 진군(晉君)이 오랑캐로 진(秦)을 본 것이다."

○ 王氏炎曰 : "書之所取, 取其知悔, 春秋之所貶, 貶其悔而不改."

왕씨 염(王氏炎)445)이 말하였다 : "『서경』에서 취한 것은 후회를 아는 것을 취한 것이고, 『춘추』에서 폄하한 것은 후회하면서 고치지 않고 잘못하고 고치지 않는 것을 폄하한 것이다."446)

[14-4-30-1]

公曰, 嗟. 我士. 聽無譁. 予誓告汝羣言之首.

공(公)이 말씀하였다. "아! 나의 선비들아. 나의 말을 듣고 떠들지 말라. 내 맹세하여 너희에게 여러 말의 첫 번째를 고하노라.

詳說

○ 無毋通.

'무(無)'는 '무(毋)'와 통한다.

○ 士, 指羣臣.

---

445) 왕염(王炎, 1137~1218) : 송나라 휘주(徽州, 강서성) 무원(婺源) 사람으로 자는 회숙(晦叔) 또는 회중(晦仲)이고, 호는 쌍계(雙溪)이다. 효종(孝宗) 건도(乾道) 5년(1169) 진사(進士)가 되었다. 장식(張栻)이 강릉(江陵)을 다스릴 때 그의 현명함을 듣고 막부(幕府)에 들게 했다. 담주교수(潭州敎授)를 지냈고, 임상지주(臨湘知州)로 옮겼다. 영종(寧宗) 경원(慶元) 연간에 호주지주(湖州知州)에 올랐는데, 호족이나 귀척(貴戚)을 두려워하지 않았다. 군기소감(軍器少監)까지 올랐다. 경사(經史)에 정통했고, 시문에도 뛰어났으며, 주희(朱熹)와 절친했다. 저서에 『쌍계집(雙溪集)』과 『독역필기(讀易筆記)』, 『상서소전(尙書小傳)』 등이 있었고, 『역해(易解)』를 저술하다가 마치지 못하고 죽었다.
446) 『서경대전(書經大全)』, 「주서(周書)」·「진서(秦誓)」 : "왕씨 염이 말하였다 : 「서경」에서 취한 것은 후회를 아는 것을 취한 것이고, 『춘추』에서 폄하한 것은 후회하면서 고치지 않는 것을 폄하한 것이다.'(王氏炎曰 : 書之所取, 取其知悔, 春秋之所貶, 貶其悔而不改. 過而不改. ….)"

'사(士)'는 여러 신하를 가리킨다.

集傳
首之爲言, 第一義也. 將擧古人之言, 故先發此.
수(首)란 말은 제일이라는 뜻이다. 고인(古人)의 말을 꺼내려고 하기 때문에 먼저 이것을 말한 것이다.

詳說
○ 二句, 論也.
두 구는 경문의 의미 설명이다.

[14-4-30-2]
古人有言曰, 民訖自若是多盤, 責人斯無難, 惟受責俾如流, 是惟艱哉.

고인(古人)이 말하기를 '백성들은 모두 스스로 이와 같이 많이 편안하니, 사람을 책함이 어려운 것이 아니라, 오직 책함을 받아들이기를 흐르는 물처럼 하기가 어려운 것이다'

集傳
訖, 盡, 盤, 安也. 凡人
흘(訖)은 모두이고 반(盤)은 편안함이다. 범인(凡人)은

詳說
○ 民.
범인은 백성들이다.

集傳
盡自若是, 多安於徇己,
모두 스스로 이와 같이 자기를 따름에 대부분 편안하니,

詳說
○ 添二字.

두 글자를 더하였다.

○ 朱子曰 "只是人情多要安逸之意."
주자(朱子)447)가 말하였다 : "다만 사람들의 마음은 대부분 안일하고자 한다는 의미일 뿐이다."448)

集傳

其責人無難, 惟受責於人, 俾如流水, 略無扞格,
사람을 책함이 어려운 것이 아니라, 오직 사람에게 책함을 받아들이기를 흐르는 물처럼 하여 조금도 막힘이 없는 것이

詳說

○ 胡客反.
'격(格)'은 음이 '호(胡)'와 '객(客)'의 반절이다.

○ 不相入也.
서로 들이지 않는 것이다.

集傳

是惟難哉. 穆公悔前日安於自徇, 而不聽蹇叔之言, 深有味乎古人之語, 故擧爲誓言之首也
어려운 것이다. 목공(穆公)이 전일(前日)에 자신의 말을 따름에 편안하여 건숙(蹇叔)의 말을 듣지 않은 것을 후회하고, 깊이 고인(古人)의 말에 음미함이 있었으므

---

447) 주희(朱熹, 1130~1200) : 자는 원회(元晦)·중회(仲晦)이고, 호는 회암(晦庵)·회옹(晦翁)·고정(考亭)·자양(紫陽)·둔옹(遯翁) 등이다. 송대 무원(婺源 : 현 강서성 무원현) 사람으로 건양(建陽 : 현 복건성 건양현)에서 살았다. 1148년에 진사에 급제하여 동안주부(同安主簿)·비서랑(秘書郞)·지남강군(知南康軍)·강서제형(江西提刑)·보문각대제(寶文閣待制)·시강(侍講) 등을 역임하였다. 스승 이동(李侗)을 통해 이정(二程)의 신유학을 전수받고, 북송 유학자들의 철학사상을 집대성하여 신유학의 체계를 정립하였다. 1179~1181년 강서성(江西省) 남강(南康)의 지사(知事)로 근무하면서 9세기에 건립되어 10세기에 번성했다가 폐허가 된 백록동서원(白鹿洞書院)을 재건했다. 만년에 이르러 정적(政敵)인 한탁주(韓侂)의 모함을 받아 죽을 때까지 정치활동이 금지되고 그의 학문이 거짓 학문으로 폄훼를 받다가 그가 죽은 뒤에 곧 회복되었다. 저서로는 『정씨유서(程氏遺書)』, 『정씨외서(程氏外書)』, 『이락연원록(伊洛淵源錄)』, 『고금가제례(古今家祭禮)』, 『근사록(近思錄)』 등의 편찬과 『사서집주(四書集註)』, 『서명해(西銘解)』, 『태극도설해(太極圖說解)』, 『통서해(通書解)』, 『사서혹문(四書或問)』, 『시집전(詩集傳)』, 『주역본의(周易本義)』, 『역학계몽(易學啓蒙)』, 『효경간오(孝經刊誤)』, 『소학서(小學書)』, 『초사집주(楚辭集注)』, 『자치통감강목(資治通鑑綱目)』, 『팔조명신언행록(八朝名臣言行錄)』 등이 있다. 막내아들 주재(朱在)가 편찬한 『주문공문집(朱文公文集)』(100권, 속집 11권, 별집 10권)과 여정덕(黎靖德)이 편찬한 『주자어류(朱子語類)』(140권)가 있다.

448) 『서경대전(書經大全)』, 「주서(周書)」·「진서(秦誓)」 : "주자가 말하였다 : '「백성들은 모두 스스로 이와 같이 많이 편안하다.」는 것은 아마도 단지 사람들의 마음은 대부분 안일하고자 한다는 의미일 뿐이다.'(朱子曰 : 民訖自若是多盤, 想只是說人情多要安逸之意.)"

로 이것을 들어 맹세하는 말의 첫 번째로 삼은 것이다.

詳說

○ 穆公, 以下, 論也.

'목공(穆公)' 이하는 경문의 의미 설명이다.

[14-4-30-3]
我心之憂, 日月逾邁, 若弗云來.

내 마음의 근심은 세월이 흘러가 다시는 오지 않을 듯함이다.

集傳

已然之過, 不可追, 未遷之善, 猶可及.

이미 지나간 잘못은 쫓을 수 없거니와 옮기지 않은 선(善)은 오히려 미칠 수 있다.

詳說

○ 先添二句.

먼저 두 구를 더하였다.

集傳

憂歲月之逝,

그런데 세월이 흘러가서

詳說

○ 逾邁.

경문에서 '유매(逾邁)'이다.

集傳

若無復有來日也.

다시는 내일이 없을 듯함을 근심한 것이다.

詳說

○ 去聲

'부(復)'는 거성이다.

○ 夏氏曰：“若弗云來, 憂改過之無日, 如日月逝矣, 歲不我與.”

하씨(夏氏)가 말하였다 : "'다시는 오지 않을 듯하다.'는 것은 허물을 고침에 때가 없음을 근심한 것으로 세월이 흘러가 세월과 내가 함께 할 수 없다는 것과 같다."449)

[14-4-30-4]

惟古之謀人, 則曰未就予, 忌, 惟今之謀人, 姑將以爲親. 雖則云然, 尙猷詢茲黃髮, 則罔所愆.

옛날의 도모하는 사람은 자신을 따르지 않는다 하여 싫어하고, 지금의 도모하는 사람은 우선 순종한다 하여 친하였다. 비록 그러하나 오히려 백발의 노인에게 물을 것을 도모하면 잘못되는 바가 없을 것이다.

集傳

忌, 疾, 姑, 且也. 古之謀人, 老成之士也,

기(忌)는 미워함이고, 고(姑)는 우선이다. 옛날의 도모하는 사람은 노성(老成)한 선비이고,

詳說

○ 古, 猶舊也.

'고(古)'는 옛날과 같다.

集傳

今之謀人, 新進之士也. 非不知其爲老成, 以其不就己, 而忌疾之,

지금의 모인(謀人)은 신진(新進)의 선비이다. 노성(老成)함을 모른 것은 아니나 자신을 따르지 않는다 하여 싫어하고 미워하였으며,

---

449) 『서경대전(書經大全)』, 「주서(周書)」·「진서(秦誓)」 : "하씨가 말하였다 : 「다시는 오지 않을 듯하다.」는 것은 허물을 고침에 일이 없음을 근심한 것으로 세월이 흘러가 세월과 내가 함께 할 수 없다는 것과 같다. (夏氏曰 : 若弗云來憂, 改過之無日也. 如日月逝矣, 歲不我與.)"

詳說

○ 孔氏曰 : "古之謀人, 謂蹇叔等, 以未成我所欲, 反忌之."
  공씨(孔氏)가 말하였다 : "옛날의 도모하는 사람은 건숙 등을 말하니, 내가 하고자 하는 것을 이루지 않는다 하여 도리어 싫어하는 것이다."450)

集傳

非不知其新進, 姑樂其順便,
신진(新進)임을 모른 것은 아니나 우선 순종하고 익힘을 즐거워하여

詳說

○ 音洛.
  '락(樂)'은 음이 '락(洛)'이다.

○ 將順.
  따르려고 한다는 것이다.

○ 添樂字.
  '낙(樂)'자를 더하였다.

集傳

而親信之.
가까이 하고 믿었다.

詳說

○ 唐孔氏曰 : "今之謀人, 謂杞子等."
  당의 공씨(孔氏)가 말하였다 : "지금의 도모하는 사람은 기자(杞子) 등을 말한다."451)

集傳

前日之過, 雖已云然, 然尚謀詢玆黃髮之人, 則庶罔有所愆.

---

450) 『서경대전(書經大全)』, 「주서(周書)」·「진서(秦誓)」: "공씨가 말하였다 : "옛날의 도모하는 사람은 건숙 등을 말하니, 내가 하고자 하는 것을 이루지 않는다 하여 도리어 싫어하는 것이다.(孔氏曰 : 古之謀人, 謂蹇叔等, 以未就我所欲, 反忌之.)"
451) 『서경대전(書經大全)』, 「주서(周書)」·「진서(秦誓)」: "당의 공씨가 말하였다 : '지금의 도모하는 사람은 기자(杞子) 등을 말한다.'(唐孔氏曰 : 今之謀人, 謂杞子等.)"

전일(前日)의 잘못은 비록 이미 그러하나 오히려 이 황발(黃髮)의 노인에게 물을 것을 도모하면 거의 잘못되는 바가 없을 것이니,

詳說

○ 諺釋與下三尚字, 不同, 更詳之.
『언해』에서는 아래의 세 번의 '상(尚)'자와 같지 않으니 다시 생각해 봐야 한다.

○ 猷
'모(謀)'는 경문에서 '유(猷)'이다.

集傳

蓋悔其旣往之失, 而冀其將來之善也.
기왕의 잘못을 뉘우치고 장래의 선(善)을 바란 것이다.

詳說

○ 二句, 論也.
두 구는 경문의 의미 설명이다.

[14-4-30-5]

番番良士, 旅力旣愆, 我尚有之, 仡仡勇夫, 射御不違, 我尚不欲, 惟截截善諞言, 俾君子易辭, 我皇多有之.

파파(番番)한 어진 선비로 여력(旅力)이 이미 쇠한 자는 내 오히려 소유하고, 흘흘(仡仡)한 용부(勇夫)로 활쏘기와 말 타기를 어기지 않는 자는 내 오히려 등용하고자 하지 않으니, 절절(截截)하게 말을 공교롭게 잘하여 군자(君子)가 말을 바꾸도록 하는 자를 내 어느 겨를에 많이 소유하겠는가!

詳說

○ 番, 音波, 旅, 膂通. 仡, 魚乞反, 諺音誤. 諞, 毗連俾緬二反.
'파(番)'는 음이 '파(波)'이고. '려(旅)'는 '려(膂)'와 통한다. '흘(仡)'은 음이 '어(魚)'와 '걸(乞)'의 반절이니,『언해』의 음이 잘못되었다. '편(諞)'은 음이 '비(毗)'와 '연(連)', '비(俾)'와 '면(緬)'의 두 가지 반절이다.

集傳

番番老貌

파파(番番)는 늙은 모양이고,

詳說

○ 葉氏曰 : "如世稱皤然."

섭씨(葉氏)가 말하였다 : "세상에서 하얗다고 하는 것과 같다."452)

集傳

仡仡, 勇貌

흘흘(仡仡)은 용맹한 모양이며,

詳說

○ 王氏十朋曰 : "番番, 與申伯番番同, 仡仡, 與崇墉仡仡同."

왕씨 십붕(王氏十朋)453)이 말하였다 : "'파파(番番)'는 '신백이 건장하다.'는 것과 같다. '흘흘(仡仡)'은 '숭나라 성이 높고 높도다.'라는 것과 같다."454)

集傳

截截, 辯給貌. 譎, 巧也. 皇, 遑通. 旅力

절절(截截)은 말을 잘하는 모양이다. 편(譎)은 공교로움이다. 황(皇)은 황(遑)과 통한다. 여력(旅力)이

詳說

○ 脊骨.

---

452) 『서경대전(書經大全)』, 「주서(周書)」·「진서(秦誓)」 : "섭씨가 말하였다 : '「파파(番番)」는 세상에서 하얗다고 하는 것과 같다.'(葉氏曰 : 番番, 如世稱皤然.)"
453) 왕십붕(王十朋, 1112 ~ 1171) : 송나라 온주(溫州, 절강성) 낙청(樂淸) 사람. 자는 구령(龜齡)이고, 호는 매계(梅溪)며, 시호는 충문(忠文)이다. 처음에 매계의 향촌에서 강의했지만 뒤에 태학(太學)에 들어갔다. 고종(高宗) 소흥(紹興) 17년(1157) 정시(廷試)에 합격하여 비서랑(秘書郞)에 올랐다. 여러 차례 조정을 정비할 것을 건의했고, 투항한 금나라의 장수들을 기용할 것을 주장했다. 용도각학사(龍圖閣學士) 등을 지냈다. 효종(孝宗) 때 관직이 시어사(侍御史)에 이르렀는데, 여러 차례 글을 올려 금나라에 대항하면서 국토를 회복할 계책을 올렸다. 요주(饒州)와 기주(夔州), 호주(湖州), 천주(泉州) 등의 고을을 맡아 다스렸다. 재앙을 구제하고 폐해를 없애는 등 치적을 올려 당시 사람들이 상을 그려 제사를 올렸다. 저서에 『매계집(梅溪集)』 54권과 『춘추해(春秋解)』, 『상서해(尙書解)』, 『논어해(論語解)』 등이 있다. 시사(詩詞)와 산문에 뛰어났고, 주희(朱熹)와 장혼(張混) 등의 추숭을 받았다.
454) 『서경대전(書經大全)』, 「주서(周書)」·「진서(秦誓)」 : "왕씨 십붕이 말하였다 : '「파파(番番)」는 「신백이 건장하다.」는 것과 같다. 「흘흘(仡仡)」은 「숭나라 성이 높고 높도다.」라는 것과 같다.'(王氏十朋曰 : 番番, 與申伯番番同, 仡仡, 與崇墉仡仡同.)"

'려(旅)'는 등골이다.

集傳
旣愆
이미 쇠한

> **詳說**
> ○ 孔氏曰:"過老."
> 공씨(孔氏)가 말하였다:"너무 늙은 것이다."

集傳
之良士, 前日所詆墓木旣拱者,
어진 선비는 전일(前日)에 묘(墓)의 나무가 이미 공(拱)이 되었을 것이라고 꾸짖은 자이니,

> **詳說**
> ○ 見左傳.
> 『좌전』에 보인다.
>
> ○ 穆公罵蹇叔云, 使爾得中壽, 則墓木當已拱矣. 謂其老不死, 而沮己事也.
> 목공이 건숙을 꾸짖으며 "너희들이 장수한 자들은 묘의 나무가 이미 아름드리가 되었다"고 하였으니, 늙어 죽지 않고 나의 일을 저지함을 말한 것이다.

集傳
我猶庶幾得而有之,
내 오히려 부디 얻어 소유할 것이고,

> **詳說**
> ○ 尙字, 註取猶庶二義.
> '상(尙)'자는 주에서 '유(猶)'와 '서(庶)' 두 의미를 취한 것이다.

集傳

射御不違之勇夫
활쏘기와 말 타기를 어기지 않는 용부(勇夫)는

> 詳說

○ 陳氏大猷曰 : 不違中度無失也
진씨 대유(陳氏大猷)455)가 말하였다 : "알맞음을 어지지 않고 잘못이 없음을 헤아리는 것이다."456)

> 集傳

前日所誇過門超乘者,
전일에 문을 지나며 수레에 뛰어오름을 과시한 자이니,

> 詳說

○ 去聲.
'승(乘)'은 거성이다.

○ 亦見左傳.
또한 『좌전』에 보인다.

○ 秦師, 過周北門, 超乘以示勇.
진(秦)의 군사가 주의 북문을 지나면서 수레로 뛰어 올라 용맹을 과시한 것이다.

> 集傳

我庶幾不欲用之.
내 부디 등용하려 하지 않는다.

> 詳說

---

455) 진씨 대유(陳氏大猷, ?~?) : 송나라 남강군(南康軍) 도창(都倉) 사람으로 자는 문헌(文獻)이고, 호는 동재(東齋)다. 이종(理宗) 개경(開慶) 원년(1259) 진사(進士)가 되고, 종정랑(從政郎)과 황주군(黃州軍) 판관(判官) 등을 지냈다. 『서경』에 조예가 깊었다. 저서에 『상서집전혹문(尚書集傳或問)』과 『상서집전회통(尚書集傳會通)』 등이 있다.
456) 『서경대전(書經大全)』, 「주서(周書)」·「진서(秦誓)」 : 진씨 대유가 말하였다 : '「려(旅)」는 「려(膂)」와 통하니, 등골이다. 알맞음을 어지지 않고 잘못이 없음을 헤아리는 것이다.'(陳氏大猷曰 : 旅, 膂通, 脊骨也. 不違中, 度無失也.)"

○ 新安陳氏曰 : "穆公悔過不改, 已可窺於辭氣之間, 曰尚猷, 曰尚有之, 曰尚不欲, 正如隱公曰, 吾將授之矣, 吾將老焉, 二公之遂, 非可於尚與將之辭, 覘之."

신안 진씨(新安陳氏)가 말하였다 : "목공이 잘못을 뉘우치고 고치지 않은 것은 이미 말투의 사이에 '오히려 도모한다.'457)고 하고, '오히려 소유한다.'고 하며, '오히려 등용하고자 하지 않는다.'고 한 것에서 엿볼 수 있으니, 바로 은공이 '나는 물려주고 그곳에서 노년을 보내려고 한다.'458)는 것과 같다. 두 공이 이른 것은 '오히려[尙]'와 '~하려 한다.[將]'한 말에서 가한 것이 아님을 엿볼 수 있다."459)

集傳

勇夫我尙不欲,

용부(勇夫)도 내 오히려 등용하고자 하지 않는데

詳說

○ 添此句.

여기의 구를 더하였다.

集傳

則辯給善巧言, 能使君子變易其辭說者

구변(口辯)으로 말을 공교롭게 잘하여 군자(君子)가 그 사설(辭說)을 변역하게 하도록 하는 자를

---

457) 『서경대전(書經大全)』, 「주서(周書)」·「진서5(秦誓5)」 : "파파(番番)한 어진 선비로 여력(旅力)이 이미 쇠한 자는 내 오히려 소유하고, 흘흘(仡仡)한 용부(勇夫)로 활쏘기와 말 타기를 어기지 않는 자는 내 부디 등용하고자 하지 않으니, 절절(截截)하게 말을 공교롭게 잘하여 군자(君子)가 말을 바꾸도록 하는 자를 내 어느 겨를에 많이 소유하겠는가!(番番良士, 旅力旣愆, 我尙有之, 仡仡勇夫, 射御不違, 我尙不欲, 惟截截善諞言, 俾君子易辭, 我皇多有之.)"

458) 『춘추좌씨전(春秋左氏傳)』은공(隱公) 11년 : "우보가 환공을 죽이기를 청했으니, 이는 그 공으로 태재의 벼슬을 구하려 함이었다. 이에 은공이 말하기를 '내가 임금이 된 것은 조카가 어렸기 때문이니, 이제는 내가 장성한 그에게 자리를 물려주고, 토구에 집을 짓고 거기에서 나의 노년을 보내려 한다.'(羽父請殺桓公, 將以求大宰. 公曰, 爲其少故也, 吾將授之矣, 使營菟裘, 吾將老焉.)"

459) 『서경대전(書經大全)』, 「주서(周書)」·「진서(秦誓)」 : "신안 진씨가 말하였다 : '목공이 잘못을 뉘우침에 힘쓰지 않고 잘못을 고침에 용맹하지 않는 것은 이미 말투의 사이에서 은미한 뜻을 엿볼 수 있다. 「오히려 도모한다.」고 하고, 「오히려 소유한다.」고 하며, 「오히려 등용하고자 하지 않는다.」고 한 것이니, …. 바로 은공이 …하면서 「나는 물려주고 그곳에서 노년을 보내려고 한다.」는 것과 같다. 두 공이 이른 것은 「오히려[尙]」와 「~하려 한다.[將]」한 말에서 화를 재촉함에 가한 것이 아님을 엿볼 수 있다.'(新安陳氏曰 : 穆公悔過不力, 改過不勇, 已可窺其微意於辭氣之間. 曰尚猷, 曰尚有之, 尚不欲. …. 正如隱公…而曰, 吾將授之矣, 吾將老焉, …. 二公之遂, 非速禍可於尚與將之辭, 覘之.)"

詳說

○ 惟.
'즉(則)'은 경문에서 '유(惟)'이다.

○ 王氏炎曰：" 爲其所奪, 故易辭."
왕씨 염(王氏炎)이 말하였다 : "것 때문에 빼앗기기 때문에 말을 바꾸는 것이다."460)

集傳

我遑暇多有之哉.
내 어느 겨를에 많이 소유하겠는가.

詳說

○ 一杞子, 已足以易辭, 況可多乎哉.
하나의 기자(杞子)가 이미 말을 충분히 바꾸도록 하는데, 하물며 많게 해서야 되겠는가!

集傳

良士, 謂蹇叔, 勇夫, 謂三帥, 諞言, 謂杞子. 先儒皆謂穆公悔用孟明, 詳其誓意, 蓋深悔用杞子之言也.
양사(良士)는 건숙(蹇叔)을 이르고 용부(勇夫)는 세 장수를 이르며, 편언(諞言)은 기자(杞子)를 이른다. 선유(先儒)는 모두 "목공(穆公)이 맹명(孟明)을 등용한 것을 뉘우쳤다."고 말하였으나 맹세한 말을 자세히 살펴보면, 기자(杞子)의 말을 따른 것을 깊이 뉘우친 것이다.

詳說

○ 良士, 以下, 論也.
'양사(良士)' 이하는 경문의 의미 설명이다.

---

460) 『서경대전(書經大全)』, 「주서(周書)」·「진서(秦誓)」 : "왕씨 염이 말하였다 : '교묘한 말이 변란시킴은 군자의 어짊이 아니고, 말을 잘하지 않아도 왕왕 그것 때문에 빼앗기기 때문에 말을 바꾸는 것이다.'(王氏炎曰 : 巧言變亂, 是非君子仁, 而不佞, 往往爲其所奪, 故易辭.)"

[14-4-30-6]

> 昧昧我思之, 如有一介臣, 斷斷猗無他技, 其心休休焉, 其如有容, 人之有技, 若己有之, 人之彦聖, 其心好之, 不啻如自其口出, 是能容之. 以保我子孫黎民, 亦職有利哉.

곰곰이 내 생각해보니, 만일 한 신하가 단단(斷斷)하고 딴 기예가 없으나 그 마음이 곱고 고와 용납함이 있는 듯하여, 남이 가지고 있는 기예를 자신이 소유한 것처럼 여기며, 남의 훌륭하고 성스러움을 마음속에 좋아하되 입에서 나오는 것보다도 더 좋아한다면 이는 남을 포용하는 것이다. 나의 자손(子孫)과 여민(黎民)을 보호할 것이니, 또한 이로움이 있음을 주장할 것이다.

詳說

○ 斷, 都玩反. 好, 去聲.

'단(斷)'은 음이 '도(都)'와 '완(玩)'의 반절이다.

集傳

昧昧而思者, 深潛而靜思也. 介, 獨也, 大學作个.

매매(昧昧)히 생각한다는 것은 깊이 잠겨서 고요히 생각하는 것이다. 개(介)는 홀로이니, 『대학(大學)』에는 개(箇)로 되어 있다.

詳說

○ 一作箇.

'개(个)'는 어떤 판본에는 '개(箇)'로 되어 있다.

集傳

斷斷, 誠一之貌. 猗, 語辭, 大學作兮. 休休, 易

단단(斷斷)은 정성스럽고 한결같은 모양이다. 의(猗)는 어조사이니, 『대학(大學)』에는 혜(兮)로 되어 있다. 휴휴(休休)는 평이하고

詳說

○ 去聲.

'이(易)'는 거성이다.

集傳

直好善之意. 容有所受也.
정직하여 선을 좋아하는 뜻이다. 용(容)은 받아들이는 바가 있는 것이다.

詳說

○ 陳氏大猷曰 : "其如有容, 莫測其限量, 而難乎形容也."
진씨 대유(陳氏大猷)가 말하였다 : "'용납함이 있는 듯하다.'는 것은 그 제한된 분량을 측량해서 형용하기에 어려운 것이다."461)

○ 陳氏雅言曰 : "大臣之道, 不貴乎用一己之能, 而在於容天下之善."
진씨 아언(陳氏雅言)462)이 말하였다 : "대신의 도리는 한 몸의 능함을 귀하게 여기지 않고 천하의 선을 받아들임에 있다."463)

集傳

彦, 美士也, 聖, 通明也. 技, 才,
언(彦)은 아름다운 선비이며, 성(聖)은 통명함이다. 기(技)는 재주이고,

詳說

○ 與聖對言, 故至此始訓之
'성(聖)'과 짝지어 말하기 때문에 여기에서 비로소 풀이한 것이다.

集傳

---

461) 『서경대전(書經大全)』, 「주서(周書)」·「진서(秦誓)」 : "진씨 대유가 말하였다 : '…. 「용납함이 있는 듯하다.」고 한 것은 그 제한된 분량을 측량해서 형용하기에 어려운 것이다. 마음으로 좋아하는 것은 입으로 칭하는 것과 같을 뿐만이 아니니, 입으로 아름다움을 칭하는 것은 유한하나 마음으로 좋아하는 것은 무궁하다. …. 선을 좋아하는 이로움은 흐르는 혜택이 무궁하고 또한 이로움이 있음을 주장할 것이니, 곧 맹자의 이른바 ….'(陳氏大猷曰 : …. 曰其如有容, 莫測其限量, 而難乎形容也. 心之好, 不啻如口之稱, 口之稱美, 有限, 心之好慕, 無窮. …. 好善之利, 流澤無窮, 亦職有利, 即孟子所謂….)"
462) 진아언(陳雅言, 1318~1385)은 원말명초 때 강서(江西) 영풍(永豊) 사람이다. 원나라 말에 무재(茂材)로 천거되었지만 나가지 않았다. 명나라 초 홍무(洪武) 연간에 영풍현 향교(鄕校)에서 학생을 가르쳤다. 당시 호구(戶口)와 토전(土田)이 실상과 달라 현관(縣官)도 대처할 방법을 찾지 못했는데, 그가 계획을 내놓자 공사가 모두 편리해졌다. 저서에 『사서일람(四書一覽)』과 『대학관견(大學管窺)』, 『중용류편(中庸類編)』 등이 있었지만 전하지 않고, 지금은 『서의탁약(書義卓躍)』만 전한다.
463) 『서경대전(書經大全)』, 「주서(周書)」·「진서(秦誓)」 : "진씨 아언이 말하였다 : '목공의 생각은 대신의 도리는 한 몸의 능함을 귀하게 여기지 않고 천하의 선을 받아들임에 있다는 말이다. …. 그 마음이 좋아하면, 마음과 입이 일치되어 표리의 차이가 없는 것이다. ….'(陳氏雅言曰 : 穆公意, 謂大臣之道不貴乎用一己之能, 而在於容天下之善, …. 其心好之, 則心口一致, 而無表裏之異. ….)"

聖, 德也. 心之所好, 甚於口之所言也.
성(聖)은 덕이다. 마음에 좋아하는 바는 입으로 말하는 것보다 심한 것이다.

詳說

○ 不啻.
'심어(甚於)'는 경문에서 '부시(不啻)'이다.

○ 陳氏大猷曰 : "口之稱美, 有限, 心之好慕, 無窮."
진씨 대유가 말하였다 : "입으로 아름다움을 칭하는 것은 유한하나 마음으로 좋아하는 것은 무궁하다."464)

○ 陳氏雅言曰 : "心口一致, 而無表裏之異."
진씨 아언이 말하였다 : "마음과 입이 일치되어 표리의 차이가 없는 것이다."465)

集傳

職, 主也.
직(職)은 주장함이다.

詳說

○ 猶專也.
'전(專)'과 같다.

○ 陳氏大猷曰 : "好善之利, 流澤無窮."
진씨 대유(陳氏大猷)가 말하였다 : "선을 좋아하는 이로움은 흐르는 혜택이 무궁하다."466)

---

464) 『서경대전(書經大全)』, 「주서(周書)」·「진서(秦誓)」: "진씨 대유가 말하였다 : '…. 「용납함이 있는 듯하다.」고 한 것은 그 제한된 분량을 측량해서 형용하기에 어려운 것이다. 마음으로 좋아하는 것은 입으로 칭하는 것과 같을 뿐만이 아니니, 입으로 아름다움을 칭하는 것은 유한하나 마음으로 좋아하는 것은 무궁하다. …. 선을 좋아하는 이로움은 흐르는 혜택이 무궁하고 또한 이로움이 있음을 주장할 것이니, 곧 맹자의 이른바 ….'(陳氏大猷曰 : …. 曰其如有容, 莫測其限量, 而難乎形容也. 心之好, 不啻如口之稱, 口之稱美, 有限, 心之好慕, 無窮. …. 好善之利, 流澤無窮, 亦職有利, 即孟子所謂….)"
465) 『서경대전(書經大全)』, 「주서(周書)」·「진서(秦誓)」: "진씨 아언이 말하였다 : '목공의 생각은 대신의 도리는 한 몸의 능함을 귀하게 여기지 않고 천하의 선을 받아들임에 있다는 말이다. …. 그 마음이 좋아하면, 마음과 입이 일치되어 표리의 차이가 없는 것이다. ….'(陳氏雅言曰 : 穆公意, 謂大臣之道不貴乎用一己之能, 而在於容天下之善. …. 其心好之, 則心口一致, 而無表裏之異. ….)"
466) 『서경대전(書經大全)』, 「주서(周書)」·「진서(秦誓)」: "진씨 대유가 말하였다 : '…. 「용납함이 있는 듯하다.」고 한 것은 그 제한된 분량을 측량해서 형용하기에 어려운 것이다. 마음으로 좋아하는 것은 입으로 칭하는 것과 같을 뿐만이 아니니, 입으로 아름다움을 칭하는 것은 유한하나 마음으로 좋아하는 것은 무궁하다. …. 선을 좋아하는 이로움은 흐르는 혜택이 무궁하고 또한 이로움이 있음을 주장할 것이니, 곧 맹자의 이

[14-4-30-7]

人之有技, 冒疾以惡之, 人之彦聖, 而違之, 俾不達, 是不能容. 以不能保我子孫黎民, 亦曰殆哉.

남이 가지고 있는 기예를 시기하고 미워하며, 남의 훌륭하고 성(聖)스러움을 어겨서 통달하지 못하게 한다면 이것은 포용하지 못하는 것이다. 나의 자손(子孫)과 여민(黎民)을 보호하지 못할 것이니, 또한 위태로울 것이다.

詳說

○ 惡, 去聲.

'오(惡)'는 거성이다.

集傳

冒, 大學作媢,

모(冒)는 『대학(大學)』에는 모(媢)로 되어 있으니,

詳說

○ 音冒.

'모(媢)'는 음이 '모(冒)'이다.

集傳

忌也. 違, 背

시기함이다. 위(違)는 등지고

詳說

○ 音佩.

'배(背)'는 음이 '패(佩)'이다.

集傳

違之也. 達, 窮達之達.

어김이다. 달(達)은 궁달(窮達)의 달(達)이다.

른바 ….'(陳氏大猷曰 : …. 曰其如有容, 莫測其限量, 而難乎形容也. 心之好, 不啻如口之稱, 口之稱美, 有限. 心之好慕, 無窮…. 好善之利, 流澤無窮, 亦職有利, 即孟子所謂….)"

> [詳說]
> ○ 使位不達.
>> 지위가 통달하지 못하게 하는 것이다.

> [集傳]
> 殆, 危也. 蘇氏曰, 至哉. 穆公之論此二人也. 前一人似房玄齡, 後一人似李林甫,
>> 태(殆)는 위태로움이다. 소씨(蘇氏)가 말하였다. "지극하다. 목공(穆公)이 두 사람을 논함이여, 앞의 한 사람은 방현령(房玄齡)과 같고, 뒤의 한 사람은 이림보(李林甫)와 같으니,

> [詳說]
> ○ 蹇叔與三帥, 亦彷彿焉.
>> 건숙과 세 장수도 비슷하다.

> [集傳]
> 後之人主, 監此足矣.
>> 후세의 군주가 이것을 거울로 삼으면 충분할 것이다."

> [詳說]
> ○ 蘇說, 論也.
>> 소씨의 설명은 경문의 의미 설명이다.

[14-4-30-8]

邦之杌陧, 曰由一人, 邦之榮懷, 亦尚一人之慶.

나라가 위태로움은 한 사람 때문이며, 나라가 영화롭고 편안함은 또한 거의 한 사람의 경사이다."

> [詳說]
> ○ 杌, 五忽反. 陧, 倪結反, 諺音誤.
>> '올(杌)'은 음이 '오(五)'와 '홀(忽)'의 반절이다. '날(陧)'은 음이 '예(倪)'와 '결

(結)'의 반절이니,『언해』의 음이 잘못되었다.

集傳
杌陧, 不安也.
올날(杌陧)은 편안하지 않음이다.

詳說
○ 張氏曰:"杌, 如木之動搖, 陧, 如阜之圮壞."
장씨가 말하였다 : "'올(杌)'은 나무가 요동하는 것과 같고, '날(陧)'은 언덕이 무너지는 것과 같다."467)

集傳
懷, 安也. 言國之危殆, 繫於所任一人之非,
회(懷)는 편안함이다. 나라의 위태로움이 임용한 한 사람의 나쁨에 달려 있고,

詳說
○ 由.
'계(繫)'는 경문에서 '유(由)'이다.

○ 添非字.
'비(非)'자를 더하였다.

集傳
國之榮
나라의 영화롭고

詳說
○ 猶盛也.
'영(榮)'은 '성(盛)'과 같다.

集傳

---

467)『서경대전(書經大全)』,「주서(周書)」·「진서(秦誓)」: "장씨가 말하였다 : '「올(杌)」은 나무가 요동하는 것과 같고,「날(陧)」은 언덕이 무너지는 것과 같다.'(張氏曰 : 杌, 如木之動搖, 陧, 如阜之圮壞.)"

安繫於所任一人之是,
편안함이 임용한바 한 사람의 옳음에 달려 있음을 말하였으니,

詳說

○ 慶.
'시(是)'는 경문에서 '경(慶)'과 같다.

○ 註略尚字.
주에서는 '상(尙)'자를 생략했다.

集傳

申繳上二章意.
위의 두 장(章)의 뜻을 거듭 맺은 것이다.

詳說

○ 古了反.
'격(繳)'은 '고(古)'와 '료(了)'의 반절이다.

○ 此句, 論也.
여기의 구는 경문의 의미 설명이다.

○ 新安陳氏曰 : "是如上所稱有利, 非如上所稱殆哉, 結上文兩節, 有照應."
신안 진씨(新安陳氏)가 말하였다 : "위에서 칭한 '이로움이 있다.'468)는 것과 같고, 위에서 칭한 '위태로울 것이다.'469)는 것과는 같지 않으니, 위의 두 글에서 두 절을 매듭지음에 호응함이 있는 것이다."470)

---

468) 『서경대전(書經大全)』, 「주서(周書)」·「진서6(秦誓6)」 : "곰곰이 내 생각해보니, 만일 한 신하가 단단(斷斷)하고 딴 기예가 없으나 그 마음이 곱고 고와 용납함이 있는 듯하여, 남이 가지고 있는 기예를 자신이 소유한 것처럼 여기며, 남의 훌륭하고 성스러움을 마음속에 좋아하되 입에서 나오는 것보다도 더 좋아한다면 이는 남을 포용하는 것이다. 나의 자손(子孫)과 여민(黎民)을 보호할 것이니, 또한 이로움이 있음을 주장할 것이다."

469) 『서경대전(書經大全)』, 「주서(周書)」·「진서7(秦誓7)」 : "남이 가지고 있는 기예를 시기하고 미워하며, 남의 훌륭하고 성(聖)스러움을 어겨서 통달하지 못하게 한다면 이것은 포용하지 못하는 것이다. 나의 자손(子孫)과 여민(黎民)을 보호하지 못할 것이니, 또한 위태로울 것이다.(人之有技, 冒疾以惡之, 人之彦聖, 而違之, 俾不達, 是不能容. 以不能保我子孫黎民, 亦曰殆哉.)"

470) 『서경대전(書經大全)』, 「주서(周書)」·「진서(秦誓)」 : "신안 진씨가 말하였다 : '나라의 안위가 한 사람을

○ 張氏九成曰 : "夫子之意, 謂使平王得如伯禽穆公, 周家庶其中興乎. 今皆無之, 故痛憤而以魯秦補王道."
장씨 구성(張氏九成)471)이 말하였다 : "부자의 뜻은 말하자면 평왕이 백금과 목공처럼 될 수 있다면 주나라 왕가가 거의 중흥하게 할 수 있는데, 지금 모두 없기 때문에 통분해서 노나라와 진나라로 왕도를 더한다는 것이다."

○ 陳氏賓曰 : "夫子存二書, 於魯以著伯禽之是, 於秦以著穆公之非. 伯禽之征, 奉王命大義也. 襲杞之役, 無王擅兵報怨. 夫子於書以秦誓終, 以見周室之不復振也."
진씨 빈(陳氏賓)이 말하였다 : "부자는 두 서(書)를 보존해서 노(魯)에서는 백금이 옳음을 드러내고, 진(秦)에서는 목공이 나쁨을 드러냈다. 백금의 정벌은 왕명을 받든 대의이다. 기(杞)의 싸움을 이은 것은 왕이 병력을 마음대로 한 것이어서 원한을 갚은 것은 없다. 부자는 서(書)에서「진서(秦誓)」로 마쳤으니, 주나라 왕실이 다시 떨쳐 일어나지 못함을 드러낸 것이다."472)

○ 宋氏曰 : "秦有書而書亾, 魯有頌而詩絶."
송씨(宋氏)가 말하였다 : "진(秦)에 서(書)가 있어 서가 없어졌고, 노(魯)에 송(頌)이 있어 시가 끊어졌다."473)

등용하는 좋고 나쁨에 달려 있다는 것은 위에서 칭한「이로움이 있다.」는 것과 같고, 위에서 칭한「위태로울 것이다.」는 것과는 같지 않으니, …, 위의 두 글에서 두 절을 매듭지음에 호응함이 있는 것이다.'(新安陳氏曰 : 國之安危繫所用一人之是非, 是如上所稱有利, 非如上所稱殆哉, …, 結上文兩節有照應.)'
471) 장구성(張九成, 1092 ~ 1159) : 남송 항주(杭州) 전당(錢塘) 사람. 자는 자소(子韶)고, 호는 횡포거사(橫浦居士) 또는 무구거사(無垢居士)며, 시호는 문충(文忠)이다. 젊었을 때 경사(京師)에 와서 정자(程子)의 제자 양시(楊時)에게 배웠다. 고종(高宗) 소흥(紹興) 2년(1132) 진사(進士)가 되고, 저작랑(著作郞)과 태상박사(太常博士), 예부(禮部)와 형부(刑部)의 시랑(侍郞) 등을 지냈다. 진회(秦檜)와 불화하여 안남군(安南軍)으로 14년 동안 유배를 갔다. 진회가 죽은 뒤 온주지주(溫州知州)가 되었다. 선승(禪僧) 종고(宗杲)의 영향으로 불교의 심외무법(心外無法) 사상을 받아들여 심학(心學)화한 경향을 보인다. 후대에 정주의 이학(理學)과 육구연 심학의 교량 역할을 한 인물로 평가된다. 저서에『횡포심전(橫浦心傳)』과『횡포일신(橫浦日新)』,『맹자전(孟子傳)』,『중용설(中庸說)』등이 있다.
472)『서경대전(書經大全)』,「주서(周書)」·「진서(秦誓)」: "부자는 두 서(書)를 보존해서 노(魯)에서는 백금이 옳음을 드러내고, 진(秦)에서는 목공이 나쁨을 드러냈다. 백금의 때에 그가 서융을 정벌한 것은 왕명을 받들고 어지러움을 토벌해서 대의를 꽃 피운 것이다. 기(杞)의 싸움을 이은 것은 왕이 병력을 마음대로 한 것이니, 패함에 부끄러움이 없을지라도 그 마음은 끝내 원수를 갚는 데 있었다. 부자가 서(書)에서「진서(秦誓)」로 마쳐 주나라 왕실이 다시 떨쳐 일어나지 못함을 드러내었다.「하서」가「윤정(胤征)」에서 끝나고,「상서」가「서백감려(西伯戡黎)」에서 끝나며,「주서」가「진서」에서 끝나는 것은 그 뜻이 하나이다.'(陳氏賓曰 : 夫子存二誓, 於魯以著伯禽之是. 於秦以著穆公之非. 伯禽之時, 其征徐戎, 奉王命以討亂, 華大義也. 襲杞之役, 無王擅兵, 雖敗而自悔, 其心終在報怨. 夫子於書以秦誓終, 以見周室之不復振也. 夏書終於胤征, 商書終於西伯戡黎, 而周書終於秦誓. 其旨一也.)'
473)『서경대전(書經大全)』,「주서(周書)」·「진서(秦誓)」: "송씨가 말하였다 : '진(秦)에 서(誓)가 있어 시(詩)가 없어졌고, 노(魯)에 송(頌)이 있어 시가 끊어졌으니, 노는 풍(風)이 아니고 송(頌)이라는 말이다.'(宋氏曰 : 秦有誓而詩亡, 魯有頌而詩絶, 謂魯不風而頌.)"

○ 李氏養吾曰 : "周書附以秦誓, 蓋世變往來之會, 王霸升降之機, 書終文侯之命, 而王迹熄, 書附秦誓, 而霸圖興, 進秦於書末, 以警周也. 春秋之筆於秦, 每人之且狄之以尊周也. 天下之勢. 駸駸而趨於秦, 夫子得不見其幾微, 於定書作春秋之際乎."

이씨 양오(李氏養吾)가 말하였다 : "『주서』에 「진서」를 붙인 것은 대개 세상의 변화가 왕래하는 모임과 왕도와 패도가 승강하는 기틀에 서가 「문후지명」에 끝나고 왕의 자취가 없으니, 서(書)에 「진서」를 붙여 패자가 흥기함을 도모한 것은 서(書)의 끝에서 진(秦)으로 나아가 주나라를 경계시킨 것이다. 『춘추』가 진(秦)까지 적은 것은 매번 사람이 또 오랑캐가 주나라를 존중하기 위함이다. 천하의 형세는 달리듯이 진(秦)으로 가니, 부자가 그 기미가 드러나지 않음을 알고, 서(書)를 정함에 『춘추』의 즈음으로 했을 것이다."474)

---

474) 『서경대전(書經大全)』, 「주서(周書)」·「진서(秦誓)」 : '이씨 양오가 말하였다 : ʻ어떤 이는 「주서」가 「문후지명」에서 끝나 「진서」를 붙였다고 말하였다. 세상의 변화가 왕래하는 모임에 왕도와 패도가 승강하는 기미에 서가 「문후지명」에 끝나 왕의 자취가 없으니, 서에 「진서」를 붙여 패자가 흥기함을 도모했다. …. 평왕의 서는 열국으로 이어져 「진서」를 끝에 붙인 것은 『시경』과 『서경』의 끝에 진(秦)으로 나아가 주나라를 경계시킨 것이다. 『춘추』가 진(秦)까지 적은 것은 매번 사람이 또 오랑캐가 주나라를 존중하기 위함이다. 천하의 형세는 달리듯이 진(秦)으로 가니, 부자가 그 기미가 드러나지 않음을 알고, 『서경』과 『시경』을 산정함에 『춘추』의 즈음으로 했을 것이다.'(李氏養吾曰 : 或謂周書終於文侯之命, 而以秦誓附焉, 蓋世變往來之會, 王霸升降之機, 書終文侯之命, 而王迹熄, 書附秦誓, 而霸圖興. …. 平王之書, 續以列國, 而秦誓附終焉, 進秦於詩書之末, 以警周也. 春秋之筆於秦, 每人之, 又且狄之, 又以尊周也. 天下之勢, 駸駸而趨於秦, 夫子得不見其幾微, 於定書刪詩, 作春秋之際乎.)

서서변설상설
書序辨說詳說

詳說

○ 按, 序辨蔡氏亦依朱子意爲之者, 而大全本不載, 是闕之.

내가 살펴보건대,「서변(序辨)」은 채씨도 주자의 뜻에 따라 지었던 것인데,『대전』에 본래 실려 있지 않아 빼놨던 것이다.

集傳

漢劉歆曰, 孔子修易序書. 班固曰, 孔子纂書凡百篇, 而爲之序, 言其作意. 今考序文,

한의 유흠은 "공자가『역』의 서문의 글을 다듬었다."고 하였고, 반고는 "공자가『서』를 다듬은 것이 모두 100편인데 그 서문을 지어 저작의 의도를 말하였다."고 하였다. 이제 그 서문을 살펴보면,

詳說

○ 句.

구두해야 한다.

○ 音現.

'현(見)'은 음이 '현(現)'이다.

集傳

於見存之篇, 雖頗依文立義, 而識見淺陋, 無所發明其間, 至有與經相戾者. 於已亡之篇, 則依阿簡略, 尤無所補, 其非孔子所作明甚. 顧世代久遠, 不可復知.

현존하는 편에서 거의 글에 따라 뜻을 세웠을지라도 식견이 천박해하고 드러내 밝힌 것이 없으며, 그 사이에 심지어 경과 서로 어긋나는 것이 있다. 이미 없어진 편에서는 굽혀서 따르고 간략해서 더욱 보완한 것이 없으니, 그것이 공자가 지은 것이 아님이 매우 분명하다. 돌아보건대, 세대가 오래되고 멀리 있어 다시 알 수 없다.

詳說

○ 去聲 下同.

'부(復)'는 거성으로 아래에서도 같다.

집전

然孔安國, 雖云得之壁中, 而亦未嘗以爲孔子所作, 但謂書序, 序所以爲作者之意,

그런데 공안국이 벽속에서 얻었다고 할지라도 공자가 지은 것이라고 여길 수 없고, 다만 『서』의 서문에서 작자의 의도를 서술한 것이

상설

○ 去聲.

'위(爲)'는 거성이다.

집전

與討論墳典等語, 隔越不屬,

삼분과 오전을 토론한 등의 말과 막히고 통하지 않아 이어지지 않지만

상설

○ 音燭. 句.

'촉(屬)'은 음이 촉(燭)이고, 구두해야 한다.

집전

意亦可見,

의미는 또한 알 수 있으니,

상설

○ 安國之意, 不以爲孔子作.

공안국의 의도는 공자가 지은 것이 아니라고 여겼다.

집전

今姑依安國壁中之舊, 復合序爲一篇以附卷末, 而疏其可疑者, 於下云.

이제 잠시 공안국의 벽속의 옛 것에 따라 다시 서문을 하나의 편으로 합해 권의 끝에 붙이고, 의심할 수 있는 것들을 기록했으니, 아래와 같다.

상설

○ 去聲.
　'소(疏)'는 거성이다.

[O-3-1]

○ 昔在帝堯, 聰明文思, 光宅天下, 將遜于位, 讓于虞舜, 作堯典.

옛날 제요(帝堯)가 총명(聰明)하고 문사(文思)하여 빛나게 천하를 안정시켰고, 지위를 물려주어 우순(虞舜)에게 양위(讓位)하려고 하면서 「요전(堯典)」을 지었다.

詳說

○ 去聲.
　'총명문사(聰明文思)'에서 '사(思)'는 거성이다.

○ 于, 猶其也.
　'장손우위(將遜于位)'에서 '우(于)'는 '기(其)'와 같다.

○ 虞書凡十六篇.
　「우서」는 모두 16편이다.

集傳

聰明文思, 欽明文思也. 光宅天下, 光被四表也. 將遜于位, 讓于虞舜, 以虞書也.
'총명하고 문사하였다.'는 것은 '공경하고 밝고 문채 나고 생각함'[475]이고, '빛나게 천하를 안정시켰다.'는 것은 '광채가 사표에 입혀졌다.'[476]는 것이다. 지위를 물려주어 우순에게 양위하려고 하기를 「우서」로 했다.

---

475) 『서경(書經)』, 「우서(虞書)」·「요전1(堯典1)」에 "옛날 요 임금을 상고하건대 방훈이시니, 공경하고 밝고 문채 나고 생각함이 편안하고 편안하시며 진실로 공손하고 능히 겸양하시어 광채가 사표에 입혀지며 상하에 이르셨다.(曰若稽古帝堯, 曰放勳, 欽明文思安安, 允恭克讓, 光被四表, 格于上下.)"
476) 『서경(書經)』, 「우서(虞書)」·「요전1(堯典1)」에 "옛날 요 임금을 상고하건대 방훈이시니, 공경하고 밝고 문채 나고 생각함이 편안하고 편안하시며 진실로 공손하고 능히 겸양하시어 광채가 사표에 입혀지며 상하에 이르셨다.(曰若稽古帝堯, 曰放勳, 欽明文思安安, 允恭克讓, 光被四表, 格于上下.)"

詳說

○ 以其虞書, 故言之如此. 或曰用虞書之文爲言耳, 然語頗未瑩.
그것이 「우서」이기 때문에 이처럼 말하였다. 어떤 이는 "「우서」의 글로 말을 하였을 뿐이다."라고 하였는데, 말이 약간 분명하지 않다.

詳說

○ 作者, 追言作書之意如此也. 後皆放此
작자는 글을 지은 의도를 이와 같이 추구하여 말하였다. 뒤에는 모두 이와 같다.

[O-3-2]

虞舜側微, 堯聞之聰明, 將使嗣位, 歷試諸難, 作舜典.

우순(虞舜)이 미천하였는데 제요(帝堯)는 그가 총명하다는 말을 듣고 지위를 잇게 하려고 여러 어려움을 차례로 시험하면서 「순전(舜典)」을 지었다.

詳說

○ 之猶其也.
'요문지총명(堯聞之聰明)'에서 '지(之)'는 '기(其)'와 같다.

○ 孔氏曰 : "難事."
'역시제난(歷試諸難)'의 '난(難)'에 대해, 공씨가 말하였다 : "어려운 일이다."

集傳

側微, 微賤也. 歷試, 徧試之也. 諸難, 五典百揆, 四門大麓之事也. 今按, 舜典一篇, 備載一代政治之終始,

'측미(側微)'는 미천하다는 것이다. '차례로 시험하였다.'는 것은 두루 시험하였다는 것이다. '여러 어려움'은 오전과 백규와 사문과 큰 산기슭의 일이다.[477] 이제 살

---

477) 『서경(書經)』, 「우서(虞書)」·「순전2(舜典2)」 : "오전(五典)을 삼가 아름답게 하라 하시니 오전(五典)이 능히 순하게 되었으며, 백규(百揆)에 앉히시니 백규(百揆)가 때로 펴졌으며, 사문(四門)에서 손님을 맞이하게 하시니 사문(四門)이 화목하며, 큰 산기슭에 들어가게 하시니 맹렬한 바람과 천둥 번개가 치고 비가 옴에 혼미하지 않으셨다.(愼徽五典, 五典克從, 納于百揆, 百揆時敍, 賓于四門, 四門穆穆, 納于大麓, 烈風雷雨, 弗

펴보건대,「순전」한 편에는 한 왕조에서 정치의 종시가 갖추어 실려 있는데,

詳說

○ 去聲.

'치(治)'는 거성이다.

集傳

而序止謂歷試諸難作舜典, 豈足以盡一篇之義.

서문에서 단지 '여러 어려움을 차례로 시험하면서 「순전(舜典)」을 지었다.'고 하는 것으로 어찌 충분히 한 편의 뜻을 다할 수 있겠는가?

[O-3-3]

帝釐下土, 方設居方, 別生分類, 作汩作九共九篇槀飫.

제가 하토를 다스림에 관을 설치하여 방소에 거하게 하고, 성씨의 족속을 구별하고 종류를 나누면서 「골작(汩作)」과 「구공(九共)」 9편과 「고어(槀飫)」를 지었다.

詳說

○ 彼列反.

'별생분류(別生分類)'에서 '별(別)'은 음이 '피(彼)'와 '열(列)'의 반절이다.

○ 音骨.

'골(汩)'은 음이 '골(骨)'이다.

○ 音恭

'공(共)은 음이 '공(恭)'이다.

○ 音犒.

'고(槀)'는 음이 '호(犒)'이다.

○ 依據反

迷.)"

'어(飫)'는 음이 '의(依)'와 '거(據)'의 반절이다.

集傳
漢孔氏曰 : 言舜理四方諸侯, 各設其官居其方. 生, 姓也, 別其姓族, 分其類, 使相從也. 汩, 治, 作, 興也, 言治民之功興也. 槀, 勞, 飫, 賜也.
한의 공씨가 말하였다 : "순이 사방의 제후를 다스림에 각기 관을 설치해서 그 방소에 거하게 하였다. '생(生)'은 '성(姓)'이고, 성씨의 족속을 구별하고 종류를 나눠 서로 따르게 한 것이다. '골(汩)'은 다스림이고 '작(作)'은 일어남이니, 백성을 다스리는 공이 일어난다는 말이다. '고(槀)'는 수고한다는 것이고, '어(飫)'는 준다는 것이다.

詳說
○ 去聲.
'노(勞)'는 거성이다.

○ 九共, 豈言九官之共職歟.
「구공」이 어지 구관의 공직(共職)이겠는가!

集傳
凡十一篇亾. 今按十一篇, 共只一序如此, 亦不可曉.
모두 11편인데 없어졌다. 이제 살펴보건대, 모두 단지 하나의 서문이 이와 같다는 것도 알 수가 없다.

[O-3-4]
皐陶矢厥謨, 禹成厥功, 帝舜申之, 作大禹皐陶謨益稷,
고요(皐陶)가 좋은 말씀을 아뢰고 우(禹)임금이 공을 이루자 제순(帝舜)이 이를 거듭하여 「대우모(大禹謨)」와 「고요모(皐陶謨)」와 「익직(益稷)」을 지었다.

詳說
○ 音遙.
'요(陶)'는 음이 '요(遙)'이다.

○ 孔氏曰 : 凡三篇, 禹稱大, 大其功也

공씨(孔氏)가 말하였다 : "모두 세 편인데, 우(禹)를 대(大)라고 칭한 것은 그 공을 크게 한 것이다."

集傳

矢, 陳, 申, 重也.

'시(矢)'는 아뢰는 것이고, '신(申)'은 거듭한다는 것이다.

詳說

○ 去聲.

'중(重)'은 거성이다.

集傳

序書者, 徒知皐陶以謨名, 禹以功稱, 而篇中有來禹汝亦昌言, 與時乃功懋哉之語, 遂以爲舜申禹使有言, 申皐陶使有功, 其淺近如此, 而不知禹曷嘗無言, 皐陶曷嘗無功, 是豈足以知禹皐陶之精微者哉.

서(書)를 서(序)한 것으로는 단지 고요(皐陶)를 모(謨)로 이름붙이고, 우(禹)를 공(功)으로 칭해서 편 가운데 "이리 오라 우야! 너도 창언을 하라."[478]는 말과 "이야말로 너의 공이니, 힘쓸지어다."[479]라는 말이 있는 것만 알고, 마침내 순이 우에게 거듭해서 말이 있게 하고, 고요에게 거듭해서 공이 있게 하였다고 여겼으니, 이처럼 천근해서 우가 어째서 말이 없었고, 고요가 어째서 공이 없었는지를 모르는 것

---

478) 『서경(書經)』, 「우서(虞書)」·「익직1(益稷1)」 : "제순(帝舜)이 말씀하기를 '이리 오라. 우(禹)야! 너도 창언(昌言)을 하라.'라고 하시니, 우(禹)가 절하고 말씀하기를 '아! 훌륭합니다. 황제(皇帝)시여. 제가 무슨 말씀을 올리겠습니까. 저는 날로 부지런히 부지런히 힘쓸 것을 생각합니다.'라고 하였다. 고요가 '아! 옳지 않다. 어떻게 했는가?'라고 하고 묻자, 우(禹)는 다음과 같이 말씀하였다. '홍수가 하늘에 넘쳐 끝없이 넓고 넓어 산을 싸고 언덕까지 올라가 하민(下民)들이 혼란하고 빠졌는데, 내가 네 가지 탈 것을 타고서 산을 따라 나무를 제거하고 익(益)과 함께 여러 날고기를 올렸으며, 내가 구주(九州)의 냇물을 터놓아 사해(四海)에 이르게 하고 견(畎)과 회(澮)를 깊이 파서 내에 이르게 하였으며, 직(稷)과 더불어 파종하여 모든 간식(艱食)과 선식(鮮食)을 올리며, 힘쓸 있는 것을 없는 곳에 교역(交易)하여 쌓아둔 것을 변화하게 하니, 여러 백성들이 이에 곡식을 먹어서 만방(萬邦)이 다스려졌다." 고요가 말하기를 "아! 너의 말이 옳다. 너의 창언(昌言)을 법으로 삼겠다.'라고 하였다.(帝曰, 來, 禹. 汝亦昌言. 禹拜曰, 都. 帝. 予何言. 予思日孜孜. 皐陶曰, 如何. 禹曰, 洪水滔天, 浩浩懷山襄陵, 下民昏, 予乘四載, 隨山刊木, 曁益奏庶鮮食, 予決九川, 距四海, 濬畎澮距川, 曁稷播, 奏庶艱食鮮食, 懋遷有無化居, 烝民乃粒, 萬邦作乂. 皐陶曰, 兪. 師汝昌言.)"

479) 『서경(書經)』, 「우서(虞書)」·「대우모(大禹謨-11)」 : "제순(帝舜)이 말씀하였다. '고요야! 이 신하와 백성들이 혹시라도 나의 정사를 범하는 자가 없는 것은 네가 사사(士師)가 되어서 오형(五刑)을 밝혀 오품(五品)의 가르침을 도와 나를 다스려짐에 이르도록 기약하였기 때문이다. 형벌을 쓰되 형벌이 없는 경지에 이를 것을 기약하여 백성들이 중도(中道)에 맞는 것이 이야말로 너의 공이니, 힘쓸지어다.'(帝曰, 皐陶. 惟玆臣庶, 罔或干予正, 汝作士, 明于五刑, 以弼五敎, 期于予治. 刑期于無刑, 民協于中, 時乃功, 懋哉.)"

이다. 이것이 어찌 우와 고요의 정미함을 충분히 아는 것이겠는가!

[O-3-5]

禹別九州, 隨山濬川, 任土作貢.

우(禹)임금은 구주(九州)를 구별하여 산을 따라 냇물을 깊이 파고 토질에 맞추어 공물(貢物)을 내게 하였다.

詳說

○ 彼列反.

'별(別)'은 음이 '피(彼)'와 '열(列)'의 반절이다.

○ 夏書凡九篇.

「하서」는 모두 9편이다.

集傳

別, 分也. 分九州疆界, 是也. 隨山者, 隨山之勢, 濬川者, 濬川之流, 任土者, 任土地所宜, 而制貢也

'별(別)'은 나누는 것이니, 구주의 경계를 구분하는 것이 여기에 해당한다. '산을 따른다.'는 것은 산의 형세를 따르는 것이고, '냇물을 깊이 판다.'는 것은 냇물의 흐름대로 판다는 것이며, '토질에 맞춘다.'는 것은 토지의 마땅함에 따라 공물을 정하는 것이다.

詳說

○ 任, 用也.

'임(任)'은 쓴다는 것이다.

[O-3-6]

啓與有扈, 戰于甘之野, 作甘誓.

계(啓)가 유호(有扈)와 감(甘)땅의 들에서 싸우면서 「감서(甘誓)」를 지었다.

> [集傳]

經曰大戰于甘者, 甚有扈之辭也.
경에서 "감땅에서 크게 싸웠다."⁴⁸⁰⁾는 것은 유호씨에게 심하게 했다는 말이다.

> [詳說]

○ 甚著其不服之罪.
그가 불복하는 죄를 심하게 드러낸 것이다.

> [集傳]

序書者, 宜若春秋筆然.
서(書)를 서(序)함에는 춘추의 필법과 같아야 한다.

> [詳說]

○ 句.
구두해야 한다.

> [集傳]

春秋
춘추에서

> [詳說]

○ 桓五年.
환공 5년이다.

> [集傳]

桓王失政, 與鄭戰于繻葛,
환왕(桓王)이 실정해서 정(鄭)과 수갈(繻葛)에서 전쟁한 것에 대해

> [詳說]

○ 音須.

---

480) 『서경(書經)』, 「하서(夏書)」·「감서1(甘誓1)」: "감(甘)땅에서 크게 싸울 적에 마침내 육경(六卿)을 부르셨다."

'수(繻)'는 음이 '수(須)'이다.

○ 見左傳.
『좌전』에 보인다.

集傳

夫子猶書王伐鄭, 不曰與, 不曰戰者, 以存天下之防也, 以啓之賢, 征有扈之無道, 正禮樂征伐, 自天子出也.
부자는 여전히 왕이 정을 정벌했다고 기록하고, '~와[與]'라고 하지 않고 '전쟁했다[戰]'고 하지 않았으니, 천하를 보존하는 대비로 현자들에게 열어놓은 것이다. 유호의 무도함을 정벌함은 바로 예악과 정벌이 천자로부터 나온다는 것이다.

詳說
○ 見論語季氏
『논어』「계씨」에 보인다.[481]

集傳

序書者, 曰與曰戰, 若敵國者, 何哉. 孰謂書序爲夫子作乎.
서(書)를 서(序)함에 '~와[與]'라고 하고 '전쟁했다[戰]'고 한 것은 적국과 같이 한 것이니, 어떻게 된 것인가? 누군들 서의 서문이 천자를 위해 지었다고 말하겠는가!

[O-3-7]

太康失邦, 昆弟五人, 須于洛汭, 作五子之歌.

태강(太康)이 나라를 잃자, 형제 다섯 사람이 낙수(洛水) 가에서 기다리면서 「오자지가(五子之歌)」를 지었다.

集傳

經文已明此但疣贅耳.

---

481) 『논어(論語)』「계씨(季氏)」: "천하에 도가 있으면 예악과 정벌이 천자에게서 나오고, 천하에 도가 없으면 예악과 정벌이 제후에게서 나온다.(天下有道, 則禮樂征伐, 自天子出. 天下無道, 則禮樂征伐, 自諸侯出.)"

경문에서 이것은 단지 군더더기일 뿐이라고 밝혔다.

詳說
○ 音尤.
'우(疣)'는 음이 '우(尤)'이다.

○ 朱芮反.
'췌(贅)'는 음이 '주(朱)'와 '예(芮)'의 반절이다.

集傳
下文不註者, 放此.
아래의 글에서 주를 달지 않은 것도 이와 같다.

詳說
○ 倣同.
'방(放)'은 '방(倣)'과 같다.

○ 與詩序辨之稍平者, 同例.
『시서변』에서 '조금 평안하다.'는 것과 같은 사례이다.

[O-3-8]
義和湎淫, 廢時亂日, 胤往征之, 作胤征.
희화(羲和)가 술에 빠져 때를 폐하고 날짜를 어지럽히자, 윤후(胤侯)가 가서 정벌하면서 「윤정(胤征)」을 지었다.

詳說
○ 孔氏曰 : "甲乙."
'폐시난일(廢時亂日)'에 대해, 공씨가 말하였다 : "갑일과 을일이다."

集傳

以經考之, 羲和, 蓋黨羿惡, 仲康畏羿之强, 不敢正其罪而誅之,
경으로 상고하면, 희화는 대개 예의 악함과 무리를 지었는데도, 중강이 예의 강함을 두려워하여 그 죄를 바로잡아 치지 못하고,

詳說
○ 經文言外之意.
경문에서 말 밖의 의미이다.

集傳
止責其廢厥職荒厥邑爾. 序書者, 不明此意, 亦曰湎淫廢時亂日, 亦有所畏, 而不敢正其罪耶.
단지 그 직분을 폐하고 그 읍을 황폐하게 한 것만 꾸짖었던 것이다. 서(書)에 서문을 달면서 이런 의미를 밝히지 못하고 또한 '술에 빠져 때를 폐하고 날짜를 어지럽혔다.'고 한 것도 두려워서 감히 그 죄를 바로잡지 못한 것이다.

詳說
○ 仲康固畏羿, 序者, 亦畏羿耶.
중강이 진실로 예를 두려워했으니 서문을 단 것도 예를 두려워한 것이다.

[O-3-9]
自契至于成湯八遷, 湯始居亳, 從先王居, 作帝告釐沃.
설에서 성탕까지 여덟 번 옮겨 다니다가 탕이 비로소 박땅에 자리를 잡으니, 선왕을 따라 거하면서 「제고(帝告)」와 「이옥(釐沃)」을 지었다.

詳說
○ 音薛
'자설(自契)'에서 '설(契)'은 음이 '설(薛)'이다.

○ 見史記本紀
『사기』「본기」에 보인다.

○ 孔氏曰 : "告來居.
'작제고(作帝告)'에 대해, 공씨(孔氏)가 말하였다 : "와서 거함을 고한 것이다."

○ 孔氏曰 : "治沃土."
'이옥(釐沃)'에 대해, 공씨(孔氏)가 말하였다 : "옥의 땅을 다스린 것이다."

[O-3-10]
湯征諸侯, 葛伯不祀, 湯始征之, 作湯征.

탕이 제후를 정벌한 것은 갈백이 제사를 지내지 않음에 탕이 비로소 정벌한 것이니, 「탕정(湯征)」을 지었다.

詳說
○ 孔氏曰 : "爲夏方伯."
'탕정제후(湯征諸侯)'에 대해, 공씨(孔氏)가 말하였다 : "하의 방백이 된 것이다."

○ 見孟子滕文公.
'탕시정지(湯始征之)'의 내용이 『맹자』「등문공」에 보인다.

[O-3-11]
伊尹去亳適夏, 旣醜有夏, 復歸于亳, 入自北門, 乃遇汝鳩汝方, 作汝鳩汝方.

이윤이 박땅을 떠나 하로 갔으나 이미 유하를 미워해서 다시 박땅으로 돌아오면서 북문으로 들어와 여구(汝鳩)와 여방(汝方)을 만나면서 「여구(汝鳩)」와 「여방(汝方)」을 지었다.

詳說
○ 就桀.
'적하(適夏)'의 경우, 걸(桀)'에게로 간 것이다.

○ 去聲.

'부귀우박(復歸于亳)'에서 '부(復)'는 거성이다.

○ 就湯

'부귀우박(復歸于亳)'의 경우, 탕(湯)에게로 간 것이다.

○ 孔氏曰 : "言所以醜夏而還之意."

공씨(孔氏)가 말하였다 : "하를 미워해서 돌아오게 된 까닭의 뜻을 말한 것이다."

集傳

漢孔氏曰 : "先王, 帝嚳也

한의 공씨가 말하였다 : "선왕은 제곡(帝嚳)이다.

詳說

○ 契父.

설(契)의 아비이다.

集傳

醜, 惡也. 不期而會, 曰遇. 鳩方二臣名.

'추(醜)'는 미워하는 것이다. 기약하지 않고 모이는 것을 '우(遇)'라고 한다. '구(鳩)'와 '방(方)'은 두 신하의 이름이다.

詳說

○ 湯臣.

탕의 신하이다.

集傳

五篇亾.

다섯 편으로 없어졌다.

詳說

○ 一辨三序.
   하나의 변에 세 서문이다.

[O-3-12]
伊尹相湯伐桀, 升自陑, 遂與桀, 戰于鳴條之野, 作湯誓.

이윤(伊尹)이 탕왕(湯王)을 도와 걸왕(桀王)을 정벌할 적에 탕왕(湯王)은 이(陑)땅의 길로부터 올라와 마침내 걸왕(桀王)과 명조(鳴條)의 들에서 싸웠으니,「탕서(湯誓)」를 지었다.

詳說
○ 去聲.
   '이윤상탕벌걸(伊尹相湯伐桀)'에서 '상(相)'은 거성이다.

○ 音而.
   '승자이(升自陑)'에서 '이(陑)'는 음이 '이(而)'이다.

○ 商書, 凡三十五篇
   「상서」는 모두 35편이다.

集傳
以伊尹爲首稱者, 得之.
이윤으로 먼저 칭한 것은 적합한 것이다.

詳說
○ 非湯之得已也.
   탕이 자신을 얻었다는 것이 아니다.

集傳
咸有一德, 亦曰惟尹躬曁湯, 咸有一德
「함유일덕」에서도 "저는 몸소 탕왕(湯王)과 더불어 모두 일덕을 소유하였다."[482]

---

482) 『서경(書經)』, 「상서(商書)」·「함유일덕3(咸有一德3)」: "저는 몸소 탕왕(湯干)과 더불어 모두 일덕을 소유하고 능히 천심(天心)에 합당하며 하늘의 밝은 명(命)을 받아서 구주(九州)의 무리를 소유하여 이에 하(夏)

고 하였으니,

> 詳說

○ 爰革夏正.

　　하력(夏曆)을 바꾼 것이다.

> 集傳

陑, 在河曲之陽, 鳴條, 在安邑之西. 升自陑, 義未詳. 漢孔氏遂以爲出其不意, 亦序意有以啓其陋歟

'이(陑)'땅은 하곡의 북쪽에 있고, 명조(鳴條)는 안읍(安邑)의 서쪽에 있다. '이(陑)'땅의 길로부터 올라왔다.'는 것은 의미가 자세하지 않다. 한의 공씨는 마침내 의도하지 않은 것을 내놓은 것으로 여겼으니, 또한 서문의 의미에 그 누추함을 열어놓는 것이다.

[O-3-13]

湯旣勝夏, 欲遷其社, 不可, 作夏社疑至臣扈.

탕이 하를 이긴 다음에 그 사직을 옮기려고 함에 불가하여「하사(夏社)」와「의지(疑至)」와「신호(臣扈)」를 지었다.

> 詳說

○ 孔氏曰 : "後世無及句龍者, 故不可而止."

　　공씨(孔氏)가 말하였다 : "후세에 구룡(句龍)을 언급한 것이 없기 때문에 불가해서 멈춘 것이다."

○ 孔氏曰 " "言社不可遷之意

　　'작하사(作夏社)'에 대해, 공씨(孔氏)가 말하였다 : "사직을 옮길 수 없는 의미를 말한 것이다."

○ 唐孔氏曰 : 用二臣, 自明不可遷.

나라의 정삭(正朔)을 바꾸었습니다.(惟尹躬曁湯, 咸有一德, 克享天心, 受天明命, 以有九有之師, 爰革夏正.)

'의지신호(疑至臣扈)'에 대해, 당의 공씨가 말하였다 : "두 신하를 등용한 것은 옮길 수 없음을 스스로 밝힌 것이다."

集傳

程子曰 : 聖人不容有妄擧. 湯始欲遷社, 衆議以爲不可而不遷是湯, 有妄擧也.
정자(程子)가 말하였다 : "성인은 함부로 거론함이 있는 것을 받아들이지 않았다. 탕이 비로소 사직을 옮기려고 하는데, 여러 의론이 불가하다고 해서 옮기지 않은 것이 탕이라면 함부로 거론함이 있는 것이다."

詳說

○ 叔子.
정자(程子)는 동생 정이(程頤)[483]이다.

○ 必無是理.
반드시 이런 이치는 없다는 것이다.

集傳

蓋不可者, 湯不可之也. 唐孔氏以於時有議論其事者
불가하다는 것은 탕이 불가하다는 것이다. 당의 공씨는 이때에 그 일을 의론하는 자들이 있었다는 것으로 생각한 것이다.

詳說

○ 議欲遷社.
의론은 사직을 옮기려는 것이었다.

○ 程子說蓋止此.
정자의 설명은 대개 여기까지이다.

---

483) 정이(程頤, 1033~1107): 북송의 성리학자로 자는 정숙(正叔), 이천백(伊川伯)에 봉해져 이천선생으로 불렸다. 태학에 있을 때 호원(胡瑗)의 인정을 받았고, 장재(張載)와 함께 태학에서 강학하였다. 그는 우주는 이기의 이원으로 이루어졌으며 만물역시 이기이원에 의해 생겨난다고 하였다. 형(形)을 이루는 것이 기이고, 형(形)가운데 부여되어 있는 도가 리이며, 이 리는 보편적 원리로, 기는 형이하의 개별적 원리로 설명하였다. 저서로는 『역전(易傳)』, 『춘추전』, 『이천문집』 등이 있는데 역전외의 것은 모두 『이정전서』에 수록되어 있다.

集傳
詳序文, 以爲欲遷者, 湯欲之也, 恐未必如程子所言. 要之,

서문의 글을 상세히 살펴보면 옮기려고 한 것은 탕이 하려고 한 것으로 여겼으니, 정자가 말한 것과 반드시 같지 않은 것 같다. 요약하자면,

詳說
○ 平聲.

'요(要)'는 평성이다.

集傳
序

서문에서는

詳說
○ 序者.

서문으로 한 것이다.

集傳
非聖人之徒, 自不足以知聖人也.

성인의 무리가 아니면 본래 성인을 알기에 부족하다는 것이다.

詳說
○ 序之妄也.

서문에는 없는 것이다.

集傳
三篇亾.

세 편으로 없어졌다.

[O-3-14]

夏師敗績, 湯遂從之, 遂伐三朡, 俘厥寶玉, 誼伯仲伯, 作典寶.

하나라 군대가 대패하니 탕이 마침내 쫓아갔고 드디어 삼종(三朡)을 치고, 그 보옥을 취하였으니, 의백(誼伯)과 중백(仲伯)이 「전보(典寶)」를 지었다.

詳說

○ 音椶.
'수벌삼종(遂伐三朡)'에서 '종(朡)'은 음이 '종(椶)'이다.

○ 孔氏曰：“桀走保.”
'삼종(三朡)'에 대해, 공씨(孔氏)가 말하였다：“걸이 달아나 지키는 곳이다.”

○ 夏之寶玉.
'보옥(寶玉)'은 하나라의 보옥이다.

○ 孔氏曰二臣
'의백중백(誼伯仲伯)'에 대해, 공씨(孔氏)가 말하였다：“두 신하이다.”

○ 孔氏曰：“常寶.”
'작전보(作典寶)에 대해, 공씨(孔氏)가 말하였다：“상보(常寶)이다.”

集傳

三朡, 國名, 今定陶也. 俘, 取也. 俘厥寶玉, 恐亦非聖人所急. 篇亡.
삼종(三朡)은 나라의 이름이니, 지금의 정도(定陶)이다. '부(俘)'는 취하는 것이다. '그 보옥을 취했다.'는 것도 아마 성인이 급하게 여기는 것이 아닌 것 같다. 편은 없어졌다.

[O-3-15]

湯歸自夏, 至于大坰, 仲虺作誥.

탕왕(湯王)이 하(夏)나라에서 돌아오면서 대경(大坰)에 이르니, 중훼(仲虺)가 고(誥)를 지었다.

詳說

○ 音扃.

'경(坰)'은 음이 '경(扃)'이다.

集傳

大坰, 地名.

'대경(大坰)'은 지명이다.

[O-3-16]

湯旣黜夏命, 復歸于亳, 作湯誥, 咎單, 作明居.

탕왕(湯王)이 이미 하(夏)나라의 명(命)을 내치고 다시 박(亳) 땅으로 돌아오면서 「탕고(湯誥)」를 짓고 구단(咎單)이 「명거(明居)」를 지었다.

詳說

○ 去聲.

'부(復)'는 거성이다.

○ 上演反

'단(單)'은 음이 '상(上)'과 '연(演)'의 반절이다.

○ 孔氏曰 : "臣名."

공씨(孔氏)가 말하였다 : "구단(咎單)은 신하의 이름이다."

○ 孔氏曰 : "主土地之官, 明居民法."

공씨(孔氏)가 말하였다 : "토지를 주로 하는 관은 백성들의 법을 분명히 처리한다."

集傳

一篇亾.

한 편은 없어졌다.

詳說

○ 明居.
일편(一篇)은 「명거(明居)」이다.

[O-3-17]
成湯旣沒, 太甲元年, 伊尹作伊訓肆命徂后.

성탕(成湯)이 별세하자, 태갑(太甲) 원년(元年)에 이윤(伊尹)이 「이훈(伊訓)」과 「사명(肆命)」과 「조후(徂后)」를 지었다.

詳說

○ 孔氏曰 : "陳天命以戒太甲."
'이윤작이훈사명(伊尹作伊訓肆命)'에 대해, 공씨(孔氏)가 말하였다 : "천명을 아뢰어 태갑을 경계시켰다."

○ 孔氏曰 : "陳往古明君以戒."
'조후(徂后)'에 대해, 공씨(孔氏)가 말하였다 : "옛날의 뛰어난 임금을 아뢰어 경계시켰다."

集傳

孟子曰, 湯崩太丁未立, 外丙二年, 仲壬四年, 太甲顚覆湯之典刑.

『맹자』에서 "탕 임금이 붕어하자 태정은 즉위하지 못하고 죽었고 외병은 2년, 중임은 4년 재위하였으며 태갑이 즉위하여 탕 임금의 떳떳한 법을 전복시켰다."라고 하였다.[484]

詳說

○ 萬章.
『맹자』는 「만장」이다.

○ 音福.
'태갑전복(太甲顚覆)'에서 '복(覆)'은 음이 '복(福)'이다.

---

[484] 『맹자(孟子)』「만장상(萬章上)」: "이윤이 탕 임금을 도와 천하에 왕이 되게 하였더니, 탕 임금이 붕어하자 태정은 즉위하지 못하고 죽었고 외병은 2년, 중임은 4년 재위하였으며 태갑이 즉위하여 탕 임금의 떳떳한 법을 전복시켰다 (伊尹相湯, 以于於天下, 湯崩, 太丁未立, 外丙二年, 仲壬四年, 太甲顚覆湯之典刑.)"

集傳
史記,
『사기』에서는

詳說
○ 殷紀.
「은기」이다.

集傳
太子太丁未立而死, 立太丁之弟外丙二年崩, 又立外丙之弟仲壬四年崩, 伊尹乃立太丁之子太甲. 序書者, 以經文首言, 奉嗣王祗見厥祖.
태자 태정은 즉위하지 못하고 죽었고, 태정의 아우 외병은 즉위 2년에 죽었으며, 또 외병의 아우 중임은 즉위 4년에 죽었으니, 이윤이 이에 태정의 자식 태갑을 세웠다. 서(書)에 서문으로 한 것은 경문에서 처음으로 '사왕(嗣王)을 받들어 공경히 할아버지를 뵌 것이라는 말이다.'485)

詳說
○ 音現, 下並同.
'현(見)'은 음이 '현(現)'으로 아래에서도 모두 같다.

集傳
遂云, 成湯旣沒, 太甲元年
마침내 '성탕이 죽은 다음 태갑 원년이다.'고 한다.

詳說
○ 按, 孟子註中程子說如是.
내가 살펴보건대, 『맹자』의 주 가운데 정자의 설명이 이와 같다.

---

485) 『서경(書經)』, 「상서(商書)」·「태갑1(太甲1)」: "원사(元祀)[원년(元年)] 12월 을축일(乙丑日)에 이윤(伊尹)이 선왕(先王)에게 제사(祭祀)할 적에 사왕(嗣王)을 받들어 공경히 할아버지를 뵈었는데, 이때 후복(侯服)과 전복(甸服)의 여러 제후(諸侯)들이 모두 있었으며 백관(百官)들이 자기의 직책을 총괄하여 총재(宰)에게 명령을 들었다. 이에 이윤(伊尹)이 열조(烈祖)[성탕(成湯)]가 이룩하신 덕(德)을 분명히 말하여 왕(王)에게 다음과 같이 훈계하였다.(惟元祀十有二月乙丑, 伊尹祠于先王, 奉嗣王, 祗見厥祖, 侯甸群后咸在, 百官總己, 以聽宰. 伊尹乃明言烈祖之成德, 以訓于王.)"

集傳

後世儒者, 以序爲孔子所作, 不敢非之, 反疑孟子所言, 與本紀所載, 是可歎也. 肆命徂后二篇, 亡. ○吳氏曰, 太甲諒陰

후세의 학자들은 서문을 공자가 지은 것으로 여겨 감히 비난하지 못하고 도리어 맹자가 말한 것과 「본기」에 실린 것을 의심했으니, 탄식해야 하는 것이다. 「사명」과 「조후」 두 편은 없어졌다. 오씨가 양암에 있는 것은

詳說

○ 音梁菴.

'양암(諒陰)'은 음이 '양암(梁菴)'이다.

○ 見說命.

「열명」에 보인다.486)

集傳

爲服仲壬之喪, 以是時湯葬已久. 仲壬在殯, 太甲太丁之子, 視仲壬爲叔父, 爲之後者,

중임의 상을 당했기 때문이니, 이때에는 탕을 장사한지 이미 오래되었다. 중임이 빈소에 있어 태갑이 태정의 자식으로 중임을 숙부로 보고 그의 후사가 되어

詳說

○ 去聲.

'위(爲)'는 거성(去聲)이다.

集傳

爲之子也,

자식이 된 것이기 때문이니,

---

486) 『서경(書經)』, 「상서(商書)」·「열명1(說命1)」 : "왕(王)이 양암(亮陰)에서 집상(執喪)하기를 3년 동안 하여 이미 상(喪)을 벗고도 말씀하지 않으니, 군신(群臣)들이 모두 왕(王)에게 간(諫)하였다. '아! 아는 사람을 명철(明哲)이라 하니, 명철(明哲)이 실로 법(法)이 됩니다. 천자(天子)가 만방(萬邦)에 군주(君主)가 되시거든 백관(百官)이 법(法)을 받들어서 왕(王)의 말씀을 명령으로 삼나니, 왕(王)께서 말씀하지 않으시면 신하(臣下)들이 명령을 받을 곳이 없습니다.'(王宅憂亮陰三祀, 旣免喪, 其惟弗言, 群臣咸諫于王曰, 嗚呼. 知之曰明哲, 明哲實作則. 天子惟君萬邦, 百官承式, 王言惟作命, 不言, 臣下罔攸稟令)"

○ 皆猶其也.
'지(之)'는 모두 '기(其)'와 같다.

○ 見儀禮喪服.
『의례』「상복」에 보인다.

集傳
祇見厥祖, 謂至湯之廟. 蓋太甲旣立, 伊尹訓于湯廟, 故稱祇見厥祖. 若止是殯前, 旣不當稱奉, 亦不當稱祇見也.

그 조상을 공경히 뵙는 것은 탕의 사당에 이르는 것을 말한다. 대개 태갑이 즉위한 다음에 이윤이 탕의 사당에서 훈계했기 때문에 공경히 할아버지를 뵈었다고 칭한 것이다. 단지 빈소의 앞에서 이미 받들었다고 칭해서는 안되고 또한 공경히 뵈었다고 칭해서도 안된다.

詳說
○ 常居廬次.
항상 여차(廬次)에 있는 것이다.

[O-3-18]

太甲旣立不明, 伊尹放諸桐, 三年復歸于亳, 思庸, 伊尹作太甲三篇.

태갑(太甲)이 즉위하여 밝지 못하자, 이윤(伊尹)이 동(桐)땅에 추방하였는데, 삼년만에 다시 박읍(邑)으로 돌아와 도(道)를 생각하니, 이윤(伊尹)이 「태갑(太甲)」 세 편(三篇)을 지었다.

詳說
○ 孔氏曰 : "不明居喪之禮."
'불명(不明)'에 대해, 공씨(孔氏)가 말하였다 : "상례를 치르는 예에 밝지 못한 것이다."

○ 去聲

'삼년부귀우박(三年復歸于亳)'에서 '부(復)'는 거성이다.

○ 孔氏曰 : "念常道

공씨(孔氏)가 말하였다 : "떳떳한 도리를 생각하는 것이다."

○ 孔氏曰 : "戒太甲, 故以名篇."

'태갑삼편(太甲三篇)'에 대해, 공씨(孔氏)가 말하였다 : "태갑에게 경계하는 것이기 때문에 편의 이름으로 한 것이다."

集傳

按, 孔氏云, 桐, 湯葬地也. 若未葬之辭, 蓋上文祗見厥祖,

살펴보건대, 공씨가 '동(桐) 땅은 탕의 장지이다.'라고 했다. 아직 장사하지 않은 것에 대한 말이면, 대개 위의 글에서 할아버지를 공경히 뵈었다는 것은

詳說

○ 音現.

'현(見)'은 음이 '현(現)'이다.

集傳

言湯在殯, 此不敢爲已葬. 使湯果在殯, 則太甲固已密邇其殯側矣. 捨殯而欲密邇湯於將葬之地, 固無是理也. 孔氏之失, 起於伊訓序文之謬, 遺外丙仲壬二帝, 故書指不通.

탕이 빈소에 있다는 말이니, 이것은 감히 이미 장사지낸 것이 아니다. 가령 탕이 과연 빈소에 있다면 태갑이 진실로 이미 빈소의 옆에 아주 가깝게 있는 것이다. 빈소를 버리고 장사지내려는 곳에서 아주 가깝게 있고자 한다면, 진실로 이런 이치는 없는 것이다. 공씨의 잘못은 「이훈」 서문의 글의 잘못에서 생겼고, 외병과 중임 두 임금을 버리는 것이기 때문에 글의 뜻이 통하지 않는 것이다.

[O-3-19]

伊尹作咸有一德.

이윤(伊尹)이 「함유일덕(咸有一德)」을 지었다.

|詳說|

○ 蒙上思庸之文.
　위의 글에서 '도를 생각한다.'는 글을 이어받았다.

[O-3-20]
|沃丁旣葬伊尹于亳, 咎單遂訓伊尹事, 作沃丁.|

옥정(沃丁)이 이윤(伊尹)을 박땅에 장사지낸 다음 구단(咎單)이 마침내 이윤의 일로 가르치니,「옥정(沃丁)」을 지었다.

|詳說|

○ 孔氏曰:"所行功德
　'구단수훈이윤사(咎單遂訓伊尹事)에 대해, 공씨(孔氏)가 말하였다:"행한 공덕이다."

[O-3-21]
|伊陟相太戊, 亳有祥, 桑穀共生于朝. 伊陟贊于巫咸, 作咸乂四篇.|

이척(伊陟)이 태무(太戊)의 재상이 되었는데, 박땅에 재앙이 있어 뽕나무와 닥나무가 함께 조정에서 자랐다. 이척(伊陟)이 무함(巫咸)에게 고하니,「함예(咸乂)」네 편을 지었다.

|詳說|

○ 去聲.
　'이척상(伊陟相)'에서 '상(相)'은 거성이다.

○ 孔氏曰:"妖怪."
　'박유상(亳有祥)'의 '상(祥)'에 대해, 공씨(孔氏)가 말하였다:"요괴이다."

○ 音潮

'생우조(生于朝)'에서 '조(朝)'는 음이 '조(潮)'이다.

○ 見史記殷紀
『사기』「은기」에 보인다.

○ 孔氏曰 : "告也."
'이척찬(伊陟贊)'에서 '찬(贊)'에 대해, 공씨(孔氏)가 말하였다 : "'고한 것이다."

○ 唐孔氏曰 : "治也."
당의 공씨(孔氏)가 말하였다 : "'예(乂)'는 다스리는 것이다."

[O-3-22]
太戊贊于伊陟, 作伊陟原命.

태무(太戊)가 이척(伊陟)에게 고하니, 「이척(伊陟)」과 「원명(原命)」을 지었다.

詳說

○ 孔氏曰 : "告以改過自新."
공씨(孔氏)가 말하였다 : "잘못을 고치고 스스로 새롭게 했음을 고한 것이다."

○ 孔氏曰 : "原, 臣名."
공씨(孔氏)가 말하였다 : "'원(原)'은 신하의 이름이다."

○ 唐孔氏曰 : "亦告原."
당의 공씨(孔氏)가 말하였다 : "또한 원에게 고한 것이다."

[O-3-23]
仲丁遷于囂, 作仲丁.

중정(仲丁)이 '효(囂)'로 옮기고 「중정(仲丁)」을 지었다.

詳說

○ 太戊子.
중정은 태무의 자식이다.

○ 孔氏曰 : "陳遷都之義."
공씨(孔氏)가 말하였다 : "천도한 의미를 진술한 것이다."

[O-3-24]
河亶甲居相, 作河亶甲.
하단갑(河亶甲)이 상(相)이 거하니, 「하단갑(河亶甲)」을 지었다.

詳說

○ 仲丁弟.
하단갑은 중정의 동생이다.

○ 去聲.
'상(相)'은 거성이다.

[O-3-25]
祖乙圮于耿, 作祖乙.
조을(祖乙)이 경(耿)에서 무너지니 「조을(祖乙)」을 지은 것이다

詳說

○ 河亶甲子.
'조을(祖乙)'은 하단갑의 자식이다.

集傳

沃丁, 太甲之子, 咎單, 臣名.
옥정은 태갑의 자식이고, 구단은 신하의 이름이다.

詳說

○ 並訓明居.
아울러 「명거(明居)」를 가르친 것이다.

集傳

伊陟, 伊尹之子. 太戊, 沃丁弟之子. 桑穀二木合生于朝, 七日而拱,
이척은 이윤의 자식이고, 태무는 옥정 동생의 자식이다. 뽕나무와 닥나무 두 나무가 함께 조정에서 자라면서 7일만에 아름드리가 되었으니

詳說

○ 大拱.
크기가 아름드리였다.

集傳

妖也. 巫咸, 臣名. 囂相耿, 皆地名. 囂相在河北, 耿在河東. 耿鄉河水所毁,
曰圮. 凡十篇亾.
요망한 것이다. 무함은 신하의 이름이고, '효(囂)'·'상(相)'·'경(耿)'은 모두 지명이다. '효(囂)'·'상(相)'은 하북에 있고, '경(耿)'은 하동에 있다. 경의 고을이 하수에 훼손된 것을 '무너졌다'고 했다. 모두 10편인데 없어졌다.

詳說

○ 一辨六序.
하나의 변(辨)에 여섯 서(序)이다.

[O-3-26]

盤庚五遷, 將治亳殷, 民咨胥怨, 作盤庚三篇.

반경(盤庚)이 다섯 번 천도(遷都)하고, 박은(亳殷)을 닦으려고 하자, 백성들이 서로 원망하니, 「반경(盤庚)」 세 편(三篇)을 지었다.

詳說

○ 句.

'장치박은(將治亳殷)'에서 구두해야 한다.

○ 孔氏曰 : "盤庚, 殷王名, 殷質以名篇."
공씨(孔氏)가 말하였다 : "'반경(盤庚)'은 은나라 왕의 이름이다. 은나라는 질박해서 그것으로 편에 이름을 붙인 것이다.

集傳

以篇中有不常厥邑, 于今五邦, 序遂曰, 盤庚五遷. 然今詳于今五邦之下繼以今不承于古, 罔知天之斷命,
편 가운데 '그 도읍을 한 곳에 일정하게 하지 않으신 것이 지금 다섯 고을이다.'487)는 말이 있어 마침내 서에서 "반경이 다섯 번 천도하였다."고 하였던 것이다. 그러나 '지금 다섯 고을이다.'는 말의 아래에 '이제 옛날을 계승하지 않으면 하늘이 명을 끊을지도 모른다.'로 이어진 것을 자세히 살펴보면,

詳說

○ 音短
'단(斷)'은 음이 '단(短)'이다.

集傳

則是盤庚之前, 已自有五遷, 而作序者攷之不詳, 謬云耳也.
이것은 반경 이전에 이미 본래 다섯 번의 천도가 있었던 것인데, 서(序)를 지은 자가 상고한 것이 자세하지 않아 잘못된 것일 뿐이다.

詳說

○ 恐爾之訛.
'이(耳)'는 '이(爾)'의 잘못인 것 같다.

集傳

---

487) 『서경(書經)』,「상서(商書)」·「반경3(盤庚3)」 : "선왕(先王)께서 일이 있으시면 천명(天命)을 삼가시되 오히려 항상 편안하지 않으시어 그 도읍을 한 곳에 일정하게 하지 않으신 것이 지금 다섯 고을이니, 이제 옛날을 계승하지 않으면 하늘이 명(命)을 끊을지도 모르는데 하물며 능히 선왕(先王)의 공렬(功烈)을 따른다고 말하겠는가!(先王有服, 恪謹天命, 玆猶不常寧, 不常厥邑, 于今五邦, 今不承于古, 罔知天之斷命, 曰其克從先王之烈.)"

又五邦云者, 五國都也. 經
또 다섯 고을이라고 말한 것은 나라의 도읍을 다섯 번 했다는 것이다. 경에서

> 詳說
>
> ○ 恐序之訛.
> '경(經)'은 '서(序)'가 잘못된 것 같다.

集傳

言亳囂相耿, 惟四邦爾. 盤庚從湯居亳, 不可又謂之一邦也. 序與經文, 旣已差謬.
'박(亳)'·'효(囂)'·'상(相)'·'경(耿)'을 말했으니, 네 고을일 뿐이다. 반경이 탕을 따라 박에 거주한 것은 또 하나의 고을이라고 해서는 안된다. 서와 경문이 이미 잘못된 것이다.

> 詳說
>
> ○ 戾也.
> 맞지 않다는 것이다.

集傳

史記遂謂, 盤庚自有五遷, 誤人甚矣.
『사기』에서는 마침내 반경이 본래 다섯 번 천도했다고 했으니, 사람들을 그르치게 함이 심하다.

[O-3-27]

高宗夢得說, 使百工營求諸野, 得諸傅巖, 作說命三篇.

고종(高宗)이 꿈에 부열(傅說)을 얻고는 백공(百工)들을 시켜 들에서 경영하여 찾게 하였는데 부암(傅巖)에서 얻었다. 그리하여 「열명(說命)」 세 편(三篇)을 지었다.

> 詳說
>
> ○ 悅同, 下同.
> '몽득열(夢得說)'에서 '열(說)'은 '열(悅)'과 같고 아래에서도 같다.

集傳

按, 經文乃審厥像, 俾以形旁求于天下, 是高宗夢得良弼形狀, 乃審其狀貌而廣求于四方, 說築傅巖之野, 與形像肯似, 如序所云似若. 高宗夢得傅說姓氏, 又因經文有羣臣百官等語, 遂謂使百官營求諸野, 得諸傅巖, 非惟無補經文, 而反支離晦昧, 豈聖人之筆哉.

살펴보건대, 경문에서 '이에 그 상(象)을 자세히 살펴 그 형상(形象)으로 천하(天下)에 널리 구하였다.'488)는 것은 고종이 꿈에 어진 신하의 형상을 얻고는 그 모습을 살펴서 사방에 널리 찾았는데, 부열이 부암의 들에서 성을 쌓는 일을 하고 있었고, 형상과 비슷했으니, 서(序)에서 비슷하다고 말한 것과 같은 것이다. 고종이 꿈에서 부열의 성씨를 얻고 또 경문에서 여러 신하와 백관 등의 말이 있는 것에 따라 마침내 백관을 시켜 들에서 경영해서 구하게 하고 부암에 얻었다는 것은 경문을 보완하지 못할 뿐만 아니라 또 지루하고 어두운 것이니, 어찌 성인의 필적이겠는가?

[O-3-28]

高宗祭成湯, 有飛雉升鼎耳而雊, 祖己訓諸王, 作高宗肜日, 高宗之訓.

고종(高宗)이 성탕(成湯)에게 제사할 적에 날아오르는 꿩이 솥의 귀로부터 올라와서 우니, 조기(祖己)가 왕(王)을 훈계하여 「고종융일(高宗肜日)」과 「고종지훈(高宗之訓)」을 지었다.

詳說

○ 臣名.

'조기(祖己)'는 신하의 이름이다.

集傳

經言肜日, 而序以爲祭成湯, 經言有雊雉. 而序以爲飛雉升鼎耳而雊. 載籍有所傳歟. 然經言典祀無豐于昵, 則爲近廟未必成湯也. 宗廟都宮堂室, 深遠幽

---

488) 『서경대전(書經大全)』, 「주서(周書)」·「열명상3(說命上3)」 : "이에 그 상(象)을 자세히 살펴 그 형상(形象)으로 천하(天下)에 널리 구하였는데, 부열(傅說)이 부암(傅巖)의 들에서 거주하였는 바, 그 모습이 똑같았다. (乃審厥象, 以形旁求于天下, 說築傅巖之野, 惟肖.)"

遂, 而飛雉升立鼎耳而鳴, 亦已異矣. 高宗之訓篇亡.

경에서는 '융일(肜日)'[489]이라고 말하였는데, 서(序)에서는 성탕을 제사지냈다고 여겼고. 경에서는 '꿩이 우는 이변이 있었다.'고 말하였는데, 서에서는 '날아오르는 꿩이 솥의 귀로부터 올라와서 울었다.'고 하였으니, 전적에 전함이 있는 것이다. 그런데 경에서 '제사를 주관함에 가까운 분의 사당에만 풍성하게 하지 마소서.'[490]라고 하였다면, 가까운 분의 사당이니, 굳이 성탕으로 할 것은 없다. 종묘(宗廟)·도궁(都宮)·당실(堂室)은 심원하고 그윽한데, 날아오르는 꿩이 솥의 귀에 올라와 서서 운다는 것은 또한 이미 기이한 것이다. 「고종지훈(高宗之訓)」은 없어졌다.

[O-3-29]

殷始咎周. 周人乘黎, 祖伊, 恐奔告于受, 作西伯戡黎.

은(殷)나라가 처음 주(周)나라를 미워하였는데, 주(周)나라 사람이 여(黎)나라를 이기자, 조이(祖伊)가 두려워서 달려가 수(受)에게 고하니, 「서백감려(西伯戡黎)」를 지었다.

詳說

○ 孔氏曰 : "惡周."
'구주(咎周)'에 대해, 공씨(孔氏)가 말하였다 : "주나라를 미워한 것이다."

○ 臣名.
'조이(祖伊)'는 신하의 이름이다.

○ 紂名
'수(受)'는 '주(紂)'의 이름이다.

集傳

咎, 惡, 乘, 勝也.
'구(咎)'는 미워한다는 것이고, '승(乘)'은 이긴다는 것이다.

---

489) 『서경대전(書經大全)』, 「상서(商書)」·「고종융일1(高宗肜日1)」 : "고종이 융제사를 하던 날에 꿩이 우는 이변이 있었다.(高宗肜日, 越有雊雉.)"
490) 『서경대전(書經大全)』, 「상서(商書)」·「고종융일5(高宗肜日5)」 : "아! 왕은 백성을 공경하는 일을 맡으셔서 하늘의 아들 아님이 없으니, 제사를 주관함에 가까운 분의 사당에만 풍성하게 하지 마소서.(嗚呼, 王司敬民, 罔非天胤, 典祀無豊于昵.)"

> [詳說]

○ 去聲.

'오(惡)'는 거성이다.

○ 戡.

'승(勝)'은 '감(戡)'이다.

> [集傳]

詳祖伊所告, 無一言及西伯者, 蓋祖伊雖知周不利於商.
조이가 고한 것을 자세히 살펴보면 한 마디도 서백을 언급한 것이 없는데, 대개 조이는 주나라가 상나라에 이롭지 않음을 알지만

> [詳說]

○ 主商而言.

상나라를 위주로 말한 것이다.

> [集傳]

而又知周實無所利於商.
또한 주나라가 실로 상나라를 이롭게 함이 없음도 알았다.

> [詳說]

○ 利之.

'이(利)'는 이롭게 한다는 것이다.

○ 主周而言,

주나라를 위주로 말한 것이다.

> [集傳]

序言殷始咎周, 似亦未明祖伊奔告之意.
'서(序)'에서 '은나라가 처음 주나라를 미워했다.'는 것은 또한 조이가 달려가 고했다는 의미를 분명하게 하지 못하는 것 같다.

[0-3-30]

> 殷旣錯天命, 微子作誥, 父師少師. 惟十有一年, 武王伐殷, 一月戊午, 師渡孟津, 作泰誓三篇.

은(殷)나라가 천명(天命)을 어지럽히자, 미자(微子)가 고(誥)를 지어 부사(父師)와 소사(少師)에게 말하였다. 십일(十一)년에 무왕(武王)이 은(殷)나라를 정벌하였는데, 일(一)월 무오일(戊午日)에 군사가 맹진(孟津)을 건너가자「태서(泰誓)」세 편(三篇)을 지었다.

詳說

○ 孔氏曰:"錯亂也."

'은기착천명(殷旣錯天命)'에서 '착(錯)'에 대해, 공씨(孔氏)가 말하였다:"'착(錯)'은 어지럽힌다는 것이다."

○ 去聲

'소사(少師)'에서 '소(少)'는 거성이다.

○ 孔氏曰:"觀兵孟津乃退."

'무왕벌은(武王伐殷)'에 대해, 공씨(孔氏)가 말하였다:"맹진에서 관병하고 바로 물러났다."

○ 孔氏曰:"十三年正月, 夏與諸侯會."

'일월무오(一月戊午)'에 대해, 공씨(孔氏)가 말하였다:"13년 정월 다시 제후들과 모였다."

○ 孔氏曰:"大會以誓衆"

공씨(孔氏)가 말하였다:"크게 모여서[491] 무리에게 맹세한 것이다."

○ 周書, 凡四十篇.

「주서(周書)」는 모두 40편이다.

集傳

---

491) 『서경대전(書經大全)』, 「주서(周書)」·「태서상1(泰誓上1)」: "13년 봄에 맹진(孟津)에서 크게 모였다.(惟十有三年春, 大會于孟津.)"

十一年者, 十三年之誤也. 序本依放,
십일(十一)년이라는 것은 십삼(十三)년의 잘못이다. 서(序)는 본래 그대로 따른 것인데,

詳說

○ 倣同.
'방(放)'은 '방(倣)'과 같다.

集傳

經文無所發明, 偶三誤而爲一, 漢孔氏遂以爲十一年觀兵,
경문에 드러내 밝힌 것이 없으니, 삼을 뜻하지 않게 일로 오인했으니, 한의 공씨가 마침내 십일 년에 관병하고,

詳說

○ 去聲, 下並同.
'관(觀)'은 거성으로 아래에서도 모두 같다.

集傳

十三年伐紂. 武王觀兵, 是以臣脅君也. 張子曰, 此事間不容髮, 一日而命未絶, 則是君臣, 當日而命絶, 則爲獨夫, 豈有觀兵, 二年而後, 始伐之哉. 蓋泰誓序文, 旣有十一年之誤, 而篇中, 又有觀政于商之語,
십삼 년에 주(紂)를 정벌하였다고 여긴 것이다. 무왕의 관병은 신하로서 임금을 위협한 것이다. 장자가 말하였다 : "이 일의 사이에는 터럭만큼도 용납하지 않으니, 하루라도 명이 끊어지지 않으면 군신이고, 당일이라도 명이 끊어지면 독부(獨夫)이다. 어찌 관병이 있고 2년이 지난 다음에 비로소 정벌했겠는가? 대개 「태서」 서문의 글에 이미 십일 년의 잘못이 있는데, 편 가운데 또 '상나라의 정사를 살펴보았다.'[492]는 말이 있으니,

---

[492] 『서경대전(書經大全)』, 「주서(周書)」·「태서상6(泰誓上6)」: "그러므로 나 소자(小子) 발(發)이 너희 우방의 총군(冢君)을 거느리고 상나라의 정사를 살펴보았다. 수(受)가 개전(改悛)할 마음이 없어 걸터앉아 있으면서 상제와 신기(神祇)를 섬기지 않고, 선조의 종묘를 버려두고 제사하지 아니하며 희생(犧牲)과 자성(粢盛)을 흉악한 도적에게 이미 모두 빼앗겼는데도 '내 백성을 소유하고 천명(天命)을 소유했다'라고 하면서 업신여김을 징계하지 않는구나.(肆予小子發, 以爾友邦冢君, 觀政于商. 惟受罔有悛心, 乃夷居, 弗事上帝神祇, 遺厥先宗廟弗祀, 犧牲粢盛, 旣于凶盜, 乃曰吾有民有命, 罔懲其侮.)"

[詳說]

○ 如字.

'관(觀)'은 본래의 음 대로 읽는다.

[集傳]

僞泰誓得之傳聞.

위태서(僞泰誓)에서 전해지는 것을 들었던 것이다.

[詳說]

○ 作僞書者, 傳聞觀政之語.

서(書)를 위작한 자가 정사를 살펴봤다는 말을 전하여 들은 것이다.

[集傳]

故上篇言觀兵之事, 次篇言伐紂之事. 司馬遷作周本紀, 因亦謂十一年觀兵十三年伐紂. 訛謬相承, 展轉左驗,

그러므로 상편에서 관병의 일을 말하고, 다음 편에서 주(紂)를 정벌한 일을 말한 것이다. 사마천이 주나라 본기를 짓고 그것에 따라 또한 십일 년의 관병과 십삼 년의 주(紂)를 정벌함을 말하였다. 와전되고 잘못됨이 서로 이어지고 반복해서 증거가 되어

[詳說]

○ 猶言左契.

좌계(左契)를 말한 것과 같다.

[集傳]

後世儒者遂謂實然, 而不知武王蓋未始有十一年觀兵之事也. 且序言惟十有一年武王伐殷, 繼以一月戊午師渡孟津, 卽記其年其月其日之事也. 夫一月戊午旣爲十三年之事,

후세의 학자들은 마침내 그렇다고 여기고 무왕이 십일 년에 관병한 일이 없었음을 알지 못하였다. 또 서(序)에서 십일 년에 무왕이 은나라를 정벌하고 이어 일월 무오에 군대가 맹진을 건넜다고 한 것을 곧 그 연월일의 일로 기록한 것이다. 일월 무오일은 이미 십삼 년의 일이니,

詳說

○ 音扶.

'부(夫)'는 음이 '부(扶)'이다.

集傳

則上文十一年之誤, 審矣. 孔氏乃離而二之於十有一年. 武王伐殷, 則釋爲觀兵之時於一月戊午, 師渡孟津, 則釋爲伐紂之時. 上文則年無所係之月, 下文則月無所係之年又序言十一年伐殷, 而孔氏乃謂十一年觀兵, 十三年伐殷, 是蓋繆中之繆, 遂使武王蒙數千百年, 脅君之惡. 一字之誤, 其流害, 乃至於此哉.

위의 글에서 십일 년의 잘못은 자세히 살핀 것이다. 공자는 이에 분리해서 십일 년에서 이년이 지난 것으로 여긴 것이다. 무왕이 은나라를 정벌한 것은 1월 무오에 관병한 것으로 풀이되고, 군대가 맹진을 건넌 것은 주(紂)를 정벌한 것으로 풀이 된다. 위의 글에서 해에 달린 달이 없고, 아래의 글에서는 월에 달린 해가 없으며, 또 서(序)에서 십일 년에 은나라를 정벌했다고 말했는데, 공씨가 이에 십일 년에 관병하고 십삼 년에 은나라를 정벌했다고 말했으니, 대개 잘못된 가운데 잘못된 것으로 마침내 무왕이 수천 년 동안 임금을 위협했다는 악을 이어받았다. 한 글자의 잘못으로 흐르는 해악이 이 지경이 되었던 것이다.

[O-3-31]

武王戎車三百兩, 虎賁三百人, 與受戰于牧野, 作牧誓.

무왕(武王)이 융거(戎車) 삼백(三百) 량과 호분(虎賁) 삼백(三百) 명으로 수(受)와 목야(牧野)에서 싸우면서「목서(牧誓)」를 지었다.

詳說

○ 音奔.

'호분(虎賁)'에서 '분(賁)'은 음이 '분(奔)'이다.

○ 見孟子盡心.

'삼백인(三百人)'에 관한 내용이 『맹자』「진심」에 보인다.[493]

集傳

戎車, 馳車也. 古者, 馳車一乘,

융거(戎車)는 치거(馳車)이다. 옛날에 치거(馳車) 한 승은

詳說

○ 去聲, 下同.

'승(乘)'은 거성으로 아래에서도 같다.

集傳

則革車一乘, 馳車, 戰車, 革車. 輜車, 載器械財貨衣裝者也

혁거(革車) 한 승이니, 치거(馳車)는 전거(戰車)이고 혁거(革車)이다. 치거(輜車)는 기계와 재화와 소지품을 싣는 것이다.

詳說

○ 莊持反.

'치(輜)'는 음이 '장(莊)'과 '지(持)'의 반절이다.

集傳

司馬法

사마법에서

詳說

○ 見詩六月註.

『시경』「유월」의 주에 있다.494)

集傳

曰, 一車甲士三人, 步卒七十二人, 炊家子十人, 固守衣裝五人, 廄養五人, 樵汲五人. 馳車七十五人, 革車二十五人, 凡百人二車, 故謂之兩.

"한 수레에 갑사 세 사람, 보졸 칠십 두 사람, 취사병이 열 사람, 의장을 굳게 지

---

493) 『맹자(孟子)』「진심하(盡心下)」: "무왕(武王)이 은(殷)나라를 정벌할 때에 혁거(革車)가 3백 양(兩)[양(輛)]이었고, 호분(虎賁)이 3천 명이었다.(武王之伐殷也. 革車三百兩, 虎賁三千人.)"

494) 『시경(詩經)』「소아(小雅)」「동궁지십(彤弓之什)」·「유월(六月)」: "『사마법(司馬法)』에서는 겨울과 여름철에는 군대를 일으키지 않는다.(司馬法, 多夏不興師.)"

키는 자가 다섯 사람, 사육사가 다섯 사람, 나무꾼이 다섯 사람이다. 치거에는 칠십 다섯 사람, 혁거에는 스물다섯 사람이니, 모두 백 사람에 두 수레이기 때문에 량(兩)이라고 한다."

詳說
○ 與兩輪之兩, 又別是一事.
'량륜(兩輪)'의 '량(兩)'과는 또 별도로 하나의 일이다.

集傳
三百兩, 三萬人也. 虎賁, 若虎賁獸之勇士,
삼백 량은 삼만 사람이다. 호분(虎賁)은 범처럼 날랜 짐승의 용사로

詳說
○ 按, 孔傳已以虎賁爲獸名.
내가 살펴보건대, 공씨의 전에서는 이미 호분을 짐승의 이름으로 여겼다.

集傳
百人之長也.
백 사람의 우두머리이다.

詳說
○ 上聲.
'장(長)'은 상성이다.

[O-3-32]
武王伐殷, 往伐歸獸, 識其政事, 作武成.

무왕(武王)이 은(殷)나라를 정벌할 적에 가서 정벌하고 짐승을 돌려보낸 다음 좋은 정사(政事)를 기록하면서「무성(武成)」을 지었다.

詳說
○ 音志.

'지(識)'는 음이 '지(志)'이다.

集傳

歸獸, 歸馬放牛也. 武成所識, 其事之大者, 亦多矣. 何獨先取於歸馬放牛哉.
'짐승을 돌려보냈다.'는 것은 말을 돌려보내고 소를 놓아준 것이다. 「무성」에서 기록한 것은 그 일의 큰 것들이 또한 많다. 그런데 어찌 유독 먼저 말을 돌려보내고 소를 놓아준 것을 취했단 말인가!

[O-3-33]

武王勝殷殺受, 立武庚, 以箕子歸, 作洪範.

무왕(武王)이 은(殷)나라를 이긴 뒤에 수(受)를 죽이고 무경(武庚)을 세우고 기자(箕子)를 데리고 돌아와 「홍범(洪範)」을 지었다.

集傳

唐孔氏曰, 言殺受立武庚者, 序自相顧爲文, 未見意也
당의 공씨가 말하였다 : "'수(受)를 죽이고 무경(武庚)을 세웠다.'고 말한 것은 서(序)에서 본래 서로 돌아보며 글로 한 것이라 뜻을 드러내지는 못하였다.

詳說

○ 此說更詳.
　　여기의 설명은 다시 살펴봐야 한다.

[O-3-34]

武王旣勝殷, 邦諸侯班宗彝, 作分器.

무왕이 은나라를 이긴 다음에 제후를 세우고 종이(宗彝)를 나눠주며 「분기(分器)」를 지었다.

詳說

○ 句.
　　'기승은(旣勝殷)'에서 구두해야 한다.

○ 去聲.

'작분기(作分器)'에서 '분(分)'은 거성이다.

集傳

宗彝, 宗廟彝尊也, 以爲諸侯.

'종이(宗彝)'는 종묘의 법이 되는 술통이니, 그것으로 제후를 삼은 것이다.

詳說

○ 句.

구두해야 한다.

集傳

分器篇亾.

「분기(分器)」는 없어졌다.

[O-3-35]

西旅獻獒, 太保作旅獒.

서려(西旅)에서 큰 개를 바치니, 태보(太保)가 「여오(旅獒)」를 지었다.

詳說

○ 孔氏曰:"召公."

'태보(太保)'에 대해, 공씨(孔氏)는 말하였다 : "소공이다."

集傳

獻, 貢也.

'헌(獻)'은 바친다는 것이다.

[O-3-36]

巢伯來朝, 芮伯作旅巢命.

소백이 와서 조회하니, 예백이 「여소명(旅巢命)」을 지었다.

詳說

○ 音潮.

'래조(來朝)'에서 '조(朝)'는 음이 '조(潮)'이다.

○ 孔氏曰 : "南方遠國, 武王克商, 慕義來朝."

공씨(孔氏)는 말하였다 : "남방의 먼 나라로 무왕이 상나라를 이기자 의를 사모해서 와서 조회한 것이다."

○ 孔氏曰 : "陳威德以命巢.

공씨(孔氏)는 말하였다 : "위엄 있는 덕을 아뢰니, 소나라에 명한 것이다."

集傳

篇亡.

편이 없어졌다.

[O-3-37]

武王有疾, 周公作金縢.

무왕(武王)이 병환이 있으니 주공(周公)이 「금등(金縢)」을 지었다.

[O-3-38]

武王崩, 三監及淮夷叛, 周公相成王, 將黜殷作大誥.

무왕(武王)이 승하하자, 삼감(三監)이 회이(淮夷)와 반란하였으므로 주공(周公)이 성왕(成王)을 도와 은(殷)나라를 내치려 하면서 「대고(大誥)」를 지었다.

詳說

○ 平聲.

'삼감(三監)'에서 '감(監)'은 평성이다.

○ 去聲.

'주공상(周公相)'에서 '상(相)'은 거성이다.

○ 孔氏曰 : "絶也."
공씨(孔氏)는 말하였다 : "'출(黜)'은 끊어버리는 것이다."

集傳

三監, 管叔蔡叔霍叔也, 以其監殷, 故謂之三監.
삼감(三監)은 관숙(管叔)·채숙(蔡叔)·곽숙(霍叔)으로 은나라를 감시했기 때문에 삼감이라고 한 것이다.

[O-3-39]

成王旣黜殷命, 殺武庚, 命微子啓, 代殷後, 作微子之命. 微子封於宋爲湯後.

성왕(成王)이 이미 은(殷)나라 명(命)을 내쳐 무경(武庚)을 죽이고는 미자계(微子啓)를 명하여 은(殷)나라 뒤를 대신하게 하면서 「미자지명(微子之命)」을 지었다. 미자가 송에 봉해져 탕의 뒤가 되었다.

詳說

○ 孔氏曰 : "稱其本爵, 名篇."
공씨(孔氏)는 말하였다 : "그 본래의 벼슬을 칭하여 편의 이름으로 하였다."

[O-3-40]

唐叔得禾, 異畝同穎, 獻諸天子. 王命唐叔, 歸周公于東, 作歸禾.

당숙이 벼를 얻었는데, 이랑은 다르고 이삭은 같아 천자에게 바쳤다. 왕이 당숙에게 명하여 주공을 동쪽에서 돌아오게 하니, 「귀화(歸禾)」를 지었다.

詳說

○ 孔氏曰 : "食邑內得."
'득화(得禾)'에 대해, 공씨(孔氏)가 말하였다 : "식읍의 안에서 얻은 것이다."

○ 史記作餽.
　'작귀화(作歸禾)'에서 '귀(歸)'가 『사기』에는 '궤(餽)'로 되어 있다.

○ 孔氏曰 : "異畝同穎, 天下和同之象, 公德所致, 公東征未還, 故以歸."
　공씨(孔氏)는 말하였다 : "이랑이 다르고 이삭이 같은 것은 천하가 조화롭게 하나가 되는 상으로 공의 덕이 이룬 것인데, 공이 동쪽으로 정벌을 나가 돌아오지 않았기 때문에 돌아오게 한 것이다."

[O-3-41]

周公旣得命禾, 旅天子之命, 作嘉禾.

주공이 왕이 명한 벼를 얻은 다음 천자의 명을 진술하여 「가화(嘉禾)」를 지었다.

集傳

唐叔, 成王母弟. 畝, 壟也, 穎, 穗也. 禾各一壟, 合爲一穗. 葛氏曰, 唐叔雖幼, 因禾必有獻替之言,

당숙은 성왕 어머니 동생이다. '무(畝)'는 밭이랑이고, '영(穎)'은 이삭이다. 벼는 각기 이랑을 하나씩 하는데, 합해서 하나의 이삭이 된 것이다. 갈씨가 말하였다 : "당숙이 어릴지라도 벼로 말미암아 반드시 가부의 말이 있었던 것이다.

詳說

○ 獻可, 替否.
　바치는 것은 되지만 버리는 것은 아니다.

○ 葛說, 蓋止此.
　갈씨의 설명은 대개 여기까지이다.

集傳

成王旣悟風雷之變, 因命唐叔, 以禾歸周公于東. 旅, 陳也.

성왕이 이미 바람과 우레의 변고를 깨닫고, 그것에 따라 당숙에게 명해 벼로 주공을 동쪽에서 돌아오게 한 것이다.

詳說

○ 並訓巢命.

「소명(巢命)」을 아울러 가르쳤다.

集傳

二篇亡.

두 편은 없어졌다.

詳說

○ 一辨二序.

하나의 변(辨)에 두 서(序)이다.

[O-3-42]

成王旣伐管叔蔡叔, 以殷餘民封康叔, 作康誥酒誥梓材.

성왕(成王)이 관숙(管叔)과 채숙(蔡叔)을 정벌하고 은(殷)나라의 남은 백성들을 강숙(康叔)에게 봉하면서 「강고(康誥)」와 「주고(酒誥)」·「자재(梓材)」를 지었다.

集傳

按, 胡氏曰, 康叔, 成王叔父也, 經文不應

살펴보건대, 호씨는 "강숙은 성왕의 숙부인데, 경문이 호응하지 않아

詳說

○ 平聲, 下同.

'응(應)'은 평성으로 아래에서도 같다.

集傳

曰朕其弟, 成王康叔猶子也, 經文不應, 曰乃寡兄, 其曰兄曰弟者, 武王命康叔之辭也.

'짐의 아우'[495]라고 하고, 성왕은 강숙에게 자식과 같은데 경문에서 호응하지 않아

---

495) 『서경대전(書經大全)』, 「주서(周書)」·「강고2(康誥2)」 : "왕(王)이 대략 다음과 같이 말씀하였다. "맹후(孟侯)인 짐(朕)의 아우 소자(小子) 봉(封)아!(王若曰, 孟侯朕其弟小子封.)"

'네 과형'[496]이라고 한다. '형'이라고 하고 '아우'라고 한 것은 무왕이 강숙에게 명하는 말이다.

詳說

○ 胡說, 蓋止此.
호씨의 설명은 대개 여기까지이다.

集傳

序之繆誤, 蓋無可疑, 詳見篇題.
서(序)의 잘못은 의심할 수 없고, 자세한 것은 편제(篇題)에 있다.

詳說

○ 音現.
'현(見)'은 음이 '현(現)'이다.

集傳

又按, 書序似因康誥篇首錯簡, 遂誤以爲成王之書, 而孔安國, 又以爲序篇亦出壁中, 豈孔鮒藏書之時, 已有錯簡耶. 不可考矣, 然書序之作, 雖不可必爲何人, 而可必其非孔子作也.
또 살펴보건대, 서(書)의 서(序)는 「강고」편에서 처음의 착간 때문에 마침내 성왕의 서(書)로 잘못 여긴 것 같고, 공안국이 또 서편(序篇)도 벽 가운데에서 나왔다고 여겼으니, 어찌 공부(孔鮒)가 책을 감출 때에 이미 착간이 있었겠는가? 상고할 수 없으나 서(書)의 서(序)의 저작은 비록 반드시 누구라고 할 수 없으나 반드시 공자가 지은 것이 아니라고 할 수 있다.

---

496) 『서경대전(書經大全)』, 「주서(周書)」·「강고4(康誥4)」: "감히 홀아비와 과부를 업신여기지 않으시며, 등용하여야 할 사람을 등용하고 공경하여야 할 사람을 공경하고 위엄을 보여야 할 사람에게 위엄을 보이시어 덕이 백성들에게 드러나시어 우리 구하(區夏)[중국(中國)]를 조조(肇造)[창조(創造)]하시자, 우리 한두 나라가 닦여지며 우리 서토(西土)가 이에 믿고 무릅써서 상제(上帝)에게 알려지시니, 상제(上帝)가 아름답게 여기셨다. 하늘이 마침내 문왕(文王)을 크게 명하여 은(殷)나라를 쳐서 멸하게 하시므로 그 명을 크게 받으시니, 그 나라와 백성들이 이에 펴지므로 네 과형(寡兄)이 힘썼다. 그러므로 너 소자(小子) 봉(封)이 이 동토(東土)에 있게 되었다.(不敢侮鰥寡, 庸庸, 祇祇, 威威, 顯民, 用肇造我區夏, 越我一二邦, 以脩 我西土, 惟時怙冒, 聞于上帝, 帝休. 天乃大命文王, 殪戎殷, 誕受厥命, 越厥邦厥民, 惟時叙, 乃寡兄勗. 肆汝小子封, 在茲東土.)"

[O-3-43]
成王在豐, 欲宅洛邑, 使召公先相宅, 作召誥.

성왕(成王)이 풍(豐)에 있으면서 낙읍(洛邑)에 거하고 싶어 소공이 먼저 집터를 보게 하면서 「소고(召誥)」를 지었다.

詳說

○ 音邵, 下並同.
'소(召)'는 음이 '소(邵)'로 아래에서도 모두 같다.

○ 去聲.
'상(相)'은 거성이다.

[O-3-44]
召公旣相宅, 周公往營成周, 使來告卜, 作洛誥.

소공(召公)이 집터를 본 다음에 주공(周公)이 가서 성주(成周)를 경영하고 사람을 보내와 점괘를 아뢰며 「낙고(洛誥)」를 지었다.

詳說

○ 去聲.
'상택(相宅)'에서 '상(相)'은 거성이다.

○ 去聲.
'사래고복(使來告卜)'에서 '사(使)'는 거성이다.

○ 孔氏曰 : "告王."
공씨(孔氏)는 말하였다 : "왕에게 고한 것이다."

[O-3-45]
成周旣成, 遷殷頑民, 周公以王命誥, 作多士.

성주(成周)가 이루어진 다음 은(殷)나라의 완민(頑民)을 옮길 적에 주공(周公)이 왕명으로써 고하며 「다사(多士)」를 지었다.

集傳

遷殷頑民, 在作洛之前. 序書者, 攷之不詳, 以爲成周旣成, 遷殷頑民, 謬矣. 詳見本篇題.

은나라의 완민을 옮기는 것은 낙읍을 만들기 전에 있다. 서(書)를 서한 것은 상고하는 것이 자세하지 않으니, 성주(成周)가 이루어진 다음에 은나라의 완민을 옮겼다는 것은 잘못이다. 자세한 것은 본편의 제(題)에 있다.

詳說

○ 音現.

'현(見)'은 음이 '현(現)'이다.

[O-3-46]

周公作無逸.

주공(周公)이 「무일(無逸)」을 지었다.

[O-3-47]

召公爲保, 周公爲師, 相成王爲左右, 召公不說, 周公作君奭.

소공(召公)이 태보(太保)가 되었는데 주공(周公)이 태사(太師)가 되어 성왕(成王)을 도와 좌우(左右)가 되자, 소공(召公)이 기뻐하지 않으니, 주공(周公)이 「군석(君奭)」을 지었다.

詳說

○ 去聲

'상성왕(相成王)'에서 '상(相)'은 거성이다.

○ 悅同.

'불열(不說)'에서 '열(說)'은 '열(悅)'과 같다.

○ 音適.

'군석(君奭)'에서 '석(奭)'은 음이 '적(適)'이다.

○ 孔氏曰 : "尊之曰君."

'군석(君奭)'에 대해, 공씨(孔氏)는 말하였다 : "존경해서 군(君)이라고 한 것이다."

集傳

蘇氏曰 : 舊說

소씨가 말하였다 : "옛 설명에서는

詳說

○ 如字下同.

'설(說)'은 본래의 음 대로 읽고, 아래에서도 같다.

集傳

或謂召公疑周公, 陋哉斯言也. 愚謂, 序文意義含糊, 舊說之陋, 有以啓之也.

혹 소공이 주공일 수 있다고 하니, 누추하구나! 이 말은. 내 생각에 서(序)의 글은 의의(意義)가 함호(含糊)하지만 옛 설명의 구차함이 그 때문에 열리는 것이 있다.

詳說

○ 序之所啓也.

서(序)가 여는 것이다.

[0-3-48]

蔡叔旣沒, 王命蔡仲, 踐履也諸侯位, 作蔡仲之命.

채숙(蔡叔)이 죽은 다음, 왕(王)이 채중(蔡仲)을 명하여 제후(諸侯)의 지위에 오르게 하면서 「채중지명(蔡仲之命)」을 지었다.

[O-3-49]

成王東伐淮夷, 遂踐奄, 作成王政.

성왕이 동쪽으로 회이를 정벌하고, 마침내 엄을 베고 「성왕정(成王政)」을 지었다.

詳說

○ 平聲, 下並同.

'수천엄(遂踐奄)'에서 '엄(奄)'은 평성으로 아래에서도 모두 같다.

○ 孔氏曰 : "平淮夷徙奄之政令也"

공씨(孔氏)는 말하였다 : "회이를 평정하고 엄을 옮기는 정령이다."

集傳

踐, 滅也. 篇亡.

'천(踐)'은 멸한 것이다. 편은 없어졌다.

[O-3-50]

成王旣踐奄, 將遷其君於蒲姑, 周公告召公, 作將蒲姑.

성왕이 엄을 벤 다음에 그 임금을 포고(蒲姑)로 옮기려고 하자, 주공이 소공에게 고하면서 「장포고(將蒲姑)」를 지었다.

詳說

○ 孔氏曰 : "齊地."

'포고(蒲姑)'에 대해, 공씨(孔氏)는 말하였다 : "제나라 땅이다."

○ 孔氏曰 : "將徙, 冊書告令之."

'주공고소공(周公告召公)'에 대해, 공씨(孔氏)가 말하였다 : "옮기려고 책서에 고하여 명령한 것이다."

集傳

史記

『사기』에서는

> 詳說

○ 周紀.
「주기」이다.

> 集傳

作薄姑.
「박고(薄姑)」로 되어 있다.

> 詳說

○ 薄, 又或作亳.
'박(薄)'은 또 혹 '박(亳)'으로도 되어 있다.

> 集傳

篇亾.
편이 없어졌다.

[O-3-51]

成王歸自奄, 在宗周, 誥庶邦, 作多方.

성왕(成王)이 엄(奄)나라로부터 돌아와 종주(宗周)에 있으면서 여러 나라를 가르쳐 「다방(多方)」을 지었다.

[O-3-52]

周公作立政.

주공(周公)이 「입정(立政)」을 지었다.

[O-3-53]

成王旣黜殷命, 滅淮夷, 還歸在豐, 作周官.

성왕(成王)이 은(殷)나라 명(命)을 내치고 회이(淮夷)를 멸한 다음 풍(豐)땅으로 다시 돌아와

「주관(周官)」을 지었다.

> 詳說

○ 音旋
'선(還)'은 음이 '선(旋)'이다.

> 集傳

成王黜殷久矣, 而於此復言何耶.
성왕이 은나라를 내친 것이 오래되었는데, 여기에서 다시 무엇을 말하겠는가?

> 詳說

○ 去聲.
'부(復)'는 거성이다.

[O-3-54]
成王旣伐東夷, 肅愼來賀王, 俾榮伯作賄肅愼之命.

성왕(成王)이 동이(東夷)를 정벌한 다음에 숙신(肅愼)이 와서 왕에게 경하를 드리니, 영백(榮伯)을 시켜 「회숙신지명(賄肅愼之命)」을 지었다.

> 詳說

○ 孔氏曰 : "同姓."
'영백(榮伯)'에 대해, 공씨(孔氏)가 말하였다 : "같은 성이다."

○ 孔氏曰 : "賄賜肅愼之來賀."
공씨(孔氏)는 말하였다 : "숙신이 와서 경하한 것에 선물을 주었다는 것이다."

> 集傳

賄, 賂也. 義未詳. 篇亡
'회(賄)'는 선물을 준다는 것이다. 의미는 자세하지 않다. 편은 없어졌다.

> 詳說

○ 篇名之義.
　의미는 편명의 의미이다.

[O-3-55]

周公在豐將沒, 欲葬成周, 公薨, 成王葬于畢, 告周公, 作亳姑.

주공(周公)이 풍(豐)에서 별세하시려고 할 때에 성주(成周)에 장사하길 원해, 공이 별세하심에 성왕(成王)이 필(畢)에 장사지내고, 주공에 고하면서 「박고(亳姑)」를 지었다.

> 詳說

○ 句.
　'욕장성주(欲葬成周)'에서 구두해야 한다.

○ 孔氏曰 : "不敢臣公使近文武之墓."
　'장우필(葬于畢)'에 대해, 공씨(孔氏)가 말하였다 : "감히 신하인 공이 문왕과 무왕의 묘에 가까이 할 수 없는 것이다."

○ 孔氏曰 : "告柩以藏畢之義, 並及奄, 君已定亳姑, 言所遷之功成."
　공씨(孔氏)가 말하였다 : "필에 묻겠다는 뜻을 관에 고하고 아울러 엄을 언급한 것은 군(君)이 이미 박고(亳姑)를 정한 것이니, 옮기는 공이 이루어졌음을 말한다."

> 集傳

此言周公在豐. 漢孔氏, 謂致政歸老之時, 而下文君陳之序, 乃曰周公旣沒, 命君陳, 分正東郊成周, 方未命君陳時, 成周蓋周公治之, 以公沒, 故命君陳. 然則公蓋未嘗去洛矣, 而此又以爲在豐將沒, 則其致政歸老, 果在何時耶. 篇亾.

이것은 주공이 풍에 있을 때를 말한 것이다. 한의 공씨는 벼슬을 그만두고 별세하실 때라고 말했는데, 아래의 글 「군진(君陳)」의 서(序)에서 바로 "주공이 별세하고 군진에게 명하여 동교(東郊)인 성주(成周)를 나누어 다스리게 하였다."고 하였으니, 군진에게 명하지 않았을 때, 성주는 대개 주공이 다스렸는데, 공이 별세하였기 때문에 군진에게 명하였던 것이다. 그렇다면, 공은 낙읍을 떠나지 않았고, 이것은 또 풍에서 별세하려고 할 때이니, 벼슬을 그만두고 별세하려고 할 때가 과연 어느 때이겠는가! 편은 없어졌다.

[O-3-56]
周公旣沒, 命君陳, 分正東郊成周, 作君陳.

주공(周公)이 별세하자, 군진(君陳)에게 명하여 동교(東郊)인 성주(成周)를 나누어 다스리게 하면서「군진(君陳)」을 지었다.

[O-3-57]
成王將崩, 命召公畢公, 率諸侯相康王, 作顧命.

성왕(成王)이 장차 승하하려 할 적에 소공(召公)과 필공(畢公)을 명하여 제후들을 거느리고 강왕(康王)을 돕게 하니,「고명(顧命)」을 지었다.

詳說
○ 去聲.
'상(相)'은 거성이다.

[O-3-58]
康王旣尸天子, 遂誥諸侯, 作康王之誥.

강왕(康王)이 천자(天子)의 지위를 차지하고 나서, 마침내 제후들을 가르치니,「강왕지고(康王之誥)」를 지었다.

詳說
○ 孔氏曰 : "主天子之正號."
'기시천자(旣尸天子)'에 대해, 공씨(孔氏)가 말하였다 : "천자의 바른 호를 주로 한 것이다."

集傳
尸天子, 亦無義理. 太康尸位,
천자의 지위를 차지한 것에는 또한 의미가 없다. 태강이 지위를 차지하고,

詳說
○ 見五子之歌.
「오자지가」에 보인다.497)

集傳
羲和尸官,
의화가 관을 차지한 것은

詳說
○ 見胤征.
「윤정」에 보인다.498)

集傳
皆言居其位, 而廢棄其事之稱. 序書
모두 그 지위를 차지했으나 그 일을 폐기한 것을 일컬었음에 대한 말이다. 서(書)를 서(序)한 것에서

詳說
○ 序, 此篇.
'서(序)'는 여기의 편이다.

---

497) 『서경대전(書經大全)』, 「하서(夏書)」·「오자지가1(五子之歌1)」: "태강(太康)이 지위를 차지하고 안일하게 즐기기만 하여 그 덕이 없게 하자, 백성들이 모두 두 마음을 품었는데도 즐기고 놀기를 한도 없이 하며, 낙수의 밖까지 가서 사냥을 하고 백 일 동안이나 돌아오지 않았다.(太康尸位, 以逸豫, 滅厥德, 黎民咸貳, 乃盤遊無度, 畋于有洛之表, 十旬弗反.)"

498) 『서경대전(書經大全)』, 「상서(商書)」·「윤정4(胤征4)」: "희화가 덕을 전복하고 술에 빠져 관직을 어지럽히고 처한 바의 위치를 버렸다. 이때에 와서 비로소 천기를 어지럽혀 맡은 일을 멀리 버려서 계추의 월삭에 별이 방수에 조화롭지 않았다. 악사가 북을 울리고 색부가 달리며 서인들이 분주하였다. 그러한데도 희화는 제 관직을 차지하기만 하여 듣고 앎이 없고, 천문의 상에 혼미하며, 선왕의 주벌을 범하였다. 그리고 정전에 이르기를 '때보다 앞서는 자도 죽여 용서하지 말며, 때에 미치지 못하는 자도 죽여 용서하지 말라.'라고 하였다.(惟時羲和, 顚覆厥德, 沈亂于酒, 畔官離次. 俶擾天紀, 遐棄厥司, 乃季秋月朔, 辰弗集于房. 瞽奏鼓, 嗇夫馳, 庶人走. 羲和尸厥官, 罔聞知, 昏迷于天象, 以干先王之誅, 政典曰, 先時者, 殺無赦, 不及時者, 殺無赦.)"

> 集傳

亦用其例, 謬矣.
또한 그 사례를 쓴 것은 잘못이다.

[O-3-59]

康王命作冊畢, 分居里, 成周郊, 作畢命.

강왕(康王)이 책(冊)을 지어 필공(畢公)에게 명해서, 거주하는 마을을 분별하고 성주(成周)의 교(郊)를 이루게 하니,「필명(畢命)」을 지었다.

> 詳說

○ 孔氏曰 : "命爲冊書, 以命畢公."
공씨(孔氏)가 말하였다 : "명을 책서로 만들어 필공에게 명한 것이다."

○ 孔氏曰 : "成定東周郊境."
공씨(孔氏)가 말하였다 : "동주의 교경을 이루어 정리했다."

> 集傳

分居里者, 表厥宅里, 殊厥井疆也.
리(里)에 나눠 거주하는 것은 그 택리(宅里)를 드러내어 정강(井疆)을 다르게 하는 것이다.

[O-3-60]

穆王命君牙, 爲周大司徒, 作君牙.

목왕(穆王)이 군아(君牙)에게 명하여 주(周)나라의 대사도(大司徒)를 삼으면서「군아(君牙)」를 지었다.

> 集傳

序無所發明, 曰周云者, 殊無意義. 或曰, 此春秋王正月例也. 曰春秋魯史, 故孔子繫之以王. 此豈其例耶. 下篇亦然.

서(序)에서 드러내 밝힌 것이 없는데, '주운(周云)'이라고 한 것은 달리 의미는 없다. 어떤 이는 "이것은 『춘추』에서 왕정월(王正月)의 사례이다."라고 하였다. '춘추의 노나라 사관'이라고 했기 때문에 공자가 왕(王)으로 이었다고 한 것이다. 그런데 이것이 어찌 그런 사례이겠는가? 아래의 편에서도 같다.

[O-3-61]
穆王命伯冏, 爲周太僕正, 作冏命.

목왕(穆王)이 백경(伯)을 명하여 주(周)나라의 태복정(太僕正)을 삼으면서 「경명(冏命)」을 지었다.

[O-3-62]
呂命, 穆王訓夏贖刑, 作呂刑.

여후(呂后)가 명을 받자, 목왕(穆王)이 하(夏)나라의 속형(贖刑)을 가르치니, 「여형(呂刑)」을 지었다.

詳說

○ 孔氏曰 : "呂侯見命爲司寇."
'여명(呂命)'에 대해, 공씨(孔氏)가 말하였다 : "여후가 명을 받아 사구가 된 것이다."

○ 仍用經首二字.
'여명(呂命)'의 경우, 경(經)의 두 글자를 그대로 했다.[499]

集傳

此序, 亦無所發明, 但增一夏字. 自古刑辟之制, 豈專爲夷狄,

여기의 서(序)에서도 드러내 밝힌 것이 없고 단지 '하(夏)'라는 한 글자만 더했을 뿐이다. 옛날부터의 형벽의 제도가 어찌 오로지 이적(夷狄)을 다스리고

---

[499] 『서경대전(書經大全)』, 「주서(周書)」·「여형1(呂刑1)」 : "여후(呂侯)를 명하니, 왕(王)이 나라를 누린 지 백 년에 노황(耄荒)해서 헤아려 형서를 만들어 사방을 다스렸다.(惟呂命, 王享國百年, 耄荒, 度作刑, 以詰四方.)"

詳說

○ 婢亦反.

'벽(辟)'은 음이 '비(婢)'와 '역(亦)'의 반절이다.

○ 去聲, 下同.

'위(爲)'는 거성으로 아래에서도 같다.

○ 句.

구두해야 한다.

集傳

不爲中夏耶. 或曰, 訓夏贖刑, 謂訓夏后氏之贖刑也, 曰夏承虞治不聞變法.

중하(中夏)를 다스리지 않았는가? 어떤 이는 "하나라의 속형을 가르친 것은 하후씨의 속형을 가르친 것을 말한다."라고 하였다. 하나라가 우의 다스림을 이어받아 법을 변경한 것에 대해서는 듣지 못했다고 한 것이다.

詳說

○ 去聲.

'치(治)'는 거성이다.

集傳

周禮, 亦無五刑之贖, 其非古制明甚. 穆王耄荒, 車轍馬迹, 無所不至,

『주례』에서도 오형의 대속은 없으니, 그것이 옛날의 제도가 아님은 아주 분명하다. 목왕이 노황(耄荒)해서 수레의 바퀴자국과 말의 흔적이 이르지 않는 곳이 없음에

詳說

○ 見史記周紀.

『사기』「주기」에 보인다.

集傳

呂侯竊舜典贖刑二字, 作爲此刑, 以聚民財, 資其荒用. 夫子以其書, 猶有哀

矜之意, 而錄之, 至其篇首, 特以耄荒發之, 其意微矣.
여후가 순전의 속형 두 글자를 곰곰이 생각하여 이 형법을 지어 백성들의 재물을 거둬 어리석게 쓰는 밑천을 삼았다. 부자는 그 글에 여전히 불쌍하게 여기는 뜻이 있어 그것을 기록했고, 심지어 그 편의 앞에서 특히 노황(耄荒)으로 시작했으니,500) 그 뜻이 미묘하다.

詳說

○ 作者之意.
뜻은 작자의 뜻이다.

集傳

詳見本篇.
자세한 것은 본래의 편에 보인다.

詳說

○ 音現.
'현(見)'은 음이 '현(現)'이다.

[O-3-63]

平王, 錫晉文侯, 秬鬯圭瓚, 作文侯之命.

평왕(平王)이 진문후(晉文侯)에게 검은 울창주(鬱酒)와 규찬(圭瓚)을 하사하고 「문후지명(文侯之命)」을 지었다.

集傳

經文止言秬鬯, 而此益以圭瓚, 有所傳歟, 抑錫秬鬯者, 必以圭瓚,
경문에서는 검은 기장만 말했을 뿐인데,501) 여기에서는 규찬(圭瓚)을 더했으니, 전

---

500) 『서경대전(書經大全)』, 「주서(周書)」·「여형1(呂刑1)」: "여후(呂侯)를 명하니, 왕(王)이 나라를 누린 지 백 년에 노황(耄荒)해서 헤아려 형서를 만들어 사방을 다스렸다.(惟呂命, 王享國百年, 耄荒, 度作刑, 以詰四方.)"

501) 『서경대전(書經大全)』, 「주서(周書)」·문후지명4(文侯之命4): "왕(王)이 말씀하였다. '부(父)인 의화(義和)야. 돌아가 네 무리를 돌아보아 네 나라를 편안히 하라. 써 너에게 검은 울창주(鬱酒) 한 동이와 붉은 활 하나와 붉은 화살 백 개와 검은 활 하나와 검은 화살 백 개와 말 네 필을 하사하노니. 부(父)는 가서 멀리 있는 자를 회유하고 가까이 있는 자를 길들이며, 소민(小民)들을 은혜롭고 편안히 하고 황녕(荒寧)하지 말아서 네 도비(都鄙)를 간열하고 구휼하여 너의 드러난 덕(德)을 이루도록 하라.'(王曰. 父義和. 其歸視爾師,

하는 것이 있는 것인가? 아니면 검은 기장을 준 것은 반드시 규찬으로 하는 것이기

詳說

○ 所以酌秬鬯酒.

검은 울창주를 따라주는 까닭이라는 것이다.

集傳

故經不言歟.
때문에 말하지 않은 것인가?

[0-3-64]

魯侯伯禽, 宅曲阜, 徐夷並興, 東郊不開, 作費誓.

노후(魯侯)인 백금(伯禽)이 곡부(曲阜)에 거하자 서이(徐夷)가 함께 일어나 동쪽 교외가 열리지 않으니, 「비서(費誓)」를 지었다.

集傳

徐, 徐戎也, 夷, 淮夷也.
'서(徐)'는 서융(徐戎)이고, '이(夷)'는 회이(淮夷)이다.

[0-3-65]

秦穆公伐鄭, 晉襄公帥師敗諸崤. 還歸, 作秦誓.

진목공(秦穆公)이 정(鄭)나라를 정벌하자, 진양공(晉襄公)이 군대를 거느려 효산(山)에서 패퇴시키고, 다시 돌아와 「진서(秦誓)」를 지었다.

詳說

○ 入聲.

'진양공솔사(晉襄公帥師)'에서 '솔(帥)'은 입성이다.

寧爾邦, 用眚爾秬鬯一卣, 彤弓一, 彤矢百, 盧弓一, 盧矢百, 馬四匹, 父徂哉, 柔遠能邇, 惠康小民, 無荒寧, 簡恤爾都, 用成爾顯德.)"

○ 見左僖三十二年三年
『좌전』 희공 32년과 33년에 보인다.

○ 音旋.
'선귀(還歸)'에서 '선(還)'은 음이 '선(旋)'이다.

集傳
以經文意攷之, 穆公之悔, 蓋悔用杞子之諜
경문의 의미로 상고해보면, 목공의 후회는 기자(杞子)의 이간질을 쓰고

詳說
○ 音諜, 反間也.
음은 첩으로 반대로 이간질하는 것이다.

集傳
不聽蹇叔之言. 序文亦不明此意.
건숙의 말을 듣지 않은 것이다.[502] 서(序)의 글에서도 이런 의미를 밝히지 못하였다.

---

[502] 『서경대전(書經大全)』, 「주서(周書)」·「진서5(秦誓5)」: "파파(番番)한 어진 선비로 여력(旅力)이 이미 쇠한 자는 내 오히려 소유하고, 흘흘(仡仡)한 용부(勇夫)로 활쏘기와 말 타기를 어기지 않는 자는 내 오히려 등용하고자 하지 않으니, 절절(截截)하게 말을 공교롭게 잘하여 군자(君子)가 말을 바꾸도록 하는 자를 내 어느 겨를에 많이 소유하겠는가!(番番良士, 旅力旣愆, 我尙有之, 仡仡勇夫, 射御不違, 我尙不欲, 惟截截善諞言, 俾君子易辭, 我皇多有之.)"

[註]503)
右七書詳說三十九冊, 甲辰竹日, 始寫于桃源寓舍, 乙巳菊日, 訖功于稼學亭.

[주]
위의 『칠서상설』 39권은 갑진(甲辰) 죽일(竹日)에 도원우사(桃源寓舍)에서 처음 베끼기 시작해서 을사(乙巳) 국일(菊日)에 가학정(稼學亭)에서 끝마쳤다.

---

503) 이 '주(註)'는 『서집전상설(書集傳詳說)』의 맨 끝에 <칠서주상설>의 본문보다 두 배 가량 큰 글씨로 표기되어 있는데, 호산 박문호(1846~1918)의 생존 및 활동 시기로 볼 때, 1904년(甲辰) 봄에서 1905년(乙巳) 가을 사이, 약 1년 반 정도의 기간에 필사한 것으로 추측된다.

연구번역자 소개

신창호(申昌鎬)
현) 고려대학교 교수, 고려대학교 박사(동양철학/교육사철학 전공), 고려대학교 교육문제연구소 소장, 평생교육원장. 한국교육철학학회 회장, 한중철학회 회장 역임, 현) 한국학중앙연구원 이사
저서에 『『중용』 교육사상의 현대적 조명』(박사학위논문), 『유교의 교육학 체계』 외 다수의 논문·번역·저서가 있음

김학목(金學睦)
전) 고려대학교 연구교수, 건국대학교 박사(한국철학 전공), 해송학당 원장(동양학·사주명리 강의)
저서에 「박세당의 『신주도덕경』 연구」(박사학위논문), 『한국주역대전』 외 다수의 논문·번역·저서가 있음

조기영(趙麒永)
전) 고려대학교 연구교수, 연세대학교 박사(한문학 전공), 서정대 교수·연세대국학연구원 연구원
저서에 「하서 김인후 시 연구」(박사학위논문), 『한국시가의 정신세계』 외 다수의 논문·번역·저서가 있음

황봉덕(黃鳳德)
전) 고려대학교 연구교수, 성균관대학교 박사(문학 전공). 한중철학회 총무이사. 시습학사 사무국장
저서에 「李德懋 士小節 硏究」(박사학위논문), 『譯註 貞觀政要集論』『國譯 通鑑節要增損校註Ⅰ』 외 다수의 논문·번역·저서가 있음

김언종(金彦鐘)
현) 고려대학교 명예교수, 國立臺灣師範大學 박사(韓國經學 전공), 한국고전번역원 이사 및 고전번역학회 회장 역임, 현) 한국고전번역원장
저서에 「丁茶山論語古今注原義總括考徵」(박사학위논문), 『(역주)시경강의』 외 다수의 논문·번역·저서가 있음

임헌규(林憲圭)
현) 강남대학교 교수, 한국학중앙연구원 박사(동양철학 전공). 동양고전학회 회장 역임, 현) 강남대학교 참인재대학장
저서에 『유가의 심성론 연구-맹자와 주희를 중심으로』(박사학위논문), 『공자에서 다산 정약용까지 - 유교 인문학의 동서철학적 성찰』 외 다수의 논문·번역·저서가 있음

허동현(許東賢)
현) 경희대학교 교수. 고려대학교 박사(한국근대사 전공). 경희대학교 학부대학 학장·한국현대사연구원 원장 역임. 현) 국사편찬위원장
저서에 「1881년 조사시찰단 연구」(박사학위논문), 『한국의 국가 형성과 민주주의』 외 다수의 논문 번역 저서가 있음

연구번역자 소개

신창호(申昌鎬)
현) 고려대학교 교수, 고려대학교 박사(동양철학/교육사철학 전공), 고려대학교 교육문제연구소 소장, 평생교육원장. 한국교육철학학회 회장, 한중철학회 회장 역임, 현) 한국학중앙연구원 이사
저서에 「『중용』 교육사상의 현대적 조명」(박사학위논문), 『유교의 교육학 체계』 외 다수의 논문·번역·저서가 있음

김학목(金學睦)
전) 고려대학교 연구교수, 건국대학교 박사(한국철학 전공), 해송학당 원장(동양학·사주명리 강의)
저서에 「박세당의 『신주도덕경』 연구」(박사학위논문), 『한국주역대전』 외 다수의 논문·번역·저서가 있음

조기영(趙麒永)
전) 고려대학교 연구교수, 연세대학교 박사(한문학 전공), 서정대 교수·연세대국학연구원 연구원
저서에 「하서 김인후 시 연구」(박사학위논문), 『한국시가의 정신세계』 외 다수의 논문·번역·저서가 있음

황봉덕(黃鳳德)
전) 고려대학교 연구교수, 성균관대학교 박사(문학 전공). 한중철학회 총무이사. 시습학사 사무국장
저서에 「李德懋 士小節 硏究」(박사학위논문), 『譯註 貞觀政要集論』 『國譯 通鑑節要增損校註Ⅰ』 외 다수의 논문·번역·저서가 있음

김언종(金彦鐘)
현) 고려대학교 명예교수, 國立臺灣師範大學 박사(韓國經學 전공), 한국고전번역원 이사 및 고전번역학회 회장 역임, 현) 한국고전번역원장
저서에 「丁茶山論語古今注原義總括考徵」(박사학위논문), 『(역주)시경강의』 외 다수의 논문·번역·저서가 있음

임헌규(林憲圭)
현) 강남대학교 교수, 한국학중앙연구원 박사(동양철학 전공). 동양고전학회 회장 역임, 현) 강남대학교 참인재대학장
저서에 『유가의 심성론 연구-맹자와 주희를 중심으로』(박사학위논문), 『공자에서 다산 정약용까지 - 유교인문학의 동서철학적 성찰』 외 다수의 논문·번역·저서가 있음

허동현(許東賢)
현) 경희대학교 교수. 고려대학교 박사(한국근대사 전공). 경희대학교 학부대학 학장·한국현대사연구원 원장 역임. 현) 국사편찬위원장
저서에 「1881년 조사시찰단 연구」(박사학위논문), 『한국의 국가 형성과 민주주의』 외 다수의 논문 번역 저서가 있음

서집전상설 7

초판 1쇄 | 2024년 8월 15일

 책임역주(주저자) | 신창호
전임역주 | 김학목·조기영·황봉덕
공동역주 | 김언종·임헌규·허동현
편　　집 | 강완구
디자인 | S-design
브랜드 | 우물이있는집
펴낸곳 | 써네스트
펴낸이 | 강완구
출판등록 | 2005년 7월 13일 등록번호 제2017-000293호
주　　소 | 서울시 마포구 망원로 94, 203호
전　　화 | 02-332-9384　　　팩　스 | 0303-0006-9384
이메일 | sunestbooks@yahoo.co.kr
홈페이지 | www.sunest.co.kr
ISBN 979-11-94166-37-5　94140　값 28000원
　　　 979-11-94166-30-6　94140 (전 7권)
* <우물이 있는 집>은 써네스트의 인문브랜드입니다.

이 책은 신저작권법에 따라 보호받는 저작물이므로 무단 전재와 복제를 금하며, 내용의 전부 또는 일부를 재사용하려면 반드시 저작권자와 도서출판 써네스트 양측의 동의를 받아야 합니다.
정성을 다해 만들었습니다만, 간혹 잘못된 책이 있습니다. 연락주시면 바꾸어 드리겠습니다.